Nos voisins du dessous

BILL BRYSON
AUX ÉDITIONS PAYOT

Promenons-nous dans les bois
Motel Blues
American Rigolos. Chroniques d'un grand pays
Nos voisins du dessous. Chroniques australiennes
Une histoire de tout, ou presque…
Ma fabuleuse enfance dans l'Amérique des années 1950
Shakespeare. Antibiographie
Une histoire du monde sans sortir de chez moi

Bill Bryson

Nos voisins du dessous

Chroniques australiennes

Traduit de l'anglais (États-Unis)
par Christiane et David Ellis

PETITE
BIBLIO
PAYOT

Retrouvez l'ensemble des parutions
des Éditions Payot & Rivages sur
payot-rivages.fr

TITRE ORIGINAL :
Down Under
(Doubleday, Londres)

Pour David, Felicity, Catherine et Sam.

1

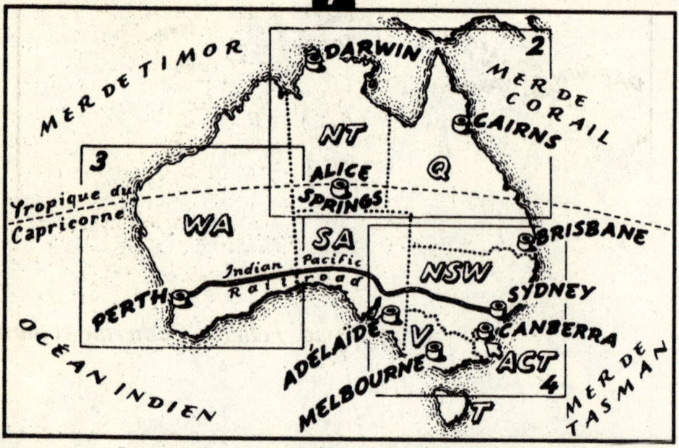
MER DE TIMOR
DARWIN
2
MER DE CORAIL
CAIRNS
NT
Q
3
ALICE SPRINGS
Tropique du Capricorne
WA
SA
BRISBANE
Indian Pacific Railroad
NSW
SYDNEY
PERTH
ADÉLAÏDE
V
CANBERRA
ACT
OCÉAN INDIEN
MELBOURNE
4
MER DE TASMAN
T

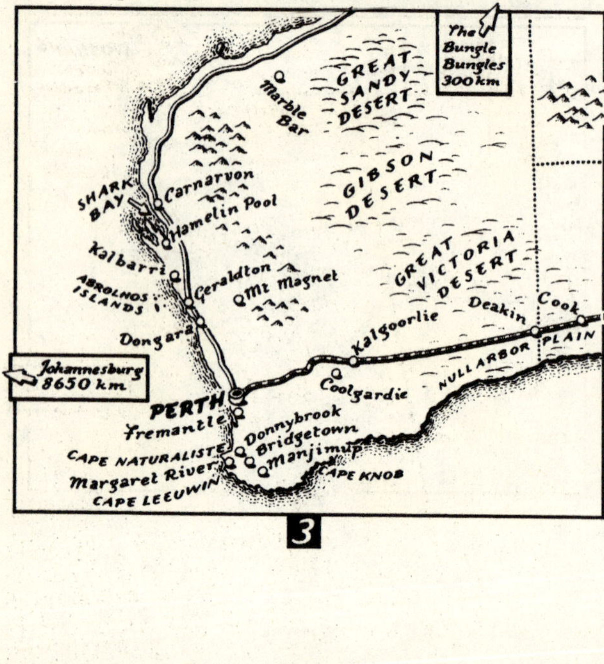
The Bungle Bungles 300 km
GREAT SANDY DESERT
Marble Bar
GIBSON DESERT
SHARK BAY
Carnarvon
Hamelin Pool
Kalbarri
GREAT VICTORIA DESERT
ABROLHOS ISLANDS
Geraldton
Mt Magnet
Deakin
Cook
Dongara
Kalgoorlie
NULLARBOR PLAIN
Johannesburg 8650 km
Coolgardie
PERTH
Fremantle
Donnybrook
Bridgetown
CAPE NATURALISTE
Manjimup
Margaret River
CAPE KNOB
CAPE LEEUWIN

3

2

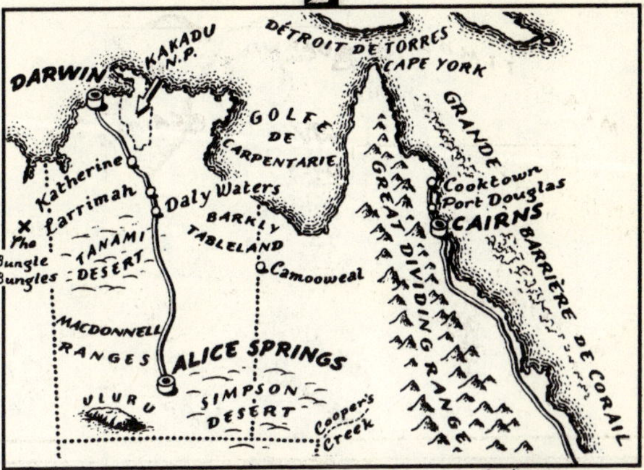
DÉTROIT DE TORRES
CAPE YORK
DARWIN
KAKADU N.P.
GOLFE DE CARPENTARIE
GRANDE BARRIÈRE DE CORAIL
GREAT DIVIDING RANGE
Katherine
Larrimah
Daly Waters
Cooktown
Port Douglas
CAIRNS
BARKLY TABLELAND
The Bungle Bungles
TANAMI DESERT
Camooweal
MACDONNELL RANGES
ALICE SPRINGS
ULURU
SIMPSON DESERT
Cooper's Creek

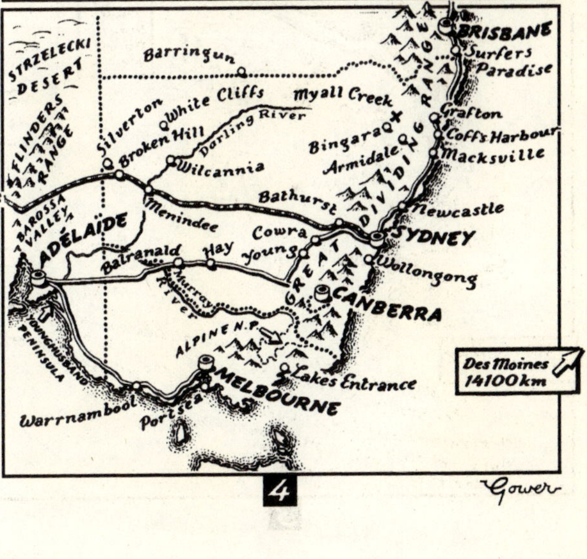
STRZELECKI DESERT
Barringun
BRISBANE
Surfers Paradise
White Cliffs
Myall Creek
FLINDERS RANGE
Silverton
Broken Hill
Darling River
Grafton
Coff's Harbour
Bingara
Armidale
Macksville
Wilcannia
Menindee
Bathurst
Newcastle
BAROSSA VALLEY
ADÉLAÏDE
Cowra
Young
SYDNEY
Balranald
Hay
Wollongong
Murray River
GREAT DIVIDING RANGE
CANBERRA
YOUNGHUSBAND PENINSULA
ALPINE N.P.
Des Moines 14100 km
Lakes Entrance
MELBOURNE
Warrnambool
Portsea

4

Gower

PREMIÈRE PARTIE

Dans l'outback

CHAPITRE PREMIER

Dans l'avion qui m'emportait vers l'Australie, je me suis aperçu, un peu honteux, qu'une fois de plus j'avais oublié le nom de son Premier ministre. Cela m'arrive sans arrêt avec le Premier ministre australien : j'enregistre son nom et puis, presque aussitôt, je l'efface de ma mémoire, ce qui me donne un terrible complexe de culpabilité. Parce que j'estime qu'il devrait y avoir au moins *une* personne qui le connaisse hors de l'Australie.

Remarquez, suivre ce qui se passe en Australie exige beaucoup d'efforts. Lors de ma première visite, il y a quelques années, je m'étais plongé, histoire de tuer le temps pendant les longues heures de vol, dans une histoire de la politique australienne au XXe siècle. Je suis tombé par hasard sur l'anecdote suivante : en 1967, Harold Holt, alors Premier ministre, se baladait sur une plage de l'État de Victoria, lorsque soudain il a plongé dans la mer et disparu. On n'a plus jamais eu de nouvelles de ce pauvre homme. L'histoire m'a semblé étonnante à double titre : d'abord qu'on puisse *perdre*, en Australie, un Premier ministre (dites les gars, faut pas exagérer !) et puis que la nouvelle de l'incident ne me soit jamais parvenue.

Il faut reconnaître évidemment que nous accordons une attention scandaleusement réduite à nos chers cousins des antipodes. Peut-être pas totalement sans raison, j'imagine. Après tout, l'Australie est quasiment déserte et se situe très, très loin de nous. À l'échelle mondiale, sa population, de l'ordre de dix-neuf millions d'habitants, mérite sans conteste d'être qualifiée de modeste (celle de la Chine s'accroît davantage en une seule année), et sa place dans l'économie mondiale est largement accessoire. Comme entité économique, ce pays se situe à peu près au rang de l'Illinois. De temps en temps, il nous envoie des trucs utiles – des opales, de la laine de mérinos, Errol Flynn, le boomerang –, mais rien de vraiment indispensable. Et puis surtout, l'Australie est un pays qui ne fait pas de bêtises. C'est un pays stable, pacifique, correct, qui ne connaît pas les coups d'État, n'épuise pas les réserves de poissons, ne fournit pas d'armes à d'horribles despotes, ne pratique pas la culture de la drogue de façon indécente. Bref, c'est un pays qui ne joue pas les gros bras et ne fait pas sentir sa puissance de manière provocante et déplacée.

Il n'empêche pourtant que ce dédain des affaires australiennes est bien étrange. Et ce phénomène est encore plus marqué lorsqu'on vit aux États-Unis. Avant d'entreprendre ce voyage, je me suis rendu à la bibliothèque de ma ville du New Hampshire et j'ai cherché l'Australie dans le *New York Times Index*, histoire de mesurer l'attention que la presse de mon propre pays lui avait accordée. J'ai commencé à l'année 1997, pour la simple raison que le volume se trouvait ouvert à cette page sur la table. Cette année-là, parmi tous les sujets susceptibles d'intéresser ses lecteurs (politique, sport, voyage, prochains jeux Olympiques de Sydney, rubrique gastronomique, arts, nécrologie) le *New York Times Index* recensait vingt articles consacrés de près ou de loin à l'Australie. À titre de comparaison, la même année, le journal avait publié cent vingt articles sur le Pérou, cent cinquante sur l'Albanie, cent cinquante sur le Cambodge, plus de trois cents sur chacune des deux Corées et plus de cinq cents sur Israël. Pour les

Américains, l'Australie se situe à peu près au niveau de la Biélorussie et du Burundi dans la catégorie « pays dignes d'intérêt ». Parmi les sujets qui lui ravissaient la vedette, on trouvait les montgolfières et les aéronautes, l'Église de scientologie, les chiens (mais pas les chiens de traîneau) et Pamela Harriman, ambassadrice et femme du monde dont la mort à Paris en 1997 avait été considérée comme une calamité méritant vingt-deux articles dans le *New York Times*. Pour parler crûment, on peut dire qu'en 1997 l'Australie avait présenté pour les Américains à peine plus d'intérêt que les bananes mais nettement moins que les crèmes glacées.

En fait, comme je devais le constater, 1997 se situait plutôt dans les bonnes années quant à la couverture médiatique de l'Australie. En 1996, ce pays figurait neuf fois dans les dépêches et en 1998 seulement six fois. Évidemment, il se peut qu'ailleurs dans le monde on lui consacre plus d'articles. La seule différence est que personne ne les lit vraiment. (Levez la main, ceux qui peuvent citer le nom du Premier ministre australien actuel, ou dire dans quel État se situe Melbourne, ou répondre à toute question concernant les antipodes qui n'implique pas le cricket, le rugby, Mel Gibson ou un épisode de *Neighbours* !) Les Australiens enragent de voir le reste du monde leur prêter si peu d'attention et, franchement, je les comprends. C'est pourtant une contrée où il n'arrête pas de se passer des choses passionnantes.

Prenons par exemple l'une de ces histoires qui figuraient dans le *New York Times* en 1997, fourrée dans le tiroir aux oubliettes de la section C. En janvier de cette année-là, des scientifiques ont sérieusement étudié l'hypothèse selon laquelle un séisme survenu au fin fond du bush australien quatre ans auparavant aurait été dû à une explosion nucléaire déclenchée par la secte japonaise Aum Shinrikyo.

Il se trouve qu'à 23 h 03, heure locale, dans la nuit

du 28 mai 1993, les aiguilles des sismographes du Pacifique se sont mis à frémir et à tracer des gribouillis pour signaler un tremblement de terre d'importance considérable près d'un bled nommé Banjawarn Station, dans le Grand Désert Victoria, en Australie-Occidentale. Certains prospecteurs et chauffeurs routiers – pratiquement les seuls êtres vivants de cette étendue désertique – ont déclaré avoir vu un immense éclair dans le ciel et entendu ou perçu le bang d'une énorme explosion lointaine. L'un d'eux a même affirmé que les vibrations avaient fait valser une canette de bière de sa table de camping.

Le problème, c'est qu'on n'a trouvé aucune explication raisonnable à ce phénomène. Le tracé des sismographes ne correspondait à aucun profil de séisme ni à une explosion minière, et de toute façon la secousse était cent soixante-dix fois plus puissante que le tir de mines le plus puissant jamais enregistré en Australie-Occidentale. Le choc aurait pu correspondre à la chute d'une grosse météorite, mais l'impact aurait créé un cratère de plusieurs centaines de mètres de circonférence. Or rien de ce genre n'avait été signalé dans la région. Bref, les savants se sont inquiétés de l'incident un jour ou deux avant de le classer dans leur tiroir « phénomènes inexpliqués », comme de coutume.

Et puis, en 1995, la secte Aum devait s'attirer une certaine notoriété en libérant des quantités phénoménales de gaz sarin dans le métro de Tokyo, tuant une douzaine de personnes. Au cours des perquisitions qui suivirent, on découvrit que parmi les richesses assez considérables de la secte figurait une propriété de plusieurs milliers d'hectares en Australie-Occidentale, précisément dans la région où s'était produit ce mystérieux événement. Les autorités y trouvèrent aussi un laboratoire très perfectionné et particulièrement pointu, ainsi que des traces prouvant que les membres de la secte avaient extrait de l'uranium. Une autre piste permit d'établir qu'Aum avait recruté dans ses rangs deux ingénieurs nucléaires de l'ex-Union soviétique. Le but avoué d'Aum étant la destruction du monde, il était donc fort probable que l'explosion qui avait eu lieu dans le désert avait été la répétition générale d'un projet visant à rayer Tokyo de la carte.

Vous voyez où je veux en venir, j'imagine... L'Australie est un pays où l'on égare les Premiers ministres, un pays si vaste et si vide qu'une bande d'amateurs enthousiastes peut y faire sauter la première bombe atomique privée et qu'il faut au moins quatre ans avant que quiconque s'en aperçoive. Autrement dit, c'est un endroit qui mérite d'être connu, et comme nous en savons si peu sur ce pays, peut-être conviendrait-il de citer quelques chiffres.

Par la taille, l'Australie se place au sixième rang mondial. C'est la plus grande île du monde, et la seule île qui soit à elle seule un continent et une nation. C'est le premier continent qu'on ait conquis par la mer, et aussi le dernier. C'est la seule nation à avoir débuté sa carrière comme prison.

L'Australie abrite le plus grand organisme vivant du monde : la Grande Barrière de corail, et le monolithe le plus célèbre et le plus impressionnant : Ayers Rock (ou Uluru pour utiliser le terme maintenant officiel et plus aborigènement correct). Le pays possède plus de bestioles tueuses que le reste du monde. Parmi les dix serpents les plus venimeux de la création, tous sont australiens. Cinq des créatures animales qui y vivent – l'araignée, la méduse, le poulpe, la tique et le poisson-pierre – sont les plus mortelles de leur catégorie. Voila un pays où la plus soyeuse des chenilles peut vous mettre KO d'une simple morsure et où les coquillages ne se contentent pas de vous pincer : ils vous attaquent. Ramassez un coquillage d'aspect inoffensif sur une des plages du Queensland – réflexe qu'ont tous les touristes innocents – et vous découvrirez vite que la petite bébête à l'intérieur est non seulement extraordinairement rapide et méfiante mais qu'elle est excessivement venimeuse. Si vous n'êtes pas piqué ou mordu à mort, vous courez encore le risque d'être coupé en deux par un requin ou un crocodile, ou d'être emporté au large par de puissants courants marins, sans parler de vos chances de connaître une fin misérable dans les déserts brûlants de l'outback. C'est un pays qui ne plaisante pas.

Et qui est bigrement vieux. Pendant soixante millions d'années, depuis la formation de la cordillère Australienne (Great Dividing Range), l'Australie s'est quasiment tenue coite sur le plan géologique, ce qui lui a permis de conserver certains des plus anciens vestiges terrestres : les terrains et fossiles les plus vieux, les premières traces d'animaux ou de rivières, les premiers frémissements de la vie elle-même. À un moment indéterminé dans l'immensité de son passé – disons il y a environ quarante-cinq mille ou plutôt soixante mille ans –, le pays a été tranquillement envahi par ce peuple profondément mystérieux, les Aborigènes, des hommes n'offrant aucune similitude raciale ou linguistique évidente avec les peuples voisins. Voilà des gens dont la présence en Australie ne semble pouvoir s'expliquer qu'en supposant qu'ils ont inventé la navigation transocéanique bien avant le reste de l'humanité pour se livrer à une sorte d'exode de masse, et que ces mêmes gens se seraient ensuite empressés d'oublier toutes ces techniques navales et l'existence de la haute mer.

Le paradoxe est si confondant et si extraordinaire qu'il met les historiens mal à l'aise. Ils se contentent donc de le traiter rapidement en un ou deux paragraphes avant de passer à la seconde invasion, plus facile à expliquer, celle qui a commencé avec l'arrivée du capitaine Cook sur son vaillant petit navire le *HMS Endeavour* dans la rade de Botany Bay en 1770. Peu importe que le capitaine Cook ne soit pas celui qui a réellement découvert l'Australie ni même qu'il n'ait pas été capitaine à l'époque de sa visite. Pour la plupart des gens – y compris pour les Australiens – c'est là que commence l'histoire.

Le monde que les premiers Anglais devaient découvrir était complètement sens dessus dessous – saisons inversées, constellations dans le mauvais sens – et ne ressemblait à rien de ce qu'ils avaient vu auparavant, même sous ces latitudes du Pacifique. Il semblait peuplé de créatures qui, de toute évidence, avaient mal lu le mode d'emploi de l'évolution des espèces. Les plus caractéristiques ne couraient pas, ne trottinaient pas, ne galopaient pas, mais *rebondissaient* dans la nature comme des balles de tennis. Le continent tout entier grouillait d'une faune invraisemblable. On y trouvait un poisson qui pouvait monter aux arbres, un renard qui volait (en fait, une très grosse chauve-souris), des crustacés si gros qu'un homme adulte pouvait se nicher dans leur carapace.

Bref, c'était un univers qui ne ressemblait à aucun autre. Et c'est toujours le cas. Quatre-vingts pour cent de ce que l'on trouve en Australie, dans le règne animal ou végétal, n'existe nulle part ailleurs. Et tout cela avec une luxuriance qui paraît totalement incompatible avec les rigueurs de l'environnement. De tous les continents habités l'Australie est le plus aride, le plus plat, le plus chaud, le plus déshydraté, le plus infertile et le plus agressif du point de vue climatique – mis à part l'Antarctique qui offre un milieu encore plus hostile. C'est un lieu si inerte que le sol, techniquement parlant, peut être considéré comme un fossile. Et pourtant il regorge d'une vie incroyable. Rien que dans le monde des insectes, les scientifiques n'arrivent pas à se mettre d'accord sur le nombre total d'espèces : peut-être cent mille, peut-être plus du double. Et sur ce total, plus du tiers demeure un mystère pour la science. Dans la famille des araignées la proportion s'élève même à quatre-vingts pour cent.

Si je mentionne les insectes en particulier, c'est

parce que je connais une histoire sur une petite bestiole appelée la *Nothomyrmecia macrops* qui, à mon avis, illustre parfaitement, quoique un peu indirectement, la nature exceptionnelle de ce pays. L'histoire est un peu compliquée mais elle en vaut la peine. Alors soyez patient.

En 1931, sur la péninsule de Cape Arid en Australie-Occidentale, des naturalistes amateurs occupés à farfouiller dans ces vastes étendues broussailleuses tombèrent sur un insecte que personne n'avait encore jamais vu. La bête ressemblait vaguement à une fourmi mais elle était d'un jaune pâle inhabituel et possédait des yeux étranges qui vous fixaient bizarrement. Ils prélevèrent quelques spécimens de cet insecte et les expédièrent sur le bureau d'un expert du National Museum of Victoria, à Melbourne. Celui-ci l'identifia immédiatement : il s'agissait d'une *Nothomyrmecia*. La découverte fit sensation, car de mémoire d'expert rien de pareil n'avait été repéré sur terre depuis cent millions d'années. La *Nothomyrmecia* était une protofourmi, une relique vivante de cette époque où les fourmis commençaient tout juste à évoluer pour se différencier des guêpes. En termes d'entomologie, l'histoire était aussi extraordinaire que si quelqu'un avait découvert un troupeau de tricératops en train de brouter tranquillement sur de lointains pâturages.

On se hâta donc d'organiser une expédition, mais en dépit des recherches les plus méticuleuses il fut impossible de retrouver cette colonie de Cape Arid. Toutes les recherches ultérieures restèrent vaines. Un demi-siècle plus tard environ, lorsqu'on apprit qu'une équipe de savants américains s'apprêtait à organiser une nouvelle chasse à la fourmi, sans doute avec un tas de gadgets high-tech qui feraient passer les Australiens pour des ploucs rétrogrades, des savants très officiels de Canberra se dirent qu'il convenait de faire un dernier effort pour tenter de retrouver ces fichues fourmis. Ils montèrent donc leur propre expédition.

Le deuxième jour, alors qu'ils traversaient le désert de l'Australie-Méridionale, un de leurs véhicules se mit à tousser et à fumer, ce qui les obligea à faire un arrêt imprévu pour passer la nuit dans un coin paumé du nom de Poochera. Dans la soirée, un certain Bob Taylor sortit de sa tente pour prendre l'air et, machinalement, promena le faisceau de sa lampe torche sur le sol autour de lui. Vous imaginez aisément sa surprise lorsqu'il découvrit, rampant sur le tronc d'un eucalyptus proche du campement, toute une colonie de – je vous le donne en mille – *Nothomyrmecia macrops*. Rien de moins !

Or calculons la probabilité d'une telle rencontre. Taylor et ses collègues se trouvaient à mille trois cents kilomètres du site qu'ils avaient l'intention de prospecter. Là, dans ce désert quasi total qu'est l'Australie, sur cette immensité de près de huit millions de kilomètres carrés, une des rares personnes capables de l'identifier venait de tomber pile sur cet insecte, un des plus rares et des plus recherchés de la planète, et tout cela parce qu'une camionnette de son expédition était tombée en panne à cet endroit précis. Aucun autre spécimen de *Nothomyrmecia*, entre parenthèses, n'a jamais été retrouvé sur le site d'origine.

Vous voyez où je veux en venir : l'Australie est un pays prodigieusement vide et en même temps bourré de tas de trucs. Des trucs intéressants. Des trucs archivieux, des trucs qu'on n'arrive pas à expliquer clairement. Des trucs qui restent encore à découvrir.

Alors faites-moi confiance : on ne s'ennuie pas dans ce pays-là.

Chaque fois que vous prenez l'avion pour aller d'Amérique du Nord en Australie, et sans qu'on vous demande votre avis, on vous prive d'un jour lorsque vous franchissez la ligne internationale de changement de date. Ainsi, j'ai quitté Los Angeles le 3 janvier et je suis arrivé à Sydney quatorze heures plus tard, le 5 janvier. Pour moi il n'y a pas eu de 4 janvier. Mais alors pas du tout. Où a bien pu passer cette journée, impossible de vous le dire. Tout ce que je sais, c'est que pendant une période de vingt-quatre heures je n'ai pas existé.

Je trouve cette idée quelque peu dérangeante, c'est le moins qu'on puisse dire. Franchement, si en lisant les petites lettres imprimées sur votre billet d'avion vous découvriez la mention suivante : « Nous rappelons à nos passagers qu'au cours de certaines traversées, une perte de vingt-quatre heures d'existence peut se produire » (pour employer le jargon habituel des compagnies d'aviation), je suppose que vous exigeriez quelques explications, non ? Cependant, je dois reconnaître qu'il existe un certain réconfort métaphysique dans le fait de s'apercevoir qu'on peut cesser d'avoir une existence matérielle pendant un jour entier et que cela ne fait absolument pas souffrir. Et puis, soyons équitable, on vous rend votre journée au retour, lorsque vous traversez la ligne de changement de date dans l'autre sens. Et du coup vous arrivez à Los Angeles avant d'avoir quitté Sydney, ce qui est un tour de passe-passe encore plus époustouflant.

Bien sûr, je conçois vaguement le principe du jeu. J'arrive à comprendre qu'il existe une ligne imaginaire qui sépare le jour qui finit du jour qui commence, et que, forcément, lorsqu'on franchit cette ligne, des tas de choses bizarres se passent sur le plan temporel. Il n'empêche que tout voyage entre l'Amérique et l'Australie vous fera vivre une expérience qui, en toute autre circonstance, serait totalement impossible. Car vous aurez beau vous entraîner, vous concentrer, suivre le plus strict des régimes, faire des heures de musculation, vous n'atteindrez jamais un niveau de forme physique qui vous permettra de vous dématérialiser et d'arriver au salon avant d'avoir quitté la cuisine.

Donc, le simple fait de débarquer en Australie vous donne l'impression d'avoir accompli quelque chose de pas ordinaire, ce qui s'ajoute à la satisfaction de sortir du terminal de l'aéroport pour vous retrouver sous le soleil éblouissant des antipodes, avec le sentiment rassurant d'avoir récupéré tous vos atomes récemment disparus, et ce dans une configuration plus ou moins normale (moins une bonne poignée de neurones perdus à regarder le film de Bruce Willis pendant le vol). Dans ces circonstances, vous seriez déjà ravi de vous retrouver n'importe où. Se retrouver en Australie constitue un bonus supplémentaire.

Il est temps que je déclare ici que j'aime l'Australie, que j'adore positivement ce pays, que c'est un enchantement renouvelé à chacune de mes visites. Une des contreparties plaisantes du peu d'attention que l'on porte à l'Australie est la surprise agréable de découvrir qu'elle existe. Tous vos instincts culturels et votre expérience de touriste tendent à vous laisser imaginer qu'après un voyage aussi terriblement long vous allez trouver pour le moins des gens à dos de chameau, des panneaux couverts d'inscriptions indéchiffrables, des hommes basanés en train de siroter leur café dans des tasses de la taille d'un dé à coudre tout en tirant sur leur narguilé, des rues pleines de nids-de-poule parcourues par des bus brinquebalants, et des microbes prêts à vous sauter dessus chaque fois que vous toucherez quelque chose. Mais non ! En Australie, rien de tout ça. Là tout est confortable, propre et familier. Mis à part cette tendance qu'ont les messieurs d'un certain âge à porter des chaussettes montant jusqu'au genou avec un short, les gens sont comme vous et moi. C'est un sentiment merveilleux. Grisant. Voilà pourquoi j'aime aller en Australie.

Évidemment il y a aussi d'autres raisons, et je vais

me faire un plaisir de les énumérer ici même : les gens sont incroyablement sympathiques, ils sont joyeux, extravertis, vifs et serviables au possible ; les villes australiennes sont propres et presque toujours bâties au bord de l'eau ; la société y est prospère, bien ordonnée et d'inspiration égalitaire ; on y mange bien ; on vous sert la bière glacée ; le soleil brille presque en permanence ; on trouve du café à tous les coins de rue ; le magnat de la presse Rupert Murdoch n'y habite plus. Que voulez-vous de plus ?

C'était mon cinquième voyage, mais pour la première fois j'allais pouvoir contempler la vraie Australie, ce centre immense et torride, ce vide interminable qui sépare les deux côtes. Je n'ai jamais bien compris pourquoi, lorsque les gens vous pressent d'aller voir leur « vrai » pays, ils vous expédient dans les endroits déserts où aucune personne sensée ne choisirait de vivre, mais enfin c'est comme ça. Vous ne pouvez pas dire que vous êtes allé en Australie tant que vous n'avez pas traversé l'*outback* *.

Mieux encore, j'allais faire cette découverte dans des conditions idéales : j'allais emprunter ce train de légende, l'Indian Pacific, qui va de Sydney à Perth. Cette ligne de quatre mille cinq cents kilomètres se tortille agréablement dans le tiers inférieur du pays à travers la Nouvelle-Galles du Sud, l'Australie-Méridionale et l'Australie-Occidentale. C'est la reine des lignes ferroviaires de l'hémisphère Sud. De Sydney, elle remonte doucement à travers les montagnes Bleues, fait *teuf teuf* au milieu d'interminables plaines à moutons sous un ciel immense, suit le cours de la Darling jusqu'à la vallée du Murray, puis du Murray pique sur Adélaïde, avant de traverser enfin la plaine géante de Nullarbor jusqu'aux mines d'or de Kalgoorlie, pour s'arrêter enfin et reprendre son

---

* Globalement équivalent d'arrière-pays. Comme bush, outback est intraduisible. *(N.d.T.)*

souffle lors d'un repos bien mérité à la gare de Perth. Nullarbor, cette immensité inimaginable d'espace désertique et meurtrier, me tenait particulièrement à cœur.

Le supplément en couleurs du *Mail on Sunday* avait prévu un numéro spécial sur l'Australie et j'avais accepté de faire un reportage pour eux. De toute façon, j'avais depuis longtemps le projet d'écrire un livre sur ce pays, alors j'allais pouvoir en prendre la mesure dans des conditions excessivement confortables et aux frais de la princesse – une conjoncture idéale selon moi. En outre, je serais accompagné la première semaine par un jeune photographe anglais, Trevor Ray Hart, qui devait arriver de Londres et me rejoindre le matin suivant.

Je disposais donc d'une journée de liberté et je m'en réjouissais énormément. Je n'avais jamais vu Sydney autrement que pour la promotion de mes livres, et ma connaissance personnelle de la cité se limitait à quelques voyages en taxi à travers d'obscurs quartiers portant des noms comme Ultimo ou Annandale. La seule fois où j'avais eu l'occasion de visiter la « vraie » ville remontait à bien des années, lors de ma première visite. Un charmant représentant de mon éditeur local m'avait baladé toute la journée dans sa propre voiture avec sa femme et ses deux petites filles, et je m'étais couvert de honte en m'endormant sur la banquette arrière. Remarquez, ce n'était pas par ingratitude ou par manque d'intérêt, croyez-moi. Mais il faisait très chaud et j'avais débarqué de l'avion la veille seulement. À un moment donné – en fait presque immédiatement –, les effets du décalage horaire se sont fait sentir et malgré mes efforts j'ai sombré dans un sommeil comateux.

Je suis au regret de le dire, mais je ne suis pas de ces gens qui dorment discrètement et avec élégance. Généralement, quand quelqu'un s'endort près d'eux, les gens s'empressent d'aller chercher une couverture.

Avec moi ils seraient plutôt tentés d'appeler le Samu. Je dors comme si on m'avait injecté une dose de cheval d'un relaxant musculaire des plus puissants. Mes jambes s'écartent d'une manière grotesque. Mes mains retombent au niveau du plancher. Tous mes accessoires internes – langue, glotte, gaz intestinaux – décident d'aller faire un tour à l'extérieur. De temps à autre, comme un jouet ridicule, ma tête dodeline vers l'avant et déverse sur mes genoux un demi-litre de salive visqueuse, avant de repartir en arrière pour refaire le plein avec des borborygmes de chasse d'eau qui se remplit. Et je ronfle de façon bruyante, indécente, comme un de ces personnages de dessin animé dont les lèvres exagérément élastiques émettent de gros nuages de vapeur. Pendant une période assez longue, je deviens anormalement silencieux. Ce calme peu naturel provoque dans mon entourage des regards inquiets. On se penche alors sur moi tandis que je me raidis de façon alarmante, puis au bout d'un moment (qui semble à chacun affreusement angoissant), je bondis sur mon siège, le corps parcouru de spasmes rappelant les dernières secondes d'un condamné à la chaise électrique. J'accompagne le tout de divers soupirs dans une tessiture efféminée, et je me réveille pour constater que, à deux cents mètres à la ronde, toutes les conversations ont cessé et que les enfants de moins de huit ans se sont blottis dans les jupes de leur mère. C'est un fardeau terrible à porter.

Je n'ai pas la moindre idée du temps exact qu'a pu durer ce jour-là ma sieste sur la banquette arrière. Je sais seulement qu'il fut long et qu'en reprenant conscience j'ai noté un silence pesant dans la voiture, le genre de lourd silence dans lequel vous pourriez sombrer vous-même si vous vous retrouviez en train de faire visiter les beautés de votre ville à un gros tas humain comateux et affligé de convulsions épisodiques.

J'ai promené autour de moi un regard hébété, sans

piper mot, pas tout à fait certain de pouvoir identifier mes compagnons de voyage. Je me suis raclé la gorge en tentant de redonner à mon buste un profil plus vertical.

– On se demandait si vous ne vouliez pas déjeuner, a hasardé mon guide d'une voix douce, une fois assuré que j'avais abandonné l'ambition personnelle d'inonder sa voiture de salive.

– Ce serait très sympa, ai-je couiné d'une petite voix ridicule tout en découvrant avec horreur que, de toute évidence, une mouche de deux cents kilos avait profité de mon petit somme pour me vomir dessus.

Pour détourner l'attention de l'aspect inhabituellement gluant de ma personne et pour réaffirmer mon intérêt pour cette visite, j'ai ajouté d'un ton plus enjoué :

– On est toujours à Neutral Bay ?

Il y eut un petit raclement de gorge, du genre qu'on émet lorsqu'on avale de travers. Puis, avec une précision lourdement appuyée :

– Non, ici c'est Dover Heights. On a quitté Neutral Bay (microseconde de pause pour bien le souligner) il y a un moment.

– Ah ? ai-je fait d'un ton grave pour marquer mon profond étonnement d'avoir pu rater ainsi une partie de mon existence.

– Il y a un bon moment, en fait.

– Vraiment ?

Nous avons continué notre route en silence jusqu'au restaurant. L'après-midi s'est mieux passé. Nous avons mangé dans un de ces restaurants populaires, spécialisés dans le poisson, qui abondent près de l'embarcadère de Watson Bay, puis nous sommes allés admirer le Pacifique du haut des grandes falaises battues par les vagues qui dominent la baie. Sur le chemin du retour, nous avons eu de superbes échappées sur ce qui est certainement la plus belle rade du monde : une mer parfaitement bleue, sillonnée de voiliers, avec en arrière-plan la silhouette de Harbour Bridge et l'Opéra de Sydney joyeusement niché à ses pieds. Mais il n'empêche que je n'avais pas réellement visité Sydney. Or le lendemain je devais repartir pour Melbourne.

J'étais donc très impatient, comme on peut l'imaginer, de combler cette lacune. Apparemment les Sydneysiders, comme on appelle si joliment les habitants de cette ville, brûlent tous de l'envie de vous faire visiter leur cité, et une fois de plus quelqu'un s'était gentiment offert à me servir de guide. Il s'agissait cette fois d'une journaliste du *Sydney Morning Herald*, Deirdre Macken, une dame souriante et tonique qui m'avait donné rendez-vous à mon hôtel avec un jeune photographe du nom de Glenn Hunt. Nous sommes partis à pied vers le musée de Sydney, un établissement récent aux lignes pures et élégantes qui parvient à donner l'impression d'être à la fois intéressant et instructif tout en n'étant ni l'un ni l'autre. C'est le genre d'endroit où vous déambulez devant des vitrines mal éclairées, bourrées d'objets remontant à la première vague d'immigrants, dans des salles tapissées de pages de journaux populaires des années 1950, sans savoir très nettement ce qu'il faut en conclure. Mais on y a pris un cappuccino très sympa dans la cafétéria attenante, tandis que Deirdre nous expliquait le programme (chargé) de la journée.

Il était prévu de descendre jusqu'à Circular Quay et d'y prendre le ferry qui traverse la baie jusqu'à l'embarcadère de Taronga Zoo. On ne visiterait pas le zoo mais on ferait à pied le tour de Little Sirius Cove et on gravirait les pentes raides et boisées des collines de Cremorne Point jusqu'à la maison de Deirdre où, après nous être munis de serviettes de plage et de boogie-boards, nous nous rendrions en voiture à Manly, une banlieue balnéaire sur le Pacifique. À Manly, précisément, il était prévu de prendre un repas léger puis de s'octroyer une séance revigorante de boogie-board avant de se sécher et de repartir pour…

– Excusez-moi de vous couper, ai-je coupé, mais qu'est-ce que le boogie-board exactement ?

– Oh, c'est très amusant ! Tu vas adorer ça, a lancé Deirdre d'un ton enjoué que je n'ai pu m'empêcher de trouver un rien évasif.

– D'accord, mais c'est quoi exactement ?

– Un sport nautique. Très chouette ! N'est-ce pas, Glenn, que c'est vachement chouette ?

– Vachement ! a approuvé Glenn qui, comme tous les gens à qui l'on fournit gracieusement des rouleaux de pellicule, n'arrêtait pas de prendre des photos.

Clic ! Clic ! Clic ! a chanté son appareil en prenant trois photos absolument et remarquablement identiques de Deirdre et moi en pleine conversation.

– Mais ça consiste en quoi ? me suis-je entêté.

– Tu prends une planche de surf miniature et tu pagaies avec tes bras jusqu'à la haute mer. Là, tu guettes une grande vague, tu te mets sur ta planche et tu te laisses ramener sur la plage. C'est facile, tu vas adorer ça !

– Et les requins ? ai-je lancé, mal à l'aise.

– Oh ! il n'y a pratiquement pas de requins par ici. Glenn, il y a combien de temps que quelqu'un n'a pas été tué par un requin ?

– Ouh là là ! Une éternité ! a répliqué Glenn.

Puis, après une seconde de réflexion :

– Au moins deux mois.

– Deux mois ! ai-je glapi.

– Au moins ! D'ailleurs on fait toute une histoire avec les requins, mais c'est exagéré. Vraiment exagéré. C'est le rip qui risque de t'avoir, a ajouté Glenn avant de retourner à ses prises de vue.

– Le rip ?

– Des contre-courants sous-marins qui partent en biais de la côte et emportent les gens vers la haute mer, a expliqué Deirdre. Mais ne t'inquiète pas, tu ne crains rien.

– Pourquoi ?

– Parce qu'on est là et qu'on veillera sur toi.

Avec un sourire serein, elle a fini sa tasse de café et nous a rappelé qu'on ferait mieux d'y aller.

Trois heures plus tard, ayant accompli le reste du programme, nous nous sommes retrouvés sur Freshwater Beach – une plage qui m'a paru bien isolée – près de Manly. Cette grande baie en forme de croissant, bordée de collines broussailleuses, était battue par des vagues de dimensions impressionnantes qui prenaient naissance au loin, dans un vaste océan visiblement de très mauvaise humeur. À mi-distance, quelques individus intrépides en combinaison de plongée surfaient sur des crêtes écumeuses qui fonçaient en bouillonnant vers un cap rocheux. Plus près du bord, d'autres malheureux semblaient prendre leur pied à patauger vainement avant de se laisser engloutir – avec joie eût-on dit – dans le déferlement explosif des vagues.

Encouragés par Deirdre qui semblait impatiente de se plonger dans ce breuvage saumâtre, nous avons entrepris de nous déshabiller – lentement et comme à regret dans mon cas, avec enthousiasme dans le sien – pour ne garder que les maillots de bain qu'elle nous avait conseillé de porter sous nos vêtements.

– Si tu es pris par un courant, disait Deirdre, le truc c'est de ne pas paniquer.

Je l'ai regardée :

– Tu me conseilles donc de me noyer calmement ?

– Mais non ! Simplement, garde ton sang-froid. Et n'essaie pas de nager à contre-courant. Nage en travers. Et si tu es encore en difficulté, agite le bras comme ça (Deirdre a exécuté ce genre de salut langoureux que seul un Australien peut imaginer être un appel au secours signalant un nageur en perdition) et un sauveteur viendra te chercher.

– Et si le sauveteur ne me voit pas ?
– Il te verra.
– Oui, mais s'il ne me voit pas ?
Mais déjà Deirdre était partie patauger dans les déferlantes, sa planche coincée sous le bras.

J'ai abandonné ma chemise sur le sable et, un peu gêné, je me suis retrouvé nu, à l'exception de mon vieux caleçon de bain avachi. Glenn, qui n'avait sans doute jamais vu de sa vie quelque chose d'aussi étrange et grotesque sur une plage australienne – en tout cas, rien de vivant – avait saisi son appareil photo et repris son reportage avec des gros plans de mon estomac. *Clic ! Clic ! Clic !* chantait-il en me suivant dans les vagues.

Marquons ici une courte pause pour que je vous narre deux petites histoires. En 1935, non loin de l'endroit où nous nous trouvions maintenant, des pêcheurs ont capturé un grand requin beige de cinq mètres. Ils l'ont transporté jusqu'à l'aquarium de Coogee où on l'a mis dans un bassin et exposé au public. La bête nageait depuis un jour ou deux dans son habitacle de verre lorsque, sans préavis et à la légère surprise des spectateurs, il a régurgité un bras humain. La dernière fois qu'on avait vu ce bras, il était attaché à l'épaule d'un jeune homme du nom de Jimmy Smith qui avait, j'en suis persuadé, signalé sa perte d'un long geste langoureux.

Deuxième histoire : Trois ans plus tard, par un beau dimanche après-midi, trois énormes lames de fond surgies de nulle part balayèrent la plage de Bondi – encore une fois pas très loin de nous. Chacune mesurait au moins sept mètres de haut. Près de deux cents personnes furent entraînées au large par le ressac. Par bonheur, cinquante sauveteurs étaient présents ce jour-là et ils réussirent à sauver tout le monde sauf six personnes. On m'objectera qu'il s'agit d'incidents très anciens, mais cela m'est égal : je persiste à dire que l'océan est un univers toujours aussi traître.

En soupirant, j'ai avancé à contrecœur dans l'eau vert pâle constellée d'écume blanche. Cette eau était étonnamment peu profonde et j'ai dû patauger péniblement sur une trentaine de mètres sans qu'elle me monte plus haut que les genoux. Cependant, il y avait déjà un courant d'une puissance extraordinaire, un courant suffisamment fort pour faire perdre pied si l'on n'y prenait garde. Une trentaine de mètres plus loin encore – là où l'eau nous arrivait aux aisselles – les vagues déferlaient. Mis à part quelques heures passées sur une plage familiale de la Costa del Sol et un plongeon glacial, que je devais immédiatement regretter, dans les eaux des côtes du Maine, je n'ai pratiquement aucune expérience de la mer. Et j'ai trouvé franchement dérangeant de me retrouver confronté à des montagnes russes d'eau salée. Deirdre, pour sa part, piaillait de plaisir.

Ensuite, elle m'a montré le maniement du boogie-board. C'est étonnamment simple. En principe. Lorsqu'une vague se présente, on s'allonge sur la planche et on se laisse porter sur la crête pendant des mètres. Puis Glenn m'a fait une autre démonstration et il est allé encore plus loin. Indiscutablement tout cela paraissait fort distrayant. Et vraiment pas sorcier. Je commençais à être tenté.

Je me suis mis en position, j'ai attendu la vague puis j'ai sauté sur la planche et j'ai coulé à pic comme une enclume.

– Comment tu as fait ça ? m'a demandé Glenn, intrigué.

– Aucune idée.

J'ai répété l'opération, avec le même résultat.

– Stupéfiant ! a-t-il lancé.

A suivi une demi-heure au cours de laquelle mes deux compagnons m'ont observé, d'abord amusés, puis légèrement étonnés, et finalement presque apitoyés, tandis que je m'obstinais à disparaître sous les vagues pour me laisser traîner sur les fonds marins, raclant une superficie de la taille du comté de Polk en Iowa. À intervalles irréguliers, mais qui me semblèrent plutôt longs, j'émergeais de nouveau, suffocant et désorienté, à une distance de la plage qui variait de quelques mètres à un kilomètre. Puis je repartais vers le fond, entraîné par une autre vague. Bientôt tous les gens présents sur la plage s'étaient attroupés et commençaient à engager des paris, tout le monde s'accordant à penser qu'il était impossible physiquement de faire ce que je faisais.

De mon point de vue, chaque nouvelle expérience sous-marine ressemblait en gros à la précédente. Je m'appliquais laborieusement à reproduire les élégantes simulations de coups de pied dont Deirdre m'avait fait la démonstration, sans me laisser décourager par le fait que je n'allais nulle part sauf vers la noyade. Comme je ne disposais d'aucun élément de comparaison, je trouvais que je m'en tirais plutôt bien, mais de là à prétendre que je m'amusais follement… Je n'arriverai jamais à comprendre comment on peut espérer s'amuser follement dans un environnement aussi impitoyable, mais je m'étais résigné à mon sort, sachant que mes épreuves prendraient fin tôt ou tard.

J'étais un peu perdu dans mon petit monde, peut-être par manque d'oxygène, lorsque Deirdre a réussi à me choper par le bras en me criant d'une voix rauque :

– Attention ! Une *bluey* !

Le visage de Glenn a pris une expression inquiète :

– Où ça ?

– C'est quoi, une *bluey* ? ai-je demandé, atterré qu'il puisse exister un danger dont on ne m'avait pas parlé.

– Une *bluebottle*, a expliqué Deirdre en indiquant une petite méduse.

En consultant plus tard un gros livre intitulé, si ma mémoire est bonne, *Tout ce qui peut vous tuer de façon horrible en Australie*, j'ai découvert que ladite méduse est connue dans le reste du monde sous le nom de « galère portugaise ». Je l'ai examinée attentivement au moment où elle nous passait sous le nez : elle avait l'air assez inoffensive. Une sorte de préservatif avec des bouts de ficelle.

– C'est dangereux ?

Avant de vous communiquer la réponse de Deirdre, alors que je me tenais là, vulnérable, l'épiderme à vif, tremblant, pratiquement nu et à demi noyé, je voudrais vous citer l'article qu'elle allait faire paraître peu après dans le *Herald*.

> Tandis que le photographe le mitraille, Bryson et son boogie-board sont emportés à quarante mètres de la plage par le courant. Le courant côtier va du sud vers le nord, à la différence du courant du large, orienté nord-sud. Bryson l'ignore. Il n'a pas lu le panneau d'avertissement posté sur la plage*. Il ne sait rien non plus de la méduse bleue qui nage dans sa direction, à moins d'un mètre de lui, prête à le piquer et à lui infliger vingt minutes de souffrances atroces, provoquant, s'il a cette malchance, une réaction allergique horrible dont il portera la marque sa vie entière.

– Dangereux ? Non ! a répliqué Deirdre alors que nous étions tous occupés à lorgner la méduse. Mais ne la touche pas.

– Pourquoi ?

– Ça pourrait être inconfortable.

Je lui ai lancé un regard où l'effarement confinait à l'admiration. Les longs trajets en autocar sont inconfortables. Les bancs en pierre sont inconfortables. Les trous dans la conversation sont inconfortables. La piqure d'une galère portugaise – même dans l'Iowa on sait cela – est une pure torture. J'ai compris alors que

* Ce point de détail ne peut être contesté. Cependant, l'auteur tient à préciser qu'il ne portait pas ses lunettes, qu'il faisait confiance à ses guides, qu'il était occupé à scruter l'horizon à la recherche de requins et que, pendant tout ce temps-là, il s'efforçait de ne pas couler un bronze dans son froc. *(N.d.A.)*

les Australiens étaient des gens tellement exposés au danger qu'ils avaient dû élaborer un vocabulaire très particulier pour en parler.

– Hé ! en voilà une autre, a dit Glenn.

Nous l'avons regardée dériver. Deirdre scrutait l'eau.

– Parfois elles arrivent en groupe. On ferait peut-être bien de sortir de l'eau.

Il n'a pas fallu me le dire deux fois.

Mais il y avait encore autre chose que Deirdre tenait à me faire connaître si je voulais comprendre la vie et la culture australiennes. Plus tard, donc, en fin d'après-midi, alors que le ciel rosissait, nous avons traversé les banlieues scintillantes de l'ouest de Sydney pour arriver presque au pied des montagnes Bleues, dans une bourgade nommée Penrith. Notre destination était un énorme bâtiment rectangulaire entouré d'un parking bondé encore plus énorme. Une enseigne lumineuse proclamait que nous nous trouvions devant le Penrith Panthers World of Entertainment – « Penrith Panthers » désignant, comme devait me l'expliquer Glenn, un club de rugby.

L'Australie est un pays de clubs – clubs de sport, clubs d'associations ouvrières, clubs d'anciens militaires, clubs affiliés à différents partis politiques – tous voués très activement au bien-être d'une couche particulière de la société. Leur véritable mission, cependant, est de dégager de gros bénéfices à partir de deux ressources principales : la boisson et les jeux de hasard.

J'ai lu dans un journal que les Australiens sont les plus gros joueurs de la planète. Une des statistiques indiquait que le pays compte moins de un pour cent de la population mondiale mais plus de vingt pour cent des machines à sous. Les Australiens dépensent en jeux de hasard onze milliards de dollars (australiens*) par an, soit deux mille dollars par personne. Je n'avais encore jamais vu quelque chose qui puisse susciter une telle passion pour le risque jusqu'à ce que je mette les pieds dans ce « Monde des Distractions ». C'était immense, éblouissant et incroyablement bien équipé. Les clubs pèsent un poids considérable dans l'économie australienne. Rien qu'en Nouvelle-Galles du Sud, ils emploient soixante-cinq mille personnes, plus que toute autre activité, sans compter les deux cent cinquante mille jobs qui en dépendent plus ou moins directement. La masse salariale des clubs est de plus de deux milliards de dollars, et ils génèrent cinq cents millions de dollars en taxes sur les jeux. Du sérieux, donc ! Et pratiquement tout repose sur un type de machines à sous qu'on appelle les *pokies* **.

Je m'étais préparé à parlementer pour être admis – il s'agissait d'un club, après tout –, mais en fait j'ai appris que tous les clubs australiens vous accordent instantanément le privilège de devenir membre tant ils sont désireux de vous faire partager les plaisirs de leurs pokies. On vous demande seulement de signer un grand registre et voilà, vous entrez !

Promenant sur la foule un regard plein de mansuétude joviale, un homme exhibait un badge proclamant qu'il était Peter Hutton, le directeur. Comme tous les Australiens, il était d'un abord facile et d'un contact agréable. Il s'est fait un plaisir de m'apprendre que son club comptait soixante mille membres et que vingt mille d'entre eux venaient s'y distraire dans les grandes occasions comme les réveillons. Un soir comme aujourd'hui, il devait y avoir deux mille clients. Le club avait des bars, des restaurants, des salles de sport et de spectacle, un espace de jeux pour

* Toutes les sommes de ce livre sont exprimées en dollars australiens, un dollar valant environ 0,55 euro. *(N.d.T.)*

** Ou bandits manchots. *(N.d.T.)*

les enfants, des night-clubs. On s'apprêtait à y construire un complexe cinématographique de treize salles et une crèche pouvant accueillir cinq cents bambins.

– Ça, alors ! ai-je dit, car j'étais vraiment impressionné. Mais alors, c'est le plus grand club de Sydney !

– C'est le plus grand club de tout l'hémisphère Sud, a précisé fièrement Mr Hutton.

Nous avons déambulé dans ce vaste complexe aux néons scintillants. Il y avait des rangées et des rangées de pokies, et devant chacune des machines, juchée sur un tabouret, une silhouette ardemment concentrée était occupée à introduire dans la fente l'argent de l'hypothèque de la maison. Il ne s'agit en réalité que de banales machines à sous, mais elles sont toutes équipées d'une série éblouissante de boutons lumineux avec des effets de flashs clignotants pour vous proposer diverses options : conserver une ligne particulière, doubler votre mise, prendre seulement une partie de vos gains et Dieu sait quoi encore. J'ai observé discrètement plusieurs joueurs sans arriver à comprendre ce qu'ils faisaient à part glisser des pièces dans une machine étincelante en ayant l'air de ne pas s'amuser. Deirdre et Glenn n'étaient pas plus au courant que moi des subtilités de ces pokies. Nous avons introduit deux dollars dans une fente, simplement pour voir ce qui allait se passer, et nous avons reçu aussitôt une récompense de dix-sept dollars. Nous étions fous de joie.

Je suis rentré à mon hôtel comme un gamin ayant passé une journée à la foire – épuisé mais ravi. J'avais survécu aux périls de la mer, j'avais été reçu dans un club aux allures de palais, j'avais participé à un gain de quinze dollars et je m'étais fait deux nouveaux amis. Évidemment, je ne pouvais pas prétendre connaître Sydney mieux que la veille, mais ce jour viendrait. En attendant, j'avais une nuit de sommeil devant moi et un train à prendre le lendemain.

CHAPITRE II

J'ai eu la certitude que l'outback australien allait me plaire le jour où j'ai lu que le désert de Simpson, une étendue plus vaste que bon nombre de pays européens, avait été baptisé ainsi en 1932* pour honorer la mémoire d'un fabricant de machines à laver, un certain Alfred Simpson (en fait Alfred Simpson en avait financé le relevé topographique aérien). Ce qui me touchait, ce n'était pas tellement le côté sympathiquement prosaïque de l'anecdote mais plutôt qu'une région grande comme neuf fois la Belgique ne soit dotée d'un nom que depuis soixante-dix ans. J'ai des parents proches encore vivants qui portent un nom depuis plus longtemps que ce désert.

Mais c'est bien là le problème avec l'outback : ses dimensions sont si vastes que cette terre farouche reste largement inconnue. Le fameux site d'Ayers Rock – aujourd'hui Uluru – n'était connu que de ses seuls gardiens aborigènes il y a à peine plus d'un siècle. Il n'est même pas possible de définir précisément ce qu'est l'outback. Pour les Australiens, tout ce qui est vaguement rural est classé comme bush. Au-delà d'un seuil indéterminé, le bush devient

---

* Selon l'historien australien Geoffrey Blainey, mais en 1929 selon le *National Geographic*. De toute façon, lorsqu'il s'agit de l'Australie, les données sont rarement concordantes. *(N.d.A.)*

l'outback. Parcourez encore environ trois mille kilomètres et l'outback redevient le bush, puis vous tombez sur une ville, et puis c'est l'océan. Et voilà : vous avez traversé l'Australie.

Donc, ce jour-là, en compagnie du photographe Trevor Ray Hart, un charmant jeune homme en bermuda et tee-shirt délavé, je me suis rendu en taxi à la gare centrale de Sydney, une masse de brique imposante dans Elizabeth Street, où, sous des voûtes vénérables et chichement éclairées, notre train nous attendait.

Sur plus de cinq cents mètres, le long du quai en courbe, l'Indian Pacific présentait toutes les caractéristiques promises par la brochure publicitaire : un train parfaitement fuselé, étincelant comme un sou neuf, ronronnant de plaisir à la perspective d'une aventure imminente comme toute machine puissante avant un long voyage. Le wagon G, l'un des dix-sept wagons du train, était placé sous la tutelle d'un contrôleur enjoué prénommé Terry, qui fournissait un peu de couleur locale en ponctuant chacune de ses remarques d'une formule australienne pleine d'optimisme.

Vous avez besoin d'un verre d'eau ?

– *No worries, mate !* Pas de problème, mon pote ! J'y fonce illico !

Vous apprenez la mort de votre mère ?

– *No worries, mate !* C'est bon pour faire pousser les haricots !

Il nous a conduits à nos couchettes, des cabines individuelles situées de part et d'autre d'un étroit couloir lambrissé. Les cabines étaient de taille incroyablement réduite, si réduite même qu'en se penchant on risquait de rester coincé.

– C'est donc ça ? ai-je dit avec un brin de déception dans la voix. Il n'en manque pas un morceau ?

– *No worries !* a répliqué Terry, rayonnant. C'est un peu intime mais il y a tout ce qu'il faut, vous verrez.

Et il avait raison : tout le nécessaire était bien là. La cabine était simplement très compacte, à peine plus grande qu'une armoire classique, mais c'était aussi une merveille d'ergonomie ferroviaire. Elle comprenait un siège confortable, un lavabo et des toilettes escamotables, un placard miniature, une étagère juste assez grande pour y glisser une très petite valise, deux lampes de lecture, deux serviettes propres et un petit nécessaire de toilette. Le mur cachait une étroite banquette-lit qui se dépliait et s'abattait. Ou plus exactement qui s'abattait sur vous comme un cadavre qu'on y aurait planqué à la hâte, ainsi que je devais le constater à mes dépens – tout comme, j'imagine, d'autres passagers naïfs et un peu curieux après être restés un moment perplexes à se dire : « Voyons voir... Je me demande ce qu'il peut bien y avoir derrière cette porte-là ! »

Quoi qu'il en soit, cet intéressant intermède m'a aidé à meubler de façon distrayante la demi-heure précédant le départ du train, le temps que je libère mon appendice nasal des ressorts du sommier.

Le train s'est enfin animé d'une série de vibrations sourdes puis a quitté majestueusement la gare de Sydney Central. Le voyage commençait.

Effectué d'une seule traite, le parcours Sydney-Perth dure trois jours. Cependant, nous avions pour consigne de descendre à Broken Hill, une vieille ville minière, histoire de nous faire une idée de l'outback et de voir ce qui allait nous mordre. Pour Trevor et moi, le voyage comporterait donc deux parties : une nuit de train jusqu'à Broken Hill puis deux jours de traversée de la plaine de Nullarbor. Le train a serpenté sans se presser dans les banlieues de Sydney – Flemington, Auburn, Parramatta, Doonside et Rooty Hill – puis a pris un peu de vitesse en entamant la traversée des montagnes Bleues. Les habitations se sont faites rares, et l'après-midi finissant nous a permis de nous régaler de superbes échappées sur les vallées aux parois abruptes tapissées de brumeuses forêts d'eucalyptus dont les exhalaisons bleutées ont inspiré le nom de ces collines.

Je suis parti explorer le train. Notre domaine, la première classe, comptait cinq wagons-couchettes, un wagon-restaurant dans le style velours cossu qu'on pourrait appeler « bordel fin de siècle », et un salon-bar légèrement plus moderne. Ce dernier était équipé de sièges confortables, d'un comptoir très prometteur, et diffusait une musique douce extraite d'une compilation probablement intitulée : *Chansons que vous avez toujours espéré ne plus jamais entendre.*

Au-delà des premières classes, on tombait dans la section légèrement moins onéreuse, la classe touriste, qui ressemblait beaucoup à la nôtre à l'exception du wagon-restaurant, qui offrait le style cafétéria avec ses tables en plastique sans nappe (apparemment il s'adressait à une clientèle dont les manières à table justifiaient un gros coup d'éponge). La classe touriste se terminait par une porte pleine, fermée à clé, qui interdisait toute communication avec les autres wagons.

– Qu'est-ce qu'il y a par là ? ai-je demandé à la fille du buffet.

– La classe économique, m'a-t-elle répondu en frissonnant.

– Et elle est toujours fermée à clé ?

– Toujours, a-t-elle dit en hochant la tête d'un air grave.

Cette classe économique allait devenir mon obsession. Mais maintenant c'était l'heure du dîner. Le haut-parleur a annoncé le premier service. Ethel Merman beuglait : *« There is no business like show business »* lorsque je suis revenu vers le salon-bar des premières. On peut dire ce qu'on voudra, cette bonne femme a de sacrés poumons.

Sous ses apparences de vénérabilité soigneusement entretenue, l'Indian Pacific n'est qu'un bébé dans l'histoire du rail puisque sa création remonte à 1970, année où l'on a construit une nouvelle ligne à écartement standard pour traverser le pays. Avant cette date, pour des raisons mutiples et variées mais principalement pour d'obscures histoires de rivalités entre États, les voies ferrées australiennes se distinguaient par la diversité de leurs normes. En Nouvelle-Galles du Sud, l'écartement des rails était de quatre pieds huit pouces et demi. Le Victoria avait opté pour la mesure plus confortable de cinq pieds trois pouces. Le Queensland et l'Australie-Occidentale, plus chiches, avaient choisi une norme de trois pieds six pouces, soit une largeur à peine supérieure à celle des trains de nos parcs d'attractions (j'imagine que les passagers devaient voyager avec les jambes hors des fenêtres). L'Australie-Méridionale, plus imaginative, disposait des trois mesures. Trois ou cinq fois au cours du voyage qui les emmenait d'est en ouest, les passagers – et le fret – devaient être débarqués du train pour être réembarqués sur un autre, une opération stupide et fastidieuse. Finalement le bon sens prévalut et on décida de construire une nouvelle ligne. Sa longueur la place au deuxième rang mondial derrière le Transsibérien.

Je sais tout cela parce qu'au dîner Trevor et moi nous sommes retrouvés à la table d'un charmant couple d'un certain âge, Keith et Daphne, de paisibles enseignants originaires du nord du Queensland. Ce voyage représentait une grande dépense pour leurs salaires de profs. Aussi Keith avait-il sérieusement potassé son sujet. Il nous a longuement parlé du train, du paysage, des récents feux de forêt (nous traversions précisément Lithgow, où des centaines d'hectares venaient d'être ravagés par des incendies qui avaient coûté la vie à deux pompiers), mais lorsque j'ai posé la question des Aborigènes (un grand projet de réforme agraire était à la une de l'actualité, justement), il s'est soudain montré évasif et un peu gêné.

– C'est un problème, a-t-il commenté en fixant son assiette.

– Là où j'enseigne, a timidement hasardé Daphne, les parents aborigènes, euh… reçoivent leur allocation chômage puis ils la dépensent immédiatement pour s'acheter de l'alcool et disparaissent dans la nature. Et c'est nous, les enseignants, qui devons… euh…qui devons nourrir leurs enfants. De notre poche. Sinon les gosses n'auraient rien à manger.

– C'est un problème, a répété Keith les yeux toujours fixés sur sa nourriture.

– Mais vous savez, a renchéri Daphne, ce sont des gens adorables, en fait. Du moins… euh… du moins quand ils ne boivent pas.

Et cela a mis fin à la conversation.

Après le dîner, Trevor et moi sommes partis faire un tour dans le salon-bar. Pendant que Trevor allait commander nos boissons au comptoir, je me suis affalé dans un fauteuil pour regarder défiler le paysage dans la lumière du crépuscule. On traversait une région agricole, vaguement aride. Le fond sonore, je le remarquai avec un certain intérêt, avait évolué et on était passé de *Pot-pourri de vos vieilles comédies musicales favorites* à *Jour de fête à la maison de retraite*.

– Très intéressante, cette sélection musicale ! ai-je fait remarquer avec une pointe de sarcasme au couple de jeunes gens qui me faisaient face.

– Oui, charmante ! m'ont-il répondu d'une seule voix enthousiaste.

Refrénant à grand-peine mon envie de hurler, je me suis tourné vers l'homme assis à côté de moi, un monsieur d'âge mûr, l'air instruit et portant costume – ce qui le distinguait immédiatement du reste des passagers, tous en tenue décontractée. Nous avons commencé à parler de choses et d'autres. C'était un avocat de Canberra qui se rendait à Perth pour voir son fils. Comme il me semblait de nature raisonnable et perspicace, je lui ai fait part, en toute confidence, de la petite conversation que j'avais eue avec les deux enseignants du Queensland.

– Ah... les Aborigènes ! a-t-il murmuré en hochant la tête. Gros problème.

– C'est ce que j'ai cru comprendre.

– Il faudrait tous les pendre, tous, jusqu'au dernier.

Interloqué, je me suis tourné pour bien le regarder : il semblait au bord de l'apoplexie.

– Il faudrait tous les pendre, ces salauds, a-t-il répété, les mâchoires tremblantes.

Puis, sans rien ajouter, il s'est levé et a pris congé.

Les Aborigènes, me suis-je dit, voilà un sujet qui mérite d'être exploré. Mais je me suis promis de limiter dorénavant mes conversations à des sujets d'ordre général – le temps, le paysage, la musique populaire – jusqu'à ce que j'en sache plus dans ce domaine.

Un des gros avantages, un peu évident, du wagon-lit sur la chambre d'hôtel, c'est que le paysage change tout le temps. En me réveillant le lendemain matin, j'ai découvert un tout nouveau décor : terre rouge, végétation de broussailles, ciel immense sur un horizon infini interrompu de loin en loin par la silhouette squelettique d'un eucalyptus. La vue encore embrumée, j'ai tout de même réussi à apercevoir, depuis mon perchoir exigu, un couple de kangourous surpris par le train : ils bondissaient au premier plan. Un grand moment d'émotion. Plus de doute : désormais j'étais vraiment en Australie !

Il était à peine huit heures lorsque nous sommes arrivés à Broken Hill, où nous avons débarqué, encore ensommeillés. Il y régnait une chaleur suffocante, le genre de touffeur qui vous frappe lorsque vous ouvrez la porte du four pour vérifier la cuisson de la dinde. Sur le quai nous étions attendus par Sonja Stubing, une charmante jeune femme de l'office de tourisme local. Elle avait été chargée de nous accueillir pour nous conduire à l'agence de location où une voiture avait été réservée pour notre tournée dans l'outback.

– La température atteint combien de degrés par ici ? lui ai-je demandé pantelant.

– Le record est de quarante-quatre degrés.

Il m'a fallu un moment de réflexion.

– Donc cent dix-huit degrés Fahrenheit, non ?

Elle a approuvé d'un hochement de tête avant de dire :

– Hier, il faisait quarante-deux.

Nouveau rapide calcul mental : cent sept degrés.

– C'est chaud !

– Oui. Trop chaud.

Broken Hill est une adorable petite ville, bien proprette, avec un air de prospérité joyeuse. Malheureusement, ce n'était pas ce que nous recherchions. Nous étions en quête du véritable outback, un endroit où les hommes sont de vrais hommes et où les moutons savent se tenir à leur place. À Broken Hill il y avait des cafés, une librairie, des agences de voyages proposant des offres alléchantes de séjours à Bali ou à Singapour. On jouait même une pièce de Noel Coward au centre culturel. Ce n'était pas l'outback. C'était la province anglaise avec le thermostat poussé à fond.

Les choses ont commencé à s'arranger quand nous sommes arrivés chez Len Vodic, location de voitures, où nous attendait un 4 x 4 réservé pour notre balade de deux jours dans le désert torride. Len, le patron de la boîte, était un petit gars sec et nerveux, énergique et amical, qui donnait l'impression d'avoir passé chaque jour de sa vie en plein air et à la dure. S'installant d'un bond au volant, il nous a gratifiés d'un de ces topos précis et rapides que l'on destine habituellement aux gens intelligents, susceptibles de comprendre ce genre de discours. Le tableau de bord présentait une gamme étourdissante de cadrans, interrupteurs, jauges et autres boutons variés. Les rares moments où j'ai essayé de suivre ce que nous débitait Len donnaient quelque chose de ce style :

– Bon, alors ! Supposez que vous êtes ensablés et obligés d'augmenter le différentiel du côté droit : vous poussez le levier dans ce sens, pour choisir un rapport surmultiplié hyperdrive entre douze et vingt-sept. Puis vous actionnez les ailerons en enclenchant les deux moteurs de poussée, mais pas le gauche, hein ! Faites gaffe, c'est vachement important ! Quoi qu'il arrive, surveillez bien vos jauges et ne dépassez jamais cent quatre-vingts degrés au combustulateur, sinon tout vous pètera à la figure et vous resterez en carafe.

Ayant sauté du véhicule, Len nous a tendu les clés.

– Je vous ai mis vingt-cinq litres de gasoil dans les jerricans à l'arrière. Ça devrait suffire si vous vous égarez.

Puis, nous ayant examinés plus attentivement, il a ajouté :

– Je vais vous en mettre deux de plus.

– Tu as compris ce qu'il disait ? ai-je murmuré à Trevor, alors que Len s'éloignait.

– Plus rien après : « Vous mettez la clé dans la serrure de contact. »

J'ai appelé Len :

– Qu'est-ce qui se passe si on reste en carafe ?

– Ben, vous mourrez, cette question !

Non, il n'a pas dit ça, bien sûr, c'est moi qui l'ai pensé. J'avais lu des tas de récits sur des gens égarés ou ensablés dans l'outback, par exemple la mésaventure arrivée à l'explorateur Ernest Giles. Le malheureux avait passé des jours à errer, à demi mort de faim, sans une goutte d'eau, avant de rencontrer un bébé wallaby tombé accidentellement de la poche maternelle. « Je lui ai bondi dessus, relate Giles dans ses Mémoires, et je l'ai dévoré vivant, tout cru, encore palpitant – les poils, la peau, les os, la cervelle et tout. »

Et là je ne vous cite qu'une histoire qui finit bien. Non, croyez-moi, il vaut mieux éviter de se perdre dans l'outback.

J'en ai eu un petit exemple qui m'a donné des frissons précurseurs lorsque Sonja s'est mise à pousser des cris d'enthousiasme en apercevant une araignée à nos pieds :

– Eh ! les gars, regardez ! Une dos-rouge !

Une araignée à dos rouge, pour ceux qui ne le sauraient pas, c'est la mort à huit pattes. Tandis que Trevor et moi essayions de grimper dans les bras l'un de l'autre avec des petits cris d'effroi, elle a saisi la bestiole du bout des doigts pour nous la mettre sous le nez en pouffant de rire.

– Pas de panique ! Elle est morte.

Nous avons lancé un regard prudent vers la chose qu'elle nous présentait, une inoffensive araignée avec une petite marque distinctive en forme de sablier sur le dos. Il semblait difficile de croire qu'une bestiole si minuscule puisse vous infliger des souffrances aussi rapides et abominables. Mais ne vous y trompez pas : une seule morsure des petites mâchoires vicieuses de l'araignée à dos rouge peut entraîner en quelques minutes « des convulsions de douleur, une abondante sécrétion de tous les fluides corporels et éventuellement, en l'absence de secours médical rapide, la mort du sujet. » Je cite textuellement les manuels.

– Mais vous avez peu de chances de voir des dos-rouges par ici, a-t-elle repris d'un ton rassurant. Dans ce coin, on a plutôt des serpents…

Deux paires de sourcils interrogateurs la pressaient d'en dire plus.

– Oui, a-t-elle poursuivi en hochant la tête d'un air entendu. Le serpent brun commun, l'aspic vol-au-vent occidental, la vipère tétanos des terres orientales, le cobra saute-au-paf, l'orvet faiseur de veuves…

Bon, je cite de mémoire mais je vous garantis que la liste était longue.

– Remarquez, faut pas vous biler, a-t-elle conclu. La plupart des serpents ne vous feront aucun mal. Si vous vous trouvez dans le bush face à l'un d'eux, arrêtez-vous net et laissez-le passer tranquillement sur vos chaussures.

Personnellement, au palmarès des « conseils les moins susceptibles d'être suivis » j'accorde le premier prix à celui-là.

Notre nouvelle ration de gasoil chargée, nous avons grimpé à bord de notre véhicule et, dans un grincement d'embrayage, avec une ou deux embardées de rodéo et un salut amical, mais involontaire, exécuté avec nos balais d'essuie-glaces, nous avons pris la route.

Notre itinéraire devait nous conduire à Menindee, à cent dix kilomètres à l'est, où nous étions attendus par un homme du nom de Steve Garland. Le trajet a été assez décevant : certes le pays était horriblement chaud et d'une beauté impressionnante (on a eu l'occasion d'apercevoir notre premier *willy-willy*, une sorte de tourbillon de poussière d'une trentaine de mètres de haut qui a traversé les plaines interminables sur notre gauche), mais toute l'aventure s'est résumée à cela. La route venait d'être goudronnée et était assez fréquentée. Lorsque Trevor s'est arrêté pour prendre quelques photos, j'ai eu largement le temps de compter quatre voitures. En cas de panne, nous n'aurions pas attendu plus de quelques minutes avant d'être secourus.

Menindee est un modeste hameau au bord de la rivière Darling. On y trouve deux rues bordées de bungalows écrasés de soleil, un poste à essence, deux boutiques et le motel Burke & Wills (du nom de deux explorateurs du XIXe siècle qui se sont, comme il se doit, perdus dans cet implacable outback) et le Maidens Hotel, qui jouit d'une certaine notoriété car c'est là qu'en 1860 ces mêmes Burke et Wills ont passé leur dernière nuit dans le monde civilisé avant de marcher vers le destin fatal qui les attendait dans les espaces arides du Nord.

Nous avons retrouvé Steve Garland au motel, et pour fêter notre voyage sans incident et notre récente découverte de l'existence d'une cinquième vitesse, nous avons traversé la rue afin de nous joindre au joyeux brouhaha du Maidens Hotel. Le très long comptoir était bordé d'un bout à l'autre d'une ligne d'hommes basanés en shorts et débardeurs auréolés de sueur, portant des chapeaux de cuir à larges bords. On avait tout à coup l'impression de pénétrer sur le tournage d'un nouvel épisode de *Crocodile Dundee*. Voilà qui était mieux !

– Alors c'est par quelle fenêtre qu'on éjecte les cadavres ? ai-je demandé à l'aimable Steve, certain que mon ami Trevor aimerait probablement préparer ses objectifs pour ce moment crucial.

– Oh ! ça ne se passe pas du tout comme ça par ici. La vie dans l'outback n'est pas aussi brutale que les gens se l'imaginent ! En fait, c'est tout à fait civilisé.

Et Steve de promener un regard affectueux sur l'assistance et d'échanger quelques saluts amicaux avec deux individus d'allure louche.

Steve Garland était autrefois photographe professionnel à Sydney, puis il avait suivi sa compagne, Lisa Menke, lorsqu'elle avait été nommée responsable du parc national de Kinchega, dans les environs. Il avait alors trouvé du travail comme directeur du développement et du tourisme régional. Son domaine couvrait un territoire de soixante-sept mille kilomètres carrés pour seulement deux mille cinq cents habitants. Le grand défi, pour lui, c'était de convaincre les autochtones, sceptiques, qu'il existait de par le monde des individus prêts à payer très cher pour passer leurs vacances dans un endroit immense, aride, sans aucun site célèbre, et chaud comme l'enfer.

L'autre défi consistait à trouver précisément ces individus-là.

Entre le soleil implacable et leur isolement, les habitants de l'outback ne sont pas toujours très doués pour la communication. Un commerçant du coin à qui un touriste souriant demandait où se trouvait le meilleur endroit pour pêcher aurait répondu, après avoir dévisagé, incrédule, son interlocuteur :

– Ben, dans la rivière, tiens, c'te blague !

Garland s'est contenté de sourire lorsque je lui ai rapporté l'anecdote, en concédant qu'il était parfois difficile de faire admettre à ses concitoyens les potentialités d'un développement touristique dans la région. Puis il nous a demandé si nous avions fait bonne route. Je lui ai répondu que je m'étais attendu à trouver le trajet nettement plus sportif.

– Attendez de voir demain ! a-t-il lancé.

Il avait raison. Le lendemain nous sommes partis en miniconvoi – Steve et sa compagne dans une voiture, Trevor et moi derrière – pour aller à White Cliffs, une vieille cité de mines d'opale, à deux cent cinquante kilomètres au nord. À un kilomètre de Menindee, l'asphalte de la route faisait place à une chaussée de terre durcie, criblée de nids-de-poule ou d'ornières, offrant tous les aspects de la tôle ondulée et donnant l'impression de circuler sur des traverses de chemin de fer.

Nous avons progressé en cahotant pendant des heures, soulevant d'énormes nuages de poussière rouge dans notre sillage, au milieu d'un paysage torride et éblouissant, sur des plateaux désertiques ponctués de buissons d'arroches et de spinifex, avec, çà et là, quelques rares térébinthes et un malheureux eucalyptus fatigué. Le bord de la route était parsemé de cadavres de kangourous, et nous eûmes l'occasion de voir un *goanna*, sorte de gecko géant et très laid, en train de se prélasser au soleil. Dieu sait comment des créatures peuvent survivre dans cette chaleur et cette sécheresse ! Certains lits de rivière n'ont pas reçu une seule goutte d'eau depuis quinze ans.

Il a fallu très longtemps aux pionniers européens pour s'accoutumer à l'incroyable vide de ce pays et à l'aridité frustrante de ce gros continent. Les premiers explorateurs, persuadés qu'ils finiraient par découvrir un véritable système hydrographique – ou même une mer intérieure –, emportaient des barques dans leur expédition. Thomas Mitchell, qui dans les années 1830 explora d'énormes étendues dans l'ouest de la Nouvelle-Galles du Sud et le nord du Victoria, s'était muni de deux canoés de bois qu'il traîna sur cinq mille kilomètres de broussailles sans jamais leur faire toucher l'eau une seule fois, tout en refusant jusqu'au bout de se défaire de l'un d'eux. « Je n'ai pas pu me résoudre à abandonner ces accessoires indispensables à toute exploration, bien que ces bateaux et leur transport aient été une grande source de gêne pour notre groupe », conclut dans son journal, après sa troisième expédition, cet homme doué d'un talent certain pour la litote.

Les récits des premières expéditions permettent de constater à quel point les explorateurs novices étaient à côté de la plaque. En 1802, durant l'un de ses premiers voyages, le lieutenant Francis Barrallier qualifie une température de vingt-sept degrés de « chaleur suffocante ». On peut raisonnablement en déduire qu'il venait seulement d'arriver ! Pendant des jours, ses hommes ont vainement essayé d'abattre des kangourous avant de comprendre qu'ils auraient plus de chances s'ils ôtaient leur casaque rouge vif. En sept semaines ils réussirent à parcourir deux cents kilomètres, soit une moyenne de quatre kilomètres par jour.

Expédition après expédition, on retrouve la même incompétence, à la limite du comique, lorsqu'il s'agit de prévoir avec un brin de bon sens l'approvisionnement. En 1817, John Oxley, géomètre de la Couronne, organisa un périple de cinq mois pour explorer les rivières Lachlan et Macharie en se munissant seulement de cent cartouches – soit moins d'un coup de fusil par jour – et en emportant seulement quelques fers à cheval et clous de rechange. Cet amateurisme fascinait littéralement les Aborigènes qui venaient les observer. « Nos perplexités sont pour eux une intarissable source d'amusement et de moqueries », rapporte tristement un témoin.

C'est dans cette tradition que devait s'inscrire la malheureuse odyssée de Burke et Wills, devenus – et de loin ! – les plus célèbres de tous les explorateurs australiens, ce qu'on peut trouver un peu curieux puisque leur expédition n'a rien découvert de neuf, a coûté une fortune et s'est terminée en tragédie. Leur but était assez simple : tracer une route qui relierait Melbourne, sur la côte sud, au golfe de Carpentarie, sur la côte nord. À l'époque, Melbourne était une ville bien plus peuplée que Sydney. C'était même une des villes les plus importantes de l'Empire britannique. Mais elle restait terriblement isolée. Envoyer un courrier à Londres et recevoir une réponse prenait bien quatre mois, parfois davantage.

Vers 1850, l'Institut philosophique de l'État de Victoria décida donc de financer une expédition qui devrait trouver un passage à travers cet « épouvantable vide », comme on nommait alors poétiquement l'intérieur des terres, afin de permettre l'installation d'une ligne télégraphique reliant l'Australie à l'Indonésie, puis de là au reste du monde. On choisit comme chef un officier de police irlandais, un certain Robert O'Hara Burke, qui de sa vie n'avait jamais mis les pieds dans l'outback, qui était réputé se perdre même à Dublin et qui ne connaissait rien au monde de la science ou de l'exploration. Le topographe serait William John Wills, dont les principales qualifications semblent avoir été une origine très respectable et son désir de partir là-bas. Un des atouts les plus remarquables de ces deux gentlemen étaient de posséder un visage orné d'un système pileux exceptionnel.

Même si, à l'époque, une expédition vers l'intérieur n'était pas une nouveauté, celle-ci enflamma l'imagination populaire. Des dizaines de milliers de supporters étaient massés le long de la route à la sortie de Melbourne lorsque, le 19 août 1860, la « grande expédition vers les terres du Nord » quitta la ville. Ce convoi était si important et si difficile à gérer qu'il lui fallut la moitié de la journée simplement pour s'ébranler. Parmi les objets que Burke avait jugés indispensables, on trouvait un gong chinois, un meuble contenant tout le nécessaire pour rédiger une correspondance, une lourde table avec tabourets assortis et un matériel pour l'entretien des montures d'une qualité suffisante « pour préparer les chevaux et les chameaux à un concours agricole », selon les mots de l'historien Glen McLaren*.

Dès le départ, il y eut des dissensions parmi les hommes. Quelques jours plus tard, six personnes avaient déjà déclaré forfait, et la route de Menindee se retrouva jonchée de provisions jugées inutiles, y compris près de sept cent cinquante kilos (je dis bien sept cent cinquante kilos) de sucre. Les organisateurs réussirent à avoir faux sur toute la ligne. Pour commencer, en dépit de toutes les recommandations, ils avaient programmé l'aventure de façon à ce que la partie la plus pénible du voyage se déroule en plein été. Chargés comme ils l'étaient, il leur fallut presque deux mois pour parcourir les six cent cinquante kilomètres de piste bien tracée jusqu'à Menindee. Une lettre partie de Melbourne y parvenait généralement en deux semaines. À Menindee, ils se prélassèrent dans le confort relatif du Maidens Hotel, reposèrent

* *Beyond Leichhardt : Bushcraft and the Exploration of Australia*, Fremantle, Fremantle Arts Centre Press, 1996. *(N.d.T.)*

leurs chevaux et réorganisèrent leur chargement. Puis, le 19 octobre, ils s'enfonçèrent dans un vide encore plus épouvantable que prévu. Devant eux s'étendaient deux mille kilomètres de terres meurtrières. Burke et Wills n'en reviendraient pas vivants.

Leur progression dans le désert se révéla longue et difficile. En décembre, arrivés à un endroit baptisé Cooper's Creek, juste de l'autre côté de la frontière du Queensland, ils calculèrent qu'ils n'avaient progressé que de six cent cinquante kilomètres. Exaspéré, Burke décida de prendre avec lui trois hommes – Wills, Charles Gray et John King – pour foncer vers le golfe de Carpentarie. En voyageant léger, selon lui, il pourrait faire l'aller-retour en deux mois. Il laissa quatre hommes au camp de base, avec pour instruction d'attendre trois mois.

La progression du petit groupe fut bien plus pénible qu'il ne l'avait imaginé. Dans la journée, les températures montaient jusqu'à soixante degrés. Les hommes mirent deux mois – et non un – pour traverser l'intérieur des terres, et lorsqu'ils arrivèrent enfin, ce fut une déception : une épaisse ceinture de palétuviers les empêchait d'atteindre ou même d'apercevoir la mer. N'empêche, ils avaient tout de même effectué la première traversée du continent. Malheureusement, ils avaient aussi consommé les deux tiers de leurs provisions.

Comme on pouvait le prévoir, ils se trouvèrent à court de nourriture pendant leur voyage de retour et manquèrent mourir de faim. À leur grande consternation, Charles Gray, le plus solide gaillard de l'équipe, décéda brutalement. En haillons et à demi délirants, les trois survivants poursuivirent leur route. Finalement, lorsque dans la soirée du 21 avril 1861 ils atteignirent en titubant le camp de base, ce fut pour découvrir que leurs compagnons étaient partis ce même jour après les avoir attendus quatre mois.

Gravé sur le tronc d'un *coollibah* *, ils trouvèrent ce message :

CREUSEZ
3 PIEDS N.O.
21 avr. 1861

Ils creusèrent et découvrirent quelques maigres rations de survie et un message leur annonçant, douloureuse évidence, que les hommes du camp de base les avaient attendus et étaient repartis. Désespérés et épuisés, ils dévorèrent la nourriture et s'étendirent pour la nuit. Au matin, ils rédigèrent un court message annonçant leur retour et ils l'enfouirent soigneusement dans la même cache, si soigneusement en fait que lorsqu'un membre de l'équipe de base revint pour jeter un dernier coup d'œil ce jour-là, il ne put se rendre compte que les trois malheureux étaient revenus et repartis. S'il avait pu le savoir, il les aurait découverts pas très loin, se traînant péniblement sur le sol caillouteux dans l'espoir désespéré d'atteindre un avant-poste de police à près de deux cent cinquante kilomètres de là, un endroit appelé Mount Hopeless (Mont Sans Espoir)

Burke et Wills moururent dans le désert bien avant de gagner Mount Hopeless. John King fut sauvé par des Aborigènes qui le soignèrent pendant deux mois, jusqu'à ce qu'une mission de secours le retrouve.

À Melbourne, cependant, tout le monde attendait le retour triomphal de nos héros, aussi la nouvelle de ce fiasco tomba-t-elle comme un coup de tonnerre. « Un groupe entier d'explorateurs s'est évanoui dans la nature, commenta un journaliste de l'*Age*, absolument sidéré. Certains sont morts, d'autres sur le chemin du retour, l'un est arrivé à Melbourne, l'autre

* Sorte d'eucalyptus. *(N.d.T.)*

à Adélaïde... Toute cette odyssée n'a été qu'une longue suite d'erreurs d'un bout à l'autre. »

Quand on fit le bilan des dépenses, y compris celles de l'expédition destinée à récupérer les corps de Burke et Wills, on arriva au chiffre de soixante mille livres sterling, plus que n'avait coûté la totalité des expéditions de Stanley en Afrique.

De nos jours encore, le vide de la majeure partie de l'Australie reste époustouflant. Le paysage que nous traversions maintenant n'était déclaré officiellement que « semi-désertique », mais c'était franchement le plus pelé que j'aie jamais vu. Tous les vingt ou vingt-cinq kilomètres, une petite piste poussiéreuse et une boîte aux lettres solitaire signalaient l'existence d'un élevage de bovins ou de moutons avec une ferme invisible. À un moment, un petit camion nous a croisés à fond la caisse en nous balançant sur la carrosserie quelques tonnes de graviers et une bonne couche de terre rouge, mais la seule chose vivante restait les incessantes vibrations transmises via les moyeux de nos roues par la surface en velours côtelé de la route. À notre arrivée à White Cliffs, nous avions l'impression d'avoir passé la journée dans une bétonnière.

En découvrant la ville aujourd'hui, on a du mal à croire que White Cliffs, ce petit pâté de maisons rassemblées sous un ciel bleu roi, a été autrefois une ville active avec une population frôlant les quatre mille cinq cents âmes, possédant un hôpital, une bibliothèque et un petit centre commercial prospère offrant épiceries, hôtels, restaurants, bordels et maisons de jeux. Aujourd'hui, le centre de White Cliffs se résume à un pub, une laverie automatique, un magasin vendant des opales et une épicerie-café-pompe à essence. La population permanente ne dépasse pas les quatre-vingts habitants, qui survivent tant bien que mal dans ce monde de canicule et de poussière. Si vous cherchez un jour des volontaires pour une expédition sur Mars, vous saurez où vous adresser !

À cause de la chaleur, la plupart des maisons sont enfouies dans deux collines blanches qui ont donné son nom à la localité. La plus ambitieuse de ces maisons – et aussi l'attraction principale qui attire des touristes venus de loin – est le Dug-Out Underground Motel, un complexe hôtelier de vingt-six chambres creusé dans la pierre de Smith's Hill. Quand on déambule dans ce réseau de tunnels et de grottes, on se croirait transporté dans un des premiers films de James Bond où les fidèles agents de SMERSH se préparent à prendre possession du monde en faisant fondre l'Antarctique ou en capturant la Maison-Blanche au moyen d'un aimant géant. L'avantage de s'enterrer dans ces flancs de colline vous apparaît à la minute où vous y pénétrez : on y bénéficie d'une température constante de vingt degrés tout au long de l'année. Les chambres y sont très sympathiques et presque banales, mis à part le fait que les murs et le plafond dépourvus d'ouverture leur donnent des allures de grottes. Lorsqu'on éteint la lumière, il y règne un profond silence et une obscurité totale.

Je ne sais pas combien de fric vous auriez dû me proposer pour me persuader de devenir résident permanent de White Cliffs – sûrement pas loin du milliard, j'imagine –, mais ce soir-là, assis dans les superbes jardins en terrasses du motel en compagnie de Leon Hornby, le propriétaire, dégustant une bière fraîche et admirant le crépuscule naissant, j'aurais été prêt à vous faire un petit rabais. Je m'apprêtais à demander à Leon, citadin d'origine, ce qui avait bien pu le pousser, lui et sa charmante épouse Marge, à venir s'installer dans ce trou perdu où la moindre course au supermarché implique un aller-retour de six heures sur une piste défoncée, mais avant que je puisse ouvrir la bouche, il s'est produit quelque chose de tout à fait extraordinaire. Une bande de kangourous a surgi dans la plaine et s'est mise à brouter de façon fort pittoresque tandis que le soleil se posait sur la ligne d'horizon, tel un accessoire de théâtre manœuvré par un fil. L'immensité du ciel s'est alors trouvée envahie de couches multicolores – rose étincelant et mauve profond veinés de bandelettes du plus pur écarlate –, et ce à une échelle qu'on a peine à imaginer, puisque sur les dizaines de kilomètres de désert qui nous faisaient face rien ne venait interrompre ce panorama grandiose. Jamais, je crois, je n'avais vu de coucher de soleil plus extraordinairement éclatant.

– Je suis arrivé ici il y a trente ans dans le but de construire des réservoirs pour les moutons, a poursuivi Leon comme s'il avait anticipé ma prochaine question, sans la moindre intention d'y rester. Mais, vous voyez, c'est un coin qui finit par vous séduire. Je trouverais difficile aujourd'hui de me passer de ces couchers de soleil, par exemple.

J'ai approuvé d'un hochement de tête, puis Leon nous a quittés pour aller répondre au téléphone.

– C'était encore plus beau autrefois, il y a longtemps, a remarqué Lisa, la compagne de Steve. Mais il y a eu surpâturage.

– Ici ou partout ?

– Partout… enfin, presque. Et puis le pays a connu une terrible sécheresse en 1890. On prétend que le sol ne s'en est pas remis et ne s'en remettra probablement jamais.

Plus tard dans la soirée, Steve, Trevor et moi avons descendu la colline pour aller au White Cliffs Hotel, l'auberge locale, et l'attrait de cette petite ville m'est devenu encore plus évident. J'ai rarement rencontré un pub aussi sympa que le White Cliffs. Pas pour son esthétique, car les pubs de l'Australie rurale sont presque toujours des lieux austères et sans fioritures avec lino, meubles en formica et frigos vitrés, mais pour son ambiance conviviale et chaleureuse. Le mérite en revient pour l'essentiel à son propriétaire, Graham Wellings, un petit homme jovial possédant une poignée de main énergique, une coiffure style « idole-des-jeunes » et le don de vous persuader qu'il s'est installé ici dans le seul espoir de vous y voir débarquer un jour.

Je lui ai demandé ce qui l'avait amené à White Cliffs.

– J'étais tondeur de moutons itinérant, m'a-t-il expliqué. Je suis arrivé ici en 1959 pour tondre les moutons et je n'en suis jamais reparti. À l'époque c'était bien plus isolé que maintenant. On mettait huit heures pour venir de Broken Hill, tellement les routes étaient mauvaises. Maintenant on fait le trajet en trois heures, mais en ce temps-là la piste était de la vraie tôle ondulée, sur tout le parcours. On arrivait en mourant d'envie de se taper une bonne bière fraîche, mais naturellement il n'y avait pas encore de frigos. La bière, on la buvait à la température du bar, et dans le bar il faisait quarante-deux. Parce qu'il n'y avait pas d'air conditionné non plus, évidemment. Pas d'électricité du tout, d'ailleurs, sauf si on avait un générateur.

– Vous avez l'électricité depuis quand, à White Cliffs ?

Il a réfléchi un moment.

– 1993.

J'ai cru avoir mal entendu.

– Quand ?

– Ça fait cinq ans environ. Et maintenant on a aussi la télé, a-t-il ajouté avec enthousiasme. On me l'a installée il y a deux ans.

Il a saisi une télécommande qu'il a dirigée vers un poste fixé au mur. Après avoir attendu que l'image apparaisse, il nous a fait la démonstration des trois chaînes en se tournant vers nous avec une expression qui anticipait notre étonnement admiratif.

J'ai parcouru des pays où les gens se déplacent en

charrette et font les foins à la fourche, des pays où le PNB par habitant ne suffirait pas à vous offrir un seul week-end dans un Holiday Inn, mais jamais encore on ne m'avait invité à considérer comme miraculeuse la présence d'un téléviseur.

Graham a éteint le poste puis posé la télécommande sur une étagère comme s'il s'agissait d'une précieuse relique.

– Ouais ! a-t-il conclu, pensif. C'était un autre monde !

Et ça l'est toujours, me suis-je dit.

[illegible]

La ville de Broken Hill a connu des jours difficiles elle aussi. Même à l'échelle de l'Australie, elle est vraiment loin de tout : à [illegible] cent kilomètres d

CHAPITRE III

Le lendemain matin, Steve et Lisa nous ont escortés sur la piste peu fréquentée qui relie White Cliffs à la route goudronnée de Wilcannia. Là, nous nous sommes quittés : eux pour reprendre à l'est vers Menindee, Trevor et moi pour rejoindre Broken Hill au bout de cent quatre-vingt-dix-sept kilomètres d'une route droite et vide.

Nous disposions d'un après-midi à Broken Hill, assez pour visiter quelques sites touristiques. Nous avons poussé jusqu'à Silverton, une ex-ville minière autrefois animée, aujourd'hui pratiquement à l'abandon. On y a conservé cependant un grand pub, réputé être le pub le plus photographié et le plus filmé de toute l'Australie. Il n'a rien de vraiment spécial mais c'est là son grand atout : donner toutes les apparences d'un vieux pub planté au milieu du désert, tout en étant confortablement proche des climatiseurs de Broken Hill. Il a servi de décor dans cent quarante-deux films – dont *A Town Like Alice* et *Mad Max 2* – et figure dans presque toutes les publicités pour bières australiennes. De toute évidence, l'établissement ne survit que grâce à la clientèle des touristes et des équipes de tournage.

La ville de Broken Hill a connu des jours difficiles, elle aussi. Même à l'échelle de l'Australie, elle est vraiment loin de tout – à douze cents kilomètres de

Sydney, la capitale de l'État, où se prennent les décisions – et ses habitants ont une tendance bien compréhensible à se sentir oubliés. Dans les années 1950, la ville comptait encore trente-cinq mille habitants, contre vingt-trois mille seulement de nos jours. Son histoire a commencé en 1885, lorsqu'un pionnier vérifiant les clôtures tomba par hasard sur un filon d'argent, de zinc et de plomb aux dimensions somptueuses. Du jour au lendemain, pratiquement, Broken Hill devint une ville champignon qui donna naissance, dans la foulée, à la Broken Hill Proprietary Ltd, une puissante compagnie qui demeure le géant de l'industrie minière australienne.

À l'époque de sa grande gloire, en 1893, Broken Hill s'enorgueillissait de seize mines qui faisaient vivre huit mille sept cents mineurs. Aujourd'hui ne subsiste plus qu'une seule mine employant sept cents mineurs. Il est à noter, cependant, que cette seule et unique mine produit plus de minerai que les seize mines réunies au plus fort de leur production. Mais au lieu des milliers d'hommes rampant jadis dans des boyaux étroits, une poignée d'ingénieurs creuse aujourd'hui à coups d'explosifs des grottes de la hauteur d'une cathédrale et de la taille d'un terrain de football. Puis ils attendent que la poussière ait fini de retomber et leurs oreilles de bourdonner avant d'expédier quelques gars sur des bulldozers géants pour racler tout le minerai. C'est d'une telle efficacité qu'on prévoit dans une dizaine d'années l'épuisement des filons. Ce qu'il adviendra alors de Broken Hill, personne n'en a la moindre idée.

En attendant, c'est une charmante petite ville. Sa prospérité rappelle certaines scènes des films américains des années 1940, avec James Stewart et Deanna Durbin en couple vedette. La rue principale est bordée de petits bâtiments élégants dans un style victorien modestement exubérant.

En quête de rafraîchissements, Trevor et moi

sommes entrés dans un de ces nombreux hôtels imposants – et je crois utile de préciser qu'en Australie le terme « hôtel » peut signifier auberge, ou pub, ou à la fois pub et auberge – qui se trouvent quasiment à chaque coin de rue. Celui-ci portait le nom de Mario's Palace Hotel* et semblait vraiment impressionnant vu de l'extérieur : il couvrait à lui seul un pâté de maisons et était entouré d'un très large balcon aux ferronneries élaborées. Mais vu de l'intérieur il était sombre et sentait le renfermé. Le bar semblait ouvert (une télé était branchée, son coupé) et il y avait de la lumière au comptoir, mais sans personne pour vous servir ni aucun signe de vie à la ronde. Du bar on apercevait plusieurs grandes pièces – une ou peut-être même deux salles de bal, une salle de restaurant – qui donnaient toutes l'impression d'avoir été peintes à grands frais en 1953 sans avoir jamais été utilisées. Une des portes menait à un grand escalier. Du sol au plafond, que l'on pouvait apercevoir trois étages plus haut, les murs étaient couverts de panneaux enchâssés dans du bois, et tous – il y en avait un nombre considérable – avaient été ornés de peintures dont certaines atteignaient plusieurs mètres de haut. Il s'agissait pour l'essentiel de paysages idylliques et romantiques, avec des kangourous se désaltérant dans l'onde pure d'une mare (*billabong*) ou de pittoresques *swagmen* ** rassemblés à l'ombre d'un coolibah solitaire. Toutes ces fresques étaient indéniablement kitsch mais tout à fait charmantes, et témoignaient d'un réel talent. Presque involontairement, nous nous sommes retrouvés en train de gravir silencieusement les étages, captivés par ces images.

– Pas mal, hein ? nous a lancé une voix au bout d'un moment.

---

* Là fut tourné une scène de *Priscilla, folle du désert. (N.d.T.)*

** Ouvrier agricole itinérant, personnage récurrent de l'imagerie australienne. *(N.d.T.)*

Nous nous sommes retournés : un jeune homme nous observait du bas de l'escalier, pas choqué le moins du monde, semblait-il, par notre intrusion au cœur de son établissement. Il s'essuyait les bras avec un torchon comme s'il venait de finir un gros travail tel que le nettoyage d'un chaudron.

– C'est un Abo qui les a faites, un nommé Gordon Waye. Un drôle de gus. Sans brouillon, ni plan, ni rien. Il prenait seulement ses couleurs et son pinceau, et il se mettait à peindre, comme ça ! Et à la fin de la journée il y avait un panneau de plus. Alors il demandait son fric au patron et il partait *walkabout*. Disparaissait dans la nature, vous comprenez ? Un peu plus tard, deux semaines ou un mois après, le voilà qui réapparaissait, et il en peignait un autre, ramassait son fric et se barrait, et ainsi de suite jusqu'à ce qu'il ait tout peint. Alors là il a disparu pour de bon.

– Et qu'est-il devenu ?

– Pas la moindre idée. Personne n'en sait rien. Et vous, les gars, vous venez d'où ?

– États-Unis et Grande-Bretagne, ai-je dit, avec le geste indicatif correspondant.

– Pas la porte à côté, hé ? Une bière bien fraîche serait pas de refus, j'imagine.

Il nous a précédés au bar et offert deux verres de Victoria Bitter.

– Charmant hôtel, ai-je déclaré machinalement.

Il m'a regardé, vaguement sceptique :

– Ben, il est à vous si vous voulez. Il est à vendre.

– Ah oui ? Et combien ?

– Un million sept cent cinquante mille dollars.

Il m'a fallu un moment pour digérer le chiffre.

– Une sacrée somme !

Il a hoché la tête.

– Ouais ! Vachement plus que ce que les gens peuvent casquer par ici, c'est sûr.

Puis il a disparu en emportant une caisse de bière.

Nous aurions aimé lui poser d'autres questions et

commander d'autres bières, mais nous ne l'avons plus revu.

Le lendemain nous avons pris l'Indian Pacific bihebdomadaire pour Perth. Dans les délices de l'air conditionné du wagon-bar, Trevor et moi avons étalé une carte d'Australie et découvert à notre grande stupéfaction que notre virée de deux jours dans l'outback – toutes ces heures au volant – ne représentait qu'une infime partie de sa superficie, en fait à peine un confetti. Il nous restait encore plus de trois mille kilomètres à parcourir avant d'atteindre Perth. On n'avait plus qu'à se reposer et à profiter pleinement du voyage.

Après la chaleur et la poussière de l'outback, j'étais heureux de retrouver l'univers propre et bien réglé de notre train. Aussi me suis-je laissé glisser avec reconnaissance et béatitude dans sa douce routine. On peut difficilement trouver mieux qu'un long voyage en train, d'après moi. À un certain moment de la matinée, généralement pendant que vous allez prendre votre petit déjeuner, votre lit disparaît dans le mur comme par magie, et le soir, tout aussi miraculeusement, le voilà qui réapparaît, impeccablement refait avec des draps tout propres. Trois fois par jour, on vous convoque au wagon-restaurant où des serveurs aimables et compétents vous offrent un repas tout à fait correct. Entre-temps, vous n'avez rien d'autre à faire que rester assis à lire, regarder défiler le paysage sans fin par la fenêtre ou discuter avec vos compagnons de voyage. Trevor, jeune et insouciant, avait commis l'erreur d'oublier de se munir d'un de mes livres pour occuper ses heures de loisirs. Aussi trouvait-il le temps long et avait-il l'impression d'être en cage. Pour ma part, au contraire, je dégustais chacune de ces agréables minutes d'oisiveté.

Dans une situation comme celle-là où tous vos besoins de base sont immédiatement satisfaits et où vous n'avez aucune décision à prendre, vous vous trouvez très vite entièrement absorbé par des points de détail ou des choix d'ordre mineur tels que : prendre sa douche maintenant ou un peu plus tard ; se lever ou non de son fauteuil pour se verser une tasse (gratuite) de thé ou alors faire une folie et s'autoriser une bouteille de Victoria Bitter ; retourner ou non dans sa cabine pour aller chercher le livre oublié ou rester simplement affalé à contempler le paysage en essayant d'apercevoir des émeus et des kangourous. Si cela vous semble une vie de zombie, détrompez-vous : je m'amusais comme un fou ! Il y a quelque chose de merveilleusement reposant dans les longs voyages en train. Ils vous donnent un avant-goût de ce que sera votre vie quand vous aurez quatre-vingts ans. Toutes ces choses que les personnes âgées aiment faire – regarder par la fenêtre les yeux vides, somnoler dans un fauteuil, ennuyer à mort par vos bavardages les autres voyageurs assez stupides pour venir s'asseoir près de vous – me sont devenues tout à coup beaucoup plus familières et sympathiques.

Nos nouveaux compagnons de chemin de fer semblaient d'une espèce joyeuse. Il y avait Phil, un imprimeur de Newcastle, en Nouvelle-Galles du Sud ; Rose et Bill, un couple de charmants Anglais venus voir leur fils, ingénieur des mines à Kalgoorlie ; trois types à cheveux blancs, membres d'une équipe de bowling sur gazon de Neutral Bay, qui buvaient comme des marins en goguette ; et une dame extraordinaire, maigre comme un clou, fumeuse invétérée, perpétuellement pompette et chancelante, dont personne ne connaissait le nom et qui répondait à toutes nos tentatives courtoises de conversation – « Bonjour ! Bien dormi ? » ou « Je m'appelle Bill et lui c'est Trevor » – par un « Oui » prolongé accompagné d'un hurlement de rire dément et suivi d'une gorgée de vin. Avec un tel entourage, les soirées ont eu tendance à être un peu festives, si bien que mes notes de voyage de la période correspondante sont rédigées sur des pochettes d'allumettes ou des ronds de bière et montrent un niveau douteux de cohérence. (« G. attaqué par un chameau dans WC hommes, Alice Springs, 1947, super ! ! ! ») N'empêche, j'ai gardé le souvenir d'avoir passé un bon moment, et c'est tout ce qui compte.

Au deuxième jour de notre voyage, nous avons abordé la plaine impressionnante de Nullarbor. Des tas de gens, y compris des Australiens, imaginent que le nom « Nullarbor » est d'origine aborigène mais il s'agit en fait d'une contraction de l'expression latine signifiant « aucun arbre ». Et, franchement, on n'aurait pu choisir meilleur nom. Sur des centaines et des centaines de kilomètres le paysage reste aussi plat qu'une mer calme et s'avère d'une stérilité incroyable – une terre d'un rouge éblouissant, parsemée de buissons touffus et épineux de bluebush et de spinifex, et ponctuée de rochers couleur de dents mal entretenues. Sur un territoire aussi grand que quatre fois la Belgique, il n'y a pas une seule ombre. C'est une des étendues les plus farouches de toute la planète.

Après le petit déjeuner, nous avons abordé la ligne droite ferroviaire la plus longue du monde – quatre cent quatre-vingts kilomètres sans la moindre courbe –, et au milieu de la matinée nous sommes arrivés à Cook, une bourgade auprès de laquelle White Cliffs semble une vraie métropole, facilement accessible. À huit cents kilomètres de toute vraie ville, à l'est comme à l'ouest, avec la plus proche route goudronnée à cent cinquante kilomètres au sud ou mille cinq cents kilomètres au nord, Cook (quarante habitants) n'existe que pour fournir eau, combustible et autres menus services aux trains qui la traversent. Près de la voie ferrée, un panneau indique : « Pas de nourriture ni de carburant avant 862 km. » De quoi vous faire sérieusement réfléchir.

Nous avions deux heures à perdre à Cook – entre

parenthèses, on se demande bien pourquoi si longtemps – et tout le monde pouvait descendre y jeter un coup d'œil. Il est certes très agréable de pouvoir se déplacer sans avoir à se rattraper tous les trois pas à un mur qui se balance, mais on se lasse très vite du charme de Cook.

Il n'y avait pas grand-chose à voir : la gare avec un bureau de poste, deux douzaines de bungalows préfabriqués plantés dans la poussière, une petite boutique aux rayons presque vides, un centre social aux volets clos, une école vide (c'était la période des congés scolaires), une petite piscine en plein air (fermée pour la même raison) et une piste d'atterrissage signalée par une manche à air flasque. La chaleur était terrible. De tous côtés le désert venait clapoter contre la ville comme s'il avait été en crue.

Je contemplais ce vide une carte de l'Australie à la main, essayant de me faire à l'idée que si je partais à pied vers le nord il me faudrait parcourir plus de mille cinq cents kilomètres avant de rencontrer une route goudronnée, lorsque Trevor est venu m'informer que nous avions reçu la permission de voyager dans la locomotive pendant une heure pour qu'il puisse prendre des photos. C'était une faveur que l'on accordait rarement. Ravis, nous avons grimpé à bord de la machine juste avant le départ du train, avec les deux conducteurs de l'équipe de relève, Noel Coad et Sean Willis, qui devaient tenir les rênes jusqu'à Kalgoorlie.

C'étaient deux robustes gaillards, décontractés, proches de la trentaine. Leur cabine était confortable et bien équipée, presque douillette dans le genre high-tech. On y trouvait une console compliquée avec toute une batterie d'interrupteurs et de boutons, trois radios à ondes courtes et deux ordinateurs, mais aussi quelques éléments de confort domestique : une bouilloire, un petit frigo, une plaque électrique pour la cuisine. Coad était aux commandes : il a levé quelques manettes, déplacé d'un centimètre un petit levier, et nous voilà partis. Quelques minutes plus tard nous avions atteint notre vitesse de croisière, soit cent kilomètres-heure.

Assis sans bouger de peur d'enclencher involontairement une manœuvre qui nous vaudrait la une aux actualités du soir, je me suis contenté de profiter de cette nouvelle perspective sur la plaine infinie de Nullarbor. Devant nous, à perte de vue, les deux rails de la voie unique fonçaient vers l'horizon, deux barres d'acier luisantes, absolument rectilignes, hachurées par les traverses en béton, que le soleil rendait éblouissantes. Quelque part sur cet horizon absurdement lointain, ces deux lignes d'acier brillant se rejoignaient en un seul point de fuite vacillant. Le train progressait, aspirant les traverses de façon monotone et poursuivant inlassablement ce point d'horizon qui restait inaccessible. On ne pouvait pas le fixer longtemps – en tout cas moi je n'y arrivais pas – sans attraper la migraine.

– Et c'est quand, le prochain virage ?

– À trois cent soixante kilomètres, m'a répondu Willis.

– Ça ne vous rend pas fou ?

– Non ! firent-ils en chœur, avec une évidente sincérité.

– Et vous ne voyez jamais rien qui casse un peu cette monotonie, des animaux ou n'importe quoi ?

– Quelques kangourous, dit Coad. Un chameau de temps en temps. Une fois un type à moto.

– Non ?

– Par là, fit-il en montrant une piste d'entretien qui courait parallèlement à la voie ferrée. C'est très populaire chez les Japonais. Une sorte de rite initiatique pour certains clubs de motards, je crois.

– L'autre jour, on a vu un mec à vélo, a ajouté Willis.

– Sans blague !

– Un Japonais.

– Il allait bien ?

– Complètement timbré, si vous voulez mon avis, mais il semblait bien s'en tirer. Il nous a salués de la main.

– Ce n'est pas horriblement dangereux de faire ça ?

– Mais non ! Pas si vous restez sur la piste. Il passe entre cinquante et soixante trains par semaine et personne ne vous laissera en carafe si vous avez des ennuis.

Nous avions atteint une voie de garage, un lieu nommé Deakin où l'Indian Pacific devait laisser passer un train de marchandises et où Trevor et moi devions regagner notre compartiment. Nous avons sauté de la locomotive et nous sommes rendus d'un pas vif vers la section passagers (et je vous assure que vous marcheriez d'un pas vif, vous aussi, si vous étiez éjectés d'un train prêt à repartir au beau milieu d'un désert brûlant). À la porte du premier wagon, David Goodwin, le chef de train, nous attendait.

Il nous a tendu la main pour nous hisser à bord – c'est fou ce que c'est haut un train lorsque vous n'avez pas de quai comme tremplin – et nous nous sommes affalés à l'intérieur du wagon. En me relevant, j'ai découvert avec effroi que nous étions dans la zone interdite, cette fameuse « classe économique ». Je n'ai jamais été dévisagé de cette manière de ma vie. Pendant la traversée des deux wagons, guidés par David Goodwin, nous avons été suivis par cent vingt-quatre paires d'yeux cernés épiant nos moindres gestes. Il s'agissait de passagers qui ne disposaient ni de wagon-restaurant, ni de bar, ni de couchettes douillettes pour la nuit, et qui voyageaient dans ces conditions depuis qu'ils avaient quitté Sydney : deux jours passés en position assise avec la perspective d'une autre journée avant d'arriver à Perth. Je suis certain que si nous n'avions pas été escortés par le chef de train, ils nous auraient dévorés.

Nous sommes arrivés à Perth alors que l'aube

pointait. Nous avons quitté l'Indian Pacific, heureux de nous retrouver sur un sol immobile, absurdement ravis de notre prouesse. Je sais que tout ce que cet exploit avait exigé c'était une totale passivité pendant soixante-douze heures, néanmoins nous avions accompli ce que peu d'Australiens accomplissent, autrement dit la traversée de l'Australie.

Ma conclusion sera assez plate et évidente : l'Australie est un pays qui se situe dans une classe à part. Il ne s'agit pas seulement de dimensions et de distances – et Dieu sait si elles sont colossales –, mais aussi de l'incroyable vide de ce pays. Mille kilomètres en Australie n'ont rien à voir avec mille kilomètres partout ailleurs. Et la meilleure façon de vous en rendre compte c'est de traverser le pays au niveau du sol.

Je brûlais d'envie d'en découvrir davantage.

DEUXIÈME PARTIE

L'Australie civilisée

CHAPITRE IV

Peut-on imaginer qu'une chose aussi visible, aussi manifestement *là* que l'Australie ait pu échapper à l'attention du reste du monde jusqu'à nos jours ou presque ? Pourtant c'est le cas. Vingt ans avant la fondation de Sydney, ce pays était encore largement inconnu.

Pendant près de trois cents ans, les explorateurs avaient recherché un continent de l'hémisphère Sud dont ils subodoraient l'existence, la *Terra australis incognita*, une masse de dimension confortable qui devait, logiquement, faire pendant à toutes ces terres de l'hémisphère Nord. Mais chaque fois le scénario était le même : ou bien ils tombaient dessus sans se rendre compte qu'ils l'avaient découverte, ou bien ils passaient tout près mais sans la voir.

En 1606, un navigateur espagnol du nom de Luis Váez de Torres, faisant voile vers le Pacifique depuis l'Amérique du Sud, emprunta le chenal étroit (maintenant appelé détroit de Torres) qui sépare l'Australie de la Nouvelle-Guinée sans se douter le moins du monde qu'il venait d'accomplir une prouesse nautique équivalant à passer dans le chas d'une aiguille. Trente-six ans plus tard, le Hollandais Abel Tasman fut envoyé à la recherche de cette terre du Sud mythique et réussit à longer sur plus de trois mille kilomètres le bas de l'Australie sans remarquer la masse considérable qui se profilait à main gauche, à la limite de l'horizon. Il finit par échouer en Tasmanie (qu'il baptisa terre de Van Diemen, du nom de son supérieur à la Compagnie hollandaise des Indes orientales), avant de s'empresser de reprendre sa route pour aller découvrir la Nouvelle-Zélande et les Fidji. Mais ce voyage fut décevant. En Nouvelle-Zélande, les Maoris capturèrent et dévorèrent une partie de son équipage – le genre d'anecdote qui la fiche mal dans un rapport –, et Tasman lui-même n'y découvrit aucune richesse. Sur le chemin du retour, il aperçut la côte nord de l'Australie mais, complètement découragé, n'y accorda aucune attention et poursuivit sa route.

Il ne faudrait pas en conclure pour autant que l'Australie n'avait jamais été foulée par un pied européen. Depuis le début du XVIIe siècle, des marins accostaient de temps à autre sur ses côtes septentrionales et occidentales, souvent après avoir fait naufrage. Ces premiers visiteurs ont laissé quelques noms sur les cartes – le cap Leeuwin, l'archipel Dampier, les îles Abrolhos – mais n'ont rien trouvé qui les persuadât de s'attarder plus longtemps sur des terres aussi vides et désolées. Aussi sont-ils repartis ! Ils savaient qu'il y avait quelque chose par là-bas, peut-être une grande île comme la Nouvelle-Guinée, peut-être un archipel comme l'Indonésie (et ils prirent même la peine de donner à cette masse sans intérêt le nom de Nouvelle-Hollande), mais aucun d'eux ne fit le rapprochement avec ce continent austral si longtemps recherché.

La conséquence de toutes ces visites épisodiques et fortuites est que personne ne peut dater le moment précis où pour la première fois l'Australie fut repérée par un œil européen. La première visite officiellement attestée remonte à 1606, lorsque des marins hollandais conduits par Willem Jansz (ou Janszoon) prirent pied sur la pointe nord – et battirent précipitamment en retraite sous une pluie de lances aborigènes. Mais il est évident que d'autres les avaient précédés. Deux canons portugais datant de 1525 furent retrouvés sur la côte nord-ouest (Carronade Island) en 1916. Ceux qui les avaient abandonnés là figuraient certainement parmi les premiers Européens à s'égarer aussi loin de chez eux, mais rien de cette visite historique ne nous est connu. Plus intrigante encore est cette carte dessinée par une main portugaise et datant approximativement de la même période qui révèle une connaissance évidente des contours de la côte est de l'Australie – dont l'exploration par des Européens, officiellement, ne se fera que deux siècles et demi plus tard…

On peut donc dire que, lorsqu'en avril 1770 le lieutenant James Cook et l'équipage du *HMS Endeavour* repéra le coin sud-est de l'Australie et remonta la côte sur près de trois mille kilomètres vers le nord jusqu'au cap York, il s'agissait moins d'une découverte que d'une confirmation.

Pour héroïque qu'ait été le voyage de Cook, sa mission d'origine était assez prosaïque : on l'avait envoyé de l'autre côté de la Terre, à Tahiti, pour mesurer la révolution de Vénus autour du Soleil. Ces données, associées à d'autres mesures effectuées ailleurs au même moment, permettraient aux astronomes de calculer la distance de la Terre au Soleil. L'opération n'était pas particulièrement difficile, mais il ne fallait pas commettre d'erreurs de calcul. La dernière tentative, huit ans plus tôt, avait échoué et le prochain passage de Vénus n'était pas prévu avant cent cinq ans. Fort heureusement pour la science, et pour Cook, le ciel était resté dégagé et les mesures avaient pu être effectuées le plus simplement du monde.

Cook était donc libre maintenant de repartir et de remplir la seconde partie de sa mission : explorer les terres des mers du Sud et en rapporter tout ce qui lui paraîtrait prometteur sur le plan scientifique. À cet effet, il avait embarqué un jeune botaniste brillant et fortuné, Joseph Banks. Dire que Banks était un collectionneur passionné relève de la litote. Au cours de son voyage de trois ans à bord de l'*Endeavour*, il récolta plus de trente mille spécimens, dont mille quatre cents inconnus jusqu'alors, ce qui enrichit brutalement d'un quart le stock mondial des plantes répertoriées. Banks ramena tant d'échantillons que le Muséum d'histoire naturelle de Londres, deux siècles plus tard, en avait encore dans ses tiroirs en attente de classification.

Au cours de ce voyage, Cook réussit la première circumnavigation de la Nouvelle-Zélande, confirmant ainsi qu'il ne s'agissait pas de ce continent austral de légende, comme l'avait cru Tasman, un peu optimiste. Bref, ce voyage fut un succès sur toute la ligne et on peut imaginer l'euphorie régnant à bord de l'*Endeavour* tandis que le navire mettait le cap vers la mère patrie.

Donc, lorsque le 19 avril 1770, à trois semaines de la Nouvelle-Zélande, le lieutenant Zachary Hicks cria « Terre ! » en apercevant la pointe sud-est de l'Australie, l'*Endeavour* et son équipage avaient déjà, peut-on dire, le vent en poupe. Cook baptisa l'endroit Point Hicks (c'est maintenant le cap Everard) et cingla vers le nord.

Ce qu'ils découvrirent n'était pas seulement une terre plus vaste que prévue. La côte orientale était aussi plus luxuriante, mieux arrosée et plus généreusement dotée en baies et mouillages que tout ce qu'on avait rapporté précédemment sur la Nouvelle-Hollande. Le pays offrait, selon les mots de Cook, « un aspect très agréable et prometteur, […] avec des collines, des chaînes de montagnes, des plaines et des vallées couvertes parfois de pâturages mais plus souvent de forêts ». Rien à voir, en somme, avec la contrée inhospitalière et stérile dépeinte par ses prédécesseurs.

Pendant quatre mois ils remontèrent la côte. Ils firent escale dans une baie que Cook allait nommer Botany Bay, se payèrent un récif de la Grande Barrière de corail et finalement, après une réparation de fortune, doublèrent un cap à l'extrême nord de l'Australie, le cap York. Dans la soirée du 21 août, comme pris de regret, Cook débarqua de nouveau, baptisa l'endroit Possession Island, hissa le pavillon britannique et proclama ce territoire possession de la Couronne.

L'exploit était remarquable pour un homme qui était fils d'un ouvrier agricole du Yorkshire, qui n'avait jamais vu la mer avant l'âge de dix-huit ans et qui n'avait rejoint la marine que treize ans plus tôt, à l'âge avancé de vingt-sept ans. Cook devait entreprendre deux autres voyages encore plus longs dans le Pacifique avant d'être tué (et probablement dévoré) par les indigènes sur une plage d'Hawaii en 1779. Il fut un navigateur remarquable et un observateur attentif, mais il commit une erreur de taille lors de son premier passage sur les côtes australiennes : il prit la saison des pluies pour la saison sèche et jugea le pays plus hospitalier qu'il ne l'était en réalité.

Les conséquences de cette méprise se firent sentir quand la Grande-Bretagne, ayant perdu ses colonies américaines et cherchant une nouvelle terre où expédier ses sujets les moins désirables, jeta son dévolu sur l'Australie. Chose surprenante, cette décision majeure fut prise sans qu'on jugeât bon d'y envoyer la moindre expédition de reconnaissance. Aussi, lorsque le capitaine Arthur Phillip, à la tête d'une escadrille de onze vaisseaux respectueusement nommée depuis lors la Première Flotte, quitta Portsmouth en mai 1787, c'était pour faire voile, avec quelque mille cinq cents personnes, vers une terre ridiculement lointaine, virtuellement inconnue, qu'on avait visitée une seule fois, très brièvement, et où aucun Européen n'avait mis les pieds depuis dix-sept ans.

Jamais jusqu'à cette date on n'avait déplacé des gens aussi loin et à tant de frais. Et tout cela dans le seul but de les incarcérer. Selon nos critères modernes – en fait selon tous les critères – leur châtiment était cruellement disproportionné. La plupart d'entre eux n'étaient que de petits voleurs. Il ne s'agissait pas tant, pour la Grande-Bretagne, de se débarrasser de criminels endurcis que de se défaire d'un certain prolétariat misérable. La majorité de ces gens fut donc expédiée à l'autre bout du monde pour des peccadilles. On rapporte le cas célèbre d'un pauvre diable condamné pour avoir volé des plants de concombre. Un autre indigent avait malencontreusement glissé dans sa poche un livre intitulé *Rapport sur l'état florissant de l'île de Tobago*. La plupart de ces délits relevaient plutôt du désespoir ou d'une incapacité à résister à la tentation de chaparder.

En règle générale on était déporté pour sept ans, mais comme rien n'était prévu pour le retour et que peu nombreux étaient ceux qui pouvaient espérer se payer le voyage, l'exil en Australie revenait à une condamnation à vie. C'était une époque impitoyable. À la fin du XVIIIe siècle, les textes de loi britanniques offraient une longue liste de crimes passibles de la peine capitale. On pouvait être pendu pour deux cents délits comprenant, notamment, le crime impardonnable de « se faire passer pour un Égyptien ». Dans de telles circonstances, la déportation pouvait être tenue pour une mesure indulgente.

Le voyage depuis Portsmouth prit deux cent cinquante-deux jours – huit mois – et couvrit quinze mille milles de pleine mer (plus que nécessaire, apparemment, mais il fallait traverser deux fois l'Atlantique pour se faire porter par les vents favorables). Lorsque la Première Flotte atteignit Botany Bay, les hommes constatèrent qu'on était loin du havre hospitalier qu'on leur avait décrit. La position de la baie, trop exposée, la rendait peu propice au mouillage et une expédition envoyée à terre ne trouva que des mouches de sable et des marécages. « Des prairies naturelles que Mr Cook mentionne près de Botany Bay nous ne trouvons aucune trace », rapporte dans son journal un membre de la flotte, quelque peu perplexe. Les descriptions de Cook laissaient presque anticiper une sorte de grande propriété campagnarde, le genre d'endroit où l'on pouvait espérer faire une partie de croquet et organiser un pique-nique sur la pelouse. De toute évidence, ledit Cook n'avait pas dû voir le pays à la même saison.

Alors que les hommes restaient là à méditer sur leurs malheurs, il se produisit une de ces coïncidences dont l'histoire de l'Australie abonde. À l'horizon, venant de l'est, deux navires apparurent et vinrent s'ancrer dans la baie. Ils étaient sous les ordres d'un Français fort aimable, le comte de La Pérouse, qui venait d'accomplir un voyage d'exploration de deux ans dans le Pacifique. Si La Pérouse avait été plus rapide, il aurait pu proclamer l'Australie terre française et épargner ainsi à ce pays deux cents ans de cuisine britannique. Néanmoins, il accepta ce timing infortuné avec la grâce qui caractérise le style de l'époque. On peut imaginer sa tête lorsqu'il apprit que Phillip et ses équipages venaient de braver quinze mille milles d'océan afin d'emprisonner des gens coupables d'avoir volé quelques dentelles, deux pieds de concombre et un livre sur Tobago ! Mais, hélas pour l'Histoire, aucun peintre n'était là pour l'immortaliser.

En l'occurrence, après un séjour sans histoire à Botany Bay, La Pérouse reprit la mer et disparut à tout jamais. Peu de temps après, ses deux bateaux furent pris dans une tempête et sombrèrent corps et biens au large des Nouvelles-Hébrides.

Entre-temps, Phillip, à la recherche d'un site plus accueillant, avait remonté la côte vers une autre baie que Cook avait mentionnée sans l'explorer. S'étant aventuré entre les falaises de grès qui en marquent l'entrée, il découvrit une des plus belles rades du monde. Il ancra ses vaisseaux à l'endroit où se trouve aujourd'hui Circular Quay et commença à bâtir une ville. C'était le 26 janvier 1788, une date qui dès lors serait célébrée sous le nom d'Australia Day.

Parmi les petits mystères qui jalonnent les débuts de l'Australie, il faut citer l'origine de ses noms. Cook appela cette côte orientale « Nouvelle-Galles du Sud » mais personne n'a jamais su pourquoi. Ce qui est sûr, c'est que ce pays n'offre aucune ressemblance avec cette verdoyante région de Grande-Bretagne, qu'elle soit du Nord ou du Sud.

« Sydney » même est une curieuse appellation. À l'origine, Phillip avait seulement choisi ce nom pour la petite crique. Il voulait que la ville elle-même devienne « Albion », mais ça n'a jamais pris. Nous savons en l'honneur de qui Sydney fut baptisée : il s'agit de Thomas Townshend, premier baron Sydney, à l'époque ministre des Affaires intérieures et coloniales, donc le supérieur immédiat de Phillip. Ce que l'on ignore, en revanche, c'est pourquoi Townshend avait choisi ce nom de Sydney lorsqu'il fut anobli. De toute façon, l'explication disparut avec lui et le titre ne dura pas : il s'éteignit en 1890. Le port lui-même fut baptisé Port Jackson (c'est encore son titre officiel) en l'honneur d'un juge de l'Amirauté, un certain George Jackson, qui plus tard devait abandonner ce patronyme afin de recueillir l'héritage d'un parent un peu excentrique, et finir ses jours sous le nom de Duckett.

Quoi qu'il en soit, sur les mille cinq cents personnes qui mirent pied à terre, sept cents environ étaient des prisonniers et le reste des marins, des officiers et leurs familles, le gouverneur et ses gens. Le nombre exact dans chacune de ces catégories n'est pas connu et varie selon les sources*, mais en fait cela n'a que peu d'importance : ils étaient tous des prisonniers désormais.

Ils constituaient aussi une foule étrangement variée, c'est le moins qu'on puisse dire. On y trouvait un gamin de neuf ans et une femme de quatre-vingt-deux ans – pas vraiment le genre d'individus auxquels vous demanderiez de l'aide en cas de coup dur. Bien qu'on ait déclaré à Londres que certaines compétences seraient souhaitables dans une contrée aussi lointaine, rien n'avait été fait dans ce sens. La flotte ne comprenait aucun expert en sciences naturelles, aucun spécialiste de l'élevage, pas un seul individu possédant la moindre notion de l'agriculture en climat hostile. Sur le plan pratique, les prisonniers étaient d'une incompétence affligeante. Phillip, que toutes les sources décrivent comme un homme bon, d'humeur égale et profondément honnête, se trouvait dans une situation catastrophique. Parmi ses sept cents prisonniers, il ne disposait que d'un seul pêcheur expérimenté et de cinq personnes au maximum ayant des connaissances dans le bâtiment. Devant cette terre couverte de plantes qu'il n'avait jamais vues et dont il ne savait rien, il écrivit dans son journal, désespéré : « Je ne dispose pas d'un seul botaniste ni même d'un seul jardinier capable. »

Vaillamment, les colons décidèrent de tirer le meilleur parti possible de la situation. Ils n'avaient pas le choix. On expédia de petits groupes en éclaireurs pour voir ce qu'ils pourraient ramener (globalement rien).

---

* Par exemple, le capitaine Watkins Tench, présent, consigna le nombre de 751 bagnards, 211 marins débarqués et 25 victimes décédées en route. Robert Hughes donne les chiffres de 696 bagnards et 48 victimes, sans préciser le nombre de marins. Un article du *National Geographic* parle de 775 bagnards ; Une *Concise History* parue chez Penguin parle de 529. Je pourrais continuer longtemps… *(N.d.A.)*

Les autorités créèrent une ferme sur le terrain qui domine le port, là où se trouvent de nos jours les jardins botaniques. Et l'on fit des tentatives pour nouer des relations amicales avec les autochtones. Les « Indiens », comme on les appelait au début, se révélèrent déroutants et imprévisibles. Généralement amicaux, ils ne dédaignaient pas d'attaquer à l'occasion les colons qui s'aventuraient hors du camp pour une partie de pêche ou quelque cueillette. Au cours de la première année, dix-sept personnes perdirent la vie de cette façon et beaucoup furent blessés, y compris le gouverneur Phillip lui-même qui, s'approchant d'un Aborigène de Botany Bay pour faire un brin de causette, eut la surprise et la consternation de se retrouver avec une lance fichée dans l'omoplate. (Il devait s'en tirer.)

Pauvres colons : tout jouait en leur défaveur. Ils ne disposaient d'aucun vêtement imperméable pour se protéger de la pluie, d'aucun mortier pour leurs constructions, d'aucune charrue pour labourer leurs champs et d'aucun animal de trait pour tirer les charrues qu'ils n'avaient pas. La terre elle-même semblait frappée d'une « invincible stérilité ». Les récoltes qu'on réussissait tant bien que mal à faire sortir du sol étaient bien souvent pillées, à la faveur de la nuit, par les prisonniers comme par leurs gardes. Pendant des années, les deux communautés allaient manquer de nourriture mais aussi de produits essentiels – chaussures, couvertures, tabac, clous, papier, encre, toiles de tente, sellerie, bref, de tout ce qui était manufacturé.

Les soldats faisaient de leur mieux pour recenser les ressources locales, mais la plupart n'avaient pas la moindre idée de ce qu'ils recherchaient, ou pas la moindre idée de ce qu'ils trouvaient lorsqu'ils avaient la chance de trouver quelque chose. L'historien Glen McLaren cite le rapport d'un soldat envoyé dans la vallée de la Hunter explorer les lieux. « La terre est noire, précisait-il, mais mélangée à une sorte de sable ou de marne argileuse. Il y a abondance de poissons qui, si j'en crois leur façon de sauter, doivent être de l'espèce des truites*. »

Le développement était freiné aussi par la nécessité de recourir aux prisonniers, dont les motivations n'allaient pas, on s'en doute, au-delà de leur intérêt personnel. Les plus futés apprenaient vite à s'arroger les tâches les moins pénibles. L'un d'eux, un certain Hutchinson, ayant découvert un équipement scientifique rangé au fond d'une cale, avait convaincu ses supérieurs qu'il était expert en teinture et avait passé des mois à effectuer des expériences compliquées avant qu'on s'avise que le gaillard n'avait pas la moindre idée de ce qu'il faisait. Quand ils ne pouvaient duper leur gardiens, les prisonniers essayaient de tromper leurs pairs.

Pendant des années, il y eut un commerce illicite et florissant de cartes d'un itinéraire montrant comment se rendre à pied en Chine. Les vieux forçats les vendaient aux bleus fraîchement débarqués du bateau, et des groupes allant jusqu'à soixante prisonniers tentèrent d'échapper à leur captivité, persuadés que cette terre accueillante les attendait juste au-delà d'un fleuve lointain et mal situé.

Dès 1790, l'idée de la ferme gouvernementale avait été abandonnée et, aucun secours n'arrivant d'Angleterre, les malheureux colons en furent réduits à dépendre seulement de leurs provisions d'origine, qui s'épuisaient. Non seulement la nourriture manquait mais les rares denrées encore disponibles étaient vieilles de plusieurs années et à peine comestibles. Il y avait tellement de vers dans le riz que « chaque grain semblait bouger tout seul », comme le rapporte Watkins Tench au bord de la nausée. Au plus fort de

* *Beyond Leichhardt : Bushcraft and the Exploration of Australia, op. cit. (N.d.T.)*

la crise, ils se réveillèrent un matin pour s'apercevoir qu'une demi-douzaine de leurs vaches avaient disparu pendant la nuit.

Parfois, leur inefficacité prenait un tour attendrissant. Lorsque des Aborigènes tuèrent un bagnard du nom de McEntire, le gouverneur Phillip, pris d'une colère inhabituelle (c'était peu de temps après avoir reçu lui-même un coup de lance dans l'épaule), envoya un petit groupe de soldats en expédition punitive avec la consigne de lui ramener six têtes indigènes, n'importe lesquelles. Les soldats patrouillèrent dans le bush quelques jours et ne réussirent à capturer qu'un seul Aborigène, qu'ils relâchèrent quand ils s'aperçurent que c'était un copain. Au bout du compte, ils ne ramenèrent personne et l'affaire fut promptement oubliée.

Épuisé par cette situation stressante, Phillip fut rappelé en Angleterre au bout de quatre ans et se retira à Bath. Outre la fondation de Sydney, on lui doit une autre prouesse remarquable : en 1814, il réussit à se tuer en tombant de son fauteuil roulant puis du premier étage.

Il est impossible, dans cette grande ville swingante qu'est devenu Sydney, de se faire la moindre idée de ce qu'y fut la vie aux premières années de sa fondation. D'abord, évidemment, parce que les conditions ont quelque peu évolué. Là où il y a deux cents ans on ne trouvait qu'une poignée de cabanes primitives et autres tentes avachies s'étend une grande métropole avenante, fruit d'une transformation aussi radicale qu'inimaginable.

À vrai dire, les premiers temps de l'histoire de l'Australie ont tendance à rester un peu flous, voire à être soigneusement passés sous silence. À Sydney vous chercherez en vain un monument dédié à la Première Flotte. Une visite au musée national de la Marine ou au musée de Sydney vous donnera le sentiment que les premiers résidents ont eu, certes, quelques menues difficultés d'approvisionnement et que leur présence n'était peut-être pas tout à fait volontaire. Mais on préfère oublier que ces gens sont arrivés couverts de chaînes. Dans *La Rive maudite. Naissance de l'Australie* *, sa fresque magnifique, Robert Hughes rappelle que jusqu'à la fin des années 1960 les origines de l'Australie comme bagne ne semblaient pas dignes de l'attention des universitaires et n'étaient certainement pas enseignées dans les écoles. Le journaliste John Pilger a raconté que dans le Sydney des années 1950 personne ne faisait référence, même en famille, à la « tache », ce curieux euphémisme menstruel par lequel on désignait le statut des premiers Australiens**. Je peux personnellement garantir que la boutade la plus anodine lancée devant un auditoire d'Australiens souriants au sujet de ce passé de colonie pénitentiaire provoquera immédiatement un sérieux rafraîchissement de l'ambiance.

Pourtant, d'après moi, les Australiens devraient être fiers et même se vanter d'avoir réussi, dans des conditions aussi difficiles, sur une terre aussi rude et lointaine, à créer une société dynamique et prospère. C'est franchement du bon boulot. Ce cher vieux pépé était peut-être un peu porté sur la fauche au temps de sa jeunesse ? Et alors ! Regarde ce qu'il nous a légué !

Je me retrouvais une fois encore sur le Circular Quay de Sydney, là où ce bon gouverneur Phillip et sa troupe hétéroclite de créatures burinées par les embruns avaient débarqué il y a deux cents ans. J'étais revenu en Australie après un bref séjour dans mes foyers, et je me sentais, je dois le dire, d'humeur guillerette. Le soleil ne ménageait pas ses rayons, la ville

---

* Paris, Flammarion, 1988. *(N.d.T.)*

** John PILGER, *A Secret Country : The Hidden Australia*, New York, Alfred A. Knopf, 1991. *(N.d.T.)*

reprenait vie, on ouvrait les volets, on installait les chaises aux terrasses des cafés, et je mijotais dans une béatitude ravie et émerveillée – ce sentiment qui m'envahit chaque fois que je quitte l'espace confiné d'un aéroplane pour me trouver une fois de plus « chez nos voisins du dessous ». J'allais enfin visiter Sydney.

La vie n'offre guère de meilleur endroit où l'on puisse souhaiter se trouver, à huit heures et demie du matin par un beau jour d'été, que Circular Quay à Sydney. D'abord le panorama est superbe, un des plus beaux du monde. À votre droite, étincelant et presque aveuglant, vous avez le célèbre Opéra qui lance vers le ciel la hardiesse de ses toits. À votre gauche, Harbour Bridge, ce pont immense et majestueux. De l'autre côté des eaux, comme une invitation à la fête, les dorures de Luna Park, ce parc d'attractions avec sa drôle de tête de fou grimaçant en guise d'entrée. La baie est sillonnée de ferries démodés à la silhouette ventrue, semblant sortir tout droit d'un livre d'enfants des années 1940 et dégorgeant des files d'employés de bureau bronzés, en tenue estivale, qui vont remplir les hautes tours de verre et de béton se dressant derrière vous.

Toute la scène baigne dans une atmosphère de bonne humeur industrieuse. Voilà des gens qui vivent dans une société juste et sûre, sous un climat qui vous rend beau et athlétique, dans une des plus belles villes du monde, qui *en plus* arrivent au travail sur un bateau de littérature enfantine, après avoir traversé une rade sublime, et qui, chaque matin, lorsqu'ils lèvent les yeux de leur *Herald* ou de leur *Telegraph*, peuvent admirer leur célèbre Opéra, un pont impressionnant et la tête souriante de Luna Park. Comment voulez-vous qu'ils n'aient pas l'air heureux, ces bougres de veinards !

C'est surtout l'Opéra qui attire l'œil, et ça n'est pas étonnant. Sa silhouette est si incroyablement familière, tellement : « Hé ! les gars, on est à Sydney ! », que le regard ne peut s'empêcher d'y revenir. On l'a comparé à une machine à écrire garnie de coquilles d'huître, ce qui est un jugement un peu sévère. Mais avec l'Opéra de Sydney on ne peut parler d'esthétique : on est dans le domaine de l'icône.

Son existence même tient du miracle. On a peine à imaginer aujourd'hui ce qu'était Sydney en 1950 : un trou perdu, ignoré du monde, que même Melbourne éclipsait. En 1953, on y trouvait à peine huit cents chambres d'hôtel, juste de quoi satisfaire les besoins d'un congrès de taille moyenne, sans la moindre distraction nocturne – même les bars fermaient à six heures du soir. Pour illustrer la médiocrité de cette cité, il suffit de rappeler que là où s'élève l'Opéra, sur un des plus beaux sites que la terre et l'eau puissent offrir, on avait construit le dépôt des tramways.

Et puis il se produisit deux choses : Melbourne fut sélectionnée pour les jeux Olympiques d'été de 1956, signe qu'à Sydney on ferait bien de se bouger un peu, et sir Eugene Goossens, chef de l'orchestre symphonique de Sydney, commença à réclamer à cor et à cri une salle de concerts pour ce bled qui ne possédait pas un seul auditorium digne de ce nom. Harcelées, les autorités municipales décidèrent qu'il était temps d'abattre le vieux dépôt de trams pour le remplacer par quelque chose d'un tantinet plus glorieux. On organisa un concours et un aréopage de notables locaux fut chargé de désigner le gagnant. Incapables de trancher, les juges demandèrent l'avis d'un expert, l'architecte américain d'origine finlandaise Eero Saarinen. Celui-ci examina les divers projets et choisit l'un de ceux que le jury avait rejetés, l'œuvre d'un jeune architecte danois, Jørn Utzon, un inconnu de trente-sept ans. Soulagé et, il faut le reconnaître, bien inspiré, le jury décida donc de suivre l'avis de Saarinen. On télégraphia à Utzon la bonne nouvelle.

Le plan était génial et audacieux mais s'avéra une

source d'ennuis dès le début. Le gros problème, c'était la fameuse toiture. On n'avait jamais rien construit de pareil et personne n'était sûr qu'on puisse le faire. Avec le recul, on peut dire que c'est probablement la hâte avec laquelle ce projet a été lancé qui l'a sauvé. Un des ingénieurs en chef déclara plus tard que si on avait pu se douter du défi qu'il représentait, il n'aurait jamais reçu le feu vert. On mit cinq ans rien que pour élaborer les principes nécessaires à la construction de la toiture alors qu'en principe le chantier tout entier ne devait pas durer plus de six ans. Il fallut près de quinze ans pour achever le bâtiment, qui coûta la coquette somme de cent deux millions de dollars, soit quatorze fois le budget initial.

Utzon ne devait jamais voir l'aboutissement de son œuvre. Il fut purement et simplement renvoyé en 1966, date à laquelle une élection ne renouvela pas le mandat du gouverneur de l'État, et il ne revint pas. Il faut noter en outre qu'il ne devait plus jamais concevoir un édifice aussi célèbre. Eugene Goossens, l'homme à l'origine de tout le projet, ne vit pas non plus la réalisation de son rêve. En 1956, lors d'un passage à la douane de l'aéroport de Sydney, on trouva dans ses bagages une gamme abondante et très éclectique de matériel pornographique, et Goossens fut prié d'aller satisfaire ailleurs ses pratiques continentales dégoûtantes. Ainsi, par une de ces petites ironies de la vie, il n'eut pas l'occasion d'apprécier ce qu'on pourrait appeler en quelque sorte sa plus belle érection.

L'Opéra est un édifice splendide et je ne permettrais à personne d'y toucher, mais mon cœur appartient au Harbour Bridge. Il n'a pas son allure festive mais il est bien plus imposant. En fait, vu de n'importe quel coin de la ville, ce pont s'insinue dans le paysage, sous tous les angles, comme un vieil oncle tenant absolument à figurer sur toutes les photos. De loin, il possède une sorte de dignité courtoise, une majesté discrète. Mais de près il n'est que masse et puissance. Il se dresse au-dessus de vous, si haut qu'on pourrait faire passer un immeuble de dix étages sous son arche, si lourd que rien ne peut lui être comparé. Tout dans ses matériaux – les blocs de pierre de ses quatre tours, le treillis de ses poutrelles, les plaques métalliques, les six millions de rivets (avec chacun une tête de la taille d'une demi-pomme) se situe dans la catégorie « géante » de son espèce. C'est un pont qui a été construit par des gens qui avaient vécu la révolution industrielle, des gens qui disposaient de montagnes de charbon et qui possédaient des hauts fourneaux dans lesquels on aurait pu faire fondre un cuirassé. L'arche seule pèse trente mille tonnes. Voilà ce que j'appelle un pont.

D'une extrémité à l'autre il mesure mille six cent cinquante pieds*. Je mentionne ce détail non seulement parce que je l'ai traversé à pied (ha ! ha !) mais parce que ce chiffre rappelle une histoire un peu triste. En 1923, lorsque la municipalité décida de lancer un pont en travers de la baie, elle avait en tête non pas la réalisation d'un pont ordinaire mais la construction de l'arche la plus longue jamais construite. C'était une entreprise audacieuse pour un si jeune pays, et les travaux durèrent plus longtemps que prévu, presque dix ans. Hélas, juste au moment où on allait le terminer, on apprit que le Bayonne Bridge de New York venait d'être inauguré et battait notre Harbour Bridge de 25 pouces (63,5 centimètres)**.

---

* Soit 536 mètres. *(N.d.T.)*

** Les États-Unis ne ménageaient guère l'amour-propre australien à cette époque-là. Quinze jours après l'ouverture du pont qui devait priver Harbour Bridge de son titre, Phar Lap, le plus grand cheval de course de l'histoire australienne, mourut dans de mystérieuses circonstances en Californie. Aujourd'hui encore, nombreux sont les Australiens qui pensent qu'il a été empoisonné. Ils sont immensément fiers de ce cheval, et leur rappeler qu'il a été élevé en Nouvelle-Zélande n'est guère apprécié. *(N.d.A.)*

Après de si longues heures passées assis dans un avion, je mourais d'envie de dégourdir mes extrémités, aussi ai-je traversé le pont jusqu'à Kirribilli pour m'aventurer dans de vieux quartiers bien agréables de la côte nord. Un coin merveilleux ! J'ai dépassé la petite anse où mon héros, l'aviateur Charles Kingsford Smith (détails suivront), devait s'envoler pour une aventure impossible, j'ai gravi les collines ombragées, traversé les quartiers tranquilles où de petits cottages étaient blottis sous des jacarandas en fleur et des frangipaniers parfumés (avec, dans tous les jardins de devant, des toiles d'araignées de la taille d'un trampoline, et au milieu le genre d'araignée à couper la respiration aux plus braves). À chaque instant on avait une furtive perspective sur la baie aux eaux bleues – par-dessus un mur de jardin, au bas d'une rue en pente, suspendue entre deux maisons rapprochées tel un drap qu'on aurait mis à sécher –, et cette brièveté même en rendait la jouissance plus précieuse. Il y a des quartiers de Sydney où les maisons les plus luxueuses ne sont faites que de terrasses et de plaques de verre, sans qu'on ait conservé le moindre feuillage risquant de filtrer l'intensité du soleil ou de couper la vue. Mais ici, sur la côte nord, on a sagement et noblement renoncé aux vastes perspectives panoramiques et préservé les fraîches ramures. Et chaque habitant, je m'en porte garant, ira au paradis.

J'ai marché pendant des heures, arpentant Kirribilli, Neutral Bay, Cremorne Point et, plus loin, les quartiers cossus de Mosman. Enfin je suis arrivé à Balmoral, où m'attendait une petite plage abritée sur Middle Harbour, cette autre grande anse de la baie, avec un charmant parc ombragé planté de ces solides figuiers de Moreton Bay qui sont, de loin, les plus beaux arbres d'Australie. Un panneau planté près de l'eau vous rappelait que si vous étiez dévoré par un requin, ce ne serait pas faute d'avoir été prévenu.

Apparemment, les attaques de requins sont plus fréquentes dans la baie qu'en pleine mer, allez savoir pourquoi. J'ai lu un jour que la baie grouillait de petits poissons mortels. Mais je dois faire remarquer que nulle part dans ma volumineuse documentation je n'ai trouvé la moindre référence à ces petites créatures voraces. En fait, je pense qu'il est tout simplement impossible de répertorier en une seule vie l'intégralité des dangers qui vous guettent dans le moindre buisson d'acacia ou la moindre flaque d'eau de cette contrée si étonnamment riche en espèces aux crocs venimeux ou acérés.

Je devais y repenser ce même après-midi lorsque j'ai regagné la ville, épuisé, mort de chaleur et gluant de transpiration, pour me précipiter dans le grand Australian Museum, une institution sombre et imposante longeant Hyde Park. J'y suis entré pas vraiment poussé par sa réputation mais plutôt parce que la chaleur commençait à atteindre mes facultés mentales et que l'endroit me paraissait être un de ces bâtiments à la lumière tamisée où il fait délicieusement frais. Le musée possédait effectivement ces deux qualités, et en plus il était merveilleusement intéressant. Il regorgeait de grandes salles et de hautes galeries pleines d'animaux empaillés, de longues vitrines remplies d'insectes soigneusement présentés, de morceaux de cailloux lumineux ou de produits de l'artisanat aborigène. Dans un pays aussi riche que l'Australie, chaque salle devient une fantastique surprise.

Vous imaginez bien que ce qui m'attirait c'étaient toutes ces choses qui peuvent faire mal, autrement dit, dans ce pays, pratiquement tout. Naturellement, on se garde bien de crier sur les toits que chaque fois que vous posez le pied par terre en Australie quelque chose risque de surgir pour vous attraper la cheville. Par exemple, mon guide se contente de faire remarquer en passant que *seules* quatorze espèces de serpents australiens sont sérieusement dangereux, parmi lesquels le serpent brun, la vipère mortelle du désert, le serpent-tigre, le taïpan et le serpent de mer à ventre jaune. Le taïpan est celui dont on doit se méfier. C'est le reptile le plus venimeux de la terre, avec une détente si rapide et un venin si puissant que vos derniers mots risquent bien d'être : « Regardez, un ser... ! »

Même du fond de la salle, on n'avait aucune peine à repérer la vitrine présentant le taïpan empaillé, car elle était entourée d'un groupe de petits écoliers muets et fascinés par le regard glacé des billes de verre figurant des yeux emplis d'une haine paresseuse. C'est un animal qui, même mort, empaillé et sous verre, reste intensément menaçant. Selon la notice, il possède un venin cinquante fois plus mortel que celui du cobra, son concurrent le plus proche. Chose surprenante : une seule attaque mortelle a été enregistrée, à Mildura en 1989. Mais nous savons que ça n'est pas la vérité, n'est-ce pas, mes chers petits amis si attentifs ? Car une fois hors du bâtiment, les taïpans ne sont ni empaillés ni sous verre.

Cependant, ledit taïpan présente au moins l'énorme avantage de mesurer presque deux mètres et d'avoir un corps gros comme le poing d'un homme, ce qui vous donne une chance raisonnable de remarquer sa présence. J'ai été beaucoup plus traumatisé d'apprendre l'existence de petits serpents mortels comme la vipère du désert, qui ne fait que vingt centimètres de long. Elle vit enfouie sous une légère couche de sable, ce qui vous laisse peu de chances de la remarquer avant de poser sur sa tête votre postérieur fatigué. Encore plus inquiétant est le serpent de mer de Darwin Point, qui n'est pas beaucoup plus gros qu'un ver de terre et qui contient assez de venin sinon pour vous tuer, du moins pour vous faire arriver sérieusement en retard à un dîner.

Mais rien de tout cela n'est comparable à cet être

délicat et diaphane qu'est la méduse-boîte, la créature la plus venimeuse de toute la création. Nous en apprendrons plus sur les horribles exploits de ce petit concentré de poison mortel lorsque nous arriverons sous les tropiques, mais permettez-moi de vous en donner un léger aperçu avec cette petite histoire. En 1992, à Cairns, un jeune homme, négligeant tous les panneaux de mise en garde, est parti faire trempette à Holloways Beach. Il a plongé dans les eaux du Pacifique et s'est mis à nager tout en se moquant de la couardise de ses amis prudemment restés sur le sable. Puis il a poussé un hurlement inhumain – il s'agit paraît-il d'une douleur atroce, la pire qui soit – avant de sortir de l'eau en titubant pour s'effondrer sur la plage. Son corps était couvert de zébrures comparables à celles qu'inflige un fouet là où les filaments de la méduse l'avaient touché, et le malheureux n'a pas tardé à sombrer dans un état de choc convulsif. Les équipes de secours sont arrivées peu après, l'ont bourré de morphine et conduit à l'hôpital. Mais voilà où je voulais en venir : même inconscient, même sous sédatifs, le malheureux continuait à pousser des hurlements.

Sydney n'héberge pas de méduses-boîtes, je fus ravi de l'apprendre. Le danger du cru est l'araignée à toile-entonnoir, l'insecte le plus vénéneux qui soit. Une simple morsure, et vous voilà, si vous n'êtes pas traité promptement, exécutant une série d'entrechats incroyablement vigoureux sous l'emprise d'une douleur indescriptible. Ensuite vous devenez tout bleu, et puis vous mourez. Treize décès recensés. Aucun depuis 1981, c'est-à-dire depuis la découverte d'un antidote. Tout aussi venimeuses sont les araignées à queue blanche, l'araignée-souris, l'araignée-loup et notre vieille copine, l'araignée à dos rouge (des centaines de morsures enregistrées chaque année... environ une douzaine de morts), sans oublier une espèce plus discrète mais irascible, l'araignée-violon. Je ne pourrais pas affirmer en avoir rencontré dans les jardins que je venais d'apercevoir ce jour-là, mais je ne pourrais pas non plus garantir le contraire tant ces araignées se ressemblent. Personne n'a pu m'expliquer, incidemment, pourquoi ces bestioles sont d'une toxicité aussi phénoménale. Car posséder assez de venin pour tuer un cheval, alors qu'il ne s'agit que de capturer des mouches, me paraît un cas flagrant de gaspillage de ressources naturelles. Mais au moins les araignées sont-elles sûres que les gens s'écarteront sur leur passage.

J'ai étudié avec une attention particulière l'araignée à toile-entonnoir puisque c'était celle que j'avais le plus de chances de croiser les jours suivants. J'ai appris qu'elle mesurait quatre centimètres, qu'elle était dodue, poilue et très laide. Selon la notice, « on peut la reconnaître grâce à l'organe reproducteur sur le palpe du mâle, à sa fovéa nettement incurvée, à sa carapace luisante et à son labium inférieur hérissé de courtes épines émoussées ». Une autre façon de procéder, naturellement, c'est d'attendre qu'elle vous morde.

J'ai soigneusement consigné ces détails dans mon carnet de notes, et puis je me suis dit que si je voyais une créature poilue s'avancer en crabe sur mes draps, il était fort peu probable que je perde mon temps à en étudier les caractéristiques anatomiques. J'ai donc laissé tomber et je suis allé voir les échantillons de minéraux, qui ne sont peut-être pas aussi excitants mais qui ont la vertu incomparable de ne vous agresser que très rarement.

J'ai passé quatre jours à me balader dans Sydney. J'ai consciencieusement visité les principaux musées, j'ai passé un agréable après-midi dans les salles accueillantes de la bibliothèque de la Nouvelle-Galles du Sud, mais surtout je me suis promené partout où il y avait de l'eau. Indiscutablement, Sydney doit tout à sa rade. C'est d'ailleurs plus un fjord qu'une rade, long de vingt-cinq kilomètres et parfaitement proportionné – assez vaste pour être grandiose, assez petit pour qu'on s'y sente à l'aise. Où que l'on se trouve, on peut apercevoir les gens sur l'autre rive. On peut leur faire signe de la main si on en a envie. Comme la baie est plus ou moins orientée est-ouest, elle coupe la ville en deux moitiés connues sous le nom de quartiers Nord et quartiers Est, et peu importe que les quartiers Est soient en fait au sud et les quartiers Nord en partie à l'est : n'oubliez pas que les Australiens ont débuté dans l'histoire comme Anglais. Dire que la rade mesure vingt-cinq kilomètres de long ne rend pas justice à ses dimensions. Comme elle se découpe constamment en de multiples bras qui se terminent par d'adorables petites criques et caps gentiments ciselés, la côte elle-même mesure près de deux cent cinquante kilomètres. Aussi, une promenade dans cette nature gentiment vagabonde vous fait tantôt longer une petite anse qui paraît à des kilomètres de toute civilisation, tantôt arpenter un cap qui offrira de sa pointe une vue vertigineuse sur l'Opéra, Harbour Bridge, un groupe de gratte-ciel où se mire le soleil sous un ciel éthéré. C'est un spectacle grisant et dont on ne se lasse pas.

Le dernier jour, je suis parti à pied explorer Hunter's Hill, un quartier très prisé et discret à environ dix kilomètres du centre. Il est situé sur une langue de terre qui domine une des plages les plus calmes du coin.

J'ai progressé sous un soleil de plomb, traversant des kilomètres de zones industrielles avec usines, entrepôts, voies ferrées, puis des kilomètres de zones commerciales avec magasins de meubles à prix cassés, vente en gros de produits industriels et pubs crasseux offrant des attractions surréalistes : « Loterie : gagnez 6 kilos de viande ! De 18 à 20 heures. » Lorsque enfin je suis arrivé à la petite bifurcation indiquant la route de Hunter's Hill, mon optimisme était sérieusement entamé. Imaginez donc ma satisfaction lorsque j'ai découvert que Hunter's Hills valait bien le moindre pas de cette marche éprouvante : c'était en effet un charmant assemblage de grosses bâtisses de pierre, de ravissants cottages et de boutiques pittoresques, le tout d'une vénérabilité parfois impressionnante. L'hôtel de ville, pas très grand mais superbe, datait de 1860 et j'ai même repéré une pharmacie fondée en 1890, ce qui doit être un record en Australie. Chaque jardin était un vrai bijou, avec partout, en toile de fond, de superbes échappées sur la baie. J'étais absolument sous le charme.

Peu désireux de revenir sur mes pas, j'ai décidé, quitte à rallonger un peu ma route, de passer par Linley Point, Lane Cove, Northwood, Greenwich et Wollstonecraft pour rejoindre le monde connu à Harbour Bridge. C'était un long détour et le temps était lourd, mais Sydney vous réserve en contrepartie tant de récompenses inattendues ! Il ne m'a pas fallu plus d'une heure pour comprendre que j'avais été un peu trop ambitieux. J'ai donc décidé de couper par ce qui m'avait semblé sur la carte un bon raccourci, à travers une zone appelée Tennyson Park.

J'ai descendu la route longeant un quartier résidentiel et à mi-chemin j'ai trouvé l'entrée du parc. Un panneau prévenait le promeneur qu'il entrait dans une zone de bush protégé et qu'il était prié de ne pas s'éloigner des chemins balisés. Quelle bonne idée, me suis-je dit, de préserver un morceau de bush indigène au cœur d'une grande cité ! Je m'y suis donc engagé avec enthousiasme.

Je ne sais pas quelle image évoque le mot « bush » dans vos esprits, mais ce lieu n'était pas la savane brunâtre et semi-désertique que je m'attendais à trouver. C'était au contraire une série de bosquets parcourus par un sentier ensoleillé et traversés par un ruisseau babillard. L'endroit paraissait peu fréquenté

– tous les dix mètres il me fallait contourner de grosses toiles d'araignées ou plonger dessous –, ce qui donnait à la balade un agréable parfum de découverte.

J'avais calculé qu'il me faudrait environ une vingtaine de minutes pour traverser ce parc – ou « réserve », comme les Australiens appellent ces espaces –, et j'étais sans doute à mi-chemin lorsque, d'un point indéterminé quelque part à droite, me parvint un aboiement de chien, une sorte de sondage expérimental du genre : « Il y a quelqu'un ? » Ce n'était pas tout proche ni réellement intimidant, mais le timbre suggérait clairement un gros chien. Certaines inflexions évoquaient même le mangeur de viande, corpulent, noir, d'une génération pas très éloignée de ses ancêtres loups. Presque immédiatement cet appel fut suivi de l'aboiement, nettement plus affirmé, d'un copain, un costaud lui aussi. L'aboiement signifiait : « Alerte rouge ! Étranger sur notre territoire ! » Une minute plus tard, on en était aux hurlement frénétiques.

Inquiet, j'ai allongé le pas. Les chiens ne m'aiment pas. C'est une simple loi de l'univers, comme la gravitation. Je n'exagère pas en affirmant que je n'ai jamais croisé un chien qui ne se comporte pas comme si j'allais lui faucher ses croquettes. Des chiens qui n'ont jamais bougé de leur canapé depuis des décennies se précipiteront, fous de rage, sur la fenêtre fermée rien qu'en détectant les effluves de ma présence sur le trottoir. J'ai vu de minuscules toutous pas plus gros que le pompon des pantoufles de leur maîtresse tirer la pauvre vieille sur le plancher et la traîner hors de la maison dans l'espoir de me dévorer jusqu'au dernier bout de fémur. Tous les chiens de la terre désirent ma mort.

Or j'étais seul dans un bois désert qui me paraissait soudain bien grand et bien solitaire, et deux énormes chiens de méchante humeur venaient de me repérer. Tandis que j'avançais, deux évidences me sont apparues : j'étais visiblement leur proie et ils n'étaient pas du genre à plaisanter. Ils arrivaient vers moi à une vitesse certaine. Maintenant les aboiements signifiaient : « On va t'avoir, mon gars. Considère-toi comme de la viande morte, de bons morceaux de bidoche bien juteuse. » Vous noterez l'absence de points d'exclamation : il s'agissait d'un ultimatum froid et réfléchi. On n'était plus dans le domaine de l'agacement ou du projet. « Nous savons que tu es là, disaient-ils. Tu n'arriveras jamais à t'échapper du bois. Qu'on prévienne le médecin légiste. »

Avec des regards angoissés vers le feuillage, je me suis mis au trot, puis au galop. Il était temps d'envisager une tactique si les canidés déboulaient sur le chemin. J'ai ramassé une grosse pierre comme arme défensive, puis je l'ai jetée quelques mètres plus loin au profit d'une branche. Mais elle était ridiculement longue – près de cinq mètres – et si pourrie qu'elle s'est cassée en deux quand je l'ai ramassée. À mesure que je courais, elle tombait en morceaux, si bien que je me suis très vite retrouvé avec un bout de bâton mou et spongieux à peu près aussi efficace en cas de lutte qu'une baguette de pain. Je l'ai donc abandonné lui aussi. Un gros caillou acéré dans chaque main, j'ai repris ma course. Les chiens semblaient maintenant courir parallèlement à ma trajectoire, à une dizaine de mètres de moi, comme s'ils n'arrivaient pas à trouver un passage pour m'atteindre. Ils étaient fous de rage. J'ai accéléré l'allure.

En proie à la panique, j'ai pris le virage trop vite et suis allé m'engluer tête la première dans une immense toile d'araignée qui s'est refermée sur moi comme un parachute. Avec des glapissements de détresse, j'ai essayé de me dégager mais, ayant oublié que je tenais deux pierres, je n'ai réussi qu'à m'égratigner le front. Dans une des cases restées lucides de mon cerveau, je me rappelle avoir trouvé cette pensée : « C'est vraiment injuste », et puis aussi celle-là : « Tu seras la première personne de l'histoire à mourir dans un bush situé au cœur d'une cité, pauvre cloche ! » Tout le reste n'était que terreur glacée.

Et j'ai poursuivi ma course, misérable, affolé, jusqu'à un tournant où j'ai découvert avec un gémissement incrédule que le sentier s'arrêtait d'un seul coup. Devant moi se dressait un enchevêtrement de broussailles impénétrables, un vrai mur. J'ai jeté un coup d'œil autour de moi, anéanti. Pendant que j'étais occupé à me dépêtrer de cette fichue toile d'araignée avec mes deux bouts de granit, j'avais pris la mauvaise route. En tout cas je ne pouvais plus avancer – et encore moins reculer – sans me trouver confronté à ces deux créatures du diable. J'ai fini par apercevoir au sommet d'une petite éminence la pointe d'un étendage à linge rotatif. Il y avait une maison là-haut ! J'avais atteint l'extrémité du parc. Peut-être pas d'une façon très conventionnelle, mais peu importe ! J'avais retrouvé la civilisation, la sécurité ! Je me suis mis à gravir la colline aussi vite que me le permettaient mes petites jambes grassouillettes – les deux chiens étaient très proches maintenant –, m'égratignant sur les épines, inhalant des morceaux de toile d'araignée, bref poussant la moindre de mes molécules à mettre les gaz pour éviter de finir en gros titre : « La police découvre le tronc d'un écrivain. On recherche toujours la tête. »

Sur la colline s'élevait un mur de briques haut de deux mètres. Avec des ahans de phoque j'ai réussi à me hisser sur son sommet plat et je me suis laissé retomber de l'autre côté. La transformation fut immédiate, le soulagement divin. J'avais regagné le monde connu : je me trouvais dans un jardin entretenu avec amour. Il y avait de vieilles balançoires qui n'avaient pas dû servir depuis bien longtemps, des plates-bandes de fleurs et une pelouse. Le mur entourait les trois côtés de cet éden et une grande maison confortable formait le quatrième, ce que je n'avais pas prévu.

J'étais dans une propriété privée, bien sûr, mais pas question de retourner dans ces bois ! Une partie de ma vision était gênée par un petit abri de jardin. Peut-être trouverais-je une porte par laquelle je pourrais discrètement m'éclipser ? J'espérais simplement que je n'allais pas me retrouver nez à nez avec un autre molosse. Vous imaginez l'ironie de la situation ! Je me suis donc avancé avec une prudence de Sioux.

Maintenant, permettez-moi de changer de point de vue pour un moment. Excusez-moi de vous déranger mais je vous demande de vous placer à la fenêtre, devant l'évier d'une paisible maison de banlieue. Vous êtes une charmante ménagère d'âge mûr vaquant à ses occupations journalières. En ce moment, par exemple, vous êtes en train de remplir un vase pour le bouquet de pivoines que vous venez de couper dans le massif de devant. Tout à coup, vous apercevez un homme qui vient d'escalader le mur au fond du jardin ; il avance avec précaution et traverse la pelouse courbé en deux. Pétrifiée de peur et, curieusement, presque fascinée, vous ne pouvez plus bouger. Vous le regardez progresser prudemment dans le style commando en jetant des regards furtifs de tous côtés. Puis il vient s'accroupir derrière une grande jarre. Il n'est plus qu'à trois mètres de vous. C'est à ce moment-là qu'il vous aperçoit.

– Oh, bonjour ! fait l'homme d'un ton joyeux en se relevant et en vous adressant un sourire qu'il croit sincère et reconnaissant, mais qui évoque plutôt le malade mental ayant oublié de prendre sa dose de gellules.

Alors vous vous souvenez de cet entrefilet récemment publié par la police dans un quotidien du soir au sujet d'une évasion d'un asile d'aliénés à Wollongong.

– Désolé de m'imposer comme ça à l'improviste, reprend l'homme, mais ma situation était devenue critique. Vous ne les avez pas entendus ? J'ai bien cru qu'ils allaient me tuer !

Il vous regarde d'un air radieux et semble attendre votre réponse, mais vous ne dites rien car vous êtes incapable d'ouvrir la bouche. Vous jetez un coup d'œil rapide sur la porte de la cuisine donnant sur le jardin : elle est ouverte. Si vous bougez, il arrivera en même temps que vous. Toutes sortes d'idées vous traversent la tête.

– Remarquez, je ne les ai pas *vraiment* vus. Mais je sais qu'ils en avaient après moi.

Il a l'air d'avoir vécu à la dure. Des auréoles de crasse maculent son visage et la jambe gauche de son pantalon est déchirée au genou.

– De toute façon, ils en ont toujours après moi, monologue-t-il d'un ton sérieux. On dirait qu'ils ont formé une conspiration contre moi. Je descends la rue sans rien demander à personne et brutalement, surgis de nulle part, les voilà qui m'attaquent ! Ce n'est vraiment pas drôle, ajoute-t-il en secouant la tête. Votre portail est ouvert ?

Évidemment vous n'avez pas entendu sa question parce que, pendant qu'il parlait, vous étiez occupée à glisser la main dans le tiroir contenant les grands couteaux de cuisine. Puis, quand vous comprenez enfin ce qu'il vous a demandé, vous vous surprenez à acquiescer nerveusement.

– Bon, alors je vais sortir. Non, non, ne me raccompagnez pas. Désolé de vous avoir dérangée.

Au portail, il marque un temps d'arrêt.

– Croyez-moi, n'allez jamais vous balader dans ces bois toute seule. Il pourrait vous arriver des choses terribles. Très joli, votre bouquet de dalhias…

Il vous adresse un sourire qui vous glace jusqu'à la moelle.

– Eh bien au revoir, alors.

Et il sort.

Six semaines plus tard vous mettez votre maison en vente.

CHAPITRE V

Lorsque les Australiens trouvent un nom qui leur plaît, ils ont nettement tendance à en abuser. Je pense que la faute en revient à un certain Lachlan Macquarie, un Écossais qui fut gouverneur de la colonie dans la première moitié du XIXe siècle et dont les mérites furent nombreux : construction de la Great Western Highway (première route traversant les montagnes Bleues), vulgarisation du nom « Australie » (avant lui, le pays tout entier s'appelait indifféremment Nouvelle-Galles du Sud ou Botany Bay) et première tentative mondiale de toponymie personnelle à l'échelle d'un continent.

Impossible de vous déplacer en Australie sans tomber constamment sur des lieux immortalisant le glorieux règne de cet homme. Promenez vos yeux sur une carte du pays et vous trouverez une baie Macquarie, une île Macquarie, des marais Macquarie, une rivière Macquarie, des prairies Macquarie, un col Macquarie, des plaines Macquarie, un lac Macquarie, un port, le fauteuil de Mme Macquarie (la pointe panoramique qui domine le port de Sydney), une pointe Macquarie et une ville du nom de... Macquarie.

Je me l'imagine bien assis à son bureau, en train d'examiner à la loupe atlas et cartes. Soudain il appelle son assistant :

– Dis, mon gars, on n'a toujours pas de marécage Macquarie dans le pays ! Et ce petit bosquet, là, tout en bas, qui n'a pas encore de nom, comment devrait-on l'appeler, à ton avis ?

L'omniprésence de la variété Macquarie ne se limite pas à la géographie. Macquarie est aussi le nom d'une banque, d'une université, d'un dictionnaire, d'un centre commercial et d'une artère principale de Sydney, sans parler des multiples rues, avenues, chemins et impasses qui, dans cette même métropole, ont reçu son nom ou le nom d'un membre de sa famille. Et je renonce à mentionner les innombrables variations sur le prénom Lachlan – genre Lachlan River et Lachlan Valley, pour ne citer que ce qui me vient à l'esprit.

On pourrait imaginer que les successeurs de Macquarie n'avaient plus grand-chose à baptiser après cette razzia, mais le gouverneur Ralph Darling réussit à trouver un port Darling, un boulevard Darling, une île Darling, une pointe Darling, des Darlinghurst et des Darlington. Ailleurs, les modestes réalisations de Darling furent immortalisées par les collines Darling, les monts Darling, un saupoudrage de quelques Darlington supplémentaires et puis, évidemment, l'importante rivière Darling. Enfin, ce qui a pu échapper à Macquarie et à Darling s'appelle généralement Hunter ou Murray. On s'y perd complètement !

Même lorsque les noms ne sont pas identiques, ils ont tendance à se ressembler. Il y a une péninsule du cap York tout au nord et une péninsule de Yorke tout au sud. Deux des principaux explorateurs australiens du XIXe siècle s'appelaient respectivement Sturt et Stuart. Et vous retrouvez constamment leurs noms, dans toute l'Australie. Arrivé à un carrefour, vous avez trente secondes pour décider : « Bon, maintenant, est-ce que je dois prendre la Sturt Highway ou la Stuart Highway ? » Comme ces routes partent toutes les deux d'Adélaïde et se terminent dans des endroits situés à quatre mille kilomètres de distance, je vous garantis que la mauvaise décision risque de perturber sérieusement votre planning.

Je réfléchissais à toutes ces choses le lendemain matin, tandis que je me trouvais dans une voiture de location, cherchant la sortie de Sydney, perdu dans un dédale indescriptible de banlieues interminables. Selon l'annuaire du téléphone, il existe sept cent quatre-vingt-quatre quartiers ou districts différents dans la seule ville de Sydney, et je crois bien les avoir tous visités dans ma tentative pour échapper à ce cauchemar pavillonnaire. J'ai dû traverser deux fois certains quartiers entre le début et la fin de la matinée. Un moment, j'ai même été tenté d'abandonner ma bagnole au bord du trottoir à Parramatta – d'abord j'ai trouvé le nom charmant, et puis les habitants ont commencé à me reconnaître et à me faire signe de la main –, mais j'ai enfin réussi à décamper de la métropole, comme un scarabée qu'on libère, ravi de me retrouver sur la bonne route pour Lithgow, Bathurst et les localités au-delà, envahi par ce sentiment d'enthousiasme proche du vertige qui s'empare de vous lorsque vous vous sentez lâché tout seul sur un vaste continent inconnu.

J'avais l'intention, au cours de la quinzaine suivante, d'explorer ce que j'appelle l'Australie-Civilisée, ce coin inférieur droit du pays qui va de Brisbane, au nord, à Adélaïde, au sud. Cela représente environ cinq pour cent du territoire mais quatre-vingts pour cent de la population du pays, avec la majorité de ses grandes villes, autrement dit Brisbane, Melbourne, Sydney, Canberra et Adélaïde. Sur ce vaste continent, c'est à peu près la seule zone qu'on s'accorde à qualifier d'habitable. Sa forme curieusement incurvée lui a valu le surnom de « côte du Boomerang ». Mais ça n'était pas la côte elle-même qui m'intéressait. Ma première destination était Canberra, la capitale du pays, une ville aux allures de parc, curieusement très décriée. De là mon intention était de traverser mille trois cents kilomètres de cet intérieur continental aride pour me rendre à Adélaïde, avant d'atteindre enfin Melbourne, couvert de poussière mais gardant un moral d'acier. Là, de vieux potes à moi m'attendaient pour me laver au Karcher et m'emmener faire un tour, promis depuis longtemps, dans ce bush du Victoria infesté de serpents, un endroit peu visité mais censé valoir le détour. Il y aurait tant de choses à voir en cours de route ; j'en brûlais d'impatience.

Mais tout d'abord il me fallait traverser ces montagnes Bleues à l'ouest de Sydney, ces hauteurs pittoresques demeurées si longtemps infranchissables. Pourtant, de loin, ces croupes ne paraissent pas terriblement imposantes. Elles sont d'une altitude très moyenne et semblent recouvertes d'un douillet manteau de verdure. Mais en fait elles abritent une multitude de gorges perfides et de canyons vertigineux, avec des rochers à pic qui s'élèvent en falaises de plusieurs centaines de mètres. Et cette charmante couverture verdoyante se révèle être, vue de près, une forêt particulièrement obscure, dense et enchevêtrée. Au début de la colonisation européenne de l'Australie, pendant un quart de siècle, les montagnes Bleues ont empêché tout développement vers l'ouest. Plusieurs expéditions successives tentèrent de vaincre cet obstacle, mais toutes durent rebrousser chemin. Même si l'on arrivait à progresser dans cette jungle épineuse, il restait impossible de garder son cap dans cette enfilade de gorges sinueuses. Watkin Tench, chef de l'une de ces équipées, rapporte avec un certain énervement bien légitime comment lui et ses hommes, après avoir bataillé des heures pour gravir un sommet, durent constater en y parvenant enfin qu'ils se trouvaient exactement à l'opposé de l'endroit recherché.

Finalement, en 1813, trois hommes, Gregory Blaxland, William Charles Wentworth et William Lawson, réussirent une percée ; ils étaient épuisés, en haillons et « malades d'un flux de ventre », comme devait le raconter Wentworth à l'arrivée (et aussi, n'en doutons pas, chaque fois qu'il en aurait l'occasion jusqu'à la fin de sa vie). La traversée leur avait pris dix-huit jours, mais lorsqu'ils débouchèrent sur les hauteurs dégagées de Mount York, ils furent récompensés par un panorama splendide jamais contemplé par des yeux européens. Devant eux, à perte de vue, s'étendait un paradis doré et ensoleillé, un océan d'herbages promettant de nourrir des millions d'habitants. L'Australie serait un pays puissant. L'information, lorsqu'elle parvint à Sydney, électrisa les foules. En moins de deux ans une route avait été tracée dans ces solitudes sauvages et le peuplement de l'Ouest australien commençait.

De nos jours, la Great Western Highway, selon la terminologie emphatique consacrée, suit presque exactement l'itinéraire emprunté par Blaxland et ses compagnons il y a près de deux siècles. Elle demeure indiscutablement fort vénérable. Elle gravit des pentes si raides et emprunte des défilés si étroits qu'il est difficile de la moderniser et de l'élargir. Elle présente donc des virages serrés et une largeur de voie plus adaptés à cette époque où les automobilistes devaient se protéger les yeux derrière de grosses lunettes et faire démarrer leur moteur à la manivelle. J'avais traversé la région peu de temps auparavant à bord de l'Indian Pacific, mais le train n'était pas idéal pour l'observation du paysage – quelques brèves échappées sur les vallées à travers une barrière de troncs d'eucalyptus avec une soudaine courbe de la voie ferrée qui vous replonge au plus profond de la forêt – et de toute façon j'étais trop occupé à explorer le train lui-même. J'étais donc particulièrement désireux de voir ces montagnes de près, en particulier les fameux panoramas que vous offre la ville de Katoomba.

Hélas, la chance n'était pas avec moi. Alors que je suivais la route tout en lacets à flanc de montagne, mon pare-brise s'est constellé de gouttelettes de crachin, tandis que des volutes de brume glaciale commençaient à envahir les bas-côtés, masquant les buissons de sassafras. Très vite la brume s'est transformée en un brouillard d'une telle densité qu'il semblait annoncer un incendie de forêt. En quelques minutes je me suis retrouvé dans la situation d'un petit avion pris au milieu des nuages. Il y avait un bout de capot devant moi, et du blanc tout autour. Je faisais mon possible pour maintenir la voiture sur le côté que le code lui avait assigné, mais la route était si étroite et tortueuse, la visibilité si réduite que chaque virage était accompagné d'une exclamation de surprise.

Enfin j'ai atteint Katoomba. Plongée dans un brouillard encore plus épais, la ville était réduite à des formes fantomatiques qui émergeaient parfois de la purée de pois. On se serait cru au stand du train fantôme à la fête foraine. À deux reprises, en moins de trois kilomètres, j'ai failli emboutir des véhicules en stationnement. Je ne sais vraiment pas pourquoi je me suis obstiné mais, ayant fait le voyage jusque-là, j'ai poussé jusqu'à un belvédère du nom d'Echo Point. J'ai garé ma voiture et je suis sorti. Comme on peut s'y attendre, j'étais tout seul. J'ai marché jusqu'à la rambarde, que j'ai agrippée, et j'ai promené mon regard à la ronde comme on le fait lorsqu'on se trouve sur un belvédère. Devant moi il n'y avait rien, rien qu'un tapis blanc d'une profondeur insondable, avec cette étrange qualité de silence troublant qui accompagne le brouillard. Vous imaginez ma surprise en voyant émerger de ces vapeurs laiteuses un couple de personnes âgées, la démarche décidée quoique un peu chancelante, tout emmitouflées comme en prévision d'un long hiver. L'homme, en particulier, ne semblait pas très assuré sur ses jambes et s'appuyait fermement d'un côté sur une canne et de l'autre sur le bras de sa femme.

En arrivant à ma hauteur, il m'a regardé tout surpris :

– Vous ne risquez pas de voir quelque chose aujourd'hui, a-t-il aboyé à mon intention comme si je gâchais non seulement mon temps mais le sien. (Au volume de sa voix, j'ai deviné qu'il devait être un peu dur de la feuille.) Et ça ne risque pas de se lever avant un jour et demi.

Puis, presque sur le ton de la confidence :

– Dépression sur le Pacifique. S'produit très souvent.

Il a hoché la tête d'un air sagace et s'est mis à contempler le néant avec moi.

Sa femme m'a lancé un petit sourire, à la fois sourire d'excuse et résignation un peu mélancolique.

– Mais ça pourrait s'éclaircir dans un moment, a-t-elle ajouté avec un timide optimisme.

L'homme l'a regardée comme si elle venait d'annoncer son intention de faire ses besoins sur le trottoir :

– *S'éclaircir ?* Pas de danger que ça s'éclaircisse ! Avec cette dépression sur le Pacifique !

J'ai cru une seconde qu'il allait la frapper avec sa canne. Mais l'optimisme de cette brave dame restait entier :

– Tu te rappelles comme le temps s'était dégagé d'un seul coup, cette fois-là, à Bunbury ?

– Bunbury ? tonna-t-il, incrédule. *Bunbury ?* Mais c'est à l'autre bout du pays ! Pas du tout le même océan, sacrebleu ! De quoi tu nous causes ? T'es folle ou quoi ? Faut t'enfermer !

Soudain j'ai reconnu l'accent. L'homme était du Yorkshire.

– On n'aurait jamais cru que ça se lèverait, poursuivit son épouse à mon intention, espérant une oreille plus favorable.

– C'est pas le même océan, que j'te dis, femme ! Voilà que t'es sourde *et* folle, maintenant ? (Il devenait clair que la conversation prenait, en gros, le tour qu'elle devait avoir depuis quelques dizaines d'années.) Les conditions météo sont complètement différentes dans l'océan Indien. N'importe quel imbécile le sait. Rien à voir avec ici !

Il s'interrompit un instant avant de reprendre :

– Au fait, j'croyais qu'on allait prendre le thé ?

– C'est ce qu'on va faire, mon chéri. Mais j'ai pensé qu'une petite promenade nous ferait du bien.

Et avec beaucoup d'adresse elle l'a remis en route.

– Une promenade ? Pour quoi faire ? On n'y voit que dalle. Alors maintenant t'es aveugle en plus d'être sourde et folle ? On n'y verra rien avant un jour et demi !

– Je sais, mon chéri, mais…

En quelques pas ils étaient devenus deux voix flottant dans un voile de blancheur, et quelques instants plus tard ils avaient complètement disparu.

Peu désireux de quitter si vite la région, j'ai décidé de passer la nuit à Blackheath, une charmante petite ville nichée dans les bois, une vingtaine de kilomètres plus loin sur la nationale. La dernière chose que j'ai vue par la fenêtre de ma chambre de motel avant de me coucher a été la silhouette d'une voiture passant lentement, les phares allumés tels des projecteurs. Puis le monde s'est enfoncé sous son épais édredon de brume. Rien de bien prometteur.

Aussi vous imaginez ma surprise lorsqu'en me réveillant j'ai trouvé un soleil radieux qui éclairait mon lit et nimbait le sommet des arbres de la forêt. J'ai ouvert ma porte pour laisser pénétrer cette lumière dorée, si éblouissante qu'elle me faisait cligner des yeux. Les oiseaux exécutaient leur petit chœur exotique dans les buissons. Sans perdre une minute, je me suis empressé de retourner à Katoomba.

La vue qui m'attendait à Echo Point était extraordinaire : une large vallée tapissée de frondaisons d'un vert intense et coupée par intervalles de formations rocheuses plates ou d'éperons acérés. Ce panorama saisissant baignait dans un silence absolu. Le ciel était d'un bleu profond, presque sans nuages. Même à neuf heures du matin tout laissait présager une belle et chaude journée. J'ai passé une heure et demie à me promener le long de la falaise, profitant de la vue sous tous ses angles. Je suis allé jeter un coup d'œil à la cascade, j'ai admiré ces trois hautes cheminées de grès qu'on surnomme les Trois Sœurs, puis, totalement satisfait, je suis retourné en ville boire un café.

Dans les années 1930 et 1940, Katoomba était un lieu de villégiature prisé des personnes de qualité exigeantes. On n'y trouvait pas les foules un peu canailles de Bondi et de ces autres stations balnéaires où l'on courait toujours le risque d'exposer le jeune Bruce ou la jeune Noelene à des visions de chair dénudée et à un vocabulaire peu convenable – des expressions telles que « nom de bleu » ou « saperlipopette ». Katoomba offrait des activités nettement plus raffinées : promenades dans les bois, petit plongeon hygiénique dans une *hydropool*, quelques pas de danse au son d'un orchestre en soirée. Aujourd'hui encore, la localité s'accroche désespérément à sa gloire d'antan. Sa rue principale s'orne de nombreux bâtiments dans le style Arts déco, notamment un magnifique cinéma. Mais tout était fermé, même le cinéma.

J'ai acheté un journal et je me suis dirigé vers un café. Je suis toujours étonné de constater que les visiteurs prennent rarement la peine d'acheter le journal local. Personnellement, je connais peu de choses aussi excitantes – en tout cas rien qu'on puisse faire dans un lieu public en buvant une tasse de café – que la lecture de la presse locale dans une région dont on ne sait pratiquement rien. Quel soulagement et quel confort de trouver une nation préoccupée de sujets n'ayant aucune conséquence sur votre propre vie ! J'adore lire ces histoires de scandales impliquant des ministres dont je n'ai jamais entendu parler, ces meurtres perpétrés dans des bourgades au nom poussiéreux, ces articles présentant des artistes et des écrivains dont la notoriété ne m'est pas parvenue mais dont on me garantit le talent. Par-dessus tout, j'aime me plonger dans les suppléments en couleurs et découvrir ce qui se porte cette année sur les plages de cette partie du globe, ce qu'on y offre comme nouveautés dans les arts ménagers et ce que je pourrais obtenir pour quatre cent mille dollars australiens si la vie m'obligeait à chercher un toit à Dubbo ou Woolloomooloo. Tout cela dégage un parfum de fruit défendu, comme si l'on farfouillait dans les tiroirs d'un inconnu. Je me demande bien où vous pourriez espérer trouver autant de plaisir pour quelques pièces de monnaie !

À l'époque je suivais avec passion un procès en diffamation intenté par deux ministres contre un éditeur coupable d'avoir publié un livre contenant des accusations calomnieuses (et apparemment sans fondements) sur certains de leurs comportements sexuels passés. Chaque jour le procès prenait un peu plus l'allure d'une farce grotesque. Tout récemment, un ancien chef de l'opposition avait comparu et, tout à trac, avait régalé l'auditoire d'anecdotes croustillantes concernant ces mêmes hommes politiques, des histoires qui n'avaient aucun rapport, de près ou de loin, ni avec le livre ni avec le procès. Mais ce qui m'avait intéressé et accroché dès le début, c'était que par une sorte d'heureuse coïncidence les deux ministres au cœur de cette affaire portaient les noms d'Abbott et de Costello.

Donc j'étais assis dans ce café, absorbé par ma

lecture, lorsque j'ai entendu une voix familière s'exclamer d'un ton mécontent :

– C'est pas de la confiture de fraises : c'est du cassis !

En levant les yeux, j'ai aperçu mes deux vieux amis rencontrés la veille. Ils paraissaient nettement plus petits et frêles maintenant qu'ils s'étaient dépouillés de leurs chapeaux, manteaux et écharpes, soigneusement pliés et empilés sur une chaise comme s'ils avaient l'intention de les ranger dans un placard. Je me demandais s'ils ne portaient pas toutes ces couches moins pour avoir chaud que pour meubler la journée avec ces opérations complexes d'habillage et de déshabillage.

– Ils n'ont pas de confiture de fraises, disait la femme avec douceur. La serveuse te l'a expliqué. Ils ont du cassis ou de la marmelade d'oranges.

– Eh bien, je veux ni l'un ni l'autre.

– Alors ne prends ni l'un ni l'autre. (Dit avec une pointe de lassitude.)

– Mais ils m'en ont mis sur mon toast !

– Non, chéri, ça, c'est *mon* toast. Je t'ai commandé un beignet à la confiture.

– Un beignet à la confiture ? *Un beignet à la confiture ?* Mais t'es maboule ? Je déteste les beignets à la confiture. Et ce thé est froid !

J'ai repris mon journal, mais en sortant je me suis arrêté pour les saluer. Visiblement, le vieil homme ne me remettait pas du tout. Le beignet à la confiture, entre parenthèses, avait été dévoré. Il n'en restait plus qu'une bouchée de confiture violette sur l'assiette.

– C'est le jeune monsieur qu'on a vu à Echo Point hier, a dit la dame.

Mais son mari était bien trop occupé à traquer cette flaque de confiture avec sa petite cuillère pour me prêter attention.

– Le temps s'est dégagé ! ai-je fait remarquer avec entrain.

– C’est souvent l’cas ! a répondu l’homme en criant presque et sans me regarder. J’avais bien dit que ça ne durerait pas plus de trente-six heures.

– On a déjà vu ça une fois, à Bunbury, a ajouté sa femme. Un brouillard terrible et puis, tout à coup, le soleil et un ciel dégagé. Tu te rappelles, mon chéri ?

– Absolument ! a-t-il lancé distraitement tout en poursuivant sa confiture dans son assiette.

Il l’a finalement poussée de l’index sur sa cuillère et enfournée, avant de reprendre avec une intense satisfaction :

– Absolument !

Et j’ai repris ma route vagabonde. Au-delà de Blackheath, on entame une descente raide et sinueuse jusqu’à Lithgow, avant de longer le pied des montagnes et de se lancer dans la traversée des prairies jusqu’à la bourgade de Bathurst. Je me retrouvais maintenant au cœur d’un paysage rural, dans une région que les géographes appellent le bassin du Murray-Darling. Il y avait des prés à perte de vue, couverts d’une herbe blonde et haute ondulant langoureusement sous la brise. Des touffes de boutons-d’or ornaient les talus. Tout le paysage baignait joliment dans une lumière éclatante, sous un soleil superbe. Ici et là, on apercevait une ferme blottie à l’ombre de grands arbres. Il n’y avait pas un seul eucalyptus en vue. J’aurais tout aussi bien pu me trouver dans les plaines du Midwest.

Ce monde bucolique que je traversais n’était pas tout à fait aussi virginal que Blaxland et ses acolytes l’avaient imaginé en le contemplant depuis les sommets que j’avais laissés derrière moi. Lorsque les premiers colons descendirent de ces montagnes boisées, ils eurent la stupéfaction de tomber sur de grands troupeaux, parfois d’une centaine de vaches, paissant tranquillement dans ces verts pâturages. Il s’agissait des descendantes du bétail échappé de la première colonie de la baie de Sydney, bien des années auparavant. Les vaches, comme on devait le découvrir, s'étaient débrouillées pour contourner les montagnes Bleues en empruntant un col facile, plus au sud. Comment, en vingt-cinq ans, les êtres humains n'avaient-ils pas eu la même idée, voilà une question que personne n'aime poser et qui attend toujours une réponse.

Ces riches plaines n'étaient pas aussi illimitées qu'on l'avait imaginé de prime abord. Les bons pâturages cessaient à une trentaine de kilomètres de la côte, et toute cette région fertile était elle-même soumise aux caprices décourageants de la nature. Elle l'est encore aujourd'hui. À une centaine de kilomètres au nord de l'endroit où je roulais maintenant se trouve, à la limite de la prairie, la petite ville de Nyngan qui, en 1989, 1990, 1992, 1995, 1996 et 1998, a été dévastée par des crues apocalyptiques. Et pendant ces six années où Nyngan s'est vue constamment inondée, Cobar, une localité située à une centaine de kilomètres à l'ouest, n'a pas reçu une seule goutte de pluie. C'est, je le répète au cas où je n'aurais pas été assez clair, un pays *très* rude.

Pourtant, ce qui frappait dans ce paysage, c'était son côté tout à fait charmant et accueillant. Les fermes étaient propres et bien tenues, et les villes que je traversais offraient toutes un air de prospérité tranquille. Jamais on n'aurait pu imaginer que juste derrière ces montagnes s'étendait une métropole de quatre millions d'habitants. J'avais l'impression d'avoir mis les pieds par hasard dans un univers victime d'un sortilège, un monde oublié et coupé de tout. J'y retrouvais des choses que je n'avais pas vues depuis des années : des stations-service avec des pompes à essence démodées sans toit de protection, si bien qu'on est condamné à se servir en plein cagnard selon la volonté du Bon Dieu, sans doute ; des éoliennes à pales métalliques, comme en possédaient naguère toutes les fermes du Kansas ; des petites villes dont les habitants vaquent paisiblement à leurs occupations et se saluent tous d'un mouvement de la tête ou d'un sourire. Cela me donnait un vague sentiment de déjà-vu, comme d'un souvenir à demi oublié. Puis, petit à petit, ça m'est revenu : on était dans le Midwest. Mais dans le Midwest d'autrefois. Autrement dit, je venais de faire cette découverte merveilleusement réconfortante qu'en Australie, en dehors des grandes villes, on est resté en 1958. Ce que j'avance peut sembler impossible mais le fait est là : je me baladais au milieu de mon enfance.

Ces réminiscences tenaient aussi à la lumière. C'était ce genre de lumière éblouissante et crue qu'on ne trouve que sous un ciel d'un bleu torride, cette lumière qui nimbe toute surface lointaine d'un halo frémissant. Vous connaissez certainement cette intensité particulière du soleil qui, par une journée particulièrement belle, donne aux moindres structures ou bâtiments que vous croisez normalement sans un regard un relief et un éclat qui les rendent presque beaux ? Eh bien, en Australie, on dirait qu'ils ont cette lumière-là presque en permanence. Il m'a fallu un moment pour me rendre compte que c'était exactement la lumière des étés de mon enfance en Iowa et que je ne l'avais plus revue depuis bien longtemps. Quel choc !

Et puis il y avait aussi la route. Les routes nationales en Australie ne possèdent généralement que deux voies, et c'est beaucoup mieux ainsi. On n'est pas coupé du reste du monde comme sur une autoroute mais on en fait intimement partie. Tous les millions de détails du paysage sont à portée de regard, proches de vous, et ne se contentent pas de défiler dans le flou d'une lointaine toile de fond monotone. Cela change toute votre perspective. À quoi bon ces pointes de vitesse qui vous conduiront quelques kilomètres plus loin dans le panache de poussière d'une vieille bétaillère ? Autant rester relax et admirer le paysage. Donc, sur ces nationales australiennes, fini cette obsession de la vitesse, ces folles poursuites qui rendent la conduite sur autoroute si fatigante et tellement frustrante. Aussi, lorsqu'on arrive enfin dans une petite ville, c'est un événement. On ne la frôle pas sur une rocade à fond la caisse mais on ralentit dignement comme sur un char de défilé, pour atteindre une allure qui permet de saluer les passants et de voir ce qu'il y a en vitrine dans les magasins de la grand-rue. « Tiens, se dit-on un peu songeur, elles ne sont pas chères, ces chemises de bûcheron. » Ou bien : « Les chaises de jardin étaient bien meilleur marché à Bathurst. » Car, inutile de vous le préciser, vous commençez à parler tout seul.

Parfois, très souvent même, vous vous arrêtez pour prendre un café et vous autoriser un peu de lèche-vitrine.

Puis vous reprenez la route et naturellement, au début, vous foncez un peu trop vite – une sorte de réflexe, n'est-ce pas ? Mais tout à coup vous sortez d'un virage pour vous retrouver le nez dans le cul d'un camion qui crache sa fumée en gravissant péniblement la côte. Alors vous rétrogradez et vous vous calmez. Le coude posé sur l'appui de la fenêtre, un doigt sur le volant, vous vous laissez glisser au fil des kilomètres. Voilà des années que vous n'aviez plus conduit comme ça. Pas depuis votre jeunesse. Vous aviez oublié que la conduite pouvait procurer autant de plaisir. Moi j'étais aux anges.

Comme pour renforcer le côté gentiment rétro de la balade, j'ai découvert que les stations de radio de l'Australie rurale se spécialisent dans les vieux tubes. Pas des chansons des années 1960 ou 1970, non, des trucs encore plus anciens. C'est peut-être le dernier endroit du monde où, en allumant la radio, vous aurez l'occasion d'entendre Peggy Lee ou Julie London, ou même Gisele McKenzie – dont la popularité dans les années 1950 ne peut s'expliquer que par son charmant sourire et la chance d'avoir débuté à une époque où l'on n'était pas très exigeant. Je me garderai bien de faire des généralisations hâtives – après tout je n'ai écouté ces radios que pendant six ou sept milliers d'heures pendant mon séjour, et il se peut que j'aie raté les meilleurs moments – mais je suis certain d'une chose : lorsque tous nos monuments seront retournés à la poussière, lorsque la main du temps aura effacé toute trace du XXe siècle, quelque part, au fin fond de l'Australie le disc-jockey de la radio locale d'une petite ville annoncera :

– Et nous venons d'entendre Doris Day dans son grand classique, *Que sera sera*.

Voilà qui me plaît bien.

Du moins pendant une semaine ou deux.

C'est ainsi que, tout heureux, j'ai traversé Lithgow, Bathurst, Blayney et Lyndhurst avant d'atteindre enfin, en milieu d'après-midi, la localité de Cowra, une petite ville compacte et soignée de huit mille habitants dans la Lachlan Valley, sur la Lachlan River – vous aurez reconnu l'influence de notre vieil ami Mr Macquarie. Je ne savais rien de Cowra mais j'ai très vite découvert qu'elle était célèbre chez les Australiens comme le lieu où s'était déroulée cette « infâme tentative d'évasion ».

Au cours de la Seconde Guerre mondiale, en effet, on avait installé un peu à l'extérieur de Cowra un vaste camp de prisonniers de guerre avec, d'un côté, deux mille détenus italiens et, de l'autre, deux mille détenus japonais. Les Italiens étaient des prisonniers modèles. Ravalant leur frustration d'être ainsi privés du plaisir de combattre en première ligne, oubliant leur intense déception de se retrouver exilés dans un pays chaud, ensoleillé et éloigné du grondement des canons, ils avaient décidé de se résigner et de prendre les choses avec philosophie. Ils y réussirent remarquablement, si bien même que de mauvais esprits prétendirent qu'ils n'étaient pas fâchés de leur sort. Bref, on les envoya travailler dans les fermes, accompagnés d'une très modeste escorte. Les officiers italiens, détail piquant, n'étaient même pas surveillés du tout et pouvaient aller et venir à leur guise. On leur demandait seulement d'avoir l'obligeance de refermer la porte derrière eux, à cause des mouches. On les voyait fréquemment déambuler dans Cowra, faisant de menues emplettes, ou même attablés à la terrasse de l'hôtel Lachlan.

Avec les Japonais, les choses se présentaient différemment. Ils avaient énergiquement refusé d'accomplir le moindre travail ou de coopérer dans quelque domaine que ce soit. La plupart donnaient de faux noms, tant l'humiliation de la captivité leur était insupportable. En août 1944, ils organisèrent une évasion suicide, tentative ridicule et désespérée au cours de laquelle onze cents d'entre eux sortirent de leurs baraquements et chargèrent la tour de garde au cri de *Bonzaï !* munis de battes de base-ball, de pieds de chaise ou de tout autre objet susceptible de servir d'arme. Les gardes, surpris, réagirent en criblant de balles la foule des insurgés mais furent rapidement dépassés. En quelques minutes, trois cent soixante-dix-huit prisonniers s'étaient égaillés dans la campagne. Ce qu'ils avaient l'intention de faire exactement, personne n'en a jamais eu la moindre idée. Il fallut neuf jours pour tous les récupérer. Aucun d'eux n'avait réussi à s'éloigner à plus de vingt-cinq kilomètres du camp. Le nombre de victimes japonaises fut de deux cent trente et un morts et cent douze blessés. Du côté australien on déplora quatre morts – trois pendant l'attaque nocturne et un au cours des battues.

Toute cette histoire est commémorée par une exposition rassemblant photos et souvenirs divers au centre touristique de Cowra, ce qui en soi est déjà très intéressant. Mais le plus sensationnel, c'est le petit spectacle audiovisuel offert au visiteur dans une pièce à l'arrière, un des spectacles les plus charmants que j'aie jamais vus, en tout cas dans une petite ville perdue au milieu de nulle part.

Sur une sorte de petite scène de théâtre, derrière une vitre, on a disposé des objets récupérés dans l'ancien camp de prisonniers : des livres, des journaux intimes, deux photos dans leur cadre, une batte et un gant de base-ball, un flacon de médicaments, un jeu de société japonais. Lorsque vous pénétrez dans la pièce, les lumières baissent automatiquement. Une petite musique d'ouverture retentit et alors – c'est là que ça devient charmant – une petite dame d'environ vingt centimètres sort d'une des photographies et commence à virevolter au milieu des objets en vous parlant de la ville de Cowra dans les années 1940 et de la fameuse évasion de 1944. J'en suis resté bouche bée. Et elle ne se déplaçait pas seulement : tout en récitant son texte, elle touchait les objets, enjambait les livres ou encore s'accoudait négligemment à un obus. J'avais devant moi une petite demoiselle en trois dimensions parfaitement proportionnée et plutôt sexy, mais ne mesurant pas plus de vingt centimètres. Elle était aussi réelle que puisse l'être une image : un parfait hologramme. Sa petite conférence, il est utile de le souligner, était émouvante et instructive, un modèle du genre. J'ai regardé trois fois le spectacle et à chaque coup j'ai été captivé.

– Pas mal, non ? m'a lancé la dame de l'accueil en remarquant mon air encore ébahi lorsque je suis sorti de la pièce.

– Je vous crois !

Devançant mes questions, elle m'a tendu une carte plastifiée où tout était expliqué. On devait le procédé à une boîte de Sydney qui employait une technique d'illusion d'optique connue depuis près d'un siècle. Il s'agit de projeter une image sur une plaque de verre disposée de manière à rester invisible pour le spectateur. La seule difficulté consiste, pour l'actrice, à bien respecter les points de repère. Le tournage avait dû prendre des mois mais le résultat était tout simplement génial.

J'ajouterai seulement ce commentaire : le jour où ils trouveront le moyen de faire exécuter à la fille un striptease sur un comptoir de bar, ces gars-là feront fortune.

J'ai terminé la journée à Young, un bourg rural au milieu des pruniers et des cerisiers, à une soixantaine de kilomètres de Cowra sur l'Olympic Highway, en direction de Canberra. J'ai pris une chambre dans un motel, sur une petite rue proche du centre. Le propriétaire, un type costaud en bermuda et chemisette, qui avait lu mon nom sur la fiche que je venais de remplir, m'a salué d'un « *G'day*, Bill. Bienvenue à Young ! » et gratifié d'une vigoureuse poignée de main, comme pour sceller mon admission dans une société secrète. L'amabilité des Australiens – toujours sincère et spontanée – ne cessera jamais de me stupéfier et de m'émouvoir. Dans le cas présent, je n'avais encore jamais vu un hôtelier me malaxer les phalanges avec un tel enthousiasme ni exprimer une telle reconnaissance envers le destin qui avait permis notre rencontre.

– Vraiment heureux de vous voir, a-t-il repris en me secouant énergiquement la main. Je m'appelle Bruce.

Je ne garantis pas le prénom car j'étais trop secoué (à tous points de vue) pour y prêter attention.

– *G'day*, Bruce, ai-je hoqueté. Moi, c'est Bill.

– Ouais, Bill, je le sais déjà. Bon, alors t'es chambre six.

Et il a abandonné ma main un peu brutalement.

La chambre était restée dans ses moindres détails une chambre de motel de la fin des années 1950. Je ne veux pas dire par là qu'on ne l'avait pas repeinte depuis 1958 ou me montrer le moins du monde irrespectueux. Ce que je veux dire, c'est que tout à l'intérieur de cette pièce remontait aux années 1950. Les murs étaient couverts de panneaux de pin noueux. La télé avait un bouton UHF. Le siège des toilettes était garni de papier fantaisie avec un ruban en travers : « Aseptisé pour votre confort. » Dans un tiroir de la commode, on vous offrait deux cartes postales représentant le motel plus un sac en papier dans lequel on vous incitait vivement, encore une fois pour votre confort, à déposer tout objet que la cuvette des WC ne digérerait pas. Il y avait même une petite dame sur la pochette pour vous informer, je présume, qu'elle était destinée à un usage exclusivement féminin (au cas où vous auriez eu l'idée incongrue de vous débarrasser de quelques pièces détachées de votre voiture). J'étais au comble du bonheur.

J'ai planté là mes bagages et je suis allé me balader en ville dans la chaleur du jour finissant. Maintenant je retrouvais les années 1950 à tous les coins de rue. En Australie, même les panneaux signalant les sorties d'école vous montrent des silhouettes habillées à la mode de ces années-là : la petite fille en robe du dimanche et le petit garçon en pantalon court.

Il serait exagéré de dire que Young est la copie conforme des villes dans lesquelles j'ai grandi. La largeur exceptionnelle des rues – ils adorent les grandes rues, en Australie –, les toits de tôle rouge, les avancées métalliques qui enveloppent chaque magasin comme les bords d'un chapeau, tout cela est sans conteste typiquement australien. Mais par ailleurs Young me semblait bizarrement familier. C'est un endroit où, lorsqu'on a des courses à faire, on prend sa voiture pour aller *en* ville (et pas *hors* de la ville). Là on se gare en épi, le long du trottoir, sur la grand-rue. Ce détail à lui seul m'a transporté d'aise pendant quelques minutes. J'avais oublié qu'il avait existé une époque où quelques places de stationnement dans la rue principale suffisaient à la communauté. J'ai arpenté la ville dans un état de béatitude admirative. Mis à part les banques et un supermarché, tous les commerces appartenaient à des gens du coin, avec chacun ses caractéristiques. J'ai retrouvé des boutiques que je n'avais pas eu l'occasion de voir depuis des années : quincaillerie, boulangerie, cordonnerie, salon de thé, avec parfois un mélange de marchandises parfaitement incongru.

À cet égard, à l'autre bout de la grand-rue, je suis tombé sur un magasin si exceptionnel que j'ai dû m'y arrêter. Il vendait à la fois des articles pour animaux domestiques et des articles porno. Je ne plaisante pas. J'ai reculé d'un pas pour bien lire l'enseigne, et puis je me suis avancé pour examiner la vitrine avant de me décider à entrer. L'endroit était plutôt petit et j'étais le seul client. Sur une sorte d'estrade, à peu près au centre, il y avait un homme assis derrière une caisse enregistreuse, en train de lire le journal. Il ne m'a pas dit bonjour ni adressé le moindre geste de salut, ce qui m'a semblé bizarre pour un Australien. Et puis j'ai compris : c'était de la discrétion. J'imagine que la plupart de ses visiteurs se baladaient entre les rayons en montrant un intérêt inhabituel pour les boulettes pour chat et les poudres antipuces, et s'arrêtaient pour mieux étudier les boîtes de nourriture lyophilisée pour poissons rouges avant de se retrouver aspirés, comme par hasard, dans la section du fond, au rayon hard. Curieusement, c'est aussi ce qui m'est arrivé.

La section adulte était une sorte d'unité isolée à laquelle on accédait par un portillon en bois muni d'un œil magique qui s'ouvrait automatiquement devant vous, de façon presque provocante, avec un petit déclic sonore, comme dans certaines administrations. Je me suis retourné, un peu surpris. L'homme ne semblait pas avoir remarqué que j'étais planté, avec un sourire niais, à l'orée d'un paradis pornographique. J'ai été tenté une seconde d'aller lui expliquer qu'il s'agissait d'une erreur, une erreur tout à fait pardonnable et presque comique, que je n'étais pas un pervers à la recherche d'images pour nourrir mes fantasmes dépravés mais au contraire un écrivain respectable spécialisé dans les récits de voyage et simplement attiré par ce curieux mélange de genres qu'offrait son négoce. Alors on aurait éclaté de rire et on aurait même échangé nos adresses.

Et puis je me suis dit que si par hasard j'achetais quelque chose – ce n'était pas mon intention, évidemment, mais je n'avais toujours pas de cadeaux pour les gosses – je ne souhaitais surtout pas voir ma carte de visite épinglée sur son panneau d'affichage. D'un autre côté, je me sentais investi d'une mission : découvrir s'il existait une connexion entre les deux branches de son activité. Après tout, je ne savais pas si le mot « animalerie » n'avait pas un sens différent au cœur de l'Australie profonde. Sans parler de la notion d'« amour des animaux ». D'ailleurs les rayons semblaient bourrés d'ouvrages pratiques sur nos amies les bêtes : *Premières Saillies*, *Fouets et colliers*, *Brebis en chaleur*. Je devais absolument me faire une opinion. J'ai repris mon expression neutre de simple observateur et je me suis avancé.

C'était la première fois que je mettais les pieds dans une de ces boutiques – je n'entends pas par là un magasin associant fournitures pour animaux *et* porno, non, je veux parler d'un commerce pour adultes. Et franchement, j'ai été choqué : toutes les créatures concernées étaient humaines, je n'ajouterai rien de plus. Je vous garantis qu'on n'était plus en 1958 dans cette arrière-boutique de la petite ville de Young. C'est tout ce que je peux vous dire.

Malgré tout l'intérêt que représentait la découverte à Young (ou n'importe où), d'un *pet-shop* avec sex-shop en annexe, le but de ma mission restait d'une nature légèrement plus édifiante. J'étais venu pour y visiter un musée réputé, le Lambing Flat Museum, qui immortalise l'époque où Young était une ville de chercheurs d'or. Il était trop tard cet après-midi-là pour en faire le tour, mais le lendemain matin à neuf heures tapantes j'étais devant la porte – pour apprendre que le musée n'ouvrait qu'à dix heures.

Toujours soucieux de ne pas gaspiller la moindre minute de mon existence, je suis reparti vers le centre-ville à la recherche d'un établissement où prendre mon petit déjeuner tout en préparant ma visite avec un peu de lecture. C'est ainsi que j'ai débarqué dans un modeste café de l'artère principale. En attendant mes œufs au bacon, je me suis mis à compulser une histoire de l'Australie par un historien connu, Manning Clark, un gros volume en édition de poche que j'avais acheté quelques jours plus tôt à Sydney.

La ruée vers l'or australienne est une épopée particulièrement captivante. Elle commença avec un certain Edward Hargraves, qui partit de Sydney en 1849 avec l'intention de faire fortune en Californie. En deux ans il ne trouva rien d'autre que de la terre, mais il put remarquer qu'il existait une similitude étonnante entre les champs aurifères de Californie et une certaine région de Nouvelle-Galles du Sud située à l'ouest des montagnes Bleues, précisément la région que je venais de traverser.

Hargraves se hâta donc de rentrer en Australie avant qu'un autre pékin ne soit frappé par la même ressemblance, et il se mit illico à prospecter le lit des rivières entre Orange et Bathurst. Très vite, il trouva là suffisamment d'or pour rentabiliser ses recherches. Un mois après cette découverte, des milliers d'hommes avaient envahi la zone, retournant chaque pierre et faisant résonner chaque vallon de leurs coups de pioche. On découvrit qu'il y avait de l'or dans tous les coins. L'Australie regorgeait d'or. Un ouvrier agricole aborigène trébucha sur une motte de terre qui lui livra quarante kilos de ce précieux minerai, une sorte de record, en tout cas assez pour lui assurer une vie de prince. Du moins en principe, car en tant qu'Aborigène il n'eut pas la permission de le garder, et c'est son patron qui en hérita.

La prospection avait à peine commencé que déjà l'on trouvait du métal jaune en quantité plus phénoménale encore de l'autre côté de la frontière, dans cette colonie du Victoria nouvellement créée. L'Australie fut saisie d'une fièvre de l'or auprès de laquelle la ruée vers la Californie peut sembler molle et indécise. Des villes entières se vidèrent de leurs habitants partis tenter leur chance. Les magasins perdirent leurs vendeurs. Les policiers désertèrent leur poste. Les épouses rentraient à la maison pour découvrir un mot sur la table et constater que la charrette avait disparu. En moins d'un an, la moitié des hommes du Victoria s'étaient égaillés dans la nature pour prospecter, rejoints par des milliers d'autres candidats à la fortune venus de l'étranger.

Cette ruée vers l'or devait transformer complètement l'Australie. Avant la découverte de l'or il était difficile de convaincre des colons de s'y installer. Maintenant c'était la bousculade et l'on s'y précipitait des quatre coins du monde. En moins d'une décennie, le pays s'enrichit de six cent mille nouvelles têtes, ce qui fit plus que doubler sa population. La croissance la plus forte se fit dans l'État de Victoria, qui recelait les gisements les plus riches. Melbourne dépassa Sydney et fut un temps la ville la plus riche du monde par habitant. Mais la principale conséquence de cette découverte fut qu'on mit fin à la déportation des forçats. Lorsque les autorités de Londres comprirent que l'exil vers l'Australie était devenu une récompense plus qu'une punition, que les condamnés brûlaient d'envie d'y être déportés, tout ce concept de colonie pénitentiaire s'effondra. On continua à envoyer quelques bateaux de prisonniers vers l'ouest du pays jusqu'en 1868, mais là aussi on découvrit de l'or en quantités très satisfaisantes. Ainsi donc l'Australie ne serait plus un bagne mais une nation.

En dépit des richesses qu'ils pouvaient dénicher, la vie n'était pas toujours facile pour les chercheurs d'or. Dans le but de donner à chacun une chance équitable, on avait décidé d'accorder aux prospecteurs une parcelle assez modeste, quelques mètres carrés, et c'est alors que les problèmes commencèrent. Lorsque, en avril 1860, se répandit le bruit qu'on avait trouvé de l'or à Lambing Flat (c'est ainsi que s'appelait Young à l'époque), les gens rappliquèrent en masse. En 1861, on comptait dans la région vingt-deux mille prospecteurs, dont deux mille Chinois, qui s'éreintaient à fouiller des lopins guère plus grands qu'une descente de lit. Comme on pouvait s'y attendre, beaucoup d'entre eux ne trouvaient rien. Les Blancs commencèrent à regarder de travers ces Chinois qui semblaient mieux supporter chaleur et privations. Ces derniers s'entraidaient davantage, ce qui leur conférait un atout supplémentaire, considéré comme injuste. En outre ils trouvaient plus d'or. Et puis ils étaient chinois.

En conséquence, les prospecteurs d'origine européenne décidèrent d'aller casser la figure aux Chinois, ce qui arrangerait tout, très certainement. Au milieu de l'année 1861, une minorité assez importante de Blancs (entre deux et trois mille, dit-on) se rassembla pour organiser une émeute. L'affaire fut curieusement menée. Pour commencer, ces hommes firent venir une fanfare qui attaqua avec *Rule Britannia* et *La Marseillaise* puis enchaîna avec d'autres airs entraînants jugés propices à l'agitation des esprits. Les émeutiers confectionnèrent et brandirent une grande banderole qui, depuis, est devenue une sorte de relique dans l'histoire de l'Australie. Donc, pendant que l'orchestre jouait ces mélodies que l'on eût plus volontiers entendues le dimanche dans un kiosque à musique, les prospecteurs se répandirent dans les quartiers chinois et se mirent à tabasser leurs habitants avec des manches de pioche ou tout autre instrument contondant, avant de tout piller et d'incendier leurs tentes. Après quoi, pour faire bonne mesure, ils allèrent mettre le feu au tribunal. On devait arrêter onze de ces émeutiers qui passèrent en jugement, mais aucun ne fut condamné. C'est sans conteste un épisode très peu glorieux de l'histoire australienne.

Quelles en furent les conséquences immédiates ? Je suis incapable de vous le dire. Manning Clark, qui est, je tiens à le souligner, assez frustrant comme historien, se borne à mentionner un mort du côté des Européens sans donner le nombre des victimes chinoises, morts ou blessés. Il ne précise pas non plus ce qui est arrivé ensuite à ces malheureux : furent-ils expulsés du coin ou reprirent-ils leurs activités après que les choses se furent calmées ? Pas un mot ! Mais une chose est sûre : les émeutes de Lambing Flat ont conduit à l'adoption de ce qu'on appelle la White Australia Policy, la politique de l'Australie blanche, une mesure qui devait pratiquement interdire toute immigration non européenne jusque dans les années 1970 et colorer – d'accord, pas géniale la plaisanterie – tous les aspects de la vie australienne pendant plus d'un siècle.

Le Lambing Flat Museum est une grande bâtisse en brique à un étage, assez ancienne. Il est situé dans une petite rue secondaire. J'y suis arrivé juste avant l'ouverture des portes, processus qui semblait inclure une sérieuse opération de déverrouillage et de manipulation de clés par quelqu'un à l'intérieur. J'ai eu immédiatement l'intuition que ce musée ne devait pas être une institution aussi fréquentée que je le pensais parce que, lorsque la porte s'est enfin ouverte, la dame de l'accueil a sursauté en m'apercevant.

– Oh ! vous m'avez fait une de ces peurs ! a-t-elle dit en pouffant comme une gamine victime d'une bonne farce.

J'en ai déduit que les visiteurs devaient être plutôt rares. En tout cas, elle a semblé ravie de ma visite, et après avoir accepté trois dollars en échange d'un billet d'entrée elle m'a bien recommandé de prendre tout mon temps et de ne pas hésiter à lui poser des questions.

Le musée est assez spacieux et bourré d'une collection d'objets hétéroclites : des fers à repasser, des embauchoirs, un buggy, de vieilles lanternes, diverses pièces d'outillage agricole. On se serait cru dans la grange de mon grand-père. Il manquait seulement les toiles d'araignées. Dans un coin de la salle principale j'ai trouvé le joyau de la collection : la fameuse banderole portée par les émeutiers en 1861. Elle portait cette inscription joliment brodée et restée célèbre : « Avec nous ! Avec nous ! Pas de Chinois ! » John Pilger déplorait que le musée de Lambing Flat semble davantage glorifier cette tragédie qu'exprimer des regrets*. C'était peut-être vrai au moment de sa visite en 1991, mais plus maintenant. Les légendes présentent un récit détaillé et équitable de l'événement, même si elles restent toujours aussi étonnamment discrètes sur le nombre total de victimes.

À part ça, la visite du musée m'a paru interminable. Il semblait contenir tout ce dont la ville de Young avait voulu se débarrasser : machines à coudre obsolètes, vieilles calculatrices, carabines, albums de photos de mariage, robes de baptême. Sur une table j'ai remarqué un grand bocal contenant des milliers de petites billes rondes et luisantes. Je me suis penché pour mieux les examiner et essayer de deviner ce que c'était.

– Des graines de colza ! a lancé une voix toute proche, si proche que j'ai sursauté.

C'était la dame de l'accueil.

---

* John PILGER, *A Secret Country : The Hidden Australia*, *op. cit.* *(N.d.T.)*

– Oh ! vous m'avez fait peur.

En voyant son sourire, je me suis demandé si telle n'était pas justement son intention. Après tout, c'était peut-être leur façon de tuer le temps à Young.

– Vous avez trouvé ce que vous vouliez ? a-t-elle repris.

Comme je ne savais pas exactement ce que je devais m'attendre à trouver, je lui ai répondu d'un ton désinvolte :

– Absolument !

J'ai ajouté plus poliment :

– C'est très intéressant !

– Oui, Young est très riche en souvenirs historiques.

Puis elle a regardé autour d'elle comme si elle craignait en avoir trop dit.

Mes yeux se sont dirigés vers le bocal de graines.

– Vous faites pousser du colza dans la région ?

– Non.

Devant la sobriété de sa réponse, j'ai cherché une seconde ce que je pourrais bien ajouter. J'ai fini par hasarder :

– En tout cas, si vous décidez d'en planter un jour, vous savez où trouver des graines, n'est-ce pas ?

– Vous savez, il y a des gens qui appellent ça… du *rape**, m'a-t-elle glissé dans un chuchotement en levant les sourcils d'un air entendu. Mais moi je préfère dire du colza.

– Moi aussi ! ai-je retorqué avec conviction, sans trop savoir pourquoi.

Je n'ai aucun avis particulier sur la terminologie des graines, mais sur le moment cela m'a semblé plus prudent.

Heureusement, une sonnette a retenti alors, le genre de sonnette qu'on trouve à l'entrée des petites

---

* *Rape* signifie colza mais aussi viol. *(N.d.T.)*

boutiques pour signaler l'arrivée d'un client, et la dame m'a quitté. J'ai compté jusqu'à douze avant de la suivre, car j'avais vu ce que je désirais voir et je voulais reprendre la route.

À l'entrée, un couple d'âge mûr achetait des tickets. L'espace était réduit, aussi ai-je dû attendre qu'ils s'écartent pour pouvoir passer. J'ai remercié la dame aux cheveux blancs.

– Le musée vous a plu ? m'a-t-elle demandé.

– Énormément ! ai-je menti.

– Vous êtes ici en vacances ? a poursuivi la visiteuse, probablement alertée par mon accent.

– Oui, ai-je menti de nouveau.

– Et ça vous plaît, l'Australie ?

– J'adore ce pays !

Cette fois je ne mentais pas, mais elle m'a regardé d'un air soupçonneux.

– Je vous jure ! ai-je ajouté.

Alors là il s'est produit un truc que j'ai trouvé un peu curieux : elle a posé sa main sur mon bras et m'a dit, avec une pointe d'inquiétude :

– J'espère que tout le monde est gentil avec vous, au moins !

– Mais naturellement ! Les Australiens sont toujours gentils !

Elle m'a lancé un regard grave et presque implorant :

– Vous en êtes bien sûr ?

Bon, je ne veux pas sembler médisant, les Australiens sont des gens merveilleux, mais quand ils se mettent à faire de l'introspection, ça devient vite un peu bizarre.

J'ai hoché la tête avec force :

– Si, si ! Je vous assure ! Les Australiens sont très sympathiques.

– Mais bien sûr qu'ils le sont, Maureen ! a aboyé son mari. Il n'y a pas meilleurs qu'eux sur la terre !

Maintenant, laisse partir ce pauvre homme. Je suis sûr qu'il a d'autres endroits à visiter.

Manifestement, ce monsieur appartenait à l'autre archétype australien, l'espèce joviale qui pense que tout malheureux qui n'a pas eu la chance de naître en Australie est cruellement défavorisé par le destin – et aussi probablement affligé d'un tout petit zizi, le pauvre bougre !

Et il avait raison, naturellement. Je veux dire en ce qui concerne les autres endroits à visiter. Il était temps pour moi de pousser jusqu'à Canberra.

CHAPITRE VI

Avant qu'elles ne décident de se fédérer, en 1901, les six colonies d'Australie étaient des entités complètement indépendantes les unes des autres, à un point qui frisait parfois le ridicule. Chacune émettait ses propres timbres-poste, réglait ses pendules selon sa propre heure locale, avait son propre système d'impôts ou de taxes. Le tenancier d'un pub de Wodonga, dans le Victoria, désireux de vendre une bière brassée à Albany, sur l'autre rive du Murray en Nouvelle-Galles du Sud, devait acquitter autant de taxes que si la bière était venue par bateau depuis l'Europe. C'était de la folie ! Donc, en 1891, les six colonies (plus la Nouvelle-Zélande, qui faillit se joindre à elles mais se retira du projet un peu plus tard) se rencontrèrent à Sydney pour discuter de la création d'une vraie nation qu'on baptiserait le Commonwealth d'Australie. Il fallut quelques années pour fignoler les détails, mais le 1er janvier 1901 naissait une nation.

Comme Sydney et Melbourne étaient deux villes d'importance égale et risquaient de se disputer la suprématie, on décida dans un esprit d'apaisement de fonder une capitale quelque part dans le bush – entretemps, Melbourne assurerait l'intérim. On perdit des années à discutailler de son emplacement avant de tomber d'accord sur une obscure petite communauté agricole non loin des hauteurs de Tidbinbilla, en Nouvelle-Galles du Sud. L'endroit s'appelait Canberra, qu'on anglicisa parfois en Canberry. Glacial l'hiver, brûlant l'été, à des centaines de kilomètres de tout, c'était vraiment un choix inattendu pour une capitale. Une étendue d'environ deux mille trois cents kilomètres carrés pratiquement inutilisables fut cédée par la Nouvelle-Galles du Sud pour former le Territoire de la capitale d'Australie, une zone fédérale calquée sur Washington et le district de Columbia.

Maintenant notre jeune nation avait une capitale. Le prochain défi fut de lui trouver un nom, et là encore passions et rancœur firent perdre beaucoup de temps. King O'Malley, le politicien d'origine américaine qui avait été le grand artisan du processus de fédération, aurait voulu qu'on l'appelle Shakespeare. Parmi les noms suggérés, on trouve Myola, Wheatwoolgold, Emu, Eucalypta, Sydmeladperbrisho (la première syllabe des six autres capitales), Opossum, Gladstone, Thirstyville, Kookaburra, Cromwell et l'inepte mais martial Victoria Defendera Defender. C'est Canberra qui finit par l'emporter, faute de mieux. L'épouse du gouverneur général annonça la décision devant une assemblée de dignitaires et proclama comme à regret que le nom gagnant était celui employé depuis le début. Malheureusement, personne n'ayant songé à renseigner la dame sur la prononciation de ce nom, elle mit l'accent tonique sur la dernière syllabe au lieu d'appuyer légèrement sur la première. Mais qu'importe ! L'Australie avait une capitale et cette capitale avait un nom. Et il n'avait fallu que onze années pour que l'Union en arrivât là. À ce rythme trépidant, si tout allait bien, on pouvait espérer avoir une ville digne de ce nom dans un demi-siècle. En fait, cela prit plus longtemps…

À l'heure actuelle, Canberra a beau être l'une des plus grandes agglomérations du pays et l'une de ces grandes villes surgies de rien, elle reste aussi l'une des grandes méconnues de l'Australie. D'abord, pour une capitale nationale, elle est d'accès difficile. L'axe routier Sydney-Melbourne, la Hume Highway, passe à soixante kilomètres de là et les voies ferrées l'évitent tout autant. La grande route qui va de Canberra vers le sud ne mène pratiquement nulle part, et il n'existe aucune route vers l'ouest, sauf une piste à partir de la petite localité de Tumut.

En 1996, le Premier ministre John Howard, fraîchement élu, provoqua un miniscandale en déclarant qu'il n'avait pas l'intention de vivre à Canberra, qu'il continuerait à habiter Sydney et ferait les trajets entre les deux villes selon les nécessités de ses fonctions. Cela mit en émoi les citoyens de Canberra, probablement vexés de ne pas avoir eu cette excellente idée eux-mêmes. Le plus piquant de l'histoire, c'est que John Howard est de loin l'homme le plus mortellement ennuyeux de toute l'Australie. Imaginez un directeur des pompes funèbres passionné par son métier, quelqu'un dont l'ambition à l'âge de onze ans était déjà de devenir croque-mort et dont la réussite la plus éclatante, à l'âge adulte, a été d'être nommé président du syndicat des directeurs de pompes funèbres du district de Queanbeyan. Réduisez son charisme de moitié et puis encore d'une moitié, et vous obtiendrez le profil de John Howard. Quand un homme aussi colossalement insipide que John Howard snobe une ville, vous vous dites qu'elle mérite certainement le détour. Je brûlais d'impatience de la découvrir.

On gagne Canberra par une route à deux voies qui traverse une campagne boisée et se transforme insensiblement en un boulevard plus urbain, quoique toujours bordé d'arbres. Puis vous arrivez enfin dans une zone d'immeubles espacés mais d'une certaine taille, et vous comprenez alors que c'est là – enfin, aussi près de « là » qu'on puisse l'être dans une cité floue et insaisissable comme celle-ci. Car Canberra n'est pas vraiment une ville mais plutôt un grand parc habité, avec une profusion de pelouses, d'arbres, de haies et un grand lac ornemental. C'est très agréable, mais ça n'est pas tout à fait ce qu'on attend d'une capitale.

Je me suis pris une chambre à l'hôtel Rex, sans raison particulière autre que d'être tombé dessus par hasard et de trouver amusant de résider dans un hôtel portant le nom d'un gros toutou. Il correspond parfaitement à l'idée qu'on peut se faire d'un grand hôtel en béton affligé d'un nom de chien. Mais peu importe. Je mourais d'envie de me dégourdir les jambes et d'aller gambader au milieu de tous ces espaces verts. J'ai rempli ma fiche, déposé mes bagages, et je suis ressorti aussitôt. En arrivant j'avais repéré l'office de tourisme, et comme il me paraissait assez proche j'ai décidé d'y aller à pied. En fait, j'ai marché longtemps, bien plus longtemps que prévu, comme c'est invariablement le cas à Canberra.

L'office de tourisme allait bientôt fermer, mais ça n'était pas si grave : il ne s'agissait en fait que d'une sorte de grand kiosque offrant une profusion de brochures sur les différentes attractions, les lieux d'hébergement et les restaurants. Dans une petite salle on présentait un film promotionnel débordant d'un enthousiasme forcé, quelque chose comme « Canberra, la ville qui a tout ! », ce genre de publicité touristique qui vous garantit qu'ici, dans la même journée, vous pourrez faire du ski nautique, vous dégoter une robe du soir et, en supplément, vous offrir une pizza, parce que c'est une ville… qui a tout ! Vous voyez ce que je veux dire. Mais j'ai regardé le film avec grand plaisir parce que la salle était climatisée et que cela faisait du bien de s'asseoir après une si longue marche.

Je n'avais pas besoin de robe du soir, ni envie de manger une pizza ou de faire du ski nautique, et cela tombait plutôt bien car je n'ai rien trouvé du tout. Je vous donne un bon tuyau si vous passez à Canberra : ne quittez pas votre hôtel sans vous être muni d'une boussole, d'un bon plan de la ville, de rations de nourriture pour quelques jours et d'un téléphone portable avec le numéro d'un service de secours. J'ai bien dû marcher pendant deux heures, dans différents quartiers agréables, verdoyants et complètement identiques, tout en ayant la nette impression de tourner en rond. Parfois, j'arrivais à un rond-point d'allure familière, avec des rues partant dans toutes les directions, chacune offrant la même vision d'un éden banlieusard des antipodes. Alors je choisissais celle qui me paraissait la plus susceptible de me ramener vers la civilisation, et dix minutes plus tard je tombais sur un nouveau rond-point. Pendant toute cette errance, je n'ai pas vu un seul piéton ni âme qui vive en train d'arroser sa pelouse, seulement, de temps en temps, un automobiliste qui ralentissait au carrefour avec une expression désespérée signifiant : « Zut alors ! Où est donc passée ma maison ? »

Je m'étais imaginé que j'allais tomber sur un pub branché comme ceux que j'avais vus à Sydney, le type d'établissement où les jeunes cadres vont se décontracter après une rude journée au bureau, un endroit tellement à la mode que la foule des clients déborderait joyeusement sur le trottoir. Aurait suivi un petit dîner dans un bistrot alliant charme discret et portions confortables. Mais il n'y avait rien de semblable – sous aucune de ses variantes – dans les artères endormies de Canberra.

Soudain, après avoir tourné à un coin de rue, je me suis retrouvé dans le centre commercial. Il y avait bien des restaurants et des cafés, mais tous étaient fermés. Le centre de Canberra est principalement constitué de petites galeries marchandes qui serpentent entre les différentes zones de commerces de détail. L'endroit était parfaitement vide et silencieux, à l'exception de chocs et de claquements que j'ai attribués au bout d'un moment à la pratique du skateboard. N'ayant rien de mieux à faire, je me suis laissé guider par le bruit et je suis arrivé sur une placette où une demi-douzaine d'adolescents arborant tous bermuda trop large et casquette de baseball à l'envers exerçaient leurs modestes et juvéniles talents sur une structure métallique. Je me suis assis sur un banc pour observer, avec un intérêt morbide, comment on pouvait risquer la double fracture et de sévères traumatismes testiculaires pour le simple plaisir fugitif de glisser le long d'une rampe sur une longueur allant de zéro à quelques mètres, avant d'être propulsé dans l'espace pour finir projeté sur un macadam d'une dureté impitoyable. L'entreprise m'a semblé d'une débilité remarquable.

Mais il y a plus débile encore : demander une bonne adresse de restaurant à une bande d'adolescents affublés de casquettes de base-ball à l'envers. C'est pourtant ce que j'ai fait.

– Vous n'êtes pas américain, non ? m'a demandé l'un d'eux avec un air de surprise un peu incongru de la part d'un habitant d'une grande capitale.

J'ai dû admettre que je l'étais.

– Ben, y a un McDo juste à l'angle.

Avec bonhomie, j'ai expliqué que la consommation journalière de hamburgers n'était pas, pour un Américain, une clause essentielle du code de la nationalité.

– J'avais plutôt en tête quelque chose comme un restaurant thaïlandais.

Regards ahuris et vides, comme seuls des garçons de quatorze ans peuvent vous en lancer.

– Ou peut-être un indien ? ai-je hasardé.

Mais encore une fois je m'étais adressé aux abonnés absents.

– Indonésien ? Vietnamien ? Malais ? Libanais ? Grec ? Mexicain ? Antillais ?

Avec ma liste qui s'allongeait, le malaise gagnait mon auditoire, comme s'il refusait d'être tenu pour responsable des graves lacunes de la gastronomie locale.

– Italien ?

– Ben, y a une Pizza Hut au coin de Lonsdale Street, a lancé l'un d'eux avec un air de triomphe. Et y font buffet à volonté tous les mardis.

– Super ! ai-je dit pour mettre fin à cette conversation qui ne menait à rien.

J'allais partir, mais je me suis retourné pour lancer :

– Mais aujourd'hui on est vendredi, non ?

– Ben ouais ! dut admettre le gamin en hochant la tête d'un air grave. Le vendredi, z'ont pas de buffet.

J'ai fini par trouver le chemin de l'hôtel Rex, mais je me suis arrêté sur le seuil en réalisant brutalement que je ne voulais surtout pas dîner dans mon propre hôtel. C'est tellement ringard, un peu comme si on avouait qu'on n'a pas de vraie vie personnelle. En l'occurrence, je n'avais pas de vie personnelle du tout, mais ça n'était pas une raison. Vous savez ce qu'il y a de plus triste lorsqu'on mange seul dans son hôtel ? C'est quand le garçon s'empresse de débarrasser votre table de son deuxième couvert comme pour dire :

– Vous n'avez vraiment pas une tête à avoir de la compagnie, alors on va vous enlever tout ça, vous installer face à un pilier, et dans une minute je vous apporterai une grande corbeille contenant un seul petit pain. Et maintenant bon appétit !

J'ai donc hésité une fraction de seconde dans le hall du Rex, puis je suis ressorti. J'ai débouché sur une sorte de grand boulevard, pratiquement déserté à cette heure-ci. Il était bordé de grands immeubles de bureaux vides et sombres, blottis dans l'épaisse frondaison des arbres. Quelques centaines de mètres plus loin, je suis arrivé devant un hôtel rappelant beaucoup le Rex. Il avait son propre restaurant, style trattoria, mais avec une entrée à part. Je ne pouvais pas espérer dénicher beaucoup mieux. En y pénétrant, j'ai découvert à mon grand étonnement qu'il était plein de gens du coin qui semblaient avoir fait un effort de toilette. Quelque chose dans leur familiarité avec le personnel et leur connaissance des lieux trahissait une relation assez régulière avec l'établissement. Croyez-moi, lorsque les gens du cru en sont réduits à se restaurer dans des hôtels tout en béton et baies vitrées, cela signifie qu'il y a quelque chose qui ne tourne pas rond dans cette ville-là.

Le garçon a fait prestement disparaître tous les autres couverts de ma table, mais il m'a apporté six gressins – assez pour partager si j'arrivais à me faire des amis. L'endroit était plutôt joyeux, car chacun semblait s'appliquer à lutter énergiquement contre la déshydratation – les Australiens aiment boire, il faut leur reconnaître cette qualité – et la nourriture était excellente. Mais il n'en restait pas moins évident qu'on mangeait dans un hôtel. C'est souvent le cas à Canberrra : on mange et on boit dans de grands hôtels neutres ou autres lieux sans caractère, si bien que la vie dans cette capitale doit finir par ressembler à une très longue escale dans un hall d'aéroport extraordinairement spacieux.

Un peu plus tard, ballonné par une ventrée de pâtes, plus trois bières italiennes et les six gressins – finalement je ne m'étais pas fait d'amis –, je suis reparti dans la direction opposée pour une nouvelle promenade exploratoire, convaincu qu'à Canberra il devait au moins exister *un* pub normal et *un* restaurant sympathique (en prévision de mes prochaines soirées), mais ma quête a été vaine et je me suis retrouvé une fois encore devant le Rex. J'ai consulté ma montre : il n'était pas tard, seulement neuf heures et demie. Je me suis dirigé vers le salon-bar et j'ai commandé une bière avant de m'installer dans un gros fauteuil confortable. Le bar était pratiquement vide question clients, à l'exception d'une joyeuse tablée de trois hommes et une dame buvant sec, et d'un monsieur solitaire perché sur un tabouret au comptoir, le nez dans sa chope.

Tout en sirotant ma bière, j'ai sorti un petit carnet et un stylo – au cas où je serais saisi d'une inspiration soudaine –, plus un livre acheté d'occasion chez un bouquiniste de Sydney. Intitulé *Inside Australia* et publié en 1972, il était l'œuvre d'un certain John Gunther, un journaliste américain considéré jadis comme une sommité en matière de récits de voyages mais aujourd'hui tombé dans l'oubli*. C'était son dernier livre : le pauvre diable était mort avant sa parution.

Je l'ai ouvert au chapitre Canberra, curieux de voir ce que notre auteur pouvait bien avoir à dire sur le sujet au début des années 1970. Le Canberra qu'il décrit est une petite ville de cent trente mille âmes possédant « l'ambiance pastorale d'une bourgade rurale », un endroit paisible avec très peu de feux de signalisation, une vie nocturne très calme, un modeste contingent de bars et « une demi-douzaine de bons restaurants ». En résumé, la capitale semble avoir plutôt régressé depuis 1972. J'ai eu la fierté de noter que l'hôtel Rex y était cité comme établissement de classe – il est toujours satisfaisant de se voir conforter dans son choix, même si la recommandation est vieille de près de trente ans – et que son bar était jugé « l'un des plus animés de la ville ». J'ai levé les yeux de mon livre et j'ai frémi à la pensée que c'était peut-être toujours le cas aujourd'hui.

Ensuite je suis passé au chapitre sur la vie politique en Australie, ce qui, en fait, m'avait fait acheter le livre. Mis à part le football australien et l'amour des Australiens pour un plat appelé le *pie floater* (imaginez quelque chose de peu appétissant dans les tons bruns flottant sur quelque chose de peu

---

* John GUNTHER et William H. FORBIS, *Inside Australia*, New York, Harper and Row, 1972. *(N.d.T.)*

appétissant dans les tons verts et ça vous donnera une idée), il n'y a rien qui soit plus difficile à comprendre ou plus intrigant pour un étranger que la politique australienne. J'avais déjà essayé une fois ou deux de me plonger laborieusement dans des ouvrages écrits par des Australiens, mais tous semblaient partir de l'hypothèse curieuse que la politique australienne est un sujet passionnant – une position courageuse, j'en suis sûr, mais qui n'aide pas vraiment le lecteur – et je m'étais dit que les observations plus impartiales d'un de mes compatriotes m'en apprendraient davantage. Gunther y avait mis tout son cœur, je dois le reconnaître ; or il s'agissait d'une entreprise qui dépassait largement ses talents, pourtant reconnus, pour la synthèse et la vulgarisation. Voici par exemple un échantillon de sa prose lorsqu'il tente d'expliquer le système australien des votes de préférence :

> Si, après addition des votes de seconde préférence aux votes de première préférence, il n'y a toujours pas de candidat recueillant la majorité des voix exprimées, on doit répéter le processus : les voix du candidat arrivé dernier à ce stade du calcul sont divisées proportionnellement aux votes de seconde préférence. S'il hérite certaines voix de seconde préférence du premier candidat éliminé, celles-ci seront redistribuées selon une troisième préférence, et ainsi de suite.

Ce qui m'a beaucoup plus, c'est le très désinvolte « et ainsi de suite », une conclusion très adroite puisqu'elle semble vous dire : « Personnellement j'ai tout compris, mais je ne veux pas vous ennuyer avec ces détails », alors qu'elle signifie évidemment : « Je n'ai rien pigé moi non plus, et franchement je m'en tape parce qu'au moment où j'écris ces mots je suis confortablement installé dans le bar d'une sorte de mausolée du bush appelé l'hôtel Rex, que c'est vendredi soir, que je suis à moitié pompette, que je m'ennuie à mourir et que je ne vais pas tarder à me lever de mon fauteuil pour me commander une autre pinte. »

Curieusement, je partageais ce sentiment.

J'ai jeté un coup d'œil à ma montre pour constater avec effarement qu'il était seulement dix heures dix. Je me suis commandé une autre bière puis j'ai pris mon calepin, et après quelques minutes de réflexion j'y ai noté : « Canberra : un vrai trou. Bière très fraîche, cependant. » J'ai réfléchi encore une minute avant d'y consigner encore : « Acheter paire de chaussettes. » J'ai reposé mon calepin et tenté sans grand succès de saisir les conversations de la joyeuse tablée à l'autre bout de la pièce. Puis j'ai cherché un nouveau slogan pour Canberra. D'abord j'ai écrit : « Canberra : vraiment rien de spécial ! » puis : « Canberra : pourquoi attendre de mourir ? » et encore : « Canberra : une porte sur tout le reste ! », qui est resté mon favori. J'ai commandé une autre bière et fait un petit dessin. Il représentait deux saumons en train de reprendre leur souffle dans une petite flaque d'eau calme, et l'un disait à l'autre : « Qu'est-ce que tu dirais d'une petite branlette ? », ce que j'ai trouvé hilarant. J'ai mis le dessin dans ma poche en prévision du jour où j'arriverais à dessiner des objets identifiables. J'ai encore écouté les conversations de mes voisins en hochant la tête et en souriant à leurs bons mots, dans l'espoir, hélas vain, que ces gens me remarqueraient et finiraient par m'inviter à leur table. Et puis je me suis payé une autre bière.

Je crois bien que c'est cette dernière bière qui m'a été fatale. En tout cas, impossible de me rappeler ce qui s'est passé après. Je me souviens simplement avoir éprouvé un sentiment de bienveillance extrême envers quiconque traversait le bar, y compris une dame de type philippin qui m'a demandé de lever les jambes pour pouvoir passer l'aspirateur sous mon fauteuil. J'ai encore consigné deux pensées supplémentaires dans mon carnet, écrites d'une main tremblotante. L'une était : « Victoria *Bitter*. Pourquoi ? ? ? ? Pas amère du tout. Vachement bonne ! ! ! ! » et l'autre : « Je t'assure, Barry, le gars pétait des étincelles », sans doute une citation des gens de la table d'à côté qui, sur le moment, avait dû me paraître extraordinairement exotique et pittoresque.

Mais je ne garantis rien. J'avais pas mal éclusé.

Le lendemain matin, je me suis réveillé pour découvrir une ville noyée dans la grisaille d'une pluie fine et persistante. J'avais prévu de traverser à pied le pont principal qui enjambe le lac Burley Griffin pour me rendre dans le quartier des musées et ministères. C'était une matinée pourrie, rien à voir avec la veille, et certainement pas le jour idéal pour partir à l'aventure à pied, ce que j'ai compris immédiatement, mais un peu tard, après avoir quitté l'hôtel. Canberra est vraiment une ville d'une taille étonnante. Sur la carte tout semble très prometteur – un lac qui serpente, des avenues ombragées et quatre mille hectares de parc – mais sur le terrain, en grandeur réelle, c'est seulement une grande étendue de verdure trouée à intervalles assez espacés d'immeubles et de monuments.

Il est intéressant de comprendre comment on en est arrivé là. En 1911, s'étant mis d'accord sur le site de la nouvelle capitale, on a organisé un concours d'urbanisme pour sa construction. Le prix revint à Walter Burley Griffin, un architecte d'Oak Park, dans l'Illinois, disciple de Frank Lloyd Wright. Le projet de Griffin était sans conteste le meilleur, ce qui n'est pas nécessairement une référence. Un des lauréats potentiels avait été Alfred Agache, un Français qui avait mal lu (ou complètement négligé de lire) les notes explicatives, et avait placé le Parlement et autres édifices importants sur une plaine inondable, ce qui aurait contraint les législateurs à écoper tout en discutant les lois. De plus, pour une raison qu'on n'a jamais pu élucider, il avait choisi de placer la station d'épuration des eaux usées en plein cœur de la ville, comme élément décoratif central. En dépit de ses petites imperfections amusantes, le projet d'Agache avait été classé troisième. Le deuxième prix était allé à Eliel Saarinen, le papa d'Eero, l'homme qui devait persuader les juges de choisir le projet audacieux de Jørn Utzon pour l'Opéra de Sydney. Le projet de Saarinen l'aîné eût été parfaitement acceptable s'il n'avait été empreint d'une sorte de majesté un peu brutale – un style très proto-Troisième Reich – qui avait un peu déconcerté le jury australien.

Le plan de Griffin, par contraste, séduisit immédiatement. Il prévoyait une sorte de cité-jardin de soixante-quinze mille habitants, entrecoupée de grandes avenues bordées d'arbres et agrémentée d'un lac en son centre. Élégant et rassurant, majestueux sans être prétentieux, ce projet était en accord parfait avec ce besoin de respectabilité peu ostentatoire et bon enfant qui est l'un des traits du caractère australien. De plus, Griffin avait été l'un des premiers à comprendre les avantages d'une bonne présentation. Son Canberra ne se présentait pas sous forme de modestes esquisses paraissant griffonnées à la hâte sur une nappe en papier mais comme une suite de grands tableaux panoramiques dessinés avec le plus grand raffinement sur la plus fine des toiles. Pour cela il avait reçu l'aide précieuse de sa jeune épouse, Marion Mahony Griffin – en réalité, c'est elle qui avait tout fait –, probablement l'un des auteurs de dessin architectural les plus doués de son époque.

L'œuvre de Marion montre un horizon où se profilent d'élégantes silhouettes – un dôme par-ci, une ziggourat par-là – mais, curieusement, peu de détails précis. Ce sont des dessins que vous pouvez regarder pendant des heures avec plaisir mais, une fois le dos tourné, vous n'en garderez rien d'autre que le souvenir d'une agréable composition. Bien que jusque-là Griffin et sa femme n'aient jamais mis les pieds en Australie (ils travaillaient d'après des relevés topographiques), leurs croquis vous donnent, curieusement, l'impression d'une longue familiarité avec ce pays, d'un respect plein de tendresse pour sa beauté sauvage et ses grands horizons. Je ne veux rien enlever aux mérites de Walter : c'était un architecte doué et un concepteur parfois inspiré, mais dans le couple c'est Marion qui était le vrai génie.

Les Griffin avaient un côté nettement bohème. Lui, aimait les chapeaux à larges bords et les cravates de velours. Elle, adorait danser dans les bosquets, vêtue seulement de tuniques diaphanes à la Isadora Duncan. Toutes ces particuliarités ne jouaient pas en leur faveur dans un monde aussi rude et terre à terre que l'Australie du début du XXe siècle. Bref, ils trouvèrent très peu d'enthousiasme et encore moins de fonds lorsqu'ils y débarquèrent en 1913. Le déclenchement de la Première Guerre mondiale n'allait rien arranger. Une fois sur le site, Griffin se révéla incapable de prendre les choses en main. Il n'avait aucune expérience de la conduite d'un grand projet et la gestion n'était pas non plus l'activité qui convenait le mieux à son tempérament. En 1920, seul le piquetage des artères principales avait été réalisé. À la fin de l'année on mit fin à sa participation, ce qu'il semble avoir accepté de bon cœur.

Griffin passa encore une quinzaine d'années en Australie, où il devint un des architectes les plus réputés du pays. Mais presque toutes ses œuvres restèrent à l'état de projet ou bien furent démolies plus tard. En proie à des difficultés financières croissantes, il décida d'émigrer aux Indes en 1935. Là, en 1937, il tomba d'un échafaudage et mourut à l'âge de soixante ans. Il fut enterré dans une tombe anonyme. Aujourd'hui, de cette longue carrière bien remplie il ne reste pratiquement que le Newman College de l'université de Melbourne, quelques usines d'incinération et Canberra – ce Canberra dont il n'est pourtant pas totalement le père.

Seul le plan de base peut lui être attribué : les avenues, les ronds-points, le lac qui coupe la ville en deux. Tout le reste tomba en d'autres mains, souvent sans réelle concertation. Ainsi manqua-t-il à la nouvelle cité, pourtant construite d'après le schéma d'origine de Griffin, toute la cohérence du projet initial. Ce n'était plus désormais qu'un saupoudrage de grands édifices gouvernementaux au milieu d'une nature recréée par l'homme. Même le lac qui serpente entre la partie administrative et la partie commerciale de la capitale trahit quelque peu ce côté artificiel.

Sur une avancée escarpée de la rive nord se trouve un bâtiment de hauteur moyenne, le National Capital Exhibition, et j'ai décidé d'y entrer, davantage pour me sécher que pour accroître mon érudition de façon significative. Il y avait là beaucoup de monde. À l'entrée, deux dames charmantes assises à une table offraient aux visiteurs une documentation gratuite – de grands sacs en plastique jaune vif – que chacun semblait accepter avec enthousiasme et reconnaissance.

– Intéressé par notre documentation gratuite, monsieur ? me dit l'une d'elles.

– Oh, oui, s'il vous plaît ! ai-je répondu plus excité que je ne voulais l'admettre.

Il s'agissait en réalité d'une masse de brochures – les œuvres complètes de cet office du tourisme auquel j'avais rendu visite la veille. Le sac était si lourd que les anses s'allongeaient au point de lui faire toucher le sol. Je l'ai traîné pendant un moment, puis j'ai voulu l'abandonner derrière une plante verte. Le problème, c'est qu'il n'y avait plus de place : une centaine de ces sacs jaunes étaient déjà planqués derrière le pot ! En regardant autour de moi, je me suis rendu compte que chacun s'était débarrassé du sien. J'ai fait de même près de la plante. Au moment où je me redressais, j'ai vu un homme venir vers moi.

– C'est là qu'on met les sacs ? m'a-t-il demandé gravement.

– Oui, c'est là, ai-je répondu avec la même gravité.

Investi des fonctions provisoires de responsable de la logistique des sacs, j'ai surveillé la façon dont il déposait le sien. Puis nous sommes restés plantés là, satisfaits d'avoir contribué utilement à la migration de tous ces sacs du hall jusqu'à la salle d'exposition. Pendant ce temps, deux autres visiteurs sont arrivés.

– Vous mettez vos sacs là, avons-nous déclaré presque en chœur en indiquant péremptoirement l'endroit où nous avions commencé l'étayage du mur.

Puis, après avoir hoché la tête d'un air satisfait, nous avons repris chacun la visite du musée.

Le National Capital Exhibition est un musée remarquable, comme beaucoup de musées en Australie. Il n'est pas très grand et vous donne une bonne idée de l'histoire et du développement de Canberra. J'ai été étonné de constater à quel point tout y est récent. Par exemple les murs étaient couverts de photos agrandies du Canberrra d'autrefois, certaines contrastant terriblement avec le présent. J'ai découvert que le lac Burley Griffin* n'avait été rempli qu'en 1964. Auparavant ce n'était qu'une dépression boueuse séparant les deux moitiés de la ville. Sur un autre mur, des photos aériennes représentaient Canberra en 1959 (trente-neuf mille habitants) et Canberra aujourd'hui (trois cent trente mille habitants). Mais curieusement, mis à part l'addition de quelques grands édifices dans la zone du Parlement et la mise en eau du lac, la ville semble avoir remarquablement peu changé.

Après cette introduction, j'étais maintenant

---

* Ceux qui ont baptisé le lac n'ont visiblement pas saisi que Burley n'était pas un nom mais le second prénom de Walter. *(N.d.A.)*

impatient de voir la réalité de mes propres yeux. J'ai donc quitté le bâtiment et je me suis dirigé le long de la rive boisée du lac vers le pont de Commonwealth Avenue pour atteindre la partie lointaine et, pour ainsi dire, officielle de Canberra. La pluie s'était arrêtée mais le lac Burley Griffin est équipé de cette merveille étonnante du génie hydraulique (étonnante parce qu'on se demande bien pourquoi on a pris cette peine) qu'est le Captain Cook Memorial Jet. Il s'agit d'un grand panache d'eau qui jaillit sous pression à une cinquantaine de mètres de haut, de façon tout à fait inintéressante, et que la brise projette en milliards de gouttelettes sur le pont voisin où elles retombent en pluie fine et pénétrante. Avec un soupir résigné, je me suis engagé sur le pont et j'ai émergé de l'autre côté, au milieu d'espaces verts de dimensions extravagantes, parsemés de bâtiments officiels et de musées si espacés que j'avais l'impression de contempler le paysage par le mauvais bout d'un télescope.

Même la documentation officielle reconnaît dans son laïus promotionnel que « le quartier du Parlement donne parfois un sentiment de vide et d'inachevé, et [que] les distances entre les institutions et les autres édifices découragent le déplacement des piétons et les activités ». Bien dit. Il me semblait déambuler sur le site d'une exposition universelle qu'on aurait renoncé à monter.

Pour commencer je suis allé à la Biblithèque nationale, parce que je tenais à voir le journal de bord de l'*Endeavour*, ce fameux journal que le capitaine Cook avait tenu pendant son voyage. Naturellement, Cook l'avait emporté chez lui après ses épiques découvertes, mais le journal avait disparu peu après sa mort et on en avait perdu la trace pendant cent cinquante ans. Et puis il avait brusquement refait surface en 1923 dans une vente aux enchères chez Sotheby's, à Londres. Le gouvernement australien de l'époque s'était empressé de l'acquérir pour cinq mille livres sterling (soit près du double de la somme votée pour la conception de la ville qui l'abrite aujourd'hui), et ce journal de bord est maintenant traité avec le respect que nous Américains réservons aux reliques nationales comme la Constitution ou Nancy Reagan. Malheureusement, comme je devais l'apprendre à l'accueil, ce journal n'est pas exposé au public et ne peut être consulté qu'une fois par semaine, sur rendez-vous. J'étais anéanti.

– Mais j'ai fait treize mille kilomètres pour le voir ! ai-je pleurniché devant l'employé.

– Désolé !

Il avait l'air sincère.

– Je viens de passer une nuit au Rex, ai-je ajouté, en espérant que cela me vaudrait une indulgence supplémentaire.

Mais il est resté inflexible. Il m'a tout de même indiqué un opuscule qui offrait une reproduction du journal, tout en m'encourageant à jeter un coup d'œil aux salles ouvertes au public. Eh bien elles étaient superbes. L'une d'elles présentait des peintures d'Australiens célèbres – célèbres en Australie, je veux dire. Dans une autre on avait exposé tous les dessins originaux du concours pour l'Opéra de Sydney. Outre les esquisses d'Utzon, le vainqueur, on trouvait les projets des deuxième et troisième lauréats, tous deux remarquablement peu inspirés. Le deuxième prix était allé à une sorte de gros cylindre avec des peintures style arlequin sur acier, le troisième prix à une construction rappelant un grand supermarché. Une vitrine présentait la maquette du projet d'Utzon, prouvant que les ailes du toit de l'Opéra actuel ne sont pas des répliques de voiles de bateau (comme vous l'entendrez dire et le lirez partout) mais tout simplement des sections de sphère.

Ensuite j'ai dû me taper quelques autres hectares de savane à l'abandon pour atteindre la National Gallery, un musée de taille impressionnante et aux allures de forteresse. Ses collections étaient variées et plutôt bien dans l'ensemble. J'ai été particulièrement impressionné par les peintures de l'outback d'Arthur Streeton, un peintre qui m'était inconnu jusqu'alors, et par toute la section des peintures aborigènes, généralement réalisées sur des écorces arrondies ou autres matériaux naturels et couvertes de petits points de couleur et de tortillons bariolés. On oublie souvent que la culture des Aborigènes remonte à la nuit des temps. C'est un peu comme s'il y avait en France des gens capables de vous expliquer les peintures rupestres de Lascaux tout simplement parce que pour eux elles ont gardé tout leur sens. C'est exactement le cas des Aborigènes et je pense qu'il fallait le rappeler.

J'avais eu l'intention d'aller visiter le Parlement, mais lorsque je suis sorti de la National Gallery, je me suis aperçu que l'après-midi touchait à sa fin. Il fallait remettre mon projet au lendemain. J'ai donc repris la douce pente qui me ramènerait vers le lac et le pont. Le ciel se dégageait enfin et une lumière argentée nimbait les collines. Maintenant que les nuages avaient cessé leurs attaques à basse altitude pour gagner les hauteurs duveteuses, la vue était d'une grande beauté. Canberra est une ville de mémoriaux, généralement imposants, et presque toujours précédés d'une allée plantée d'arbres. De l'endroit où je me trouvais maintenant, je pouvais presque tous les embrasser d'un seul mouvement panoramique de la tête. Pour moi cela évoquait moins, beaucoup moins une ville qu'un grand champ de bataille un peu arrangé. On y trouvait ces proportions majestueuses et cette verdure soigneusement entretenue évoquant plutôt Gettysburg ou Waterloo.

Il était difficile de croire que trois cent trente mille habitants vivaient cachés là. Et cette évidence – qui m'a franchement stupéfié au moment où elle m'est apparue – a complètement modifié mon opinion sur Canberra. J'avais méprisé cette ville pour ce qui était, en fait, sa réussite la plus admirable. Voilà une cité qui, calmement, avait multiplié sa population par dix depuis la fin des années 1950 tout en réussissant à conserver ses allures de parc.

J'essayais de me figurer quelque charmante petite ville américaine comme Aspen, dans le Colorado, essayant d'absorber trois cent mille résidents supplémentaires en l'espace de quarante ans, et j'imaginais les kilomètres d'infrastructures échevelées, édifiées en dépit du bon sens, que cela aurait produit : les centres commerciaux, les parkings, les routes à huit voies fonçant dans une forêt de grands panneaux de signalisation et de placards publicitaires criards, les hectares de lotissements, les entrepôts en forme de cube, les chapelets de motels avec stations-service et fast-foods. Vous ne trouvez pratiquement rien de ce genre à Canberra. Quelle performance ! Cela a complètement changé mes sentiments envers cette ville.

N'empêche qu'un ou deux pubs corrects ne gâcheraient rien.

Bon, maintenant je vais vous expliquer pourquoi vous ne comprendrez jamais rien à la politique australienne.

En 1972, après vingt-trois années de gouvernement conservateur libéral, l'Australie a élu un gouvernement travailliste dirigé par Gough Whitlam, un homme courtois mais entreprenant. Aussitôt il se mit à l'ouvrage et embarqua son équipe dans un programme de réformes ambitieuses : il accorda aux Aborigènes des droits dont ils n'avaient jamais joui jusqu'alors ; il amorça un processus de désengagement des troupes australiennes au Vietnam ; il instaura la gratuité de l'enseignement supérieur, et bien d'autres choses encore. Mais, comme cela arrive souvent, le gouvernement vit peu à peu sa majorité s'éroder, et en 1975 le Parlement se retrouva dans une impasse dont ni Whitlam ni le leader de l'opposition, Malcolm Fraser, n'entendaient sortir.

C'est alors qu'intervint le gouverneur général, sir John Kerr, représentant officiel de la reine en Australie. Utilisant une prérogative encore jamais appliquée, il décida de virer Whitlam, de le remplacer par Fraser et d'organiser des élections générales. On peut difficilement décrire l'indignation outragée du peuple australien devant ce qui lui apparut comme une ingérence insupportable dans sa politique intérieure. Le pays tout entier retentit de cris de colère et d'indignation. Avant même de laisser aux Australiens l'occasion de régler eux-mêmes leurs différends, le représentant non élu d'un pays situé à l'autre bout de la planète s'en était mêlé et avait tout réglé à leur place. Une façon humiliante de se voir rappeler que l'Australie était restée, de fait, une colonie soumise par sa Constitution au bon vouloir du Royaume-Uni !

Néanmoins, comme l'exigeait la loi, les Australiens organisèrent des élections générales. Et les électeurs, massivement, envoyèrent promener Whitlam qu'ils remplacèrent par Fraser. Autrement dit, l'électorat vota en toute sérénité pour l'homme dont la nomination avait tant excité leur rage pas plus tard qu'un mois auparavant. Et voilà pourquoi, comme je vous le disais, on ne comprendra jamais rien à la politique australienne.

En partie, bien entendu, le problème vient de ce qu'il est impossible de suivre cette politique lorsque vous résidez à l'étranger, puisque pratiquement rien ne filtre des affaires australiennes dans le vaste monde. Mais, même en étant sur place et en essayant de les suivre consciencieusement, vous vous retrouvez vite noyé dans des débats obscurs, des détails complexes, un embrouillamini de relations d'allégeance ou d'hostilité qui dépassent l'entendement. Mettez les Australiens en face d'un problème et ils auront tôt fait de le disséquer passionnément, de l'envisager sous tant de perspectives incongrues et d'y introduire des problèmes annexes présentant si peu de rapport avec le sujet que, très rapidement, personne n'y comprendra plus rien.

Lors de ma visite, le grand débat national qui agitait l'opinion était de savoir si l'Australie allait devenir une république, autrement dit si elle allait couper le dernier lien colonial la rattachant à la Grande-Bretagne et prendre les mesures nécessaires pour que jamais plus aucun sir John Kerr ne puisse l'humilier. Pour moi la réponse ne méritait même pas un débat. Quelle nation ne souhaiterait devenir maîtresse de son propre destin ? Voilà une décision qui semblait aller de soi.

Pourtant, en deux ans de discussions, les Australiens avaient réussi à s'empêtrer dans un imbroglio effarant, mêlant toutes les objections possibles et imaginables à une telle réforme. Qui serait le nouveau président dans ce nouveau système ? Comment s'assurer qu'il ne ferait rien de ce qu'il ne devrait pas faire ? Que ferait-on de ces choses portant des noms tels que Royal Australian Air Force ou Royal Flying Doctor Service si le pays n'avait plus rien de royal ? Que faudrait-il mettre dans le préambule à la Constitution ? Faudrait-il faire référence à ce concept australien de « camaraderie », comme le souhaitait John Howard, ou reconnaître que c'était une idée un peu vide de sens et gênante ? Oh, mon Dieu, comme tout cela est compliqué ! Au fond, on ferait peut-être mieux de s'en tenir au statu quo, en priant pour que les Britanniques restent gentils avec nous.

Loin de moi l'idée de minimiser l'enjeu, naturellement. Mais c'était épuisant de suivre ce débat qui aboutissait généralement à vous donner deux impressions contraires : les Australiens adorent discuter pour le plaisir de discuter mais ils préfèrent en général ne rien changer à la situation. Finalement ils votèrent contre la république, ce qui m'avait semblé, au moment de ma visite, hautement improbable. Cela prouve une fois de plus que la politique australienne reste incompréhensible pour un étranger.

D'un autre côté, les Australiens peuvent se vanter d'avoir les débats parlementaires les plus animés et les plus distrayants du monde. La télévision américaine – voire britannique – gagnerait indiscutablement à diffuser les débats des chambres australiennes, ce qui contribuerait efficacement à animer leurs émissions nocturnes. Nul besoin de donner des explications (de toute façon personne n'y comprendrait rien) pour permettre aux téléspectateurs de savourer la richesse et la vigueur des joutes politiques aux antipodes.

Dans son livre *Among the Barbarians*, l'écrivain Paul Sheehan rapporte un échange verbal parlementaire entre un certain Wilson Tuckey et le Premier ministre de l'époque, Paul Keating. En voici un échantillon :

> TUCKEY. – Vous êtes un imbécile. Une pauvre andouille...
>
> KEATING. – La ferme ! Assieds-toi et ferme-la, pauvre connard ! Tu ne vas pas la fermer, espèce de clown ? Cet homme devrait être enfermé, il a l'intellect d'un criminel. Ce bouffon ne sait qu'interrompre constamment* !

Et ce n'est qu'un exemple assez modeste de la richesse de vocabulaire de ce virtuose qu'est Mr Keating. Parmi les épithètes lancées au cours de débats publics par la langue acérée de ce politicien distingué, on trouve, cités dans l'équivalent australien du *Journal officiel*, des termes tels que fumier, déchet criminel, sac d'ordure, gros asticot pue-du-bec, mouche à merde, immonde larve, gigolo parfumé, traficoteur de pacotille, mongolien, tricheur de merde et vieux hareng ahuri. Et ce uniquement pour décrire

* Paul SHEEHAN, *Among the Barbarians*, Sydney, Random House Australia, 1998. *(N.d.T.)*

son père. (Je plaisante, bien sûr.) Toutes les invectives parlementaires ne sont pas aussi riches mais elles sont toutes dans ce registre.

J'avais suivi avec le plus vif intérêt ce genre de joutes oratoires lors de mes précédents séjours en Australie, d'où mon impatience lorsque j'ai enfin garé ma voiture sur le parking du Parlement pour une brève visite avant mon départ.

Parliament House est un nouveau bâtiment qui a remplacé l'ancien, plus modeste, en 1988. C'est un édifice assez hideux, rappelant étonnamment un gigantesque support de sapin de Noël. Avant d'entrer, je me suis arrêté au bord d'une pièce d'eau pour examiner la structure du toit.

– La plus grande structure d'aluminium de tout l'hémisphère Sud ! m'a confié avec une fierté évidente un homme portant un appareil photo en bandoulière.

– Et il y a combien d'autres structures en compétition ? n'ai-je pu me retenir de lui lancer.

Il a paru décontenancé.

– Eh bien, je ne sais pas. Mais s'il y en a d'autres, elles sont plus petites.

Je n'avais pas l'intention de le vexer.

– En tout cas c'est vraiment… impressionnant.

– Oui, a-t-il acquiescé. C'est le mot : impressionnant.

– Il y a combien d'aluminium là-dedans ?

– Oh ! je n'en sais rien, mais certainement beaucoup, vous pouvez en être sûr.

– Assez pour emballer pas mal de sandwichs ! ai-je commenté d'un ton jovial.

Il m'a regardé comme si j'étais d'une stupidité dangereuse avant de hasarder :

– Ça, je n'en sais trop rien !

Puis, après une hésitation embarrassée, il m'a planté là.

C'était un dimanche matin, aussi m'étais-je attendu à ce que le palais du Parlement soit fermé au public.

Mais pas du tout ! Il m'a fallu subir une inspection de sécurité au cours de laquelle on m'a confisqué mon petit couteau de poche, et vingt minutes plus tard j'étais installé à la cafétéria, en train de charcuter mon scone avec un instrument infiniment plus meurtrier. Cela résume assez bien l'ambiance de Parliament House : grave et soucieuse de sécurité en apparence, comme le veut l'étiquette d'une grande nation, mais en même temps très décontractée, comme si l'on savait qu'aucun terroriste international n'allait bondir des galeries, parce que les visiteurs sont surtout de braves gens comme vous et moi, venus voir « où ça se passe » avant de se payer une petite tasse de thé accompagnée d'une douceur raisonnable dans la cafétéria du lieu.

L'intérieur du bâtiment m'a semblé nettement plus beau que la banalité de l'extérieur ne le laissait supposer. Sols, murs et plafonds étaient recouverts d'une gamme variée de bois indigènes. Mieux encore, on ne vous y baladait pas en groupe organisé mais on vous laissait tout loisir de découvrir les lieux par vous-même. Je n'ai jamais visité le Capitole aux États-Unis, mais je parie qu'on ne laisse pas les visiteurs y errer à leur guise. J'avais le sentiment de pouvoir aller où je voulais, de pouvoir, si j'avais su quelle était la bonne porte, me glisser dans le bureau du Premier ministre et lui laisser un mot sur son sous-main ou mon petit dessin avec les deux saumons pour égayer sa journée.

Une ou deux fois j'ai essayé furtivement de tourner des poignées de porte. Elles étaient verrouillées, mais aucun signal d'alarme n'a retenti et aucune équipe de sécurité ne s'est précipitée en brisant les fenêtres pour me plaquer au sol et m'emmener subir un interrogatoire musclé. J'ai remarqué quelques employés de la sécurité en faction, mais ils étaient parfaitement aimables et très heureux de répondre à mes questions. Cela m'a beaucoup impressionné.

Le Parlement australien se divise en deux

chambres, la Chambre des représentants et le Sénat (il est d'ailleurs intéressant de noter qu'assez modestement les Australiens utilisent un terme britannique, *Parliament*, pour l'institution et des termes américains pour les chambres), et ces deux salles étaient visibles depuis la galerie du public, qui était ouverte. Elles m'ont paru de petite taille mais bien plus belles que je ne m'y attendais. À la télévision, la Chambre des représentants semble peinte d'un vert bilieux, comme si les députés tenaient leurs séances à l'intérieur d'un gigantesque pancréas. Mais en réalité elle est très sobre, et même élégante. Le Sénat, que je n'avais jamais eu l'occasion de voir à l'écran (probablement parce qu'il ne s'y passe jamais rien mais je vérifierai dans le bouquin de Gunther et je vous tiendrai au courant), arborait des teintes ocre tout à fait apaisantes.

Dans un des foyers de l'étage, une galerie présentait les portraits de tous les Premiers ministres australiens et j'en ai fait le tour avec intérêt. Je m'étais beaucoup documenté, comme vous le savez, aussi ai-je éprouvé un vif plaisir, un authentique sentiment de « Ah ! j'ai tellement entendu parler de vous » en découvrant enfin tous ces visages. Tiens, voilà ce bon vieux Ben Chifley, un Premier ministre travailliste de l'immédiat après-guerre, un homme si près du peuple que lorsqu'il était à Canberra il descendait au modeste Kurrajong Hotel (qui coûtait seulement six shilling par jour aux contribuables), où l'on pouvait le voir chaque matin en robe de chambre, attendant son tour devant la salle de bains avec les autres clients. Et puis voilà l'imposant et léonin Robert Menzies, qui fut Premier ministre pendant vingt ans mais qui se disait « britannique jusqu'au bout des souliers », et il l'était au point de se retirer dans un petit cottage de la campagne anglaise, visiblement heureux à l'idée de ne plus jamais revoir le sol natal. Et n'oublions pas ce malheureux Harold Holt, celui-là même dont le plongeon fatal dans l'océan en 1967 mérite ma dévotion particulière.

C'est un club assez réduit : depuis 1901, l'Australie n'a eu que vingt-quatre Premiers ministres, et j'ai découvert avec effarement qu'un grand nombre d'entre eux m'étaient parfaitement inconnus. Sur ce total il y en avait quatorze dont je ne savais rien, y compris huit (près du tiers) dont je n'avais jamais entendu parler. Parmi ces derniers, sir Earle Christmas Grafton Page, au nom si festif, qui ne fut Premier ministre, reconnaissons-le, qu'un seul mois en 1939. Mais aussi William McMahon, qui occupa ce poste pendant près de deux ans dans les années 1970 et dont je n'avais pas même soupçonné l'existence jusqu'à ce jour

J'aurais pu me sentir un peu coupable, mais il se trouve que la veille, justement, j'avais lu dans le journal une enquête révélant que les Australiens étaient largement aussi ignorants que moi : ils sont plus souvent capables de citer ou de commenter les exploits de George Washington que ceux de leur premier dirigeant à eux, sir Edmund Barton.

Sur ces tristes considérations, j'ai tourné le dos à la capitale de la nation et pris la route d'Adélaïde.

CHAPITRE VII

Il faut parcourir mille trois cents kilomètres pour se rendre de Canberra à Adélaïde, en grande partie sur cette route perdue et à demi oubliée qu'est la Sturt Highway, baptisée ainsi en l'honneur du capitaine Charles Sturt, qui sillonna la région au cours de plusieurs expéditions entre 1828 et 1845. Outre la paternité du relevé topographique du cours paresseux du Murray et de ses affluents, il revient à Sturt le mérite d'avoir été le premier explorateur de l'Australie naissante à montrer un certain professionnalisme. Par exemple, il savait comment attacher ses chevaux la nuit. Cela pourra sembler une compétence minimale chez quiconque est amené à loger au milieu d'espaces vides et désolés, mais cette technique semblait fâcheusement faire défaut à certains de ses prédécesseurs. John Oxley, chef d'une expédition légèrement antérieure, avait négligé d'entraver ses chevaux et, en se réveillant un beau matin, il avait découvert que toutes ses montures avaient disparu. Il avait fallu cinq jours à lui et à ses hommes pour les récupérer. Peu de temps après, ses bêtes prenaient derechef la clé des champs. Il n'empêche qu'Oxley eut droit lui aussi à sa route, dans le nord de la Nouvelle-Galles du Sud. Les Australiens sont très généreux sur ce plan-là.

La Sturt Highway débute près de Wagga Wagga, à

cent cinquante kilomètres environ à l'ouest de Canberra, et traverse une région d'élevage de moutons du nom de Riverina, large plaine à la terre brune et poussiéreuse, coupée par les méandres capricieux de la rivière Murrumbidgee. L'endroit offre une parfaite illustration de la rapidité avec laquelle, en Australie, on peut se retrouver au milieu de nulle part. La minute précédente j'étais au cœur d'un paysage souriant d'enclos à bétail, de prairies et de collines vert pâle, ponctué de petites bourgades confortablement espacées. La minute suivante j'étais tout seul, dans un no man's land d'une monotonie interminable, sur un disque de terre brunâtre où se découpait parfois la silhouette d'un gommier sous un dôme d'azur. Les localités traversées n'étaient même pas des villages, tout juste des hameaux de deux ou trois maisons avec un poste à essence et un pub. Au bout d'un moment il n'y avait même plus rien du tout. Entre Narrandera, le dernier bastion de la civilisation, et Balnarald, le suivant, se déroulent trois cent cinquante kilomètres de route sans la moindre agglomération. Toutes les heures environ, je dépassais une *roadhouse*, un établissement solitaire planté au bord de la route, mi-pompe à essence mi-café, ce que la langue vernaculaire appelle joliment un *chew and spew* (« tu mâches, tu craches »). Parfois, mais très rarement, je voyais une piste de terre défoncée qui partait à l'horizon vers un élevage de moutons, une exploitation lointaine et invisible. Mais autrement, rien.

Comme pour bien souligner cette désolation, les stations de radio se sont mises à me lâcher l'une après l'autre. Leurs ondes faiblissaient et bientôt toutes ces voix riches et veloutées, omniprésentes sur les ondes australiennes – Vic Damone, Mel Torme, Frank Sinatra au sommet de leur période *dou-bi-dou-ba* – se sont estompées et ont disparu, comme aspirées par une mystérieuse force électromagnétique vers le néant d'où elles s'étaient échappées. Bientôt ma radio ne m'a plus offert qu'une sorte de long chuintement ininterrompu d'électricité statique, à l'exception d'un point clair et muet tout au bout de la bande des ondes. Au début, j'ai pensé qu'il ne s'agissait que de cela : une station ayant fait vœu de silence, et puis j'ai distingué un très léger bruit, un bruit de chaises et de gens qui s'installent, et, quelques secondes plus tard, une voix calme et pondérée s'est élevée :

– Pilchard va essayer son fameux coup en avant. Va-t-il guicheter le batteur ? Il lance la balle... Arrêt de volée... Et ça y est ! Il l'a eu ! Calbutte est éliminé ! Il a perdu les barrettes et de toute façon il y a visiblement eu jambe devant de la part de Grattan... Eh bien, qu'est-ce que vous pensez de tout cela, Neville ?

– C'est un coup absolument digne des annales, Bruce ! Je ne crois pas avoir vu une telle puissance du bôleur depuis la course dans l'ovaire qu'a infligée Baden Powell à Rangaragnagna au cours de cette célèbre rencontre de Bangalore en 1948...

Je venais de tomber par hasard au milieu de cet univers surréaliste et passionnant qu'est le cricket à la radio.

Après des années d'études patientes et laborieuses (avec le cricket il ne peut en être autrement), j'en suis arrivé à la conclusion que ce jeu gagnerait beaucoup à l'introduction de quelques chariots de golf. Ceux qui prétendent que les Anglais ont inventé le cricket uniquement pour rendre intéressante et palpitante toute autre forme d'activité humaine ont tort. Loin de moi l'idée de dénigrer un sport qui fait le bonheur de millions de gens – dont certains arrivent même à rester éveillés et à garder les yeux ouverts pendant les matchs – mais, franchement, c'est un jeu bizarre. C'est le seul sport qui inclut une pause pour le thé. C'est le seul sport qui porte le même nom qu'un insecte. C'est le seul sport où les spectateurs brûlent autant de calories que les joueurs (et même plus, s'ils sont un brin enthousiastes). C'est la seule activité de type compétitif – mis à part les concours de boulangers – où les acteurs s'habillent tout en blanc le matin et se retrouvent aussi immaculés en fin de journée.

Imaginez le cricket comme une sorte de base-ball dans lequel le pitcher, après chaque lancer, reprend la balle du catcher et s'en va au milieu du terrain. Une fois arrivé là, après une minute de pause pour reprendre ses esprits, il se retourne et fonce pleins gaz en direction de la butte du pitcher pour lancer la balle en visant les chevilles du mec en face, coiffé d'une bombe d'équitation, arborant cette sorte de gants qu'on utilise pour manipuler des isotopes radioactifs et portant un matelas ficelé autour de chaque jambe. Imaginez, en plus, qu'au cas où son malheureux adversaire ne réussirait pas à renvoyer la balle avec une énergie qui lui donne suffisamment de temps pour tenter un sprint de vingt mètres avec un Dunlopillo autour des mollets, le lanceur a parfaitement le droit de rester là où il est, sans rien faire. En fait, le règlement lui donne la permission de rester planté là toute la journée si ça lui chante, ce qu'il fait d'ailleurs, en général. Si par miracle il rate bêtement son coup, il est éliminé ; alors tous les gens qui l'entourent lèvent les bras en signe de triomphe et se donnent l'accolade. Cela coïncide le plus souvent avec l'heure du thé, et tous les joueurs se retirent joyeusement dans un pavillon voisin pour se requinquer un peu avant une nouvelle attaque. Maintenant, imaginez que tout cela dure si longtemps qu'au moment où le match se termine vous vous apercevez que l'automne s'annonce et que vous avez largement dépassé la date limite de restitution de vos livres à la bibliothèque. Eh bien, voilà qui vous donne une petite idée de ce qu'est le cricket.

Cependant, je dois reconnaître qu'il y a quelque chose d'incroyablement lénifiant dans la diffusion d'un match de cricket à la radio. À peu près les mêmes vertus, d'ailleurs, qu'un match de base-ball commenté sur les ondes : cette même façon de prendre son temps, cet amour incompréhensible pour les statistiques les plus obscures ou les considérations historiques pontifiantes, ces infimes moments d'action accueillis avec un débordement d'enthousiasme. Mais dans le cas du cricket tout cela dure des heures et s'accompagne d'une richesse sémantique et d'une élégance d'expression que le baseball lui-même est loin d'égaler. Suivre deux journalistes sportifs commentant une rencontre de cricket à la radio, c'est un peu comme écouter deux pêcheurs assis dans une barque sur un lac tranquille un jour où le poisson ne mord pas. C'est faire une petite sieste sans perdre conscience. En fait, il vaut mieux ne pas comprendre tout à fait ce qui se passe. Car dans cet univers, si rare, de petites satisfactions paisibles et subtiles, tout comprendre gâcherait le plaisir.

– Je vous rappelle que nous nous trouvons par ce magnifique après-midi ensoleillé sur le terrain des Lords où Stovepipe s'apprête à bôler, avait repris l'un des commentateurs. Je me demande s'il va tenter son fameux lancer par-dessous la jambe ou plutôt une rapide tringlette. Généralement Stovepipe commence sa livraison à l'extérieur du pitch, au niveau de la brasserie Carlton & United de Kooyong.

– Très juste, mon cher Clive, je n'ai jamais vu quelqu'un amorcer sa livraison d'aussi loin depuis que Stopcock s'est pris la manche dans le rétroviseur du bus numéro 11, au cours de la troisième série à Brisbane en 1957, et a terminé à Goondiwindi quatre jours plus tard à cause d'une malencontreuse erreur dans la lecture des horaires à Toowoomba…

Je ne vous garantis pas l'exactitude des termes mais je pense vous avoir parfaitement restitué l'esprit du commentaire. En résumé, il apparaissait que l'Angleterre était en train de se faire battre à plate couture par l'Australie, ce qui est généralement le cas.

D'ailleurs, ce beau pays bat pratiquement tout le monde dans n'importe quelle discipline. À la réflexion, je ne connais pas de nation plus sportive. En 1996, aux jeux Olympiques d'Atlanta – exemple pris au hasard mais illustrant bien mon propos –, l'Australie, cinquante-deuxième pays du monde en termes de population, a remporté plus de médailles que toutes les autres nations sauf quatre. De plus, la gamme des sports où avait brillé l'Australie était très large (quatorze disciplines), autant que les États-Unis. Il existe peu de domaines sportifs où elle n'excelle. Et saviez-vous qu'il y a même quarante Australiens engagés comme professionnels dans les équipes de base-ball américaines, dont cinq de première division ? Et dire que les Australiens ne jouent même pas au base-ball ! Du moins pas de manière assidue, car chez eux ils se livrent à cette espèce de foire d'empoigne vaguement codifiée qu'est le football australien.

Pour ce qui est du cricket, le mystère n'est pas tant que les Australiens y excellent, c'est d'abord qu'ils y *jouent*. Le cricket m'a toujours semblé un jeu bien trop guindé pour le tempérament un peu gros bras bagarreur de ce peuple. Les Australiens préfèrent en général les sports où des malabars sommairement vêtus essaient mutuellement de s'exploser le nez. Supposons un instant que le reste de l'humanité disparaisse de la surface de la terre et que l'avenir du cricket tombe entre les mains de l'Australie, je vous garantis qu'en moins de deux générations les joueurs porteraient des shorts et utiliseraient les battes pour se taper dessus.

Et, à dire vrai, le cricket y gagnerait beaucoup.

Tard dans l'après-midi, tandis que les joueurs se retiraient pour la énième fois prendre le thé ou une légère collation – autrement dit, au moment où l'activité sur le terrain passe de « très légère » à « non existante » –, je me suis arrêté dans une roadhouse pour prendre de l'essence et un café. J'en ai profité pour étudier mon atlas routier et j'ai décidé que je passerais la nuit à Hay, un minuscule point noir dans le désert, un peu à l'écart de la nationale, à environ deux heures de route. (C'était la seule localité dans un rayon de trois cents kilomètres, aussi le choix était-il assez évident.) Ensuite, n'ayant rien de mieux à faire, je me suis plongé dans la table des matières de mon atlas et me suis amusé, faute de mieux, à y chercher des noms extraordinairement ridicules, ce dont l'Australie regorge. Je suis donc en mesure de vous garantir que les toponymes suivants sont tous authentiques : Wee Waa, Poowong, Burrumbuttock, Suggan Buggan, Boomahnoomoonah, Waaia, Mullumbimby, Ewlyamartup, Jiggalong et le superbe Tittybong.

Au moment de l'addition, le patron m'a demandé où je me rendais.

– Hay. Enfin si je ne le rate pas ! ai-je répondu, d'humeur soudain facétieuse. Vous savez pourquoi ?

Regard vide de mon interlocuteur.

– Parce que je ne veux pas sauter la haie ! Ah, ah !

Le visage de l'homme n'a pas bougé.

– Parce que je ne veux pas *sauter la haie*, ai-je répété en appuyant un peu et avec un sourire encourageant.

L'expression vide devait être permanente.

– Oh ! faut pas vous en faire, m'a-t-il enfin lancé après quelques secondes de concentration. Vous risquez pas d'le louper : y a une pancarte à l'entrée.

Hay est une petite bourgade chaude et poussiéreuse, mais étonnamment plaisante, à l'écart de la Sturt Highway, de l'autre côté d'un vieux pont sur la rivière Murrumbidgee. J'ai trouvé un motel où j'ai déposé mes bagages. Un peu par réflexe, j'ai mis la télévision. Elle diffusait du cricket. Je me suis installé sur le lit et j'ai regardé quelques minutes. Inutile de vous le dire, il ne se passait pas grand-chose sur le terrain. Un officiel en veston blanc semblait courir après un sac en papier gonflé par le vent et plusieurs joueurs examinaient le terrain près des piquets, visiblement à la recherche de quelque chose. Je ne voyais vraiment pas ce que ça pouvait être, mais l'un des commentateurs a fait remarquer que l'Angleterre venait de « perdre un guichet », donc j'ai supposé que c'était ça. Au bout d'un moment, un jeune homme mince vêtu de blanc a sorti une balle de sa poche, l'a fait briller contre son pantalon comme s'il avait l'intention de la croquer et a pris son élan à grandes enjambées. Puis, de toutes ses forces, il a lancé la balle en direction du batteur, qui s'est contenté de soulever négligemment sa batte de trois centimètres pour la lui renvoyer. L'échange s'est répété trois fois, de la même manière scrupuleuse. Commentaire du journaliste :

– Et ainsi donc, à l'issue de cette quatre cent cinquante-deuxième série de lancers, avant de repasser l'antenne au studio pendant notre petite sieste, je vous rappelle que l'Angleterre a augmenté son score de dix-sept. Pas mal de pain sur la planche s'ils veulent rattraper l'Australie avant l'apéro !

Je suis parti me balader sur cette sorte de chauffe-plats terrestre qu'est l'intérieur de la Nouvelle-Galles du Sud en été. La chaleur était indescriptible. Les trottoirs étaient bordés d'arbres dont chaque feuille pendait lamentablement, comme la langue d'un vieux chien essoufflé. J'ai arpenté les deux côtés de Lachlan Street, la grand-rue, puis je me suis écarté du centre-ville pour profiter du coucher de soleil, ce grand événement calme et glorieusement doré du bush, dans l'espoir d'apercevoir enfin un ou deux kangourous agrémentant le paysage de leurs bonds pittoresques. On trouve davantage de kangourous de nos jours en Australie qu'à l'arrivée des premiers Européens, à cause de tous ces progrès ruraux comme le développement des herbages ou la création de mares qui ont autant bénéficié à ces aimables marsupiaux qu'aux vaches et aux moutons. Personne ne sait dire exactement combien le pays compte de kangourous ; on pense qu'ils dépassent les cent millions – presque autant que les moutons. Mais en apercevoir seulement un ? Pas moyen !

Alors je suis reparti en direction de la ville, où j'ai passé la soirée dans le style décontracté et élégant qui est le mien : deux grands drinks dans un pub tristounet et presque vide, un steak-salade dans le restaurant d'à côté, une nouvelle balade pour essayer d'apercevoir, encore une fois en vain, un kangourou au clair de lune, et retour à l'hôtel vers neuf heures trente. Ayant mis la télé, j'ai constaté que la partie de cricket durait toujours, ce qui m'a franchement impressionné. On dira ce qu'on voudra, les joueurs de cricket vous en donnent pour vos sous ! Le travail n'est peut-être pas pénible, mais voilà des petits gars qui ne mégotent pas sur leurs heures. L'homme à la veste blanche semblait toujours poursuivre un sac en papier. Était-ce toujours le même ? Je ne saurais dire. Les Anglais, selon le commentateur, avaient encore perdu trois guichets. À ce rythme-là, ils allaient bientôt se trouver à court de matériel et contraints à l'abandon.

Mais peut-être, me suis-je dit en éteignant la télévision, était-ce précisément ce qu'ils espéraient ?

Le lendemain matin, je me suis offert un petit déjeuner roboratif pour prendre quelques forces avant la longue journée au volant qui m'attendait. Le petit déjeuner reste le repas le plus barbare de nos civilisations occidentales – si vous n'êtes pas d'accord, alors citez-moi une autre occasion où vous acceptez de dévorer un embryon de poulet – et les Australiens semblent y exceller. D'abord parce qu'ils ont parfaitement maîtrisé l'art du bacon. À la différence des languettes racornies qu'on vous sert en Angleterre ou des bandelettes standardisées et caoutchouteuses des petits déjeuners américains, le bacon australien possède une robustesse franche et gaillarde, un air de viande authentique qui vous permet de penser qu'on l'a prélevé au passage sur un cochon en fuite. On l'entendrait presque couiner à chaque bouchée. Un régal ! Et le pain grillé qu'ils vous servent est coupé en tranches épaisses. Bref, les Australiens s'y connaissent en petits déjeuners.

C'est donc tout rayonnant de satisfaction et de cholestérol que j'ai repris ma route solitaire. Après Hay, le paysage m'a semblé encore plus plat, plus brun, plus vide et plus monotone. Il est difficile de décrire le vide colossal de l'Australie. C'est de loin l'une des nations les moins densément peuplées de la terre. En Grande-Bretagne, la densité de population est de 244,8 habitants au kilomètre carré, en France elle est de 109,1, aux États-Unis de 29,8. (Et il faut rappeler le record de 28 748 à Macao, un pays certainement douillet et convivial.) L'Australie, en revanche, ne compte que 2,5 habitants au kilomètre carré. Mais ce chiffre lui-même est trompeur puisque les Australiens vivent en majorité dans une série d'agglomérations regroupées le long des côtes et boudent les étendues désertiques de l'intérieur. En fait, la proportion de gens (quatre-vingt-six pour cent) vivant en zone urbaine en Australie est comparable à celle des Pays-Bas et s'approche même de celle de Hong Kong. En revanche, là où j'étais maintenant, si vous trouvez huit personnes sur un même kilomètre carré, vous pouvez parier qu'il s'agit d'une noce ou bien d'une réunion de la secte Aum pour préparer un attentat.

De temps à autre, je longeais sur quelques kilomètres une steppe basse plantée de *mallees*, des arbustes courts, juste assez hauts et épais pour vous boucher la vue. Ou bien, plus rarement, j'apercevais à l'horizon d'une grande plaine dégagée une ligne d'un vert vif, indice probable d'une zone irriguée le long de la Murrumbidgee. Autrement c'était le vide, avec une terre durcie qui arrivait à grand-peine à nourrir quelques herbes sèches, un acacia épineux ou un eucalyptus rachitique.

Mais il n'en a pas toujours été ainsi. Même si l'intérieur de l'Australie n'a jamais été d'une luxuriance exceptionnelle, une certaine proportion de ses terres ont connu autrefois des périodes de fertilité relative durant des années, voire des décennies, et bénéficiaient d'une capacité de régénérescence naturelle après des années de sécheresse. Et puis, en 1859, un certain Thomas Austin, propriétaire terrien de Winchelsea dans l'État de Victoria, un peu au sud de l'endroit où je me trouvais maintenant, a commis une grosse erreur : il a importé d'Angleterre vingt-quatre lapins sauvages qu'il a relâchés dans la nature, histoire de s'amuser avec sa carabine. Je ne vous apprendrai rien en vous rappelant la capacité et l'ardeur quasi légendaire des lapins en matière de reproduction. Aussi, en moins de deux ans, ils avaient entièrement envahi la propriété de Thomas Austin et commençaient à s'attaquer aux domaines voisins. Après cinquante millions d'années d'isolement complet ayant laissé l'Australie sans prédateurs ni parasites capables d'identifier un lapin, et encore moins de le dévorer, ces ravissantes bestioles ne pouvaient que proliférer.

Et leur appétit était insatiable. Vingt ans plus tard, deux millions d'hectares avaient été dévorés dans le Victoria. Bientôt des hordes de lapins s'introduisirent dans l'Australie-Méridionale et la Nouvelle-Galles du Sud, progressant au rythme de cent vingt kilomètres par an. Jusqu'à l'arrivée de ces rongeurs, le territoire que je traversais maintenant était constitué d'étendues luxuriantes d'arbres à émeus, des arbustes d'environ deux mètres de haut couverts de fleurs presque toute l'année. C'était, paraît-il, un ravissement, et aussi une source de nourriture précieuse pour toutes les espèces qui grignotent. Mais les lapins ont fondu sur ces arbres comme une nuée de sauterelles et tout dévoré – feuilles, fleurs, écorce, branches –, si bien qu'il n'en est plus resté un seul. Les lapins ont tout ratiboisé, et les moutons ont été obligés d'étendre leurs surfaces de pacage et de diversifier leur alimentation, stérilisant des zones encore plus vastes. Les colons compensèrent cette baisse de rendement en augmentant le nombre de têtes de bétail, ce qui eut pour effet pervers d'accélérer encore la dévastation générale.

Le problème était déjà très grave quand, en 1890, après quarante années d'une humidité exceptionnelle, l'Australie connut une sécheresse meurtrière qui devait durer une décennie, la plus terrible de sa jeune histoire. À mesure que la terre se fendillait et se transformait en poussière, la couche arable, déjà l'une des plus minces du globe, était emportée par les vents : elle ne devait jamais se reconstituer. Au cours de ces dix ans, plus de trente-cinq millions de moutons (la moitié du cheptel national) devaient périr. Seize millions disparurent au cours de la seule année 1902. Et pendant ce temps-là les lapins sautillaient joyeusement.

Lorsque enfin la science trouva une solution, presque un siècle s'était écoulé depuis le moment où Thomas Austin avait sorti les rongeurs de son sac. L'arme qu'on avait trouvée était un virus originaire d'Amérique du Sud : la myxomatose. Inoffensif pour l'homme et les autres espèces animales, ledit virus avait une action dévastatrice sur les lapins, garantissant un taux de mortalité phénoménal de 99,9 pour cent. Presque instantanément, la campagne fut pleine de lapins très patraques, petits corps convulsés très vite remplacés par des millions de petits cadavres. Un seul lapin sur mille survécut, mais comme les rescapés étaient naturellement immunisés contre le virus, ils transmirent cette résistance génétique à leurs descendants. Après une période d'accalmie, le nombre de lapins en Australie est remonté à trois cents millions, et il continue d'augmenter... De toute façon, les dommages causés à l'environnement sont irréversibles ou presque. Et tout cela simplement pour qu'un vieux fou puisse s'amuser à tirer sur quelque chose depuis sa véranda !

Tout comme on plonge étonnamment vite dans les espaces désertiques australiens, on en émerge sans aucune transition. Cet après-midi-là, peu de temps après être entré en Australie-Méridionale, je me suis retrouvé dans un paysage de douces collines plantées d'orangers. Le spectacle m'a paru si étonnant que j'ai dû descendre de voiture pour mieux regarder. Derrière moi c'était le vide, l'aridité, une sorte de toile de jute plate parsemée de bosquets de mallee. Mais devant moi, emplissant tout le panorama jusqu'à l'horizon, s'étendait une sorte de terre promise biblique, des orangeraies, des vignes, des cultures dans tous les dégradés de vert. En poursuivant ma route, je n'ai pas tardé à remarquer que la proportion agrumes-vignobles s'infléchissait au profit de ces derniers, et bientôt il n'y a plus eu que des vignes. J'ai alors compris que j'avais atteint la vallée de la Barossa, un coin particulièrement pittoresque et charmant de l'Australie-Méridionale, un pays de vallons souriants et verdoyants qui lui donnent un air véritablement méditerranéen.

L'endroit fut colonisé principalement par des fermiers allemands. Ce sont eux qui plantèrent de la vigne. Aujourd'hui les Australiens sont grands amateurs de vin, mais le phénomène est assez récent. On raconte souvent l'histoire du grand œnologue britannique Len Evans qui, visitant le pays dans les années 1950, avait réclamé un verre de vin dans une auberge de campagne. L'hôtelier l'avait observé un instant d'un air soupçonneux avant de lui lancer :

– Qui vous êtes ? Une tapette ou quoi ?

Même aujourd'hui, les cépages qui ont valu à la

Barossa sa célébrité – chardonnay, cabernet sauvignon et syrah – sont relativement récents. Jusqu'aux années 1980, les viticulteurs recevaient des subventions pour arracher les pieds de syrah au profit de riesling sirupeux. Personnellement, je n'ai jamais compris pourquoi des touristes haut de gamme sont tellement attirés par les vignobles. Ils ne font pas preuve, que je sache, du même enthousiasme pour voir sur pied les champs de coton qui fourniront leurs fringues ni assister à l'étripage des esturgeons qui produiront leur caviar. Mais faites-leur miroiter un coin de vigne et les voilà qui rappliquent en masse, persuadés d'avoir trouvé le paradis terrestre. Cela dit, la vallée de la Barossa est vraiment un endroit enchanteur, en particulier après deux longues journées sur la Sturt Highway.

Je me suis arrêté pour passer la nuit à Tanunda, une charmante petite ville touristique, construite pour l'essentiel le long d'une très longue rue agréablement bordée d'arbres. Connaissant la popularité de Tanunda auprès des visiteurs et ses origines germaniques, je redoutais un peu d'y découvrir une variante d'Heidi au pays des kangourous, mais mis à part un ou deux restaurants avec *Haus* sur l'enseigne et une ou deux mentions de *Wurst* dans les vitrines, on n'y trouve fort heureusement que très peu de tentatives d'exploiter cet héritage teuton. C'était la veille d'Australia Day, la fête nationale, et Tanunda était envahi de gens venus y passer quelques jours de congé. J'ai eu du mal à trouver une chambre, après quoi je suis parti faire mon rituel tour en ville pour tuer le temps avant le dîner. La ville était pleine de passants qui, tout comme moi, essayaient de remplir ce moment qui sépare la fermeture des boutiques de celui où l'on peut décemment attaquer l'apéritif. Je déambulais parmi la foule, heureux d'être de retour dans le monde civilisé, heureux surtout de surprendre des échanges de vues qui ne concernaient ni les moutons, ni l'équipement agricole capricieux, ni le creusement de nouveaux puits ou le défrichement de nouveaux pâturages. Maintenant il m'apparaissait clairement, d'après les conversations, que je venais de débarquer à Youpi-Ville. La plupart des badauds s'adonnaient à ce passe-temps favori des classes moyennes qui consiste à commenter tout ce que vous voyez dans les vitrines et qui vous rappelle des objets appartenant à vos connaissances. J'entendais partout : « Oh ! regarde, Sarah a un bol exactement comme celui-là ! », ou bien : « Ta mère avait le même service à thé ! Je me demande bien ce qu'il est devenu. Elle ne l'aurait pas donné à Samantha, par hasard ? » Certains couples jouaient une version plus agressive de ce même jeu, dans le style : « Oh, non ! Celui que tu as cassé était *nettement* plus beau ! », ou : « J'aimerais savoir combien de paires de boucles d'oreilles il te faut, pour l'amour du ciel ! », ou encore : « Eh bien si elle l'a donné à Samantha ça ne se passera pas comme ça. Parce que c'est à *moi* qu'elle l'avait promis. Et je te prierais instamment de lui en toucher deux mots ! » Je suppose que ces touristes étaient venus de très loin et qu'ils avaient sérieusement besoin d'un verre. Ou c'étaient peut-être tout simplement des connards.

J'ai beaucoup aimé Tanunda et j'y ai passé une soirée très agréable mais singulièrement dépourvue d'incidents. Aussi en profiterai-je pour vous compter une petite anecdote que je tiens d'une femme charmante du nom de Catherine Veitch.

Catherine Veitch était ma plus vieille amie australienne, aux deux sens du terme : d'abord c'était ma plus vieille copine australienne, ensuite elle avait largement l'âge d'être ma mère. Je l'avais rencontrée au Salon du livre de Melbourne en 1992. Elle s'était approchée de moi après une de mes conférences, sans doute pour me signaler une erreur grammaticale qu'elle avait repérée dans un de mes bouquins

– c'était une universitaire du genre perfectionniste – ou pour m'éclairer sur un point de la civilisation australienne qui visiblement m'était resté obscur. Toujours est-il que nous avions terminé la journée autour d'une tasse de thé et que le lendemain je prenais le tram pour aller déjeuner chez elle à Saint Kilda. Là j'ai rencontré toute sa famille, notamment ses enfants, dont elle semblait avoir un nombre considérable et indéterminé. Ils étaient tous adultes et n'habitaient plus chez elle, mais au cours de l'après-midi la plupart sont passés pour lui emprunter un outil, vérifier s'il n'y avait pas de messages pour eux ou faire une descente dans le frigo. C'était le genre de famille où j'aurais aimé vivre, une famille heureuse, chaleureuse, gentiment chaotique et désordonnée, où fusaient sans cesse des répliques comme : « T'as regardé dans le placard en haut de l'escalier ? » J'aimais beaucoup Catherine. Elle était bonne, drôle, attentionnée, directe.

Donc ce fut le début d'une grande amitié – à vrai dire surtout fondée sur des relations épistolaires. Elle ne vint jamais en Amérique et je n'allais en Australie qu'une fois par an au maximum, pas toujours à Melbourne. Mais trois ou quatre fois par an elle m'expédiait de longues lettres merveilleusement documentées, tapées avec force sur une vieille machine au tempérament rebelle. Il me fallait des heures pour les lire. En une seule page elle pouvait évoquer des sujets aussi différents que son enfance à Adélaïde, la nullité de certains politiciens (en fait de presque tous les politiciens), le manque de confiance en soi des Australiens, les dernières histoires de ses enfants. Généralement, elle fourrait dans l'enveloppe une poignée de coupures de presse découpées dans *The Age*, le journal de Melbourne. C'est à Catherine que je dois une grande partie de ce que je sais sur l'Australie.

J'aimais ses lettres. Recevoir une enveloppe

d'Australie, une missive venue de si loin, m'a toujours paru relever de l'exploit. Catherine décrivait des actions ou des événements banals pour elle mais qui me semblaient, à moi, d'un exotisme époustouflant : prendre un tram pour aller en ville, souffrir d'une vague de chaleur en plein mois de décembre, suivre une conférence au Royal Melbourne Institute, acheter des rideaux chez David Jones, le grand magasin local. Curieusement, sans vouloir renoncer à ma propre vie, j'aurais sincèrement voulu mener cette vie-là en plus.

Les lettres de Catherine étaient toujours joyeuses, mais la dernière fut particulièrement gaie : John, son mari, et elle s'apprêtaient à vendre leur maison de Saint Kilda pour aller habiter sur la péninsule de Mornington, au sud de Melbourne : ils voulaient passer l'agréable retraite dont ils avaient toujours rêvé au bord de la mer. Peu de temps après m'avoir envoyé ce courrier, Catherine succomba à une crise cardiaque. Normalement j'aurais dû lui rendre visite au cours de ce voyage-ci. À la place, tout ce que je peux vous proposer, c'est de raconter en sa mémoire l'histoire que je préfère parmi toutes celles qu'elle m'a racontées.

Dans les années 1950, une de ses amies emménagea avec sa famille près d'un terrain vague. Un beau jour, des ouvriers arrivèrent pour y construire une maison. L'amie de Catherine avait une fille de trois ans qui, naturellement, s'intéressa beaucoup à toute l'activité du chantier. À force de traîner dans les parages elle devint très vite la mascotte de tous les ouvriers. Ils finirent par lui confier de petites tâches, et au bout d'une semaine ils lui offrirent une enveloppe avec son salaire, une pièce d'une demi-couronne environ.

Elle rapporta fièrement ses gages à sa mère, qui exprima toute l'admiration d'usage et lui suggéra de placer ses économies à la caisse d'épargne. Le lendemain, à la banque, le caissier manifesta le même émerveillement et demanda à la fillette comment elle avait réussi à gagner une telle somme.

– J'ai construit une maison cette semaine, répliqua-t-elle fièrement.

– Tu m'en diras tant ! s'exclama le caissier. Et tu vas en construire une autre la semaine prochaine, j'imagine ?

– Oui, si ces enfoirés nous livrent ces putains de briques, répondit la gamine.

CHAPITRE VIII

Les habitants de l'Australie-Méridionale sont fiers de dire que leur État est le seul d'Australie à ne pas avoir accueilli de forçats. Ils oublient seulement de rappeler que c'est à un détenu qu'il doit son origine. Au début des années 1830, Edward Gibbon Wakefield, un rentier aux tendances malsaines, se retrouva dans la prison de Newgate à Londres pour avoir détourné une gamine aux fins d'assouvir ses bas instincts. Enfermé dans sa geôle, il eut l'idée originale d'établir une colonie d'hommes libres en Australie. Son plan était de vendre des parcelles à des gens sobres et industrieux – propriétaires terriens ou détenteurs de capitaux – et d'utiliser les fonds récoltés pour payer le voyage à des prolétaires qui fourniraient leurs bras. Ces travailleurs y gagneraient un emploi honorable, les capitalistes y gagneraient une main-d'œuvre bon marché doublée d'une clientèle potentielle, et chacun en tirerait un bénéfice. Le système n'a jamais très bien fonctionné dans la pratique, mais il a tout de même abouti à l'établissement d'une nouvelle colonie, l'Australie-Méridionale, et à la naissance d'une ville délicieusement planifiée : Adélaïde.

Si l'on peut dire que Canberra est un parc, Adélaïde en est tout simplement remplie. À Canberra on a l'impression de se trouver dans un immense espace vert dont il est difficile de trouver la sortie, tandis qu'à Adélaïde on est sans conteste dans une ville, mais avec cette possibilité agréable de pouvoir respirer un grand bol d'air frais dans un parc superbe chaque fois qu'on en a envie. Et cela fait toute la différence. La cité a été organisée en deux moitiés qui se font face de chaque côté de la rivière Torrens, et chaque moitié est agrémentée de grands parcs. Sur une carte, la ville ressemble à un huit bien dodu et un peu irrégulier – la verdure des parcs formerait le chiffre et les deux zones urbaines rempliraient les trous. Épatant.

Je n'avais pas de programme précis en tête, mais le lendemain matin, après avoir quitté Tanunda, j'ai débarqué dans les quartiers nord d'Adélaïde, cette partie riche et élégante qui forme la boucle supérieure du huit. Ayant repéré un hôtel sympathique, j'ai allégrement garé ma voiture le long du trottoir. J'étais sur O'Connell Street, dans un quartier de vieilles demeures bien conservées, de pubs, de cafés et de restaurants branchés. Après l'expérience de Canberra, pas question de laisser une bonne tranche de vie urbaine m'échapper ! Je me suis donc pris une chambre, et sans perdre une minute je suis sorti profiter de la journée.

Il n'existe pas de ville plus méconnue qu'Adélaïde en Australie. Vous pouvez passer des semaines dans ce pays sans jamais soupçonner qu'elle existe. Elle fait rarement la une des journaux et vous l'entendrez rarement citer dans les conversations. Elle est pour l'Australie ce que l'Australie représente pour le reste du monde : un endroit de très bonne réputation, mais si éloigné qu'on finit par oublier son existence. C'est pourtant sans conteste une cité charmante. Tout le monde vous le dira, y compris des millions de gens qui n'y ont jamais mis les pieds.

Je l'avais déjà visitée à l'occasion du lancement d'un de mes livres, quelques mois auparavant. Il m'en était resté une impression de beauté et d'élégance mêlées à une sorte de fatalisme chez ses résidents. Faites remarquer à un habitant d'Adélaïde à quel point sa ville est belle, et il vous répondra aussitôt, avec une sorte de gravité placide :

– Oui, mais c'est une ville qui meurt, vous savez !

– Vraiment ? direz-vous alors sur un ton poliment inquiet.

– Oh oui ! confirmera votre interlocuteur en hochant la tête avec une satisfaction lugubre.

Et avec un peu de malchance, il se lancera dans l'histoire de la faillite de la Bank of South Australia, une affaire de fraude fiscale qui a duré des années et qui est presque aussi longue à raconter.

Apparemment, tout le problème d'Adélaïde vient de sa position géographique. La ville est située du mauvais côté de l'Australie civilisée, loin des marchés asiatiques vitaux, au seuil de rien d'autre qu'un vaste néant. Au nord et à l'ouest s'étendent des millions de kilomètres carrés de désert torride. Au sud, c'est l'océan, avec des milliers de milles jusqu'à l'Antarctique. À l'est, il y a bien quelques agglomérations, mais Melbourne est à plus de sept cents kilomètres et Sydney à près de mille. On ne voit pas ce qui pourrait bien inciter un industriel à installer une usine à Adélaïde, si loin de tous ces marchés potentiels. Évidemment, on pourra objecter que Perth, à trois mille kilomètres de là sur l'océan Indien, est encore plus isolé et jouit pourtant d'une économie florissante. La vérité, c'est qu'Adélaïde a choisi une position malheureuse dans tous les sens du terme.

Pourtant, en apparence, la ville est aussi prospère que n'importe quelle autre métropole australienne, et peut-être même davantage. Son centre est aussi attrayant, voire plus fréquenté, que ceux de Sydney ou Melbourne, et ses pubs, cafés, restaurants sont aussi remplis et animés qu'un tenancier peut le souhaiter. Adélaïde regorge d'édifices victoriens, possède une multitude de parcs et d'espaces verts accueillants, et l'on y retrouve constamment ces petites touches originales – un réverbère tarabiscoté par-ci, un lion de pierre par-là – qui ajoutent ce brin de classe et ce côté vénérable que Sydney et Melbourne ont trop souvent sacrifié aux paillettes des gratte-ciel. Adélaïde est un peu la version urbaine d'un club de gentlemen : confortable, démodée, tranquillement impressionnante, ayant tendance à somnoler l'après-midi et pleine d'effluves d'un autre âge.

Alors que je descendais la rue menant à Pennington Gardens, j'ai pris conscience que la masse des piétons augmentait et se dirigeait comme un fleuve dans la même direction. Des milliers et des milliers de gens convergeaient vers un stade ovale situé au milieu du parc. J'ai demandé à deux garçons ce qui se passait, et ils m'ont appris qu'il y avait un match de cricket entre l'Angleterre et l'Australie.

– Quoi ? Ici ? À Adélaïde ? Aujourd'hui ? ai-je bégayé, interloqué.

Ils m'ont considéré avec toute la perplexité que méritent ces questions.

– Eh bien, ou c'est ça, a répliqué l'un d'eux ironiquement, ou alors il y a trente mille personnes qui se sont sacrément fourré le doigt dans l'œil, vous ne croyez pas ?

Et il m'a adressé un grand sourire de connivence. Visiblement, son copain et lui s'étaient arrêtés pour absorber quelques litres de houblon fermenté en cours de route.

– Vous savez s'il reste encore des places ? ai-je repris.

– Non, mon pote, c'est complet. Désolé !

Je les ai regardés s'éloigner. Voilà encore un trait de caractère que les Australiens ont hérité des Anglais : s'excuser pour quelque chose dont ils ne sont pas responsables.

J'ai poursuivi ma route le long de North Terrace,

l'une des plus belles artères de la ville, jusqu'au South Australian Museum, un édifice imposant consacré à l'histoire naturelle et à l'anthropologie. Je voulais savoir si on y exhibait un fossile baptisé *Spriggina*, du nom d'un obscur héros cher à mon cœur, un certain Reginald Sprigg. En 1946, ce jeune géologue travaillant pour le gouvernement farfouillait dans les collines torrides et peu hospitalières d'Ediacaran, dans les Flinders Ranges, à quelque cinq cents kilomètres au nord d'Adélaïde, lorsqu'il fit une de ces découvertes providentielles dont l'histoire de l'Australie abonde à un degré qui frise l'invraisemblable. Vous vous souvenez sans doute de l'histoire de cette protofourmi disparue, la *Nothomyrmecia macrops*, retrouvée par hasard dans un coin désolé au milieu de nulle part. Eh bien la découverte de Sprigg était de la même veine et tout aussi remarquable.

Ce grand moment se situe à l'heure du casse-croûte. Notre jeune géologue avait grimpé sur un éperon rocheux, histoire de trouver un peu d'ombre et une paroi accueillante pour son dos. Tandis qu'il mordait dans son sandwich, il étendit la jambe et retourna distraitement du pied un gros morceau de grès. Sprigg n'a pas raconté la chose dans le détail mais on peut facilement imaginer la scène : il s'arrête de mastiquer, reste un moment la bouche ouverte, considère attentivement ce qu'il vient de retourner et s'approche lentement pour mieux voir. Parce que ce qu'il venait de trouver, voyez-vous, c'était une chose à laquelle on ne croyait pas.

Depuis un siècle, depuis l'époque de Charles Darwin, les savants étaient restés perplexes devant une anomalie de l'évolution : six cents millions d'années plus tôt, une forme de vie d'une grande complexité avait pu exploser d'un seul coup (la fameuse explosion cambrienne) sans qu'on sache quelle forme précédente, plus simple, avait préparé le terrain. Sprigg venait précisément de trouver ce genre de chaînon manquant, un morceau de grès nageant littéralement au milieu de délicats fossiles précambriens. Ce qu'il avait maintenant sous les yeux, c'était l'aube d'une vie perceptible, une chose que personne encore n'avait pu voir. C'était un instant à marquer d'une pierre blanche dans l'histoire de la géologie. Et s'il s'était assis sur une autre colline, n'importe où dans cette immense rôtissoire qu'est l'outback australien, cette découverte n'aurait pas été faite – ni à ce moment-là ni probablement jamais.

C'est ce qui est tellement déroutant avec l'Australie. Voilà un pays qui regorge de choses intéressantes, mais en même temps il est si vide et si démesuré qu'il faut généralement un phénoménal coup de chance pour apercevoir quelque chose.

Malheureusement, en 1946, le monde scientifique n'accordait que peu d'attention aux nouvelles australiennes, et le compte rendu de la découverte de Sprigg, fidèlement consigné dans les *Transactions of the Royal Society of South Australia*, ne souleva aucun enthousiasme jusqu'à ce que, deux décennies plus tard, sa signification en soit perçue à sa juste valeur. Mais peu importe. À la fin, la gloire revint à celui qui la méritait, et le nom de Sprigg fut immortalisé grâce à son fossile. La période géologique qu'il avait découverte reçut le nom d'Ediacaran, d'après le nom des collines qu'il avait arpentées.

Malheureusement le musée n'était pas ouvert, sans doute à cause de la fête nationale, aussi ai-je dû renoncer à mes chances de contempler ces premiers balbutiements de la vie terrestre. Cependant, en déambulant dans les petites rues ombragées, un prix de consolation me fut accordé sous la forme d'une boutique de livres d'occasion. Sans doute parce que les livres neufs y sont si chers, ce pays possède des bouquinistes extraordinaires. Ils vous proposent toujours un grand choix sur l'Australie, bien sûr, et cela m'épate à chaque fois de constater à quel point les Australiens sont fascinés par eux-mêmes. Ce n'est pas une critique de ma part. Puisque le reste du monde leur accorde si peu d'attention, il faut bien que quelqu'un le fasse, non ? Simple justice. Cependant, les livres qu'on trouve en rayon portent souvent des titres ahurissants. Par exemple : *C'est là que j'ai rencontré ma femme*, *Histoire de la première piscine de Canberra*, *Un esprit d'union : histoire du club de football de l'université de Sydney* ou bien encore *Histoire des services ambulanciers de l'Australie-Méridionale*. Des titres comme cela il y en avait des centaines, autant de volumineux ouvrages qui devaient probablement ne concerner qu'une poignée de lecteurs. Que de tels livres existent me semble à la fois encourageant et aussi, disons-le, légèrement inquiétant.

Mais il arrive qu'on déniche de petits trésors. Ce fut le cas ce jour-là lorsque j'ai mis la main sur l'histoire illustrée de Surfers Paradise, la célèbre plage du Queensland où je devais me rendre prochainement. On y racontait l'épopée de la station balnéaire depuis ses débuts dans les années 1920, quand ce n'était encore qu'un humble village côtier envahi de mouches, jusqu'aux années 1970 où il s'est soudain transformé en une sorte de Miami Beach de l'hémisphère Sud. Ce qui m'a particulièrement fasciné dans le bouquin, ce sont les photos de la période intermédiaire, dans les années 1940 à 1950, lorsque l'endroit ressemblait davantage à Coney Island ou Blackpool. Il peut paraître bizarre de se sentir envahi de nostalgie pour un lieu qu'on n'a pas connu, mais je vous assure que c'était mon cas avec Surfers Paradise et ses naïfs vacanciers. Page après page, j'ai savouré ces photos si nettes en noir et blanc montrant une foule joyeuse en train de s'amuser : groupes de promeneurs déambulant sur l'esplanade, couples dansant le jitterbug dans des palais de la danse ou vacanciers attablés devant leur boisson dans les bars de la plage. Comme j'enviais leurs fringues tellement dans le coup ! Je fais sans doute partie d'une minorité, mais j'aurais adoré vivre à une époque où j'aurais pu me balader avec des chaussures en cuir bicolores, des chaussettes rouges et une chemise en cotonnade aux motifs bariolés (style étiquettes qu'on colle sur les valises), où j'aurais pu porter un pantalon ample dont la ceinture me serait remontée jusqu'à la poitrine, arborer un chapeau de feutre mou et lire cette pensée dans le regard les gens qui se seraient retournés sur moi : « Ouah ! Quelle classe, ce mec ! »

Le monde en ce temps-là avait quelque chose d'une merveilleuse innocence perdue à tout jamais. Cela se remarque sur chaque photographie, dans l'allure si confiante de ces vacanciers, dans leur sourire ensoleillé : ces gens étaient heureux. Ils n'étaient pas seulement heureux : ils étaient *parfaitement* heureux. Ils vivaient à une époque formidable dans un pays béni et ils s'en rendaient compte. Ils avaient de bons emplois, de belles maisons, une famille unie, des perspectives souriantes, et passaient de bonnes vacances dans des endroits gais et ensoleillés. Je ne sous-entends pas un seul instant que les Australiens d'aujourd'hui sont des gens malheureux, bien au contraire, mais on ne lit plus cette expression de bonheur sur leur visage. Sur le visage de personne, d'ailleurs.

Mais c'était aussi, il faut le rappeler, un âge d'une prodigieuse pudibonderie. Dans les années 1950, l'Australie était probablement la nation aux mœurs les plus rigides du monde anglo-saxon. Vu l'éloignement, les autorités ne savaient pas trop ce qui était devenu acceptable, aussi jouaient-elles la carte de la prudence et n'autorisaient-elles rien du tout. Une des photos montrait un grand magasin avec un énorme panneau publicitaire sur le toit. Il s'agissait d'une réclame pour la crème solaire Coppertone qui montrait une toute petite fille dont un chiot malicieux tirait le slip de bain, dénudant quelques centimètres carrés d'une adorable paire de fesses. Mais là, quelqu'un s'était donné la peine de prendre une échelle, d'y monter avec un pot de peinture et de barbouiller un supplément de tissu sur ces quelques centimètres carrés de peau blanche. Pas question d'inciter à la masturbation sur l'esplanade, tout de même !

Et on ne censurait pas seulement les publicités pour crèmes solaires mais aussi les films, les pièces de théâtre, la presse et un nombre considérable de livres. Vous ne trouverez pas chez les bouquinistes australiens d'éditions antérieures aux années 1950 d'ouvrages comme *L'Attrape-Cœur, L'Adieu aux armes, La Ferme des animaux, Peyton Place, Another Country, Le Meilleur des mondes* et bien d'autres encore. Pour une raison simple : ces livres étaient censurés. Au plus fort de la répression, cinq mille titres étaient interdits d'importation en Australie. Dans les années 1950, le chiffre était tombé à quelques centaines, mais certains cas étaient ahurissants. *L'Accouchement sans douleur*, par exemple, était banni, sans doute parce qu'il révélait un peu trop crûment l'endroit d'où sortaient les bébés, ce qui aurait pu choquer la sensibilité australienne. Je ne vous parle évidemment que des ouvrages généraux, car vous imaginez bien que tout ce qui était publication coquine était strictement prohibé. Non seulement les Australiens ne pouvaient pas se procurer certains livres mais ils n'avaient pas non plus le droit de savoir lesquels étaient interdits. Parce que la liste des livres censurés était elle-même censurée.

Curieusement, c'est Adélaïde qui mit fin à tout cela. Pendant des décennies la ville avait été l'une des plus incroyablement réactionnaires de toute l'Australie. La faute en incombait largement à un certain sir Thomas Playford, qui pendant trente-huit ans, des années 1930 jusqu'aux années 1960, a été le Premier ministre de l'Australie-Méridionale. Playford possédait à un tel point l'esprit de clocher qu'un jour, lors d'une grave pénurie, on l'avait entendu déclarer qu'il faudrait « envisager d'*importer* du blé d'Australie ». Une autre fois, au cours d'une discussion avec le doyen de l'université d'Adélaïde, il avait affirmé ne pas comprendre l'utilité d'une université. Comme on peut s'en douter, un Premier ministre de cet acabit n'avait rien fait pour stimuler l'activité intellectuelle de son État. Et puis en 1967 les électeurs choisirent un jeune Premier ministre travailliste, Don Dunstan, homme dynamique et charismatique, et du jour au lendemain Adélaïde et l'Australie-Méridionale changèrent radicalement. La ville se transforma en terre d'accueil pour les artistes et les intellectuels ; le festival d'Adélaïde devint l'un des grands événements culturels de la nation. Des livres toujours interdits dans d'autres États australiens y furent vendus librement, les plages naturistes firent leur apparition, l'homosexualité fut légalisée. En quelques années vertigineuses, Adélaïde devint la ville la plus branchée du pays, le San Francisco des antipodes.

Mais en 1979 Dunstan se retrouva veuf et se retira brutalement de la vie politique. Adélaïde perdit son éclat et amorça sa lente descente vers l'obscurité. Les artistes et les intellectuels se dispersèrent. Dunstan lui-même partit vivre dans le Victoria. Sous le gouvernement de Playford, l'Australie-Méridionale avait été un État rétrograde mais par là même intéressant. Avec Dunstan elle avait connu l'effervescence. Le vrai problème d'Adélaïde aujourd'hui, c'est qu'elle a cessé d'être intéressante, tout simplement.

N'empêche qu'elle reste une ville sacrément agréable pour s'y promener un jour d'été. Le centre d'Adélaïde se vante de posséder sept cent cinquante hectares d'espaces verts, certes moins que Canberra mais plus que n'importe quelle métropole de sa taille. Comme souvent, on y retrouve cet effort délibéré de recréer, aux antipodes de la mère patrie, une ambiance typiquement britannique. Parmi toutes les choses qui manquèrent cruellement aux premiers colons débarquant en Australie, c'est certainement la campagne anglaise dont ils eurent le plus la nostalgie. Lorsqu'on observe attentivement les premières vues du pays, on remarque à quel point elles sont maladroites et franchement peu australiennes. Même les eucalyptus sont rendus avec une rondeur et une luxuriance inhabituelles, comme si l'artiste n'avait pu s'empêcher de leur donner un aspect plus british. D'ailleurs les colons s'empressèrent d'équiper leurs villes de parcs à l'anglaise vallonnés et garnis de bosquets de chênes, de hêtres, de marronniers et d'ormes, histoire de recréer l'ambiance doucement bucolique des peintures d'Humphry Repton ou Capability Brown. Adélaïde est la ville la plus sèche de l'État le plus sec du continent le plus sec, mais personne ne pourrait s'en douter en déambulant sous les frondaisons de ses parcs. Ici, c'est le Sussex pour l'éternité.

Malheureusement, il y a des modes partout, même dans le monde horticole, et tout ceci n'est plus jugé politiquement correct. Alors que de nombreuses essences importées arrivent aujourd'hui au terme de leur existence, les responsables des parcs ont pris des mesures pour éradiquer les espèces d'importation et reconstituer un paysage typique de la Riverina, dominé par les mallees et les eucalyptus rouges, qui poussaient naturellement au bord des rivières avant l'arrivée des Européens. On peut se réjouir, évidemment, de voir les Australiens aussi fiers de leur flore indigène. Mais on ne peut s'empêcher de juger une telle rigueur un tantinet regrettable. L'Australie possède des centaines de milliers d'hectares de terres couvertes de mallees et d'eucalyptus rouges, qui sont donc loin d'être des espèces menacées. Pis, le projet risque de faire disparaître des parcs d'une beauté exceptionnelle, ce qui serait une tragédie. Si l'on devait suivre à la lettre cette logique d'éradication pour la simple raison que ces arbres sont d'origine européenne, alors on devrait logiquement envisager la destruction de toutes les maisons d'Adélaïde, de ses monuments, de ses rues et de tous ses habitants de souche européenne. Malheureusement, comme c'est souvent le cas dans ce monde de myopes où nous vivons, personne n'a pensé à me demander mon avis.

Mais enfin les parcs sont encore là, toujours aussi beaux, et j'ai éprouvé un réel bonheur à les parcourir. Sur les pelouses, des familles étaient venues en masse profiter de ce jour férié pour pique-niquer et jouer au cricket avec des balles de tennis. Les banlieues à l'ouest de la ville offrent des kilomètres de plage de sable, aussi ai-je été un peu surpris de constater que tant de gens avaient dédaigné le bord de mer pour le centre-ville. Cela conférait à toute la journée comme un parfum suranné : je retrouvais l'atmosphère des 4 Juillet de mon enfance, chez moi dans l'Iowa. En même temps, on pouvait agréablement s'étonner de voir que dans un pays aussi vaste les habitants puissent choisir de s'attrouper ainsi pour se détendre. Mais sans doute est-ce justement le vide impressionnant de leur patrie qui rend les Australiens aussi sociables. Les pelouses du parc étaient si bondées qu'on avait du mal à déterminer à quelle famille appartenait telle balle. Lorsque l'une d'elles rebondissait chez le voisin – et cela arrivait souvent – on assistait invariablement à cet échange de répliques : « Désolé ! – *No worries !* (Pas de problème !) » avant la reprise du jeu. On avait l'impression d'assister à un gigantesque pique-nique familial et j'étais ridiculement ravi d'en faire partie, ne fût-ce qu'indirectement.

Il m'a bien fallu trois heures pour faire le tour complet des parcs. Par moments, une grande clameur s'élevait du stade, prouvant que le cricket est un sport plus animé en direct qu'à la radio. J'ai fini par émerger au niveau de Pennington Terrace, une rue bordée de charmantes maisons de pierres bleues dont les pelouses ombragées donnent sur le stade de cricket. Devant l'une d'elles, la famille avait pratiquement déménagé l'intégralité de son salon sur le gazon. J'exagère peut-être, mais j'ai franchement eu l'impression qu'ils avaient tout transporté – les lampadaires, la table basse, le tapis, le porte-revues, le seau à charbon. En tout cas, ils avaient sorti un canapé et le poste de télévision pour suivre le match de cricket. Au-delà de l'écran, à une centaine de mètres de là, juste derrière les arbres du parc, il y avait le stade ovale, si bien que chaque fois qu'une action un peu dramatique se produisait sur le téléviseur, l'effet était accompagné en direct par les hurlements de la foule des spectateurs au loin.

– Qui est-ce qui gagne ? ai-je demandé en passant.

– Ces foutus Poms* ! m'a répondu l'homme sur un ton qui m'invitait à partager son écœurement.

J'ai continué à remonter la rue, passant devant la masse imposante de la cathédrale Saint-Pierre. Je visais vaguement la direction de mon hôtel, car mon intention était de prendre une douche et de me changer avant de repartir en quête d'un pub et de mon dîner. Hors de l'ombre des parcs, il faisait une chaleur accablante et mes pieds commençaient à me faire sérieusement souffrir, mais je restais envoûté par le charme de ces quartiers résidentiels du nord d'Adélaïde. C'est une zone de prospérité tranquille, bien installée dans sa sérénité dominicale, où l'on découvre rue après rue de charmantes vieilles demeures enfouies sous les roses et les frangipaniers, avec de petits jardins méticuleusement entretenus, de véritables modèles d'art floral.

Peu après j'ai atteint Wellington Square, une grande place dominée par un superbe pub d'allure

---

* Surnom donné aux Anglais par les Australiens. *(N.d.T.)*

fort vénérable. Je m'y suis dirigé d'un pas décidé. L'intérieur était frais et convivial, avec des cuivres étincelants et beaucoup de bois clair – rien à voir avec le dépouillement austère des pubs du bush. C'était un endroit où déguster des cocktails et discuter de ses investissements boursiers. Et il y avait du monde, en plus, mais surtout des gens en train de manger plutôt que de boire. Disons qu'ils mangeaient en buvant. Presque à chaque table les clients étaient penchés sur des steaks monstrueux ou des morceaux de poissons panés qui débordaient des assiettes. On avait déroulé un grand écran pour retransmettre la partie de cricket, son coupé. J'avais trouvé mon havre pour la soirée. Je me suis commandé une grande pinte de Cooper's Draught avant de m'installer à une table face au square. Et là je suis resté assis pendant quelques minutes sans rien faire du tout, sans même boire une gorgée, savourant simplement le plaisir d'être assis, dans un pays lointain, avec un verre à la main, le cricket à la télé, dans une salle pleine de gens jouissant des fruits d'une époque prospère. Mon bonheur était à son comble.

Au bout d'un moment je me suis rappelé mes achats chez le bouquiniste et j'ai tiré les livres de mon sac. D'abord j'ai ouvert *Australian Paradox*, récit d'un séjour d'une année, entre 1959 et 1960, écrit par une journaliste anglaise du nom de Jeanne MacKenzie*. J'étais curieux de comparer l'Australie d'aujourd'hui à celle d'il y a quarante ans. Eh bien, à l'évidence, ça n'était pas le même monde. L'Australie décrite par Ms MacKenzie était un pays d'une prospérité illimitée où régnait le plein emploi, d'une salubrité exubérante et d'un optimisme sans bornes. En 1959-1960, l'Australie était au troisième rang des pays les plus riches de la planète, dépassée seulement – je

* Melbourne, F.W. Cheshire, 1961. *(N.d.T.)*

ne m'en serais jamais douté – par les États-Unis et le Canada. Mais ce que j'ai trouvé particulièrement attendrissant, c'est la modestie relative de ce qui composait, à l'époque, les signes extérieurs de confort. Avec une admiration confinant à la fascination, Ms MacKenzie rapportait qu'à la fin des années 1950 les trois quarts des citadins australiens possédaient un réfrigérateur et presque la moitié d'entre eux une machine à laver. (Il n'y avait généralement pas d'électricité dans les zones rurales pour faire marcher ces appareils, aussi leurs habitants ne comptaient-ils pas.) Presque chaque foyer avait « au moins une radio » – ça alors ! – et de nombreuses familles possédaient un autre appareil électrique tel qu'un aspirateur, un fer à repasser ou une bouilloire électrique. Vous vous rendez compte ? Vivre dans un monde où une bouilloire électrique est une source d'orgueil !

J'ai passé une bonne heure à parcourir ce livre, fasciné par la simplicité de cette époque. En 1960, la télévision était encore une nouveauté enthousiasmante (elle n'avait atteint l'Australie qu'en 1956 et seulement Sydney et Melbourne pour commencer) et la télé couleur n'était encore qu'un rêve lointain. À Melbourne, le dimanche, il n'y avait pas de journaux, et la loi interdisait l'ouverture des pubs et des cinémas. Perth se trouvait encore au bout d'une longue piste de terre et allait y rester de nombreuses années. Adélaïde n'avait que la moitié de sa taille actuelle et son célèbre festival était une nouveauté. Le Queensland était à la traîne (et ça n'a pas changé). Même dans les meilleurs restaurants, le poulet Maryland ou le bœuf Stroganov étaient considérés comme des mets d'un grand raffinement exotique et l'on vous servait les huîtres avec du ketchup. Pour la plupart des gens, la cuisine étrangère se limitait aux spaghettis en boîte, point final. Il y avait en tout et pour tout deux variétés de fromage : le piquant et le doux. Les supermarchés étaient un concept nouveau et très excitant.

Seulement cinq pour cent des jeunes gens étaient inscrits à l'université – ce qui contrastait glorieusement avec les 1,56 pour cent recensés vingt ans auparavant. C'était donc, à tous les points de vue, un monde bien différent.

Ce qui m'a frappé dans tout cela, ce n'est pas tant de constater à quel point les Australiens d'aujourd'hui vivent *mieux* mais plutôt à quel point ils se sentent mal. Tout observateur étranger ne peut manquer d'être ébahi par la piètre opinion que ces pauvres gens ont d'eux-mêmes. Ils pratiquent à un degré extraordinaire l'art de se dénigrer. Vous rencontrez constamment ce travers dans la presse, à la télévision, à la radio, partout on vous dira que même si les choses se passent bien en Australie elles doivent forcément se passer beaucoup mieux ailleurs. Il y a une proportion impressionnante de livres sur l'Australie affublés d'un titre grave et pessimiste : *Parmi les Barbares, Les Dévoreurs d'avenir, La Tyrannie de la distance, Cette terre brune et fatiguée, Impact fatal, La Rive tragique*. Même lorsque les titres sont neutres (ils ne sont jamais positifs) ils contiennent souvent les conclusions les plus tordues. À la fin de son histoire de l'Australie, Geoffrey Blainey fait remarquer que l'Australie vient de terminer son premier siècle de fédération paisible. Puis, tout à trac, il conclut sur ces mots : « Cela durera-t-il encore un siècle ? Rien n'est moins sûr. Dans les tourbillons de l'histoire, aucune structure politique n'est permanente*. »

Plutôt bizarre, vous ne croyez pas ? On pourrait comprendre qu'un Canadien, un Belge ou un Sud-Africain écrive cela. Mais un Australien ? Voilà un État qui n'a jamais connu la moindre guerre civile, qui n'a jamais emprisonné un seul dissident, jamais montré la moindre tendance au coup d'État, une vraie

---

* *A Shorter History of Australia*, Sydney, Random House Australia, 1997. *(N.d.T.)*

Norvège de l'hémisphère Sud, et pourtant l'un de ses plus éminents historiens suggère que son avenir en tant que nation unie et souveraine est loin d'être garanti. Extraordinaire !

S'il y a une chose qui manque pourtant aux Australiens campés sur leurs positions la tête en bas, c'est bien le sens de la perspective. Pendant quatre décennies, ils ont vu avec une horreur muette d'autres États (Suisse, Suède, Japon, Koweït, etc.) les dépasser question PNB par habitant. Lorsque la presse économique a annoncé en 1996 que Singapour et Hong Kong venaient de les coiffer au poteau, on aurait pu croire, d'après la réaction des journalistes, que des hordes asiatiques venaient de débarquer du côté de Darwin et s'apprêtaient à envahir le pays en faisant une razzia sur les biens de consommation durable. Personne n'a semblé remarquer que ces pays n'étaient que très légèrement en tête et que le calcul reposait surtout sur la valeur relative des taux de change. Personne n'a fait valoir qu'en intégrant des paramètres comme le coût de la vie, le niveau d'éducation, le taux de criminalité, etc., l'Australie se retrouvait pratiquement en tête. Au moment de ma visite, elle connaissait un boom sans précédent. Elle jouissait d'une des croissances économiques les plus fortes du monde développé, d'une inflation quasi inexistante et d'un taux de chômage très bas depuis des années. Pourtant, selon une enquête de l'Australian Institute, trente-six pour cent des Australiens jugeaient que leurs conditions de vie s'aggravaient et à peine un cinquième se déclaraient optimistes.

Aujourd'hui, c'est vrai, en termes de PNB par habitant l'Australie n'est plus dans les premiers rangs (en fait elle se classe vingt et unième). Mais je vous pose la question : qu'est-ce que vous préféreriez ? Être le troisième pays le plus riche du monde, heureux possesseur d'une bouilloire électrique et d'au moins une radio, ou bien être classé vingt et unième et pouvoir vous payer absolument tout ce que vous désirez ?

D'un autre côté, il existe peu de pays où vous courez le risque d'être dévoré par un crocodile d'estuaire. Cette pensée m'a traversé l'esprit quand j'ai sorti mon deuxième achat, *Crocodile Attack in Australia*, de Hugh Edwards*, avant de me plonger jusqu'au cou dans deux cent quarante pages d'agressions atroces perpétrées par ces créatures rusées et totalement dépourvues de fair-play.

Le crocodile d'eau salée, comme on l'appelle également, est un animal qui a le pouvoir d'affoler même les Australiens. Des gens qui arrivent à chasser calmement d'une chiquenaude un scorpion posé sur leur avant-bras, qui se contentent de ricaner en voyant une meute de dingos rôder autour d'eux, se mettront à trembler comme une feuille à la vue d'un crocodile affamé. Et il ne m'a pas fallu aller très loin dans les chroniques effrayantes de Mr Hugh Edwards pour en comprendre la raison. Prenons par exemple cette histoire d'une journée d'excursion au nord-ouest de l'Australie.

En mars 1987, cinq touristes longeant à bord d'une vedette la côte du Kimberley décidèrent de faire un détour pour remonter la rivière Prince Regent et visiter le site de Kings Cascade, une merveille de la nature, loin de tout, où les eaux tropicales se déversent sur des blocs de granite. Arrivés à destination, ils jetèrent l'ancre et s'éparpillèrent pour escalader les rochers de la cascade et piquer une petite tête. Il y avait parmi eux un jeune mannequin américain du nom de Ginger Faye Meadows. Alors qu'elle se tenait avec une de ses amies sous les chutes, toutes deux assises sur un rebord rocheux avec de l'eau jusqu'à la taille, l'une d'elles remarqua les yeux fixes et froids et

---

* Marleston, J.B. Books, 1998. *(N.d.T.)*

les narines à demi submergées d'un crocodile qui se dirigeait vers elles. Maintenant imaginez la scène : vous êtes assis, le dos contre une paroi bien trop haute pour être escaladée, sans aucune possibilité de retraite, et l'une des créatures les plus dangereuses de l'univers s'avance vers vous – une créature si parfaitement programmée pour tuer qu'elle n'a pas eu besoin d'évoluer depuis deux cents millions d'années. En résumé, vous êtes en passe de vous faire dévorer par un survivant de l'âge des dinosaures.

L'une des deux femmes prit sa sandale en plastique et la jeta sur l'animal. Elle rebondit sur sa tête, le faisant cligner des yeux puis hésiter. Au même moment, Ginger Faye Meadows décida de tenter le tout pour le tout. Elle plongea et se mit à nager vigoureusement dans l'espoir de parcourir la vingtaine de mètres qui la mettrait en sécurité. Son amie resta où elle était. Le mannequin nageait vite mais le crocodile était bien décidé à l'intercepter : à mi-chemin il la saisit à la taille et l'entraîna sous l'eau.

Selon le capitaine du bateau, elle resta sous l'eau quelques instants puis refit surface « les mains en l'air et une expression de surprise totale sur le visage... Elle m'a regardé dans les yeux... mais elle n'a pas prononcé un mot ». Puis elle repartit sous l'eau et personne ne la revit plus. Le lendemain elle aurait eu vingt-cinq ans.

En Australie c'est sans doute la plus célèbre attaque de crocodile, probablement parce qu'elle mettait en scène un site touristique célèbre, un bateau de luxe et une victime qui était à la fois américaine, très jeune et ravissante. Mais voilà, il y en a eu *des tas d'autres*. En outre, l'affaire Meadows présentait un caractère inhabituel : la victime avait vu la mort arriver. Dans la plupart des cas, une attaque de crocodile se produit par surprise. Cela se passe très simplement : des gens marchent dans quelques centimètres d'eau, ou sont assis sur la rive, ou pataugent le long d'une plage, et puis soudain les eaux se fendent, et avant que les malheureux aient eu le temps de pousser un cri et encore moins d'entamer des négociations ils sont emportés au loin et tranquillement dévorés. C'est ce qui est si effrayant avec les crocodiles.

Alors je vous demande un peu : qu'est-ce qu'on en a à faire du PNB par habitant à Hong Kong ou à Singapour lorsqu'on a des soucis domestiques de cet ordre ?

CHAPITRE IX

Je serais volontiers resté un jour ou deux jours de plus à Adélaïde mais j'avais de la route à faire. Il était temps de rendre visite à mes amis de Melbourne ; auparavant je voulais voir la péninsule de Mornington, un coin réputé pour son charme, au sud de Melbourne. Comme toujours en Australie, le trajet promettait d'être long. J'ai quitté Adélaïde de bonne heure le matin et il ne m'a pas fallu longtemps pour me rendre compte avec découragement que j'allais passer une nouvelle journée au volant, sur des routes vides, dans un paysage monotone. Cela m'a semblé d'autant plus injuste que premièrement j'avais cru faire route vers la civilisation, que deuxièmement j'avais déjà donné, merci bien, et que troisièmement j'avais choisi à dessein un itinéraire côtier légèrement plus long pour échapper à l'ennui des paysages de l'intérieur.

Je me trouvais maintenant sur une route baptisée Princes Highway. Sur la carte on la voyait dessiner un arc gracieux le long d'une vaste baie signalée comme étant « Younghusband Peninsula », et de ce point de vue-là il n'y avait rien à redire : pendant des heures j'ai joui d'un panorama côtier, mais comme la marée était basse la mer était réduite à une petite ligne bleu vif au-delà d'hectares d'une croûte salée aux reflets aveuglants. De l'autre côté de la voie, même monotonie, avec des espaces désertiques plantés à l'infini d'une seule espèce de buissons bas. Sur cent-quarante-six kilomètres, la route est restée parfaitement déserte.

Pour passer le temps, je me suis mis à chanter l'hymne officieux de l'Australie, *Waltzing Matilda*. C'est une chanson intéressante. On la doit à Banjo Paterson, qui est non seulement le plus grand poète australien du XIXe siècle mais aussi le seul à porter le nom d'un instrument à cordes. Les paroles sont les suivantes (et je tiens à préciser que je cite ici les mots exacts de Paterson) :

Il était une fois un swagman qui campait dans un billabong.
À l'ombre d'un coolibah.
Et il chantait en regardant bouillir son vieux billy.
Qui viendra faire valser sa Matilda avec moi ?

Vous aurez probablement remarqué très vite qu'une des caractéristiques de *Waltzing Matilda* est la parfaite ineptie des paroles. Vous objecterez que cela n'a pas de sens pour celui qui ne pratique pas couramment le jargon du bush australien et que c'est sans doute voulu. Malheureusement, même si vous comprenez les paroles, la chanson ne veut rien dire.

Un *billabong*, par exemple, est une sorte de mare, un trou d'eau. Donc, la question qui vous vient immédiatement à l'esprit dès la première ligne, c'est pourquoi le *swagman* a-t-il choisi de camper *dedans* ? Personnellement, je préférerais camper juste à côté. Vous voyez ce que je veux dire ? La seule conclusion possible, c'est que ce brave Paterson avait sérieusement biberonné avant de tremper sa plume dans l'encrier et d'attaquer son poème. Bon, juste pour parfaire votre connaissance du parler australien, je vous signale qu'un *swagman* est un voyageur itinérant. Le mot vient de *swag*, qui désigne cette sorte de couverture roulée que portent ces gens-là. L'autre nom pour le *swag* est *Matilda*. (Ne me demandez pas pourquoi : je ne me suis jamais posé la question.) Un *billy* est une sorte de pot en métal qui sert à faire bouillir de l'eau, et un *coolibah* est un arbre, le coolibah. Voilà, vous avez les termes essentiels. Pourquoi le *swagman* désire-t-il faire valser sa couverture et pourquoi aurait-il besoin que quelqu'un ou quelque chose (dans le couplet suivant, il parle d'un mouton, ça promet !) l'accompagne dans cette activité bizarre et sans doute dépravée, voilà des questions qui n'ont jamais eu de réponse.

D'un autre côté, la mélodie est charmante – elle est empruntée à un vieil air écossais, *Thou Bonnie Wood O'Craigielea* – et je l'interprète avec un réel bonheur, sans me vanter, surtout lorsque je la chante en roulant à pleine vitesse, la tête à la fenêtre, ce qui donne des trémolos du plus bel effet. Le problème lorsqu'on ne connaît qu'un seul couplet, c'est que cela devient un peu répétitif au bout d'un moment. Vous pouvez donc imaginer ma satisfaction lorsque je me suis rendu compte que si je remplaçais « faire bouillir son vieux billy » par « faire bouillir son vieux zizi » la chanson prenait une tout autre perspective, d'autant que j'ai réussi à composer quarante-sept nouveaux couplets, ce qui rend désormais cet air parfaitement adapté aux longs trajets en autocar tout en lui apportant l'éclairage qui lui manquait depuis près d'un siècle.

Je pense que j'aurais pu rallonger encore cette ballade mais, alors que je finissais de longer la baie avant d'attaquer un nouveau désert de broussailles, j'ai remarqué un panneau annonçant « La Grande Langouste », et dans mon enthousiasme j'ai oublié aussitôt toutes mes ambitions musicales. Parce je dois vous confier que cette Grande Langouste était une chose – ou plutôt appartenait à une catégorie de choses – que je rêvais de voir depuis le début de mon voyage.

Une des particularités les plus attachantes des

Australiens est qu'ils adorent construire de grandes choses ayant la forme d'autre chose. Donnez-leur par exemple un rouleau de grillage à volière, un peu de fibre de verre plus quelques pots de peinture, et ils vous feront, je cite au hasard, un énorme ananas, une gigantesque fraise ou, comme dans le cas présent, une langouste géante. Ensuite ils mettront un café et un magasin de souvenirs à l'intérieur, planteront un grand panneau sur la nationale (à l'intention des conducteurs dont l'acuité visuelle ne va pas jusqu'à repérer une structure de quinze mètres sur le bord d'une route quasi déserte), s'installeront derrière le tiroir-caisse, et par ici la monnaie !

On a recensé plus de soixante de ces structures, éparpillées sur tout le territoire australien, tels des accessoires oubliés après le tournage d'un film d'horreur des années 1950. Vous pouvez, si vous avez suffisamment d'essence, d'argent et vraiment rien d'autre à faire, visiter la Grande Crevette, le Grand Koala, la Grande Huître (avec des phares en guise d'yeux, paraît-il), la Grande Tondeuse à gazon, la Grande Truite, la Grande Orange et le Grand Bélier mérinos, parmi tant d'autres. La mode a été lancée, j'ai la fierté de vous l'apprendre, par un Américain, un certain Landy, qui construisit la Grosse Banane de Coffs Harbour sur la côte de Nouvelle-Galles du Sud. Cette attraction s'est révélée si magnétique que toutes les voitures qui passaient dans le secteur s'arrêtaient, permettant rapidement à Mr Landy de devenir la Grosse Légume du coin.

Généralement, ces objets sont astucieusement placés au bord d'une route si dépourvue d'intérêt que vous feriez halte sous n'importe quel prétexte, comme ce fut le cas ce jour-là lorsque j'ai découvert, après un léger virage, cette monumentale structure d'un rose rougeâtre évoquant effectivement une langouste, dressée devant moi comme si elle surveillait la circulation dans l'intention de dévorer quelques voyageurs.

Vu la forme particulière du crustacé, les propriétaires avaient décidé – après mûre réflexion, je suppose – de ne pas essayer d'y loger un café ni un magasin de souvenirs, ce qui fait que la Grande Langouste trône sur une pelouse, arrimée par des cordages, alors que les annexes commerciales sont situées dans un bâtiment à l'arrière-plan. Je suis descendu de voiture pour voir le monstre de plus près. C'était vraiment impressionnant. J'ai appris par la suite qu'il mesurait dix-sept mètres du sol jusqu'à la pointe de ses antennes, ce qui n'est pas mal, même dans le monde ambitieux des bestioles géantes.

J'étais en train de l'examiner sous toutes ses faces, lorsque je me suis rendu compte que j'étais dans le champ d'un monsieur qui essayait de prendre une photo.

– Oh, pardon !

– Pas de problème, mon vieux, a répliqué l'homme d'un ton décontracté. Vous donnez l'échelle.

Il s'est approché. Il avait dans les trente ans, et l'air vaguement triste et un peu ringard de quelqu'un qui a un boulot de merde et vit encore chez ses parents. Sa tenue semblait indiquer qu'il était en vacances : short et tee-shirt sur lequel était inscrit en grands caractères NOOSA, le nom d'une station balnéaire du Queensland. Nous sommes restés côte à côte un moment, immobiles, absorbés dans une admiration commune et silencieuse de la langouste.

– C'est grand, non ? ai-je lancé enfin, car rien ne m'échappe.

– Vous ne voudriez pas me prendre en photo devant ? a-t-il enchaîné de cette façon un peu indirecte qu'utilisent les Australiens pour vous demander un service.

– Mais naturellement !

Il est allé se poster près de l'animal, une main tendrement posée sur sa pince.

– Vous pourrez dire que c'est une photo de fiançailles, ai-je suggéré.

L'idée a paru l'enthousiasmer.

– Ouais ! Je vous présente ma fiancée ! Elle n'est pas vraiment gironde et faut pas compter sur elle pour la conversation, mais purée, qu'est-ce que je suis pincé !

Ce gars commençait à me plaire.

– Vous aimez visiter ce genre de choses ? lui ai-je demandé en lui rendant son appareil photo.

– Seulement si je passe devant. Celle-là n'est pas mal. Bien mieux que le Grand Koala de Moyston.

Je ne me suis pas senti qualifié pour commenter.

– À Wauchope ils ont un Grand Taureau, a-t-il ajouté.

J'ai levé les sourcils comme pour dire « Ah bon ? ».

Il a hoché la tête en signe d'appréciation.

– Ses testicules se balancent dans le vent.

– Il a des testicules ?

– Un peu, mon neveu. S'ils te tombaient dessus, t'aurais une sacrée migraine !

Minute de silence pour bien imaginer la scène.

– Remarquez, ça ferait une déclaration d'accident intéressante, ai-je fini par remarquer.

– Ouais ! (L'idée lui plaisait, visiblement.) Et aussi un chouette titre de journal : « Un homme meurt écrasé par les couilles d'un taureau. »

– Ou alors : « Balloches tragiques en Australie : un mort. »

– Ouais !

On s'entendait comme larrons en foire. Cela faisait des jours que je n'avais pas eu de conversation aussi longue. Qu'est-ce que je raconte ? Des jours que je ne m'étais pas autant amusé ! Malheureusement, ne trouvant rien d'autre à ajouter, nous sommes restés plantés là en silence pendant un petit moment.

– Bon, et ben… ravi de vous avoir rencontré !

Et il a tourné les talons.

– Tout le plaisir a été pour moi, ai-je dit, et j'étais vraiment sincère.

Je me suis dirigé vers la boutique de souvenirs où j'ai acheté un petit aimant à poser sur la porte du frigo plus quinze cartes postales représentant la langouste, puis j'ai repris la route dans un état d'esprit vaguement euphorique, comme si j'avais bu un coup de trop. Ma destination était Warrnambool et cette fameuse Great Ocean Road, la Grande Route de l'Océan. Je suis demeuré un moment silencieux et puis, brusquement, j'ai penché la tête par la portière et j'ai entonné d'une voix vigoureuse :

Oubliant que les cuillères avaient été inventées,
Le swagman immergea son zizi dans le thé,
Et il soupira en voyant l'objet bouillir :
« C'est pas demain que j'aurai du plaisir ! »

J'ai passé la nuit à Port Fairy et suis reparti dès le lendemain matin, sur cette Grande Route de l'Océan, cette nationale tortueuse, extraordinairement pittoresque, dont la construction après la Première Guerre mondiale faisait partie d'un programme destiné à donner du travail aux anciens combattants. Il fallut quatorze ans pour la terminer, et l'on comprend très vite pourquoi en parcourant ses trois cents kilomètres serpentant le long d'une côte qui est un vrai défi pour l'homme, une succession de péninsules rocheuses et de précipices escarpés et friables. Chacun de ses virages en lacets, taillé dans la falaise, sollicite votre attention de tous les instants, si bien qu'en conduisant il est presque impossible de jouir de la vue. Mais le peu qu'on arrive à saisir est d'une beauté stupéfiante, ce qui compense. Ici et là, de grandes aiguilles rocheuses se dressent au milieu des flots, témoignages de la puissante érosion marine. Il y a même une arche naturelle, appelée le Pont de Londres, sur laquelle, encore récemment, vous pouviez vous aventurer pour atteindre une sorte de promontoire dominant les flots. Mais en 1990 l'arche s'est effondrée d'un seul coup, plongeant brutalement des tonnes de débris dans l'onde écumante et isolant deux malheureux touristes éberlués, mais miraculeusement indemnes, à l'extrémité de sa pointe. Le Pont de Londres est désormais devenu le Chaos de Londres.

Le trajet est aussi superbe que les guides touristiques le promettent. Tantôt on regarde la forêt semitropicale du massif d'Otway plonger dans la mer, tantôt on est saisi par le spectacle des vagues rageuses qui déferlent sur de longues plages en arc de cercle terminées à chaque bout par des formations rocheuses. Cette section de la côte du Victoria est réputée pour deux choses : le surf et les naufrages. Avec ses violents courants et ses brouillards légendaires, elle fut longtemps tristement célèbre chez les marins. En imaginant que la mer se retire, on pourrait apercevoir douze cents épaves, une sorte de record mondial. Je me suis arrêté de temps en temps pour profiter de la vue et aussi pour traîner un peu dans les charmantes localités un tantinet démodées que traverse la route. On était pourtant en pleine période estivale, au lendemain de la fête nationale, mais toutes ces stations balnéaires semblaient curieusement peu animées. Une pensée m'est alors venue : en Australie il y a davantage d'endroits touristiques à visiter que de touristes pour les visiter.

Ayant atteint une petite ville du nom de Torquay, la Grande Route de l'Océan rejoint la route principale vers Melbourne. Trente kilomètres à l'ouest se trouve Winchelsea : c'est là que Thomas Austin a relâché ces fichus lapins qui devaient tant modifier le paysage australien. Les terres que je traversais semblaient en effet assez arides – cela me rappelait l'Oklahoma ou l'ouest du Kansas –, mais je serais bien évidemment incapable de dire quelle part de responsabilité en revenait à la voracité des lapins. À ce propos, on pourrait penser que les gens auraient tiré une bonne leçon de l'expérience d'Austin, mais ce n'est pas le cas, apparemment. Au moment même où les lapins étaient en train de dévorer sur leur passage toute la campagne australienne, des personnes influentes introduisaient en masse d'autres espèces animales – pour la chasse, par hasard ou simplement pour mettre un peu d'animation. Le même instinct qui avait poussé les premiers colons à dessiner des parcs à l'anglaise comme ceux d'Adélaïde les conduisit à retoucher un peu l'écosystème naturel. L'Australie leur paraissait légèrement défaillante question biodiversité, ses plaines semi-désertiques leur semblaient trop monotones, ses forêts trop silencieuses. Peu à peu se constituèrent des sociétés d'acclimatation qui s'appliquèrent avec enthousiasme à introduire des espèces de nature à pallier ces lacunes et à recréer un environnement familier. Bientôt on décida de ne pas s'en tenir aux seuls animaux anglais ou européens. Pourquoi ne pas recréer en Australie une savane africaine avec girafes, antilopes et buffles paissant gracieusement sur ses plaines ensoleillées ?

Ces entreprises prirent parfois un tour surréaliste. En 1862, sir Henry Barkly, gouverneur de l'État de Victoria, réclama l'introduction de singes dans les forêts de la colonie « afin de divertir les voyageurs que leurs mimiques raviraient ». Avant que le projet ne puisse être mené à terme, Barkly fut remplacé par sir Charles Darling, qui déclara ne pas vouloir de singes dans ses forêts mais plutôt des boas constrictors. Son vœu à lui ne fut pas exaucé mais ceux de beaucoup d'autres le furent.

« L'acclimatation a été l'une des idées les plus stupides et les plus dangereuses qui devaient contaminer la mentalité des hommes du XIXe siècle », écrit

Tim Low dans un ouvrage passionnant*. Et question contamination, on a été servi ! Le Victoria, bizarrement, devait rapidement en être le centre. Malgré cette expérience malheureuse avec les lapins, on se livra à des douzaines d'autres tentatives aussi idiotes. Dans les années 1860, la société d'acclimatation de Ballarat lâcha des renards qui ne tardèrent pas à devenir un véritable fléau, ce qu'ils sont encore aujourd'hui. D'autres espèces animales s'échappèrent ou, abandonnées, retournèrent à l'état sauvage. Il en fut ainsi des dromadaires utilisés pour la construction du chemin de fer entre Alice Springs et Adélaïde. De nos jours, cent mille environ rôdent dans les déserts du Centre et de l'Ouest, faisant de l'Australie le seul pays où le dromadaire existe à l'état sauvage. On y compte aussi près de cinq millions d'ânes sauvages, plus d'un million de chevaux (les *brumbies*) et un grand nombre de buffles d'eau, de vaches, de chèvres, de cochons, de renards et de chiens. On trouve des cochons domestiques devenus sauvages dans les banlieues de Melbourne. Les espèces introduites se sont si bien adaptées que le kangourou rouge, jadis l'animal le plus répandu sur le continent, arrive aujourd'hui en treizième position seulement.

Pour les espèces indigènes, les conséquences ont souvent été catastrophiques. Près de cent trente mammifères australiens sont menacés. Seize espèces ont totalement disparu. Et devinez qui est le plus grand prédateur ? Selon les services des parcs nationaux et de la vie sauvage, c'est le chat domestique. Il y en a douze millions sur tout le territoire, occupant les niches naturelles du désert le plus aride jusqu'aux plus hauts sommets. Avec le renard, le chat a quasiment exterminé la plupart des plus adorables petits

---

* *Feral Future : The Untold Story of Australia's Exotic Invaders*, Sydney, Viking, 1999. *(N.d.T.)*

animaux de la faune australienne – les numbats, bettongs, chats marsupiaux, potorous, bandicoots, wallabies de rochers, ornithorynques et beaucoup d'autres. Comme il s'agit généralement d'espèce nocturnes, on ne remarque pas leur absence, mais elles disparaissent à un rythme effrayant.

Il en va de même pour les plantes. En 1850, le Victoria eut la malchance d'avoir comme botaniste un champion de l'acclimatation répondant au nom harmonieux de baron Ferdinand Jacob Heinrich von Müller. Ne pouvant supporter la soi-disant grande indigence de la flore australienne, il passa le plus clair de son temps à parcourir le pays en semant des graines de courge, de chou, de melon et autres espèces susceptibles de survivre. Ayant une prédilection particulière pour les mûres, il planta de la ronce partout où il le pouvait. C'est aujourd'hui un fléau pour le Victoria et ses agriculteurs. Elle a envahi des régions entières, comme j'ai pu le constater tout au long de ma route.

Les espèces importées prospèrent en Australie à un rythme qui défie l'imagination. Or c'est une leçon que les Australiens ont été longs à tirer. Le figuier de Barbarie, cette plante de la famille des cactées au fruit charnu, native d'Amérique, fut introduit dans le Queensland au début du XXe siècle comme nourriture potentielle pour le bétail et ne tarda pas à se propager à une vitesse effarante. Dès 1925, douze millions d'hectares étaient envahis par une forêt impénétrable de figuiers de Barbarie dont certains troncs s'élevaient jusqu'à deux mètres. C'est une plante d'une densité incroyable, un vrai cauchemar à défricher. Un moment, on a cru que le Queensland et les régions limitrophes allaient tout simplement devenir un gigantesque massif de figuiers de Barbarie de la taille de l'Europe. Fort heureusement, la plante ne résiste pas aux pesticides ni aux larves d'une certaine espèce de papillon. Mais la lutte a été chaude et le coût de l'opération non négligeable.

Au total, selon l'estimation de Low, on trouve en Australie plus de deux mille sept cents mauvaises herbes importées, et dans cette histoire les jardins botaniques sont parfois les plus coupables. Trois espèces se sont « évadées » de ceux de Darwin et menacent maintenant le parc national de Kakadu, pourtant site protégé inscrit au patrimoine de l'humanité. Et les exemples abondent. Parfois, l'origine de ces envahisseurs reste un mystère. Selon Low, depuis quelques années une fourmi agressive (un genre d'*Iridomyrmex*) infeste Brisbane. Sa morsure la rend particulièrement désagréable. Mais personne ne sait d'où elle vient ni comment elle est arrivée là. Elle est tout simplement apparue un beau jour. Et personne ne peut prédire les ravages qu'elle risque de causer. Une seule chose est certaine : le climat de l'Australie lui réussit parfaitement.

La péninsule de Mornington est située au sud de Melbourne. Je pense qu'on peut légitimement dire que c'est le Cape Cod de l'État de Victoria dans la mesure où elle est tout à fait charmante et bourrée de résidences secondaires. Elle a même une forme similaire : une sorte de queue de scorpion qui ferme presque la baie de Port Phillip, avec en face, à quelque quatre-vingts kilomètres, la ville de Melbourne. Deux raisons particulières m'attiraient sur cette péninsule : Catherine Veitch me l'avait décrite dans ses lettres comme un endroit idyllique, et puis c'est là que Harold Holt, ce Premier ministre australien tragiquement submersible, avait pris son dernier bain.

L'endroit fatidique se trouve à Portsea, à l'extrême pointe de la péninsule, et je m'y suis dirigé dès le lendemain matin après avoir passé la nuit dans la petite agglomération de Mornington. J'ai pris la route sous un soleil mouillé – le genre de matinée qui laisse espérer une amélioration en cours de journée –, mais Portsea était carrément noyée dans une brume marine et il y faisait bien plus frais qu'à l'intérieur des terres. En sortant de la voiture, j'ai remarqué que tous les passants portaient des pulls ou des blousons.

Portsea n'est pas une grande ville – une poignée de magasins et de cafés avec, en arrière-plan, de grandes maisons hautaines et boudeuses dans les vapeurs de brouillard – mais c'est un lieu de villégiature très huppé. Une cabine de plage venait d'être adjugée aux enchères pour cent quatre-vingt-cinq mille dollars. Pas une maison de plage, non, une simple cabine, une hutte en bois sans eau ni électricité, ni autre attrait que la proximité du sable et de la mer. Et l'heureux acquéreur n'est même pas devenu le propriétaire de cette hutte : pour ses cent quatre-vingt-cinq mille dollars il a simplement acheté le droit de verser à perpétuité plusieurs centaines de dollars de location annuelle aux autorités municipales. Ces constructions que seuls les résidents ont le droit d'acquérir sont extrêmement recherchées. Celle qui venait de se vendre appartenait à la même famille depuis cinquante ans.

J'ai pris un café, histoire de me réchauffer un peu avant de poursuivre en direction du parc national de la péninsule de Mornington. Cette pointe de terre tombe dans la mer au niveau d'un promontoire rocheux, Point Nepean, qui domine les tourbillons célèbres du Rip, un passage étroit contrôlant l'entrée de la baie de Port Phillip. Elle n'est ouverte au public que depuis peu, car pendant une centaine d'années l'endroit est resté la propriété des militaires qui l'utilisaient comme champ de tir. Je ne sais pas si vous imaginez bien l'absurdité de la situation : d'un côté on a un pays dont les dimensions dépassent l'entendement, plein de zones vides se prêtant admirablement aux bombardements ; de l'autre, à deux heures de voiture de la deuxième métropole du pays, on a une zone côtière d'une beauté exceptionnelle et d'une grande valeur écologique, et c'est précisément ce coin-là qu'on choisit d'interdire au public pour le réduire en cendres. Logique, non ? Finalement, après des années de tractations, les militaires se sont laissé amadouer et ont accepté de céder une modeste portion de leurs terres pour former un parc national. Mais l'armée a tout de même insisté pour garder les deux tiers de la péninsule, où elle balance ses bombes à l'occasion. En conséquence, une fois votre billet d'entrée en poche, il vous reste à traverser quatre kilomètres de zone militaire sur une route bordée de palissades et de panneaux intimidants, parlant des obus qui n'ont pas explosé et des dangers que vous courez en vous écartant de votre chemin. On vous offre aussi le choix entre une navette motorisée ou la marche à pied. J'ai choisi de marcher, histoire de faire un peu d'exercice, et je me suis mis en route sous le crachin. Apparemment, j'avais la péninsule pour moi tout seul.

Je n'avais pas parcouru plus de dix mètres quand j'ai été rejoint par une mouche d'une espèce plus petite et plus noire que la mouche commune. Elle a bourdonné un moment devant ma figure en essayant de se poser sur ma lèvre supérieure. Je l'ai chassée d'un geste de la main, mais elle est revenue aussitôt se poser au même endroit. Un peu plus tard, elle a été rejointe par une copine qui avait décidé, elle, d'explorer mes narines. Elle aussi était têtue. Au bout d'une minute, j'avais autour de moi une escadrille de mouches toutes aussi actives. Et rapidement je me suis senti glisser dans cet état misérable qui vous envahit chaque fois que vous êtes victime d'un contact prolongé avec la mouche australienne.

Bien sûr, les mouches en général sont gênantes, mais la mouche australienne se distingue par sa nature particulièrement opiniâtre. Si l'une d'elles a décidé d'explorer votre narine ou votre oreille, n'espérez pas la décourager ! Vous aurez beau lui balancer des claques, elle s'esquivera chaque fois pour revenir plus déterminée que jamais. Il existe quelque part sur une portion dénudée de votre anatomie un centimètre carré de peau repéré dans ses rondes affolantes et dont elle entend bien se régaler coûte que coûte. Et ce qu'elle vise est extraordinaire : une mouche australienne est capable de s'enfoncer dans les parties de votre conduit auditif inaccessibles à un coton-tige. Elle est prête à mourir pour la simple gloire de se poser sur le bout de votre langue. Si trente ou quarante d'entre elles vous prennent pour cible, alors la folie vous guette.

C'est ainsi que j'ai progressé, auréolé de mon propre petit nuage, tel un martyr bourdonnant, agitant les bras devant ma figure avec une énergie vaine et désespérée (ce que l'on surnomme le « salut du bush »), secouant la tête comme pris d'une démence furieuse et m'expédiant sans conviction de grandes baffes sur les joues ou le front. Finalement, comme les mouches l'avaient parfaitement deviné depuis le début, j'ai fini par abandonner toute résistance et l'escadrille m'a foncé dessus comme sur un cadavre.

Enfin les mouches et moi sommes arrivés aux confins de la zone militaire, à l'entrée de ce qui est véritablement le parc. Un panneau signalait l'existence d'un sentier conduisant à une petite hauteur baptisée Cheviot Hill. C'était mon but, car c'est à Cheviot Beach, juste de l'autre côté, que ce pauvre Harold Holt était parti pour une baignade ne nécessitant aucune serviette. J'ai gravi le chemin serpentant à travers les bosquets embrumés parmi les petites formations arbustives : moonah, polygala et melaleuca, selon les petites notices explicatives si utiles à l'édification des visiteurs. Au sommet de la colline une forte brise soufflait, suffisamment pour me faire vaciller et aussi pour me débarrasser des mouches. Je suis resté un moment le visage fouetté par le vent, indiciblement ravi de ce répit momentané.

La vue depuis Cheviot Hill passe pour être l'une des plus belles de la côte du Victoria, mais ne comptez pas sur moi pour vous en parler car la visibilité était pratiquement nulle. Devant moi, au-delà d'une sorte de vallée gris-vert, à environ un kilomètre et demi, se dressait une autre éminence, Point Nepean, couverte de nuages paresseux. Plus loin se trouvait le fameux Rip, mais je ne le distinguais pas. Au-dessous, la vue était tout aussi impénétrable. En principe, je devais dominer une plage, Cheviot Beach, mais j'avais plutôt l'impression de contempler l'intérieur d'une grosse marmite. Tout ce que je pouvais distinguer au milieu de cette soupe qui dérivait, c'était quelques rochers imprécis et une vague étendue de sable. Seul le bruit des vagues battant un rivage invisible me confirmait que j'avais bien trouvé la mer.

Cependant, je n'ai pu réprimer un petit frisson de satisfaction à l'idée d'avoir enfin atteint le lieu de la baignade fatale d'Harold Holt. J'essayais d'imaginer la scène, sans grand succès. On rapporte que le jour de la noyade il y avait du vent, mais qu'il faisait beau. Comme Premier ministre, les choses n'allaient pas très fort pour lui. Il était doué pour embrasser les marmots et faire vibrer le cœur des dames – c'était apparemment un chaud lapin. En revanche, gérer les affaires de l'État n'était pas son point fort. On peut donc supposer qu'il avait été bien aise de s'éloigner de Canberra pour les vacances de Noël. Holt avait l'habitude de venir sur cette plage car il possédait une résidence secondaire à Portsea, et l'armée l'autorisait à se balader sur son terrain où personne ne risquait de troubler son intimité. Il n'y avait donc ni sauveteurs ni gardes du corps avec lui ce 17 décembre 1967, lorsque, accompagné de quelques amis, il était parti escalader les rochers et patauger dans les vagues battant le rivage. Bien que la mer fût agitée et la marée dangereusement haute, et bien que Holt eût déjà risqué la noyade six mois auparavant en nageant si l'un d'eux vous saisit, vous passez de l'un à l'autre comme un vulgaire paquet dont personne ne voudrait. Même le nageur le plus chevronné ne peut résister. Le problème vient du Rip, ce détroit d'une centaine de mètres où des masses d'eau prodigieuses s'engouffrent chaque fois que la marée monte ou descend. Avant de voir une carte, je ne m'étais pas rendu compte à quel point Cheviot Beach était proche de ce tourbillon d'eau salée.

– Donc Harold Holt a eu tort d'aller nager dans ce coin-là ?

– Personnellement je n'irais pas ! me dit-il. Vous savez, il y a environ une centaine d'épaves dans le secteur, a-t-il ajouté en me montrant une portion de côte ridiculement modeste, proche de Cheviot Beach et du Rip. Il ne faut pas être très malin pour se douter qu'une mer capable d'envoyer par le fond une centaine de navires n'est pas l'endroit le plus sûr pour la baignade, vous ne croyez pas ?

– Bizarre tout de même qu'on n'ait jamais retrouvé son corps, non ?

– Non. (Un non catégorique.)

– Vraiment ?

Je ne suis pas expert en dynamique des eaux marines, mais à la vue des morceaux de bois et des canettes de Coca jonchant les côtes on peut en déduire que tout ce qui flotte finit par atteindre le rivage un jour ou l'autre.

– Sans vouloir vous choquer, si vous disparaissez dans cette mer-ci il ne vous faudra pas longtemps pour devenir un élément de la chaîne alimentaire.

– Ah bon ?

– Souvenez-vous d'une chose, reprit le garde d'un air songeur : la seule chose remarquable dans la noyade de Holt, c'est qu'il était Premier ministre. Sinon il y a belle lurette qu'on aurait oublié l'incident. D'ailleurs, on l'a presque oublié.

avec masque et tuba à ce même endroit, il avait décidé de s'y baigner. Avant que ses amis n'aient pu le raisonner, il avait quitté sa chemise et plongé dans les flots. Il s'était éloigné en quelques brasses et avait disparu presque instantanément, sans faire d'histoires, sans appeler à l'aide, sans même agiter le bras d'une manière langoureuse. Il avait cinquante-neuf ans et n'était Premier ministre que depuis deux ans. On n'a jamais retrouvé son corps.

Cheviot Beach reste fermée au public et de toute façon, ce jour-là, il m'aurait été impossible de descendre ses pentes escarpées. Je me suis donc consolé en m'amusant quelques minutes à explorer une masse de blockhaus et d'obscurs bunkers, vestiges de la Seconde Guerre mondiale. Puis, ayant marché dans une immense toile d'araignée, poussant un hurlement multiplié par l'écho, je suis allé heurter murs, linteaux et autres obstacles variés avant de resurgir à l'air libre, un peu moins fringant. Frottant mes bosses et rassemblant mes mouches, j'ai repris le sentier descendant vers la route. Au pied de la colline s'étendait un grand cimetière mal entretenu, reste de l'époque où il y avait là des bâtiments de quarantaine. J'aurais voulu explorer les lieux mais les mouches me harcelaient. J'avais prévu de pousser jusqu'à la pointe, histoire de visiter le fort du XIXe siècle, mais l'idée d'avoir les mouches pour compagnes pendant une heure encore dépassait mes capacités d'endurance. J'ai donc fait demi-tour et suis reparti par la même route vide empruntée à l'aller.

Au centre d'information, je me suis arrêté un moment pour regarder les vitrines d'exposition et discuter avec le garde du parc. Je lui ai demandé si cette côte était particulièrement dangereuse.

– Pour ça oui, très dangereuse ! a-t-il rétorqué d'un ton enjoué.

Il m'a indiqué sur une carte où se trouvaient les courants marins : partout. D'après ce que j'ai compris, coin-là qu'on choisit d'interdire au public pour le réduire en cendres. Logique, non ? Finalement, après des années de tractations, les militaires se sont laissé amadouer et ont accepté de céder une modeste portion de leurs terres pour former un parc national. Mais l'armée a tout de même insisté pour garder les deux tiers de la péninsule, où elle balance ses bombes à l'occasion. En conséquence, une fois votre billet d'entrée en poche, il vous reste à traverser quatre kilomètres de zone militaire sur une route bordée de palissades et de panneaux intimidants, parlant des obus qui n'ont pas explosé et des dangers que vous courez en vous écartant de votre chemin. On vous offre aussi le choix entre une navette motorisée ou la marche à pied. J'ai choisi de marcher, histoire de faire un peu d'exercice, et je me suis mis en route sous le crachin. Apparemment, j'avais la péninsule pour moi tout seul.

Je n'avais pas parcouru plus de dix mètres quand j'ai été rejoint par une mouche d'une espèce plus petite et plus noire que la mouche commune. Elle a bourdonné un moment devant ma figure en essayant de se poser sur ma lèvre supérieure. Je l'ai chassée d'un geste de la main, mais elle est revenue aussitôt se poser au même endroit. Un peu plus tard, elle a été rejointe par une copine qui avait décidé, elle, d'explorer mes narines. Elle aussi était têtue. Au bout d'une minute, j'avais autour de moi une escadrille de mouches toutes aussi actives. Et rapidement je me suis senti glisser dans cet état misérable qui vous envahit chaque fois que vous êtes victime d'un contact prolongé avec la mouche australienne.

Bien sûr, les mouches en général sont gênantes, mais la mouche australienne se distingue par sa nature particulièrement opiniâtre. Si l'une d'elles a décidé d'explorer votre narine ou votre oreille, n'espérez pas la décourager ! Vous aurez beau lui balancer des claques, elle s'esquivera chaque fois pour revenir plus et il y faisait bien plus frais qu'à l'intérieur des terres. En sortant de la voiture, j'ai remarqué que tous les passants portaient des pulls ou des blousons.

Portsea n'est pas une grande ville – une poignée de magasins et de cafés avec, en arrière-plan, de grandes maisons hautaines et boudeuses dans les vapeurs de brouillard – mais c'est un lieu de villégiature très huppé. Une cabine de plage venait d'être adjugée aux enchères pour cent quatre-vingt-cinq mille dollars. Pas une maison de plage, non, une simple cabine, une hutte en bois sans eau ni électricité, ni autre attrait que la proximité du sable et de la mer. Et l'heureux acquéreur n'est même pas devenu le propriétaire de cette hutte : pour ses cent quatre-vingt-cinq mille dollars il a simplement acheté le droit de verser à perpétuité plusieurs centaines de dollars de location annuelle aux autorités municipales. Ces constructions que seuls les résidents ont le droit d'acquérir sont extrêmement recherchées. Celle qui venait de se vendre appartenait à la même famille depuis cinquante ans.

J'ai pris un café, histoire de me réchauffer un peu avant de poursuivre en direction du parc national de la péninsule de Mornington. Cette pointe de terre tombe dans la mer au niveau d'un promontoire rocheux, Point Nepean, qui domine les tourbillons célèbres du Rip, un passage étroit contrôlant l'entrée de la baie de Port Phillip. Elle n'est ouverte au public que depuis peu, car pendant une centaine d'années l'endroit est resté la propriété des militaires qui l'utilisaient comme champ de tir. Je ne sais pas si vous imaginez bien l'absurdité de la situation : d'un côté on a un pays dont les dimensions dépassent l'entendement, plein de zones vides se prêtant admirablement aux bombardements ; de l'autre, à deux heures de voiture de la deuxième métropole du pays, on a une zone côtière d'une beauté exceptionnelle et d'une grande valeur écologique, et c'est précisément ce déterminée que jamais. Il existe quelque part sur une portion dénudée de votre anatomie un centimètre carré de peau repéré dans ses rondes affolantes et dont elle entend bien se régaler coûte que coûte. Et ce qu'elle vise est extraordinaire : une mouche australienne est capable de s'enfoncer dans les parties de votre conduit auditif inaccessibles à un coton-tige. Elle est prête à mourir pour la simple gloire de se poser sur le bout de votre langue. Si trente ou quarante d'entre elles vous prennent pour cible, alors la folie vous guette.

C'est ainsi que j'ai progressé, auréolé de mon propre petit nuage, tel un martyr bourdonnant, agitant les bras devant ma figure avec une énergie vaine et désespérée (ce que l'on surnomme le « salut du bush »), secouant la tête comme pris d'une démence furieuse et m'expédiant sans conviction de grandes baffes sur les joues ou le front. Finalement, comme les mouches l'avaient parfaitement deviné depuis le début, j'ai fini par abandonner toute résistance et l'escadrille m'a foncé dessus comme sur un cadavre.

Enfin les mouches et moi sommes arrivés aux confins de la zone militaire, à l'entrée de ce qui est véritablement le parc. Un panneau signalait l'existence d'un sentier conduisant à une petite hauteur baptisée Cheviot Hill. C'était mon but, car c'est à Cheviot Beach, juste de l'autre côté, que ce pauvre Harold Holt était parti pour une baignade ne nécessitant aucune serviette. J'ai gravi le chemin serpentant à travers les bosquets embrumés parmi les petites formations arbustives : moonah, polygala et melaleuca, selon les petites notices explicatives si utiles à l'édification des visiteurs. Au sommet de la colline une forte brise soufflait, suffisamment pour me faire vaciller et aussi pour me débarrasser des mouches. Je suis resté un moment le visage fouetté par le vent, indiciblement ravi de ce répit momentané.

La vue depuis Cheviot Hill passe pour être l'une des plus belles de la côte du Victoria, mais ne comptez pas sur moi pour vous en parler car la visibilité était pratiquement nulle. Devant moi, au-delà d'une sorte de vallée gris-vert, à environ un kilomètre et demi, se dressait une autre éminence, Point Nepean, couverte de nuages paresseux. Plus loin se trouvait le fameux Rip, mais je ne le distinguais pas. Au-dessous, la vue était tout aussi impénétrable. En principe, je devais dominer une plage, Cheviot Beach, mais j'avais plutôt l'impression de contempler l'intérieur d'une grosse marmite. Tout ce que je pouvais distinguer au milieu de cette soupe qui dérivait, c'était quelques rochers imprécis et une vague étendue de sable. Seul le bruit des vagues battant un rivage invisible me confirmait que j'avais bien trouvé la mer.

Cependant, je n'ai pu réprimer un petit frisson de satisfaction à l'idée d'avoir enfin atteint le lieu de la baignade fatale d'Harold Holt. J'essayais d'imaginer la scène, sans grand succès. On rapporte que le jour de la noyade il y avait du vent, mais qu'il faisait beau. Comme Premier ministre, les choses n'allaient pas très fort pour lui. Il était doué pour embrasser les marmots et faire vibrer le cœur des dames – c'était apparemment un chaud lapin. En revanche, gérer les affaires de l'État n'était pas son point fort. On peut donc supposer qu'il avait été bien aise de s'éloigner de Canberra pour les vacances de Noël. Holt avait l'habitude de venir sur cette plage car il possédait une résidence secondaire à Portsea, et l'armée l'autorisait à se balader sur son terrain où personne ne risquait de troubler son intimité. Il n'y avait donc ni sauveteurs ni gardes du corps avec lui ce 17 décembre 1967, lorsque, accompagné de quelques amis, il était parti escalader les rochers et patauger dans les vagues battant le rivage. Bien que la mer fût agitée et la marée dangereusement haute, et bien que Holt eût déjà risqué la noyade six mois auparavant en nageant

– Vous voulez dire que les gens n'y viennent pas en pèlerinage ?

– Non, jamais. Peu de gens s'en souviennent. Les moins de trente ans n'en ont pratiquement jamais entendu parler.

Il m'a quitté pour aller vendre des tickets d'entrée à de nouveaux arrivants, et je me suis dirigé vers une vitrine présentant algues et vie sous-marine dans les rochers. Au moment où j'allais partir, il m'a rappelé :

– Au fait, on lui a dédié un monument à Melbourne, dit-il. Et vous savez ce que c'est ?

J'ai avoué mon ignorance.

Il a esquissé un sourire :

– Une piscine municipale !

– Sérieusement ?

Son sourire s'est élargi mais il a acquiescé avec sincérité.

– Quel pays incroyable ! ai-je lancé.

– Ouais ! a-t-il dit tout heureux. C'est bien vrai, ça !

CHAPITRE X

Dans mon enfance, lorsque mon père n'était pas là le vendredi soir, ce qui arrivait souvent car son métier de chroniqueur sportif l'amenait à beaucoup voyager, ma mère et moi avions établi une sorte de rituel : je prenais le bus pour la retrouver en ville – elle aussi travaillait pour le journal local – et nous allions ensemble à la cafétéria Bishop's puis au cinéma.

Je n'irai pas jusqu'à dire que ma mère abusait de ma naïveté enfantine mais, comme par hasard, les films que je voulais voir venaient juste de quitter l'affiche, et nous finissions toujours par choisir, ô surprise, un autre film où il était question de meurtre, de passion et de trahison, avec de préférence dans le rôle principal Jeff Chandler, un acteur auquel maman vouait une étrange admiration, surtout dans les rôles où il se baladait longuement torse nu.

– Zut ! Quel dommage, disait-elle en affectant de partager ma déception, *Vingt Mille Lieues sous les mers* ne se donne plus ! En revanche, l'Orpheum passe le dernier film de Jeff Chandler, *Désir ardent*. Si on allait voir ça, hein ?

Je ne sais pas si avec le temps tous ces films ont fini par se fondre en un seul dans ma mémoire ou s'ils étaient réellement tous identiques, mais ils me semblaient toujours comporter les mêmes éléments : beaucoup trop de dialogues, beaucoup de baisers humides avec Lana Turner ou une autre blonde au regard dur, quelques rapides fusillades se terminant avec une main crispée sur le ventre, deux ou trois pas chancelants, un épanchement d'hémoglobine dérisoire et une séquence obligatoire montrant Chandler dans un canot à moteur ou sur un ponton de maître nageur, vêtu seulement d'un maillot de bain. (Même sans regarder l'écran il était facile de repérer cette séquence au rythme précipité auquel ma mère se mettait à sucer ses bonbons acidulés.) Lorsqu'il n'y avait pas de film avec Jeff Chandler cette semaine-là – c'était rare mais cela se produisait –, il fallait se résigner à voir autre chose.

C'est sans doute à cette occasion, lorsque j'avais neuf ans, que nous sommes allés voir *Horizon sans frontières*, une épopée en Technicolor avec Robert Mitchum et Deborah Kerr, l'histoire d'un couple sympathique au moral d'acier essayant de gérer son quotidien dans le bush australien. C'était une œuvre mémorable à plus d'un titre : d'abord parce qu'elle offrait le spectacle pathétique de Robert Mitchum imitant l'accent australien ; ensuite parce que l'action se déroulait en Australie, ce qui était absolument unique dans les annales d'Hollywood. Près de quarante ans ont passé, aussi ai-je oublié les détails de l'intrigue, mais je me souviens pourtant que Mitchum et Kerr semblaient passer le plus clair de leurs journées à rassembler des troupeaux de moutons et à affronter une succession de dangers « antipodiens » tous plus désagréables les uns que les autres, à savoir, pour l'essentiel : incendies de forêts, tempêtes de sable, sécheresse, invasions de sauterelles et bagarres à coups de poing dans les pubs. Visiblement, il régnait en permanence une chaleur torride en Australie. Mitchum ne lançait jamais une réplique sans ôter son chapeau couvert de poussière et s'essuyer le front avec l'avant-bras. Comme déjà, malgré mon jeune âge, je m'étais fait une idée précise de ce que je voulais faire à l'âge adulte – en gros, passer mon temps à parcourir l'Europe en voiture de sport décapotable avec Jean Seberg à mes côtés –, j'en avais conclu que l'Australie n'avait rien à m'apporter et je n'avais plus accordé la moindre pensée à cette contrée pendant une trentaine d'années.

En conséquence, lorsque j'ai effectué mon premier voyage chez nos voisins du dessous pour assister au Salon du livre de Melbourne en 1992, j'ai été véritablement sidéré de constater que ce pays existait vraiment. Je me revois encore, planté dans Collins Street à Melbourne, fraîchement débarqué de l'avion – si fraîchement, même, que je devais encore être couvert des gouttelettes de cet insecticide puant dont les hôtesses vaporisaient la cabine avant l'atterrissage –, en train de me dire, au milieu du bruit des trams et du brouhaha de la foule : « Bon sang, mais il y a *vraiment* un pays par ici ! » C'était comme si je venais de découvrir tout seul une autre planète ou un univers parallèle où la vie était à la fois familière et totalement différente.

Impossible de vous décrire mon enthousiasme. Dans le peu d'images que je m'étais forgées de l'Australie au cours des années précédentes, il y avait celle d'une sorte de Californie de l'hémisphère Sud : un univers perpétuellement ensoleillé possédant la simplicité joyeuse d'une vie tournée vers la plage, mais avec un léger parfum britannique – disons une sorte d'*Alerte à Malibu* avec le cricket en plus. Mais ce n'était rien de tout cela. Melbourne offrait un aspect calme et charmant beaucoup plus européen qu'américain, et la pluie est tombée sans discontinuer pendant tout mon séjour, ce qui m'a rempli d'une joie indicible parce que c'était exactement le contraire de ce que j'attendais.

De plus, et là nous touchons à l'essentiel, mon amour pour l'endroit a été immédiat : un vrai coup de foudre. J'y trouvais quelque chose qui me convenait parfaitement, sans doute parce que j'avais partagé ma vie d'adulte entre l'Amérique et la Grande-Bretagne et que l'Australie s'avérait une sorte d'agréable fusion des deux. Elle montrait une décontraction, une vivacité, un manque de réserve et une ouverture envers les inconnus qui rappelaient nettement certains traits américains, mais inscrits dans un cadre britannique. De prime abord, leur optimisme et leur côté direct pouvaient faire passer les Australiens pour des Américains, mais ils conduisaient à gauche, buvaient du thé, jouaient au cricket, ornaient leurs places publiques de statues de la reine Victoria, affublaient leurs enfants d'uniformes que seuls des Britanniques pouvaient accepter de porter sans se sentir ridicules. Tout cela me plaisait énormément.

Presque aussitôt, j'ai pris conscience de mon ignorance profonde du lieu – un sentiment délicieux. Je ne connaissais ni les noms de ses journaux ni ceux de ses universités, de ses plages, de ses banlieues. Je ne savais rien de l'histoire de ces gens ni de leurs exploits individuels, je ne savais pas faire la différence entre un flic et un facteur. Je ne savais même pas comment commander un café. Apparemment, il fallait en préciser la longueur (long ou court) la couleur (blanc ou noir) et même la géométrie (plat ou non), et tout ceci offrait une gamme de permutations excitantes – « long noir », « court noir » et même « long court noir ». Ma préférence, je devais le découvrir après plusieurs essais, s'est portée sur le « blanc plat ». Cette découverte a été un moment de bonheur sublime.

Mes responsabilités au Salon du livre de Melbourne étaient fort réduites – une ou deux présentations sur une estrade, avec un petit coup de ménage après –, aussi étais-je libre de me balader en ville, ce que j'ai fait avec un enthousiasme constant, écoutant les conversations, traînant dans les cafés avec la presse du matin et commandant une demi-douzaine de boissons (j'en étais encore au stade expérimental) que j'ai consommées avec avidité. Je me repaissais aussi de la lecture des étiquettes, des panneaux d'affichage et des enseignes de magasins. Je ne me lassais pas de poser des questions à de parfaits inconnus, du style : « Excusez-moi, mais pourriez-vous me dire ce qu'est un *Jacky Howe* ? Qu'entend-on exactement par *norks* ? Qu'est-ce qu'un *Hills Hoist* * ? »

J'ai tout de suite aimé – et j'aime encore – les voix australiennes, leur rythme et leurs intonations, cette façon directe et sans fioritures de voir le monde. Au cours d'une réception après une remise de prix quelconque – probablement le prix du premier roman de la chambre agricole de l'est du Gippsland ou une cérémonie du même genre à laquelle j'avais accepté de participer parce que j'étais ravi d'être invité quelque part et que les boissons étaient offertes –, je me trouvais avec deux jeunes femmes du service de presse de mon agent australien lorsqu'un quidam, visiblement très sûr de lui, est entré dans la salle.

– Oh ! regarde, voilà Bruce Dazzling ! a lancé l'une des filles, avant d'ajouter avec un dédain qui résumait tout : C'est le genre de mec qui viendrait assister à l'ouverture d'une enveloppe.

On m'a raconté aussi l'histoire d'un Anglais se rendant en Australie en avion. À un certain moment l'hôtesse lui a tendu au bout d'une pince une petite serviette qui s'est révélée être glacée. L'Anglais lui en a fait la remarque, pas vraiment pour se plaindre mais pour lui permettre d'y remédier si elle le pouvait. L'hôtesse s'est retournée vers lui avec un grand sourire et lui a répondu avec une pointe de sarcasme :

---

* Dans l'ordre : un maillot de corps sans manches, un terme d'argot pour désigner les seins (je l'ai lu sur une couverture de magazine et ma question a fait rougir la vendeuse, mais comment s'instruire autrement ?) et une sorte d'étendoir à linge rotatif pour lequel les Australiens éprouvent un attachement inexplicable et touchant. *(N.d.A.)*

– Eh bien, pourquoi ne pas vous la mettre un moment sous les fesses ? Ça la réchaufferait un peu !

Dès que j'ai entendu cette histoire, j'ai compris que j'allais adorer ce pays. C'est exactement ce qui s'est passé.

Comme mon premier contact avec l'Australie avait été Melbourne, j'avais établi une sorte de relation privilégiée avec cette ville. Je trouvais toujours aussi excitant d'y débarquer – une émotion que peu de gens partagent, mais c'est comme ça –, et en traversant le quartier des affaires aux gratte-ciel étincelants j'éprouvais maintenant comme un sentiment de retour au bercail. Ici, c'était le premier hôtel où j'avais séjourné en Australie, là, le premier café où j'avais mené mes expériences, là encore, le fameux terrain de cricket où une fois j'avais passé trois heures délicieuses à essayer de comprendre le football australien et où j'avais dégusté ma première et dernière tourte aux vingt-quatre merles (faite avec de « vrais » merles, m'avait-on assuré avec humour). Je sais que l'expression pourra sembler excessive, mais Melbourne restera toujours mon « chez-moi » australien.

La plupart des gens (et par la plupart je veux dire moi personnellement lors de ma première visite en Australie) ne savent pas que Melbourne a été longtemps la ville la plus importante du pays. Bien que dépassée par Sydney en population depuis près d'un siècle (elle compte actuellement trois millions et demi d'habitants et Sydney quatre millions), elle est restée jusqu'à une date récente le vrai centre des activités, en particulier dans le domaine de la culture et de la finance. Sydney se consolait en répandant des blagues plutôt cruelles mais parfois très bonnes sur la vie réputée assez morne à Melbourne, du genre :

– Vous avez des enfants ?

– Oui, trois. Deux encore en vie et un qui habite Melbourne.

Aujourd'hui Sydney continue à inventer des

blagues sur Melbourne, qu'en plus elle bat à plate couture dans tous les domaines, ce qui est un peu difficile à avaler pour les habitants de Melbourne. Rien n'illustre mieux cette évolution que les jeux Olympiques : en 1956 ils ont eu lieu à Melbourne, en 2000 à Sydney. C'est une tendance générale de nos jours. En 1956 Melbourne abritait le siège de cinquante des plus grandes sociétés d'Australie, et Sydney trente-sept. Aujourd'hui c'est pratiquement l'inverse. Il y a une génération de cela, les grandes boîtes internationales choisissaient automatiquement Melbourne comme quartier général, maintenant les deux tiers optent pour Sydney. Mais le plus dur pour cette métropole qui a toujours considéré que Sydney atteignait péniblement le niveau intellectuel de *Loft Story* a été de voir sa rivale s'approprier des pans entiers de son hégémonie culturelle – dans l'édition, la mode, le cinéma et la télévision, en fait tous les arts du spectacle. Auparavant j'allais rendre visite à mes éditeurs à Melbourne. Maintenant je dois aller à Sydney. Cela dit, et mis à part l'immense avantage que sa baie confère à Sydney, il y a vraiment peu de différence entre les deux villes en termes de qualité de vie et d'activités culturelles. Moins de différence en tout cas qu'entre Los Angeles et New York ou qu'entre Birmingham et Londres.

Melbourne ne possède peut-être pas de Harbour Bridge ni d'Opera House, mais elle a quelque chose de particulièrement original : une façon unique de concevoir les virages à droite. Dans le centre-ville, si vous désirez tourner à droite (donc couper la circulation qui vient d'en face, puisqu'on roule à gauche en Australie), il ne faut surtout pas vous mettre dans la file du centre mais au contraire vous presser contre le trottoir, exactement à l'opposé de la direction que vous voulez prendre, rester planté là pour une période indéterminée (en gros jusqu'à la fermeture des clubs et des restaurants, lorsque enfin tout le monde est allé se coucher) puis faire une manœuvre rapide et désespérée vers la droite, juste avant que les feux ne changent à nouveau. Tout ce rituel est dû à la présence des trams – une autre spécialité de Melbourne – qui empruntent le milieu de la rue et ne peuvent s'exposer à être bloqués par des voitures qui tournent. Cela crée une pagaille terrible, non seulement parmi les étrangers mais aussi chez les Australiens. Et aussi, oserai-je insinuer, chez les habitants de Melbourne eux-mêmes.

Mais ce qui distingue particulièrement Melbourne, c'est son amour pour le football australien, un sport peu pratiqué à Sydney et en Nouvelle-Galles du Sud, où l'on a la passion du rugby. Les gens de Melbourne ne racontent pas de blagues sur Sydney. Ils racontent des blagues sur leur cher *footy*.

Par exemple, un homme arrive à la finale de la coupe de football australien à Melbourne et constate avec surprise que le siège à côté de lui est vacant. Or, généralement, tous les billets de finale sont vendus des mois à l'avance et il ne reste jamais la moindre place libre. L'homme s'étonne donc.

– Excusez-moi, dit-il à son voisin, mais comment se fait-il que cette place soit inoccupée ?

– C'est la place de ma femme, réplique celui-ci, un peu morose. Malheureusement elle est décédée.

– Mais c'est affreux ! Je suis terriblement navré !

– Ouais. Elle n'a jamais raté un match de sa vie.

– Vous auriez peut-être pu proposer sa place à un ami ou à l'un de vos parents ?

– Impossible : ils sont tous à l'enterrement.

Je devais retrouver un de mes vieux amis, Alan Howe, qui, coïncidence, est justement la personne qui m'a initié à ce jeu fascinant qu'est le football australien. Je l'ai rencontré il y a près de vingt ans alors que je bossais à Londres pour les pages économiques du *Times* ; lui était une jeune recrue fraîchement débarquée de chez nos voisins du dessous. J'étais moi-même au journal depuis quelques mois seulement lorsque j'ai vu Alan pour la première fois. Je ne dirais pas que c'était un gamin à l'époque, mais il portait encore son uniforme de louveteau.

Bref, entre ex-colonisés il importe de se serrer les coudes, aussi l'ai-je pris sous mon aile pour lui apprendre tout ce que je savais, ce qui se résumait à trois choses : que Lloyd's, les assurances, s'écrivait avec une apostrophe et un *s* tandis que Lloyd, la banque, n'en prenait pas ; que le trait d'union était bizarrement placé dans le nom de la compagnie Rio Tinto-Zinc ; et enfin que la cafétéria était au sous-sol. En ce temps-là, c'était amplement suffisant pour travailler au service économie d'un journal.

Alan Howe apprenait vite et il nous a tous rapidement dépassés. Je me rappelle qu'un jour j'avais eu une grande discussion avec un collègue pour savoir si « p/e » signifiait « pénis/envie » ou « prince Edward ». Howe nous a alors expliqué que c'était l'abréviation de « prix/émoluments », une façon de déterminer la valeur d'une action en divisant sa valeur actuelle par ses gains au cours des douze mois précédents, et là j'ai tout de suite compris que ce petit gars irait loin. Je dois admettre qu'il ne nous a pas déçus. Après un séjour remarqué au *Times*, il est reparti en Australie où il est devenu une étoile montante de la galaxie Murdoch ; sa carrière a connu son apogée en 1990, lorsqu'il est devenu rédacteur en chef du *Sunday Herald-Sun*, une publication grand public aux destinées de laquelle il préside toujours. Lorsque je le revois, avec son petit foulard autour du cou et sa petite chemise bleue de boy-scout, mon cœur se gonfle d'orgueil.

Lui et son épouse, une femme charmante et placide du nom de Carmel Egan, vivent à South Melbourne, dans une adorable vieille maison qui était autrefois, curieusement, une boucherie. Je suis arrivé un peu tard chez eux à cause d'une petite expérience à laquelle je m'étais livré involontairement : déterminer s'il est possible de trouver une adresse à Melbourne en utilisant le plan des rues de Perth. La réponse est : « Oui, mais ça prend du temps. »

– Howie est sorti, m'a expliqué Carmel en m'accueillant. Il est parti courir.

– Courir ?

Difficile de cacher ma surprise : je connais Howe depuis des années, et son unique conception d'une séance de sport c'est de rester debout pour boire une pinte. De plus, il fait partie de ces gens toujours en mouvement, bourrés d'énergie, métaboliquement incapables de fabriquer un gramme de graisse. Il avait autant besoin de courir que moi de voir augmenter les frais d'université de mes enfants.

– C'est son cœur, a-t-elle poursuivi.

Je l'ai regardé, abasourdi.

– Alan a un problème de cœur ?

– Non, non ! Bien sûr que non ! a-t-elle rétorqué en riant. C'est simplement, tu vois, qu'il vient de découvrir qu'il en avait un.

Je voyais. Howe est un des plus grands malades imaginaires que je connaisse. Pendant des années, il est passé d'un organe à l'autre, convaincu que l'un d'eux risquait de le lâcher un jour ou l'autre en lui occasionnant de terribles douleurs et d'énormes dépenses. Il passe son temps à se palper toutes les parties du corps, redoutant d'y découvrir quelque mystérieuse grosseur, et n'arrête pas d'adapter son mode de vie à une éventuelle catastrophe.

Donc Carmel et moi avons tranquillement pris le thé, et je lui ai raconté des anecdotes touchantes sur son mari, à l'époque lointaine où il était à Londres, bien avant qu'il ne la rencontre : comment je lui avais fait découvrir l'usage de la savonnette, comment je lui avais appris à mettre deux chaussettes non dépareillées, et comment je l'avais aidé à trouver le traitement pour accélérer chez lui la descente des testicules, enfin, ce genre de choses… C'est alors que le grand homme est arrivé, ridiculement cramoisi, hors d'haleine et ruisselant de sueur.

– Salut, mon pote ! a-t-il réussi à souffler comme si ces trois mots étaient ses dernières volontés.

– Tu vas bien ?

– En pleine forme !

– C'est quoi, cette idée de courir ?

– Le palpitant, mon pote.

– Mais ton cœur va très bien !

– C'est vrai ! Et tu sais pourquoi ? C'est parce que je prends soin de lui.

Et il a hoché la tête d'un air sagace comme s'il y avait là un grand message, tout en contemplant tristement mon embonpoint.

Pour le dîner, nous nous sommes rendus à pied dans un restaurant du coin et nous avons bavardé d'un millier de choses – de nos amis communs, du travail, de ce que j'avais vu jusque-là au cours de mon voyage, des lieux où je comptais aller ensuite, bref de tous ces menus riens meublant la conversation lorsqu'on retrouve des amis que l'on voit rarement. À un moment, Howe a mentionné en passant que récemment, en faisant du boogie-board dans la baie Byron, en Nouvelles-Galles du Sud, il avait croisé un requin.

– Vraiment ? ai-je dit, impressionné.

Il a acquiescé :

– Et de belle taille, en plus. Dans les trois mètres, je dirais.

– Et il était proche ?

– Plutôt. Assez proche pour le toucher si j'avais voulu.

– Et qu'est-ce que tu as fait ?

– Une retraite stratégique ! Qu'est-ce que tu imagines ?

– Tu n'as pas eu peur ?

Il a soudain arboré une expression enthousiaste,

comme si je venais de lui faire découvrir un point intéressant.

– Si ! Un peu !

– Un peu ?

– Ah ouais ! a-t-il répondu du fond du cœur, comme si avoir « un peu » peur était la limite tolérée en Australie, ce qui est probablement le cas, d'ailleurs.

L'anecdote a amené d'autres souvenirs attendris d'aventures quasi fatales avec des animaux, ce dont les Australiens semblent avoir un stock inépuisable : cette rencontre avec un crocodile dans le Queensland, ce serpent mortel sur lequel on a failli marcher, ce matin où l'on s'est réveillé en voyant une araignée à dos rouge descendre en rappel en direction de votre nez… Les Australiens sont assez illogiques à cet égard : ils passent une partie de la soirée à vous expliquer qu'on surestime grandement les dangers de leur pays et qu'il n'y a aucune raison de s'inquiéter, et le reste du temps ils vous racontent que six mois plus tôt leur oncle Bob se rendait à Mudgee lorsqu'un serpent-tigre est sorti du tableau de bord et l'a mordu à l'entrejambe, mais que tout va bien, merci, qu'il est sorti de la salle de réanimation et qu'il commence à parler en clignant des paupières.

Naturellement, je ne perdais pas une miette de toutes ces anecdotes.

– C'est quoi cette histoire avec le crocodile ? ai-je demandé tout excité.

Howe a eu un sourire légèrement penaud.

– Carmel et moi étions en vacances dans le Queensland, à Port Douglas. Et puis on a décidé (en voyant le regard de Carmel il s'est repris)… *j'ai* décidé de louer un petit bateau pour aller pêcher.

– Dans un estuaire infesté de crocodiles, a précisé Carmel en se tournant vers moi. Comme Alan est trop pingre pour débourser le prix d'une partie de pêche avec guide sur un gros bateau, on est partis tout seuls sur un petit bateau. Un très petit bateau.

Puis elle l'a laissé poursuivre.

– Donc, on a loué un très petit bateau, a-t-il concédé avec un hochement de tête magnanime en direction de sa femme. Il était équipé d'un petit moteur hors bord. Nous voilà partis sur cette espèce d'estuaire. Il y avait du monde, mais ayant repéré un petit bras de rivière je me suis dit : « Et si on allait par là ? » En fait, le bras était une vraie rivière, une rivière absolument magnifique. On se met donc à la remonter dans un paysage splendide, une image tropicale de calendrier, une grande rivière verte avec en toile de fond la jungle, des oiseaux de toutes les couleurs voltigeant parmi les arbres. Tu vois le tableau. Et, mieux encore, pas âme qui vive à l'horizon. Le paradis pour nous tout seuls ! On finit par trouver le coin idéal, je coupe le moteur et on commence à pêcher, décontractés et ravis. À ce moment-là, Carmel me fait remarquer une plaque de boue piétinée sur la rive et nous comprenons qu'il s'agit de l'aire de départ d'un crocodile. Ça ne pouvait rien être d'autre. On remarque alors que la rive est pleine de plaques similaires. On commence alors à comprendre pourquoi il n'y a personne ici : c'est un coin infesté de crocodiles. Et juste à l'instant où nous en arrivons à cette conclusion évidente, on entend un grand *splash !* sur le côté, comme quelque chose de lourd qui tombe à l'eau, et on remarque un sillage dans l'eau, une ligne qui vient droit dans notre direction.

– Ouh là là !

– C'est exactement ce que je me suis dit, Bryson.

– Alors, qu'est-ce que vous avez fait ?

– Eh bien, en bon marin que je suis, j'ai bondi sur le moteur pour qu'on se tire de là en vitesse, mais le moteur a refusé de démarrer. Pas moyen de le mettre en route.

– Pendant ce temps-là, a enchaîné Carmel, je suis

assise à l'arrière du bateau et je vois ce sillage qui se rapproche. Alors je crie : « Alan, le crocodile vient droit sur nous ! Si on se tirait de là ? Qu'est-ce que tu en dis, mon vieux ? »

– Moi je continuais à tirer sur la corde, et je tire et je tire, et le moteur se contente de faire *peuf ! peuf ! pffuit*... et pendant ce temps-là le crocodile arrive. Enfin, par miracle, le moteur accepte de démarrer et on peut partir. Seulement, comme le bateau a le nez dans le mauvais sens, on remonte le fleuve, autrement dit dans la direction opposée à celle qu'on veut prendre. Bref, après pas mal de fausses manœuvres, quelques rencontres intempestives avec les berges et une discussion animée sur le thème « On va mourir, et tout ça c'est de ta faute », on parvient à faire demi-tour. Seulement, pour descendre la rivière, il faut traverser la zone où patauge le crocodile.

– Et où est le crocodile, maintenant ?

– Pas la moindre idée. Plus de trace de cette bestiole. Il est peut-être juste à côté du bateau, en fait, mais l'eau est tellement boueuse qu'on n'y voit pas à plus de cinq centimètres de profondeur. En revanche, on sait que les crocodiles ont la réputation de s'attaquer aux petits bateaux.

– Surtout aux petits bateaux de rien du tout, a renchéri Carmel avec un sourire.

Alan lui a rendu son sourire.

– Donc je mets les gaz et le bateau descend en toussotant, à son petit rythme d'un kilomètre à l'heure, parce que, je dois le reconnaître, c'est un petit bateau vraiment bon marché. Il nous faut parcourir environ cinq cents mètres de cette zone à crocodiles à une vitesse d'escargot, en s'attendant constamment à sentir un choc contre la coque et à être projetés à l'eau. Pas très rassurant, tout ça...

– Et savez-vous, ai-je ajouté, que pour une oreille de crocodile le bruit d'un moteur hors bord ressemble beaucoup au grognement d'un autre crocodile mâle défendant son territoire ? C'est pour cela, paraît-il, qu'ils s'attaquent si souvent aux petits bateaux.

Mes amis m'ont regardé sidérés. Il est rare qu'un étranger arrive à émouvoir un public australien, mais après tout j'avais lu le livre récemment.

– Eh bien, je suis ravie de ne pas l'avoir su à ce moment-là, a dit Carmel en frissonnant.

– Mais vous êtes arrivés à bon port, j'imagine ?

Alan a acquiescé joyeusement.

– On a descendu la rivière, traversé l'estuaire, et on s'est éjectés du bateau, littéralement, avant même d'avoir touché le quai. (Puis il m'a lancé un sourire malicieux.) Et devine combien de temps en tout on était restés sur ce rafiot, sachant qu'on l'avait loué pour une demi-journée.

J'ai avoué mon ignorance.

Alan s'est penché vers moi, rayonnant d'orgueil :

– Vingt-neuf minutes ! Le type nous a dit que c'était un record !

– Splendide !

– Encore un exploit dont la famille Howe peut être fière, a-t-il ajouté.

Et il le pensait vraiment.

Le lendemain, comme Howe devait s'occuper du bouclage de son journal, Carmel m'a proposé de me faire visiter la ville. Nous sommes donc partis de bonne heure pour aller rendre ma voiture de location, faire du shopping et nous balader. Alors que nous descendions Chapel Street pour nous garer, Carmel, qui me parlait de son boulot – elle est la correspondante à Melbourne de *News International* –, s'est exclamée :

– Regarde ! C'est Jim Cairns.

Elle m'a indiqué un petit homme âgé qui traversait la rue devant nous, chargé d'une chaise et d'une table pliante. Il avait l'air un peu décrépit, mais à part ça rien que de très normal.

– Il a été vice-Premier ministre dans le gouvernement Whitlam, m'a-t-elle expliqué. (Je l'ai regardée pour voir si elle blaguait, mais elle avait l'air sincère.) Il vend son autobiographie au marché, par là-bas…

Et elle m'a désigné le genre de marché couvert où l'on achète ses légumes.

– Il vend des livres, son propre livre, sur une table pliante ?

Elle a souri joyeusement, comme pour me montrer qu'elle comprenait la bizarrerie de la situation.

– Pour lui, c'est une façon comme une autre de se faire un peu d'argent de poche.

Il s'agissait d'un homme, comprenez-le bien, qui avait été il n'y a pas si longtemps le deuxième personnage de l'État.

– Et il fait ça régulièrement ?

– Oh ! il fait partie des meubles. Tu aimerais le rencontrer ?

– Énormément !

Nous avons fini par trouver une place, mais lorsque nous sommes arrivés au marché il était déjà parti. De toute évidence, quand nous l'avions vu, il était sur le chemin du retour.

– Je crois que les affaires ne marchent pas très bien pour lui, ces temps-ci. Cela fait un moment qu'il vend son bouquin, m'a expliqué Carmel sur un ton affectueux.

J'ai opiné en me disant une fois de plus que l'Australie était décidément un monde étrange et bien lointain.

Nous avions prévu de nous rendre au musée de l'Immigration, mais notre itinéraire nous a fait passer devant le nouveau Crown Casino, un temple du jeu. Les habitants de Melbourne soit le détestent parce que l'édifice est ridicule et qu'on y gaspille ses économies, soit l'adorent parce qu'il est ridicule et qu'on peut y gagner gros.

– Tu as envie d'y jeter d'un coup d'œil ? m'a demandé Carmel.

J'ai hésité – il me semblait que ma visite du Penrith Panthers Club, à Sydney, avait suffi à satisfaire ma curiosité pour le monde des jeux – mais Carmel a repris avec beaucoup de conviction :

– Je suis sûre que ça pourrait t'intéresser.

C'est ainsi que nous y sommes entrés.

Elle avait parfaitement raison. L'endroit était incroyable, de proportions pharaonesques, avec une surenchère dans la décoration : en comparaison, le Penrith Club était sobre et lilliputien. Une sorte d'animation à base de lasers frénétiques sur fond de musique de synthèse et volutes de fumée se déroulait dans un majestueux atrium, mais peu de gens regardaient ce spectacle. Les choses sérieuses se déroulaient à l'intérieur, un peu plus loin, dans une salle dotée d'un décor tout aussi extravagant et dont on ne voyait pas le bout. Je peux vous garantir que le gars qui a décroché le contrat pour la moquette du casino de Melbourne n'a plus à se soucier de son avenir : il m'a fallu vingt minutes pour traverser la salle en question. Ce qui m'a frappé, c'est le nombre de clients et l'étrange concentration qui y régnait. On était encore loin de l'heure du déjeuner et près de deux mille parieurs étaient déjà là, fidèles au poste. Il n'y avait pratiquement pas de tables de jeu ou de machines qui ne soient utilisées. Je n'avais rien vu d'une telle dimension depuis Las Vegas, et encore, à Las Vegas, une grande partie du public vient en curieux ou pour se payer du bon temps. Ici les gens n'avaient qu'une seule motivation : jouer. À une table de roulette, j'ai vu un type qui répartissait une vingtaine de jetons sur le tapis, les perdait tous puis plongeait dans son portefeuille pour extirper de nouvelles liasses de billets de cinquante dollars et recommencer. Peu à peu (il m'a fallu un moment, car l'Australie est un tel creuset ethnique qu'on ne le remarque pas tout de suite), je me suis rendu compte que cet homme, comme l'écrasante majorité des clients, était chinois. Sauf erreur, tout semblait indiquer qu'il devait être serveur ou cuisinier, en tout cas pas du genre à pouvoir se permettre de claquer des milliers de dollars d'un seul coup. J'en ai parlé à Carmel qui me l'a confirmé.

– Ce sont de vrais flambeurs, a-t-elle chuchoté en souriant un peu tristement. C'est fou ce que ça rapporte ! Des milliards de dollars transitent par ces lieux. Le Victoria tire quinze pour cent de ses recettes du jeu.

J'ai réfléchi un instant. Cela représentait des centaines de millions de dollars.

– Et vous avez combien de casinos, dans cet État ?

– Un seul : celui que tu as sous les yeux.

Le musée de l'Immigration, installé sur l'autre rive de la Yarra dans un édifice imposant qui fut autrefois le bâtiment des douanes, fournit un contraste appréciable par son côté nettement plus calme et culturel. Il venait de s'ouvrir et sentait encore le neuf. Alan Howe tenait tout particulièrement à ce que je le visite, car il avait été l'un des artisans de sa création. L'immigration australienne étant un phénomène moderne, il s'agissait plutôt d'un musée d'histoire sociale, et c'est sans conteste l'un des plus intéressants que j'aie jamais visités.

Dans une vaste salle centrale on découvrait une exposition en forme de grand paquebot. Le but était de restituer, à l'aide de maquettes de cabines et autres bibelots de l'époque, l'ambiance de ce qu'avait été la vie à bord pour les immigrants, à différentes époques. Sans doute parce que j'ai grandi à plus de mille cinq cents kilomètres de l'océan et que je n'ai pas connu l'épopée des transatlantiques, j'ai toujours éprouvé une nostalgie romantique pour les voyages en bateau. J'ai donc été fasciné par cette exposition, m'extasiant devant le détail le plus trivial de la vie à bord, étudiant un menu vieux de quarante ans comme si on allait me demander de choisir entre côtelettes d'agneau et bœuf braisé, imaginant mes propres livres et articles de toilette sur les étagères au-dessus de ma couchette, hésitant sur ce que je porterais cet après-midi, à l'heure du thé dansant : ma chemise avec les étiquettes de bagages ou celle avec les ananas hawaiiens ?

Je n'avais jamais réalisé – en tout cas je ne m'étais jamais réellement penché sur le sujet de façon sérieuse – l'investissement en termes de temps et d'argent que représentait un voyage en Australie jusqu'à une époque récente. Au début des années 1950, un aller-retour en avion entre l'Australie et l'Angleterre coûtait autant qu'une maison de trois chambres dans la banlieue de Sydney ou de Melbourne. Après que Qantas eut mis en service les Superconstellation de Lockheed, en 1954, les prix ont commencé à baisser, mais même à la fin de la décennie un voyage en Europe par avion représentait encore le prix d'une voiture neuve. Et ce n'était pas un service terriblement rapide ni très confortable. Il fallait trois jours à un Superconstellation pour atteindre Londres, et l'avion n'avait ni la puissance ni l'autonomie suffisantes pour pouvoir éviter les tempêtes. Lorsqu'on traversait une zone de mousson ou de cyclone, les pilotes n'avaient pas d'autre choix que d'allumer le signal « Attachez vos ceintures » et de se laisser ballotter en attendant que ça passe. Même dans des conditions météorologiques normales, les avions volaient à des altitudes qui les exposaient à des turbulences presque constantes. La compagnie Qantas avait baptisé cette ligne, apparemment sans ironie, la « route du kangourou ». Selon nos critères de confort actuels, un tel voyage nous paraîtrait un supplice insupportable.

Aussi, pour la majorité des immigrants des années 1950, partir en Australie signifiait une croisière de cinq semaines. Aujourd'hui encore, lorsque vous acceptez de vous laisser enfermer dans un cylindre d'acier muni d'ailes pendant un jour entier, le voyage vers l'Australie vous semble vraiment très, très long. Vous imaginez alors quel sentiment d'éloignement infini pouvaient éprouver ces gens qui se retrouvaient sur un bateau pour regarder défiler les continents et s'égrener les milles marins – douze mille en tout – dans le sillage du navire. J'ai étudié attentivement les visages radieux de ces gens qui se relaxaient dans des transats sur les ponts balayés par la brise du large. Ils arboraient la même expression ravie que ces touristes de Surfers Paradise sur les photos d'Adélaïde. Ces gens étaient heureux ; ils débordaient de joie de vivre. Ils faisaient route vers un pays de cocagne et ils en avaient conscience. Une vie pleine de soleil les attendait, avec de bons emplois, de belles maisons, des tas de perspectives et des bouilloires électriques pour tout le monde. Ils partaient en vacances et ils y partaient pour toujours.

C'était une époque passionnante pour l'Australie. Non seulement des millions d'étrangers sont devenus australiens dans les années 1950, mais, en quelque sorte, les Australiens le sont devenus aussi. Je venais d'apprendre que jusqu'en 1949 la notion de nationalité australienne n'existait pas. Les gens nés en Australie n'étaient pas, techniquement parlant, australiens mais britanniques, aussi britanniques que s'ils étaient nés en Cornouailles ou en Écosse. Ils prêtaient serment au roi d'Angleterre, et lorsque le royaume entrait en guerre ils n'hésitaient pas une seule seconde : ils partaient se faire tuer pour la Grande-Bretagne sur des champs de bataille à l'étranger. À l'école, ils étudiaient l'histoire, la géographie et l'économie britanniques, avec autant d'assiduité que s'ils avaient été des enfants de Liverpool ou de Manchester. Je me rappelle Catherine Veitch évoquant, dans une de ses lettres, ce sentiment presque surréaliste qu'elle avait éprouvé à se trouver dans une salle de classe d'Adélaïde dans les années 1930 – avec des fenêtres donnant sur les waratahs aux fleurs couleur de feu, avec aussi des bandes de kookaburras criards dans les branches – et à devoir ânonner les altitudes des monts d'Écosse ou le chiffre de la production d'orge dans l'East Anglia.

L'absurdité de la situation apparaissait clairement aux Australiens, mais la Grande-Bretagne représentait tout ce qu'ils avaient. Comme l'a écrit quelque part l'historien Alan Moorehead : « Les Australiens de ma génération ont grandi dans un monde bien particulier. À moins d'avoir eu la chance d'être allé à l'étranger, nous n'avions jamais vu un beau bâtiment, pratiquement jamais entendu parler une langue étrangère, jamais mangé un repas relativement raffiné, jamais assisté à une pièce de théâtre bien jouée ni à un vrai concert. »

Le plus bizarre dans l'histoire, c'était que des millions d'Australiens, dont la grande majorité n'avait jamais quitté le pays, passaient leur vie à considérer l'Angleterre comme leur vrai chez-eux. En 1957 encore, dans *Le Dernier Rivage*, ce roman de Nevil Shute où une guerre nucléaire épargne seulement l'Australie, l'auteur faisait dire à l'héroïne : « J'allais rentrer chez moi au mois de mars. À Londres. Cela fait des années que c'était prévu... C'est trop injuste ! » Par « chez moi » elle voulait dire un pays qu'elle n'avait jamais vu – et ne verrait jamais.

Pourtant, au moment où Nevil Shute écrivait ces lignes, l'Australie commençait à devenir un pays bien différent. Au cours de la Seconde Guerre mondiale, elle avait subi un traumatisme brutal lorsque, après la chute de la Birmanie et de Singapour, la Grande-Bretagne avait retiré ses troupes, laissant du jour au lendemain l'Australie presque sans défense. Car dans le même temps, Winston Churchill, homme d'un cynisme parfois fascinant, ordonnait aux chefs militaires australiens de transporter leurs forces en Inde, autrement dit d'abandonner femmes et enfants pour voler au secours de l'Empire britannique. Les Australiens refusèrent. Au lieu de cela, ils tentèrent de faire barrage aux troupes japonaises en Nouvelle-Guinée.

En dehors des Australiens eux-mêmes, personne ne semble avoir réalisé que les Japonais avaient été sur le point de débarquer en Australie. Ils s'étaient emparés de la majorité des îles Salomon, d'une bonne partie de la Nouvelle-Guinée (un pays juste au nord), et avaient tout préparé, semble-t-il, pour une invasion. Les militaires australiens, devant cette situation désespérée, élaborèrent un plan de repli tactique vers le sud-est du pays, sacrifiant presque tout un continent pour se consacrer à la défense des villes principales, ce qui ne pouvait être, au mieux, qu'une manœuvre dilatoire. Fort heureusement, la victoire des Américains à Midway et celle des Australiens à Milne Bay avaient éloigné la menace japonaise.

Si l'Australie ne fut pas envahie, elle devait garder deux profondes cicatrices : elle avait compris qu'elle ne pouvait pas compter sur la Grande-Bretagne pour l'aider en cas de crise, et elle avait pris conscience de sa vulnérabilité face à ses voisins du Nord, ces pays grouillants et instables. Ces deux éléments devaient profondément influencer sa ligne politique dans l'après-guerre – et c'est toujours vrai. L'Australie fut soudain convaincue qu'il lui fallait se peupler ou périr, et que, si elle ne remplissait pas tous ces espaces inoccupés, quelqu'un viendrait de l'extérieur le faire à sa place. Donc, dès la fin de la guerre, l'Australie a ouvert toutes grandes ses portes. En un demi-siècle, sa population a fait un bond gigantesque, passant de sept à dix-huit millions d'habitants.

Comme la Grande-Bretagne ne pouvait fournir à elle seule ce contingent d'immigrants, l'Australie a accueilli à bras ouverts des ressortissants d'autres pays d'Europe, en particulier de Grèce et d'Italie, ce qui a tout à coup rendu la nation incroyablement cosmopolite. Brusquement, dans l'immédiat après-guerre, elle s'est peuplée de gens qui appréciaient le bon vin et le bon café, qui aimaient les olives et les aubergines. Les Australiens ont découvert que les spaghettis n'étaient pas forcément des nouilles en boîte baignant dans une sauce orange vif. Le pays tout entier a fait un bond dans le temps et les modes de vie se sont transformés. Des comités de bon voisinage se sont créés un peu partout pour aider les immigrants à s'intégrer, et la radio australienne a multiplié les cours d'anglais, suivis avec enthousiasme par des dizaines de milliers de nouveaux arrivants. En 1970, le pays pouvait s'enorgueillir de compter deux millions et demi de « Nouveaux Australiens », comme on les appelait.

Bien sûr, tout ne fut pas parfait. Dans cette frénésie de peuplement, il y eut des dérapages. Entre 1947 et 1967, des dizaines de milliers d'enfants, dont certains n'avaient guère plus de quatre ans, furent expédiés depuis les orphelinats britanniques à l'initiative de sociétés bien pensantes comme l'Armée du Salut, l'organisation Barnardo's et les Christian Brothers. L'idée partait d'un bon sentiment : on pensait que ces gosses auraient de meilleures chances dans un pays chaud, ensoleillé, où l'on avait besoin de main-d'œuvre, mais son application manqua singulièrement de subtilité. On sépara les frères et sœurs, souvent pour toujours, et la plupart des enfants ne comprirent pas ce qui leur arrivait.

Il y avait en outre cette détestable politique de l'Australie blanche, qui permettait aux fonctionnaires des services d'immigration d'écarter tous ceux que l'on jugeait indésirables en leur imposant un test culturel dans une langue européenne choisie arbitrairement, comme par exemple, dans un cas resté célèbre, en gaélique écossais. Ils pouvaient aussi expulser de force, sans la moindre compassion, ceux qui n'étaient pas blancs. Au début des annés 1950, Arthur Calwell, alors ministre de l'Immigration, essaya de renvoyer dans son pays la veuve indonésienne d'un citoyen australien avec ses huit enfants. S'il y a bien une qualité que les Australiens possèdent au plus haut point, c'est leur foi en la justice pour tous, ce droit fondamental à l'égalité de chacun devant la loi, et l'histoire souleva un tollé. Les juges dirent à Calwell d'arrêter son délire et cette politique d'exclusion brutale finit rapidement par s'assouplir. Au début des années 1970, l'Australie prit conscience qu'elle était, sur le plan géographique tout au moins, plus asiatique qu'européenne. Elle supprima la discrimination raciale et des centaines de milliers d'immigrants arrivèrent des pays voisins. Aujourd'hui, l'Australie est l'une des nations les plus multiculturelles de la planète. Un tiers des habitants de Sydney sont nés dans un autre pays. À Melbourne, les quatre patronymes les plus répandus sont Smith, Brown, Jones et Nguyen. Un quart de la population australienne n'a pas d'ancêtres britanniques.

En une seule génération, le pays a pris un nouveau visage. D'ex-colonie de la Grande-Bretagne, à demi oubliée, provinciale, ennuyeuse et dépendante sur le plan culturel, elle est devenue une nation infiniment plus raffinée, sûre d'elle-même, tournée vers l'avenir. Et elle a réussi ce tour de force pratiquement sans affrontements, sans violences ni erreurs graves, parfois même avec une certaine grâce.

Il se trouve que quelques soirées plus tôt j'avais suivi à la télévision une émission sur l'immigration dans les années 1950. Une des personnes interviewées était un homme débarqué adolescent de Hongrie après l'insurrection de 1956. Le premier jour de son arrivée en Australie, il s'était rendu, comme on le lui avait demandé, au poste de police local. Là, dans son mauvais anglais, il avait expliqué qu'il était immigrant et qu'il venait faire enregistrer son adresse. Le sergent l'avait regardé attentivement puis, se levant de son siège, avait fait le tour du bureau pour venir se planter devant lui. Pendant un bref moment de panique, le jeune Hongrois s'était dit que le policier allait le frapper, au lieu de quoi ce dernier lui avait tendu la main en disant :

– Bienvenue en Australie, fiston !

Aujourd'hui encore, l'homme ne pouvait raconter cette anecdote sans être ému aux larmes.

Alors je vous le dis sincèrement : ce pays est merveilleux.

CHAPITRE XI

Carmel a grandi dans une ferme de l'est du Victoria, sur le versant sud de la cordillère Australienne, une contrée charmante aux prairies verdoyantes nichées dans un écrin de collines bleues. Alan, un garçon né et élevé en ville, pour qui la notion de bush se résumait à une immensité monotone parsemée de bestioles venimeuses, n'avait accepté d'aller voir cette ferme que poussé par le sens du devoir conjugal. Il était tombé instantanément amoureux du coin. À tel point, d'ailleurs, que Carmel et lui s'étaient empressés d'acheter un morceau de terrain sur les pentes d'une colline voisine. Par la suite, ils y avaient installé un chalet en bois dernier cri, amené sur un camion et placé sur une éminence jouissant d'une vue imprenable sur des kilomètres de collines, de forêts et de prairies. Howe brûlait d'envie de me la faire découvrir et n'avait cessé pendant des années de me rebattre les oreilles avec sa petite merveille rurale. C'est ainsi que le jour suivant nous avons chargé leur voiture de provisions et sommes partis pour trois heures de route vers cette thébaïde idyllique.

Le bush est une notion tellement vague en Australie que je ne savais pas trop à quoi je devais m'attendre. Mais j'ai tout de suite senti, après en avoir terminé avec les dernières banlieues de Melbourne, que l'est du Victoria devait être un coin béni de notre planète, plus vert que tout ce que j'avais vu auparavant en Australie, avec en arrière-plan des montagnes d'une altitude fort honorable. La route se tortillait de façon délicieusement indécise au milieu des pâturages et traversait d'adorables petites bourgades. Howe arborait avec une fierté touchante – qu'aucun commentaire ne réussirait à ébranler – un chapeau de brousse trop grand et parfaitement ridicule, qu'il venait d'acheter. Ce couvre-chef nous obligeait, Carmel et moi, chaque fois qu'on s'arrêtait pour prendre de l'essence ou boire un café, à confier aux étrangers médusés que nous avions sorti ce malheureux pour la journée et que nous le ramènerions à l'asile au plus vite. Ce détail mis à part, le voyage s'est déroulé sans incidents ni gêne particulière.

La maison d'Alan et de Carmel se dresse dans un glorieux isolement. Elle jouit d'une vue panoramique somptueuse sur une charmante vallée blottie dans les champs de tabac et les vignobles, qui rappelle étonnamment un paysage de livre pour enfants. C'est certainement ce que devait voir « ma sœur Anne » du sommet de sa tour.

– Pas mal, hein ? m'a dit Howe.

– Beaucoup trop beau pour quelqu'un affublé d'un chapeau pareil. L'endroit porte un nom ?

– King's Valley. Le père de Carmel cultivait la terre quelque part par là-bas.

Ce paysage me rappelait de façon saisissante les œuvres de l'artiste américain Grant Wood – croupes des collines, herbages des vallons, arbres trapus –, tous ces tableaux peignant un Iowa idéalisé qui n'a jamais existé en Amérique. En revanche, ici dans le Victoria, il existait vraiment.

Howe nous a fait entrer dans la maison et s'est livré avec Carmel à une sorte de rituel parfaitement synchronisé comprenant l'ouverture des fenêtres, le branchement du chauffe-eau et le rangement des provisions. Pour ma part, je me suis contenté de porter les paquets depuis la voiture en vérifiant à chaque pas que je ne marchais pas sur un serpent. Puis je me suis aventuré sur le grand balcon en bois pour jouir pleinement de la vue. Howe est alors venu me rejoindre avec deux bières dont l'une m'était destinée. Je ne l'avais jamais vu aussi décontracté. Et, Dieu merci, il avait ôté son chapeau.

Tout en sirotant sa bière, il s'est mis à bavarder.

– Lorsque j'ai rencontré Carmel, elle me parlait sans arrêt d'acheter un terrain par ici pour y mettre une maison, et je pensais : « Cause toujours, mon amour. » Parce que, franchement, qui pourrait être assez fou pour vouloir posséder une maison au milieu du bush, avec tout ce que ça coûte et les risques d'incendie et tout le reste ? Et puis un jour nous sommes venus rendre visite à ses parents, un regard m'a suffi et j'ai dit : « Bon, où est-ce qu'on signe ? » Peu de temps après, les siens ont tout vendu et sont partis s'installer à Ballarat. Nous avons donc acheté cette partie du terrain qu'ils ont été heureux de nous vendre parce qu'il est trop escarpé pour être cultivé, et c'est là que nous avons posé notre maison. (D'un mouvement de tête il m'a désigné Carmel, qui chantonnait en s'activant dans la cuisine.) Elle adore être ici. Et moi aussi, finalement. Je n'aurais jamais cru pouvoir dire un jour que j'aimais la campagne, mais tu vois, mon vieux, ici c'est le vrai repos.

– Ces feux dans le bush ne sont pas un gros souci ?

– Évidemment, quand ça se produit, on a un vrai problème. Ces fameux feux peuvent atteindre des proportions colossales. Les eucalyptus sont une espèce programmée pour brûler. Cela fait partie de leur stratégie naturelle : c'est leur manière de triompher des autres espèces végétales. Ils sont bourrés d'une essence huileuse et, une fois qu'ils brûlent, on a une peine du diable à les éteindre. Ici un incendie peut progresser à quatre-vingts kilomètres à l'heure, avec des flammes qui dépassent les cinquante mètres de haut. Vachement impressionnant, tu peux me croire !

– Et ça arrive souvent ?

– Oh ! disons qu'environ tous les dix ans on a un vrai grand incendie. Celui de 1994 a ravagé six cent mille hectares et menacé Sydney. J'y vivais à l'époque, et une portion entière de l'horizon était complètement masquée par un rideau de fumée noire. Ça a brûlé pendant des jours. Le plus grand incendie date de 1939, et on en parle encore. Il s'est produit pendant une vague de chaleur si forte que les têtes des mannequins fondaient dans les vitrines des magasins. Tu t'imagines ? Celui-là a dévasté la plus grande partie du Victoria.

– Donc, ici, tu cours un risque ?

Howe a eu un haussement d'épaules résigné.

– À la grâce de Dieu ! Cela peut arriver la semaine prochaine. Peut-être dans dix ans. Peut-être jamais. (Il s'est tourné vers moi avec un petit sourire.) N'oublie pas que dans ce pays tu es totalement à la merci de la nature, mon pote. C'est une des choses de la vie ! Mais tu veux que je te dise un truc ? On apprécie encore davantage son bonheur d'être dans un coin pareil lorsqu'on sait que tout cela risque un jour de partir en fumée.

Howe est de ces gens qui ne supportent pas une seconde de vous voir dormir au-delà de la première lueur du jour. Il m'a donc tiré du lit aux aurores en m'annonçant qu'une journée bien remplie nous attendait. Pendant un court instant d'angoisse, j'ai cru qu'il parlait de poser des bardeaux sur le toit ou de déplacer des rochers, mais en fait il s'agissait seulement de consacrer cette journée à Ned Kelly. Howe ne manque jamais une occasion de rappeler, avec une immense fierté, que Ned Kelly est originaire de cette partie du Victoria, et il s'était bien promis de me faire connaître tous les lieux où s'était déroulée la vie brève et violente de ce hors-la-loi. Le programme était donc nettement plus prometteur.

Le moment est venu de souligner un fait illustrant parfaitement un des traits du caractère australien : jamais cette nation n'a produit de héros du style défenseur de la loi comme en possède l'Amérique. Les héros populaires australiens sont tous, au contraire, des méchants de la trempe de Billy the Kid. Seulement, en Australie, on les appelle des *bushrangers* et le plus célèbre d'entre eux est précisément ce Ned Kelly.

Son histoire peut se résumer ainsi : c'était un tueur brutal qui méritait d'être pendu et qui l'a été, point final. Il venait d'une famille de colons irlandais au tempérament violent qui vivaient de vols de bétail et rançonnaient les voyageurs innocents. Comme la majorité des bushrangers, il prenait soin de se faire passer pour le noble champion des opprimés. Mais en réalité il n'y avait pas la moindre trace de noblesse dans son caractère ni dans ses actes. Il a tué des tas de gens, souvent de sang-froid et la plupart du temps sans motif sérieux.

En 1880, après des années de cavale, il a été repéré avec son gang (une bande modeste : son frère et deux copains) dans le hameau de Glenrowan, au pied des monts Warby, au nord-est du Victoria. Dans le genre attaque surprise, sa capture ne restera pas dans les annales. Lorsque les policiers sont arrivés – par le train de l'après-midi –, la nouvelle de leur venue les avait précédés et un millier de badauds s'étaient massés le long des rues ou assis sur les toits, impatients d'assister à la fusillade. Les policiers se déployèrent donc et commencèrent immédiatement à cribler de balles le refuge des Kelly. Ceux-ci ripostèrent avec un feu nourri et cela continua ainsi le reste de la nuit. À l'aube, profitant d'une accalmie, Ned Kelly sortit de sa retraite après avoir revêtu une tenue originale, pour ne pas dire bizarre, une sorte d'armure maison

– un heaume cylindrique rappelant un seau à l'envers, plus une cuirasse protégeant le torse et l'entrejambe. Mais comme il n'avait rien prévu pour les membres inférieurs, on lui tira dans les jambes. Blessé dans sa chair et son amour-propre, Kelly s'enfonça en chancelant dans les bois et fut rapidement capturé. On le conduisit à Melbourne, où il fut condamné par un tribunal et promptement exécuté. Ses derniers mots furent : « C'est la vie ! »

Pas vraiment de quoi en faire toute une légende, me direz-vous. Pourtant, dans son pays natal, Ned Kelly est traité avec la plus grande considération. Sydney Nolan, l'un des artistes australiens les plus prisés, lui a consacré une série de toiles et il existe une abondante littérature à son sujet. Les plus sérieux historiens eux-mêmes lui accordent une place qui peut sembler un brin disproportionnée aux yeux d'un étranger. Manning Clark, par exemple, ne consacre qu'un paragraphe à la fondation de Canberra, expédie la création de la fédération en deux pages mais ne réserve pas moins de neuf pages à Ned Kelly*. Il lui offre aussi sa prose la plus lyrique et la plus délirante, ce qui, chez Clark, n'est pas peu dire, croyez-moi ! Quand il est en forme, notre auteur possède un style extraordinaire. Ce n'est pas le genre d'écrivain à parler de la lune s'il peut vous caser « l'orbe de Séléné ». Avec Kelly, le lyrisme de Clark atteint des sommets vertigineux et se met jongler avec des allusions cosmiques d'une rare obscurité. Je vous livre ici un extrait de sa description de la sortie fatale de Ned Kelly après la nuit de la fusillade.

> Dans cette semi-luminosité qui nimbait l'horizon oriental dans l'attente de l'apparition du disque rouge [c'est-à-dire le soleil], une haute silhouette a émergé,

---

* *Manning Clark's History of Australia*, Ringwood (Victoria), Penguin Books, 1995. *(N.d.T.)*

ceinte d'acier, fendant brouillards et traînées de brume stagnant dans l'air givré. Certains crurent voir un fou, d'autres un fantôme. Certains pensèrent qu'il s'agissait du Diable en personne, tant l'atmosphère avait stimulé dans les deux camps ce même sentiment d'effroi et de superstition.

Personnellement, bien que je n'en aie aucune preuve, je suis enclin à penser que Manning devait un peu forcer sur la codéine. Et voici un autre exemple de sa prose juteuse et inspirée, extraite d'un très long passage où il évoque ce qu'a légué Kelly à l'humanité.

> Il a vécu comme un homme ayant réussi à mettre en pièces la platitude de la vie bourgeoise avec tout l'éclat d'une frénésie dionysiaque flamboyante, un homme ayant su faire choir les Puissants de leur siège et renvoyer les Nantis les mains vides. Il a vécu comme un homme ayant réussi à braver sauvagement la police dans la vieille tradition des forçats, un homme ayant dénoncé la barbarie brutale de ceux qui cachent sous la panoplie de la loi leur sadisme envers les masses populaires.

Là, on doit approcher les deux mille huit cents milligrammes, à mon avis.

Aujourd'hui, Glenrowan est une localité qui s'organise autour d'une seule rue, avec deux pubs, quelques maisons et une poignée d'entreprises cherchant à tirer un peu de cash de la légende kellyenne. Par cette chaude journée estivale, il y avait peut-être dans toute la ville une douzaine de visiteurs, en comptant Carmel, Alan et moi. Le plus grand de ces établissements commerciaux annonçait *Le Dernier Combat de Ned Kelly*. Il était couvert de panneaux d'un professionnalisme douteux. « Cette attraction n'est pas destinée aux mauviettes », promettait l'un. L'autre renchérissait : « Aurez-vous l'audace, après avoir pris des photos, arpenté la rue et acheté quelques souvenirs, de rentrer chez vous en déclarant à vos amis : “N’allez pas à Glenrowan : il n’y a rien à voir ?” » « Nous vous le garantissons sincèrement : ici, on pourrait leur renverser un pot de chambre sur la tête, les spectateurs ne s’en apercevraient même pas ! »

Après information, nous avons pu établir que *Le Dernier Combat de Ned Kelly* comprenait en prime un spectacle « animatronique ». Alan, Carmel et moi avons échangé des regards comblés : cet endroit était fait pour nous ! Un monsieur jovial nous a accueillis à la caisse et a tempéré quelque peu notre enthousiasme en annonçant qu’il nous faudrait débourser quinze dollars par personne pour entrer.

– Mais ça en vaut la peine, non ? a demandé Howe.

– Monsieur, a dit l’homme avec l’accent de la plus grande sincérité, c’est mieux que Disneyland !

Nous avons donc acheté les billets, puis nous nous sommes engouffrés par une petite porte dans une salle chichement éclairée où le spectacle devait se dérouler. On s’y était appliqué à restituer l’ambiance d’un vieux saloon, avec, au centre, des bancs pour le public. Sur la scène, on distinguait la forme des meubles et quelques mannequins assis. Soudain, l’obscurité s’est faite et, dans un bruit terrifiant de fusillade, le spectacle a commencé.

Eh bien, vous pouvez me traiter de mauviette si vous voulez ou me verser sur la tête le contenu de tous les pots de chambre de la ville, mais je peux vous garantir que je n’ai jamais vu de spectacle aussi merveilleusement, aussi délicieusement, aussi colossalement mauvais que ce *Dernier Combat de Ned Kelly*. C’était tellement mauvais que ça valait bien chaque dollar du billet d’entrée. En fait, tellement mauvais qu’on aurait dû payer plus cher. Pendant trente-cinq minutes, on nous a fait passer dans une succession de salles où des mannequins faits maison, arborant un sourire figé et une chevelure évoquant des poils de pubis sous un vent d’orage, reconstituaient les péripéties de la capture de Kelly dans un style incohérent et proche du délire. Parfois, l'un d'eux tournait la tête d'un mouvement saccadé ou lançait la main en avant pour tirer un coup de pistolet, mais sans que ces actions soient forcément pertinentes ou synchronisées avec le commentaire. Simultanément, des objets s'animaient dans les coins : des chaises bougeaient, des portes de placard s'ouvraient et se refermaient mystérieusement, des pianos mécaniques se mettaient à jouer, un petit garçon sur un trapèze (et pourquoi pas ?) se balançait entre les poutres du toit. Est-ce que vous connaissez ces stands de fête foraine où vous devez tirer sur une cible pour faire tomber un animal en peluche ? Eh bien, c'était exactement ça, mais en plus débile. Quant au commentaire, pour ce qu'on arrivait à en saisir au milieu des diverses pétarades, il n'avait ni queue ni tête.

Lorsque enfin nous avons émergé dans la lumière du jour, notre ravissement était tel que nous avons envisagé un moment de refaire le circuit. Mais, outre que quarante-cinq dollars représentent tout de même une certaine somme, on pouvait craindre qu'au deuxième tour on finisse par comprendre quelque chose. Alors nous sommes allés admirer le Ned Kelly géant en fibre de verre qui se dresse à l'entrée d'une des boutiques de souvenirs. Il n'était pas aussi grand ni aussi impressionnant que la Grande Langouste et ses testicules ne se balançaient pas dans la brise, mais, dans le genre, c'était une tentative courageuse. Après avoir fureté dans les étalages et acheté quelques cartes postales, nous avons regagné la voiture pour la prochaine étape de cette journée d'aventure.

Nous devions aller voir le célèbre « arbre de Kelly » dans un coin perdu baptisé Stringybark Creek. Pendant un long moment, nous avons remonté une vallée étrange et lugubre, parsemée de fermes envahies de ronces et à moitié ou complètement abandonnées, puis, en gagnant de l'altitude, nous nous sommes retrouvés dans une forêt tropicale dense et verdoyante avant d'arriver enfin dans un bois d'eucalyptus – ces immenses *stringybarks*. On dénombre en Australie quelque sept cents variétés d'eucalyptus, dont certaines portent des noms très évocateurs : eucalyptus blanc, fantôme, rouge, faiseur de veuve, eucalyptus gribouillé, gommier bâtard, etc., sans oublier ce fameux stringybark, qui est le premier que je sois arrivé à reconnaître facilement. Son écorce se détache en longs lambeaux et ses branches pendent en grappes fibreuses ou s'accumulent sur le sol, pour mieux brûler sans doute. C'est un arbre magnifique, très haut, avec un tronc bien droit et exceptionnellement dense.

Après avoir roulé quelques kilomètres à l'intérieur des bois, nous avons atteint une aire de stationnement annonçant l'arbre de Kelly. Nous étions les seuls visiteurs, peut-être même les seuls depuis des années. La forêt était sombre, silencieuse, et tous ces morceaux d'écorce pendant misérablement lui conféraient un air étrange, hostile et irréel. L'arbre de Kelly se dressait au bout du sentier, facilement repérable au diamètre de son tronc et aussi grâce à la plaque métallique reprenant la forme du célèbre heaume de Kelly.

– C'est quoi exactement, cet arbre ? ai-je demandé.

– Eh bien, m'a expliqué doctement Alan, à mesure que grandissait la réputation du gang de Kelly, la police s'est mise à le traquer avec plus de détermination encore. Les hors-la-loi en furent réduits à se réfugier dans des endroits de plus en plus inhospitaliers et isolés.

– Comme par ici ?

Il a acquiescé :

– Dans le genre isolé, on ne fait pas mieux !

On s'est tus un moment, le temps d'examiner un peu le sous-bois. Les eucalyptus poussaient si serrés qu'on avait peine à circuler entre leurs troncs, et l'air était lourd d'une odeur de pourriture organique.

C'était, je crois, la forêt la moins accueillante que j'eusse jamais vue. Même la lumière renforçait cette impression de renfermé.

– Pendant trois ans, Kelly et son gang se sont tenus tranquilles, puis, en 1878, quatre policiers ont retrouvé leurs traces. Mais nos bandits ont réussi à les capturer. Ensuite ils en ont liquidé trois en leur infligeant une mort particulièrement lente et horrible.

– Horrible comment ? ai-je demandé, toujours friand de détails morbides.

– Ils leur ont tiré dans les couilles et ils les ont laissés se vider de leur sang, histoire de les faire souffrir dans leur chair et dans leur honneur.

– Et le quatrième policier ?

– Il s'est enfui. Il s'est caché toute une nuit dans un terrier de wombat et le lendemain il a donné l'alarme. C'est précisément le meurtre de ces trois hommes qui a conduit à la fusillade de Glenrowan, si mémorablement illustrée par les merveilles robotiques du *Dernier Combat de Ned Kelly*.

– Et comment se fait-il que tu saches tout ça ?

Howe m'a regardé, un peu déçu.

– Parce que je sais des tas de choses, Bryson !

– Mais tu n'y connais rien en chapeaux ! a lancé sa femme.

Il l'a regardée un instant puis, ayant sans doute décidé que ce genre de commentaire ne méritait pas de réponse, il a repris en se tournant vers moi :

– Maintenant, en route pour le belvédère de Powers !

Et il s'est dirigé d'un pas martial vers la voiture. Je l'ai suivi.

– Combien de ces sites dédiés à Ned Kelly nous reste-t-il à voir ? ai-je glissé en m'efforçant de cacher mon angoisse.

Sans vouloir manquer de respect envers l'un des hors-la-loi les plus respectés de l'Australie ni insinuer que j'avais été déçu par l'arbre de Kelly – bien au contraire ! –, il me semblait important de rappeler que nous nous trouvions bien loin de toute civilisation et de signaler qu'on approchait de cette heure si conviviale où l'on commence à envisager la possibilité sérieuse de se sustenter et de se rafraîchir.

– Plus qu'un seul arrêt sur le chemin du retour, Bryson. Tu ne le regretteras pas. Et puis on ira boire un verre, promis !

Et Howe a tenu parole. Le belvédère de Powers est fabuleux. C'est une plate-forme rocheuse qui surgit haut dans le ciel et qu'on a baptisée ainsi en l'honneur de Harry Powers, un autre bushranger de légende qui partageait parfois cet endroit avec Kelly et sa bande. Une équipe de costauds diligents y a construit de solides passerelles en bois permettant de longer ou d'escalader les rochers escarpés, facilitant ainsi le trajet un peu raide qui sépare la masse de la montagne du promontoire rocheux constituant le belvédère.

La vue était sensationnelle. À nos pieds, environ trois cents mètres plus bas, s'étalait King's Valley avec son petit univers douillet de champs bien ordonnés et de fermes blanches. De l'autre côté de la vallée, dans un air d'une rare limpidité, se dressaient des ondulations montagneuses où culminait la bosse facilement reconnaissable du mont Buffalo, à une cinquantaine de kilomètres.

– Imaginez le même endroit en Virginie ou dans le Vermont, ai-je suggéré. Il serait bourré de touristes, même à cette heure. Il y aurait des boutiques de souvenirs, avec aussi, probablement, un Imax et un parc d'attractions.

Howe a hoché la tête :

– Ce serait la même chose dans les montagnes Bleues. C'est bien ce que je t'avais dis : ce coin du Victoria est resté un grand secret. N'en parle surtout pas dans ton livre.

– Je m'en garderai bien, ai-je promis.

– Et attends de voir ce que je te réserve pour demain. C'est encore mieux !
– Impossible !
– Si, si. Tu verras.

Ce qu'il nous avait réservé pour le lendemain, c'était la visite du parc national alpin, et effectivement c'était encore mieux. Couvrant six mille quatre cents kilomètres carrés à l'est du Victoria, ce parc est majestueux, frais et verdoyant. S'il y a bien une région d'Australie à l'opposé du stéréotype de la terre rouge et brûlée par le soleil, c'est celle-là. On y fait même du ski en hiver. Le terme « alpin » est peut-être légèrement ambitieux. Ne vous attendez pas à découvrir des sommets acérés par ici. Les Alpes australiennes offrent un profil nettement plus avenant, évoquant davantage les rondeurs des Appalaches d'Amérique ou des Cairngorm d'Écosse. Mais elles atteignent parfois des altitudes respectables – le mont Kosciusko culmine à deux mille deux cent trente mètres.

Howe s'était arrangé pour nous dénicher un guide charmant et serviable du nom de Ron Riley, l'un des gardes du parc. Homme jovial à la belle barbe grise, Ron possédait la sveltesse et ce regard lointain des gens habitués aux grands espaces. Nous l'avons rejoint dans la petite ville de Mount Beauty, où nous nous sommes entassés dans un 4 × 4 avant de nous engager sur la route longue et sinueuse du mont Bogong, le plus haut sommet de l'État de Victoria avec près de deux mille mètres. J'ai demandé si le nom venait de ces fameux papillons, les bogongs, qui éclosent en multitudes virevoltantes chaque printemps et qu'on retrouve partout pendant un jour ou deux. Avec certaines chenilles grassouillettes et certains gros vers gluants de palétuviers, ces papillons constituent un mets de choix pour les Aborigènes, une vraie gourmandise fréquemment citée dans les chroniques sur l'Australie – citée surtout parce que nos palais occidentaux la jugent particulièrement peu ragoûtante : on fait rôtir les bogongs sur des braises chaudes et on les avale tout entiers. C'est ce que j'ai lu…

Ron m'a confirmé que c'était bien là l'origine du nom.

– Et les Aborigènes les mangent vraiment ?

– Ben oui ! Du moins, traditionnellement. Un bogong contient quatre-vingt-cinq pour cent de matière grasse ; or les Aborigènes n'avaient pas tellement de graisse dans leur alimentation, alors ils considéraient ça comme un mets de choix. Ils parcouraient des kilomètres pour venir jusqu'ici.

– Et vous, vous en avez déjà mangé ?

– Une fois.

– Et alors ?

– Une fois suffit.

– Ça a quel goût ?

Il a réfléchi un moment.

– Un goût de papillon.

– J'ai lu que ça rappelait le beurre.

Il a réfléchi un moment.

– Non, un goût de papillon.

En grimpant vers le sommet, nous avons pénétré dans une épaisse futaie d'une hauteur étonnante. Ron m'a dit qu'il s'agissait de frênes des montagnes.

– Des frênes ? Je ne savais pas qu'on trouvait des frênes par ici, ai-je fait en prenant l'air de celui qui s'y connaît

– Non, effectivement. En réalité ce sont des eucalyptus.

Je l'ai regardé, surpris. Rien de commun dans son allure superbe, son grand tronc droit, sa couleur, son feuillage, avec les gommiers maigrelets qu'on voit dans les plaines. L'eucalyptus est décidément un arbre qui a su s'adapter à toutes les niches écologiques de l'Australie. Je ne pense pas qu'il existe une plante possédant des espèces plus variées.

– C'est l'arbre le plus haut du monde après le

séquoia de Californie, a ajouté Ron, ce qui a provoqué de ma part un nouvel acquiescement de connaisseur.

– Et ils atteignent quelle hauteur ?

– Oh ! ils peuvent atteindre les cent mètres. La moyenne c'est soixante-dix mètres.

Autrement dit, ils peuvent faire la hauteur d'un immeuble de vingt-cinq étages. De grands arbres, donc.

– Et vous avez des incendies de forêt par ici ?

– Parfois, a fait Ron un peu tristement. On a perdu cinq cent mille hectares de forêts dans cette partie du Great Dividing Range en 1985.

– Purée ! ai-je lancé, bien que ce chiffre ne me dise absolument rien.

Plus tard, j'ai regardé dans un livre et découvert que cinq cent mille hectares seraient l'équivalent, en Amérique, des parcs nationaux de Yosemite, Grand Teton, Zion et Redwood réunis. En d'autres termes, un désastre naturel colossal, d'une échelle inimaginable partout ailleurs. (Par curiosité, j'ai consulté le *New York Times Index* pour connaître le nombre d'articles consacrés à cet événement. Réponse : zéro.) Mais même sans savoir exactement à quoi correspondaient cinq cent mille hectares, j'ai compris que cela signifiait beaucoup, aussi ai-je ajouté poliment :

– Cela a dû être horrible !

Ron a hoché la tête :

– Ben ouais. Assez.

Nous avons traversé ensuite une zone de gommiers des neiges, encore une niche entièrement investie par les eucalyptus, puis nous avons atteint de hautes plaines ensoleillées, des plateaux aux molles ondulations couvertes d'herbes pâles et de plantes alpines, où la vue panoramique donnait sur les sommets lointains. On apercevait aussi d'autres visiteurs, généralement d'allure sportive, avec tout l'équipement des vrais pros de la randonnée. En croisant le groupe, Ron ralentissait, les saluait d'un « *G'Day* * *!* » et leur demandait s'ils avaient bien tous les renseignements nécessaires. En général ils les avaient mais semblaient trouver le geste sympa.

Ce fut une journée merveilleuse. Parfois on s'arrêtait, on marchait un peu, sinon on continuait à rouler en voiture. Il faisait un temps splendide – frais mais ensoleillé – et Ron nous amusait par ses anecdotes et sa bonne humeur. Il connaissait la moindre plante, le moindre bourgeon, le moindre insecte, et semblait prendre un réel plaisir à nous faire découvrir les recoins secrets de son parc. Il nous faisait cahoter au milieu des pâturages sur des pistes envahies de hautes herbes, gravir allégrement des chemins particulièrement raides et découvrir des tours de surveillance d'incendie quasi inaccessibles. À chaque détour de la route, on découvrait quelque chose d'intéressant ou un panorama inoubliable. Le parc national alpin est immense – près de six mille cinq cents kilomètres carrés –, mais il est en fait plus étendu encore puisqu'il touche à l'est le parc national de Kosciusko, dans les Snowy Mountains, juste de l'autre côté de la frontière avec la Nouvelle-Galles du Sud. Ron m'a indiqué le mont Kosciusko (le Kozzie, comme on dit), à près de cent kilomètres, mais même avec les jumelles je n'ai pas réussi à le distinguer.

Nous avons fini la journée sur un sommet imposant, le mont McKay, style toit du monde, où l'on a pu se régaler d'autres vues à couper le souffle : des reliefs à l'infini. Ron scrutait le paysage avec l'attention de celui qui redoute d'y apercevoir le panache de fumée fatidique.

– Vous êtes responsable de beaucoup de terrain ?

– Cent mille hectares.

– C'est énorme !

---

* L'équivalent australien de « *Hello !* ». *(N.d.T.)*

– Ouais ! a-t-il rétorqué en plissant les yeux pour mieux examiner le panorama. Ouais, j'ai vraiment de la chance.

Dénicher quelque chose d'assez exceptionnel pour rivaliser avec Glenrowan, le belvédère de Powers et les Alpes australiennes relèverait de l'exploit, et franchement je doute fort qu'on puisse trouver d'autres pays où ce genre de défi puisse être relevé. Mais Howe nous a assuré qu'il nous réservait quelque chose qui nous laisserait pantois, quelque chose qui n'existait nulle part ailleurs au monde, seulement dans ce coin perdu de l'État de Victoria, et il n'a pas voulu nous en dire plus. Le lendemain, pour prolonger et savourer le plaisir de cette attente, nous nous sommes rendus à Lake Entrance, une petite station balnéaire somnolente et démodée où nous avons passé la nuit après une petite balade et un délicieux repas de fruits de mer. Et puis le jour suivant nous avons repris la route de Melbourne en mettant le cap sur cette attraction mystérieuse.

Pendant un long moment, on a traversé des terres agricoles plutôt plates, ensoleillées mais sans grand intérêt. J'étais assis à l'arrière, plongé dans la béatitude d'une sorte de vide mental, lorsque soudain Alan a quitté la route pour s'arrêter près d'un grand panneau que je n'ai pas eu le temps de bien lire et garer la voiture dans un parking immense, pratiquement vide. Je me suis extirpé de la banquette arrière et éloigné du véhicule en clignant des yeux. Non loin de nous s'élevait une sorte de bâtiment tubulaire rappelant une grande serre, mais en béton et peinte en blanc.

J'ai lancé un regard interrogateur à Howe.

– Le Ver géant ! a-t-il annoncé.

Je l'ai regardé, éperdu d'admiration.

– Tu ne parles pas de ces célèbres vers géants du sud-ouest du Gippsland, tout de même ?

– Exactement. Tu connais ?

J'ai émis le ricanement que méritait une telle question. Cela faisait des mois que je lisais des descriptions de ces Gargantua du monde souterrain – plutôt, d'ailleurs, des notes de bas de page ou des références en passant –, mais jamais je ne me serais imaginé trouver un temple élevé à leur gloire.

Même dans un univers de créatures extraordinaires, les vers géants du Gippsland restent exceptionnels. Ces *Megascolides australis* sont les plus grands vers de terre du monde : ils atteignent quatre mètres de long et parfois plus de quinze centimètres de diamètre. Ils sont d'une telle taille qu'on peut les entendre se déplacer sous terre, avec des borborygmes rappelant la tuyauterie défectueuse d'un chauffage central. Pourquoi ce petit coin du Victoria a-t-il favorisé le développement de ces lombrics taille XXL ? C'est là un mystère que la science n'a pas encore éclairci. Mais il faut reconnaître que très peu de candidats au prix Nobel s'intéressent de près à la physiologie et à la répartition des vers de terre. En tout cas, comme nous l'a fait miroiter Howe, la somme des connaissances humaines sur la question se trouvait précisément rassemblée dans cette structure tubulaire devant nous.

Après avoir acheté nos trois billets, nous nous sommes retrouvés, brûlants d'impatience, dans la salle d'exposition. Sur le mur face à l'entrée, on avait disposé des agrandissements de photographies prises au début du XXe siècle, montrant quatre hommes, l'air absurdement satisfaits, exhibant un ver de quatre mètres un peu léthargique, guère plus gros qu'un ver de terre ordinaire mais nettement plus ambitieux question longueur. J'étais plongé dans l'examen de ces photos lorsque Carmel a attiré mon attention sur une exposition de vers de terre géants *bien vivants*. On les avait installés derrière un verre de deux centimètres d'épaisseur, dans une vitrine remplie de terre, une sorte de vivarium très étroit suspendu au mur.

D'après la notice, elle contenait un couple de vers géants et effectivement, là où la terre manquait, on réussissait à apercevoir un ou deux centimètres carrés de ces animaux. Mais comme ils ne bougeaient pas et ne faisaient rien de particulier (apparemment les *Megascolides* adorent faire la sieste), l'attraction restait, je dois l'admettre, singulièrement peu spectaculaire. Je m'étais dit qu'il y aurait un coin où l'on pourrait les caresser ou un dompteur muni d'un fouet et d'un tabouret qui les aurait contraints à sauter à travers des cerceaux. Mais rien de tout cela. Alan et moi avons essayé de les animer un peu en tapotant sur la vitre, mais ils n'ont rien voulu savoir.

Non loin de là se trouvaient deux longs tubes de verre contenant un couple de vers géants dans du formol. Ces deux spécimens avaient à peu près la circonférence qu'un ver de terre ordinaire, mais ils mesuraient un mètre cinquante de long – pas exactement titanesques, donc, mais assez grands pour faire de l'effet. Les vers se conservent mal et de petits bouts de peau flottaient dans le formol, comme si on avait agité le tube ou plus probablement (comme Alan et moi l'avons établi de façon concluante en tapotant sur le tube) à force de tapoter sur le tube. Il était difficile de les regarder un moment sans avoir des haut-le-cœur.

La salle suivante présentait un petit film résumant tout ce que l'on sait sur les vers géants, autrement dit pas grand-chose. Ce sont des créatures discrètes, délicates, pas très nombreuses et peu coopératives, donc difficiles à étudier même en admettant que vous en ayez envie. Comme vous vous le rappelez peut-être de vos expériences enfantines, les vers de terre répugnent à quitter leur trou, et si vous essayez de les y forcer en tirant dessus, ils se cassent. Alors vous imaginez bien que convaincre un ver géant de sortir de son repaire relève de *Mission impossible*.

Une des conclusions que ce musée du ver géant

permet d'établir de façon irréfutable, c'est que la bestiole en question présente un intérêt limité. Conscients de cette évidence, les propriétaires offrent d'autres attractions, comme ces vivariums contenant des serpents dont le célèbre et redoutable taïpan, le serpent le plus dangereux d'Australie. Alan et moi avons renouvelé nos expériences de tapotements, et nous nous sommes retrouvés enlacés, platoniquement, après un bond de quatre mètres en arrière, lorsque le taïpan nous a menacés en ouvrant une gueule assez grande, à mon avis, pour engloutir une tête humaine. Mais peut-être bâillait-il seulement. En tout cas, bien décidés désormais à garder nos mains dans nos poches, nous avons suivi Carmel vers l'enclos extérieur qui présentait d'autres animaux – des kangourous, des émeus, un dingo dépressif, des cacatoès en cage, une demi-douzaine de wombats assoupis, roulés en boule, et deux koalas, eux aussi assoupis. C'était un après-midi très chaud, sans un souffle d'air, et visiblement l'heure de la sieste, aussi toute cette ménagerie était-elle plongée dans une profonde inertie – même les cacatoès se taisaient. Mais je me suis promené dans ces allées complètement fasciné, ravi de trouver rassemblés en un seul lieu tant de spécimens exotiques de la faune indigène. J'ai bien examiné le wombat, « un quadrupède trapu, ramassé, court sur pattes et plutôt inactif, possédant toute l'apparence de la force compacte », selon la description inégalable faite par le premier Anglais à avoir vu cet animal en 1788. Cet homme, David Collins, devait se révéler moins fiable dans sa peinture du kangourou, décrit comme « un petit oiseau au plumage magnifique ». Alan et Carmel arboraient l'air indulgent et un peu blasé qu'aurait un Américain dans un zoo consacré aux ratons laveurs ou aux écureuils. Mais pour moi tout était une nouveauté, y compris le dingo, qui pourtant n'est rien d'autre qu'un chien. J'ai fait deux fois le tour de la ménagerie avant de donner, enfin satisfait, le signal du retour vers Melbourne.

Nous avons dîné dans un restaurant vietnamien de Richmond, un faubourg proche du centre-ville, dans une rue bordée de kilomètres de restaurants exotiques. Alan m'a fait remarquer, ce que je me garderai bien de contester, que Melbourne bat Sydney en matière de gastronomie. Puis, au cours de la conversation, il m'a demandé si je pensais aller voir la Grande Barrière de corail, qu'il adorait tout particulièrement. Je lui ai dit que je pensais y aller, mais seulement dans quelques semaines.

– Fais gaffe qu'ils ne t'abandonnent pas là-bas, a-t-il lancé avec un sourire entendu.

– Qu'est-ce que tu veux dire ?

– C'est une histoire récente. On a oublié un couple d'Américains sur le récif.

– Oublié ? ai-je dit, perplexe et intrigué.

Howe a opiné en piquant sa fourchette dans ses pâtes.

– Ouais. Une fois le bateau rentré au port, on s'est aperçu qu'il manquait deux passagers. Pas très sympa pour ces pauvres zigs, non ? Tu t'imagines ? Tu es là, en train de nager au milieu des poissons et des coraux, de t'amuser comme un fou, et quand tu refais surface tu t'aperçois que le bateau a levé l'ancre en te plantant là, tout seul, au beau milieu d'un océan très grand et très vide. Dur, dur…

– Ils n'ont pas tenté de regagner la côte à la nage ?

Il a émis un sourire indulgent devant mon ignorance.

– La Grande Barrière de corail est très loin de la côte, Bryson, à cinquante kilomètres au moins. Un peu loin pour nager !

– Et il n'y a pas d'île ni rien ?

– Pas là où se trouvaient les Américains. Ils étaient vraiment en pleine mer. Mais apparemment il y avait deux choses vers lesquelles ils pouvaient se diriger : un grand ponton de plongée et un petit atoll corallien, l'un et l'autre situés à deux kilomètres de là. Donc ils ont dû partir à la nage vers ces deux refuges. Ce qu'ils ne savaient pas – ce qu'ils ne pouvaient pas savoir – c'est qu'ils devaient traverser un profond chenal, et devine qui hante les eaux profondes ?

– Les requins.

Il a hoché la tête devant ma perspicacité.

– Alors tu vois le tableau : tu es en pleine mer, abandonné. Tu es fatigué. Tu nages vers un petit bout de corail, et c'est dur parce que tu nages à contre-courant et que la marée monte. La lumière du jour décline. Et autour de toi il y a des ailerons qui font des cercles, peut-être bien une douzaine d'ailerons.

Il s'est interrompu pour me permettre d'imaginer la scène, puis il a repris d'une voix parfaitement neutre :

– Je ne sais pas ce que tu aurais fait, mais personnellement j'aurais exigé qu'on me rembourse.

Et il a éclaté de rire.

– Personne n'est parti à leur recherche ?

– Il s'est passé deux jours avant qu'on s'aperçoive de leur absence, a dit Carmel.

Je me suis tourné vers elle, interloqué :

– Deux jours ?

– À ce moment-là, naturellement, ils avaient disparu.

– Dévoré par les requins ?

Elle a haussé les épaules.

– Comment savoir ? Mais oui, sans doute. En tout cas on ne les a plus jamais revus.

– La vache !

Nous avons repris notre repas en silence, puis j'ai fait remarquer que chaque fois qu'on raconte une histoire bizarre en Australie elle semble se dérouler dans le Queensland. Ma préférée du moment était celle de cet Allemand récemment retrouvé du côté de Cairns. Il était arrivé avec un visa touristique en 1982 et avait passé dix-sept ans à se balader à pied dans les déserts du Nord en vivant presque exclusivement de cadavres d'animaux écrasés sur la route. J'aime bien aussi l'histoire de ces immigrants chinois venus illégalement de Chine sur un vieux rafiot qui les avait largués dans des eaux peu profondes à une centaine de mètres de la plage de Cairns. On les avait pincés lorsqu'un des membres du groupe, la valise pissant l'eau, le pantalon trempé et les chausssures faisant *floc ! floc !* à chaque pas, s'était présenté chez un marchand de journaux à qui il avait demandé très poliment de téléphoner à une dizaine de taxis pour les conduire, lui et ses compagnons, à la gare de Cairns. Presque quotidiennement, on trouve dans la presse des histoires hautement improbables à la rubrique « Dépêches en provenance du Queensland ».

Alan a approuvé d'un hochement de tête.

– Naturellement, il y a une explication.

– Laquelle ?

– Ils sont tous fous, les gens du Queensland. Complètement dingues. Ça va te plaire, là-haut.

Le lendemain matin, Alan m'a conduit à l'aéroport en faisant un crochet par son bureau. Pendant qu'il partait changer le titre de la une, ou un truc de ce genre, enfin ce que font les rédacteurs en chef, il m'a laissé dans son bureau et autorisé à m'amuser avec son fauteuil pivotant.

En revenant, il m'a tendu un dossier.

– J'ai retrouvé quelques informations sur ce couple d'Américains disparus. J'ai pensé que cela pourrait t'être utile.

– Merci, ai-je répondu, très touché.

– Je me suis dit que tu pourrais y trouver des tuyaux pour éviter de te laisser larguer sur un récif. Je te connais, Bryson : t'as vraiment tendance à roupiller partout.

À l'aéroport, il a fait le tour de la voiture pour m'aider à sortir mes bagages et il m'a serré la main.

– Rappelle-toi ce que je t'ai dit : fais gaffe à toi dans le Nord.

– Tous complètement dingues, ai-je répété pour prouver que je n'avais pas oublié.

– Fous à lier !

Il m'a souri, a sauté dans sa voiture, puis il a agité la main avant de disparaître.

CHAPITRE XII

On peut concevoir plusieurs scénarios dans lesquels vous seriez heureux de vous retrouver à la fin d'une longue journée à Macksville, Nouvelle-Galles du Sud, par exemple une soudaine montée du niveau des océans faisant de cette cité le seul point émergé de la planète, ou alors une épidémie horrible qui l'aurait miraculeusement épargnée. À part ça, dans des circonstances normales, je vous imagine mal débarquer dans la rue principale par une chaude soirée d'été et déclarer avec un soupir de gratitude :

– Ouf ! Dieu soit loué, j'y suis enfin !

Je me retrouvais à Macksville à la suite d'une découverte intéressante : Brisbane ne se situe pas à trois ou quatre heures au nord de Sydney, comme je l'avais innocemment supposé jusqu'alors, mais plutôt à quelque chose comme deux jours de route. Il est vrai que si vous suivez la météo à la télévision Brisbane et Sydney semblent voisines : leurs petits soleils, nuages ou parapluies n'arrêtent pas de se bousculer sur la carte. Mais en Australie la notion de voisinage est évidemment très relative, et en réalité il vous faudra parcourir mille kilomètres pour vous rendre de l'une à l'autre, la plupart du temps sur une route à deux voies d'une étroitesse ridicule. C'est ainsi qu'à la fin de la journée, un peu décontenancé, j'ai dû faire halte à Macksville.

Loin de moi l'idée de décrier une cité que deux mille huit cent onze personnes sont certainement fières d'appeler leur *home* – quel mot magique ! –, mais comme j'avais cru pouvoir dîner d'un barramunda fraîchement pêché en contemplant le coucher du soleil sur le Pacifique depuis cette célébrissime Gold Coast du Queensland, j'ai trouvé un tantinet décevant de me retrouver coincé dans un trou perdu, sans avoir même accompli la moitié du trajet. Mon souci majeur venait de ce qu'il ne me restait plus beaucoup de temps pour terminer mon périple. Je m'étais engagé de longue date à participer en Syrie et en Jordanie à une marche organisée par une œuvre britannique au profit de l'enfance. D'ici trois jours il me faudrait quitter Sydney, repasser chez moi en Nouvelle-Angleterre pour prendre mes affaires de sport et voir combien de mes enfants me reconnaîtraient encore, avant de repartir pour Londres et de là vers Damas. De toute évidence, je n'allais pas pouvoir traîner sur les plages de la Boomerang Coast autant que je l'avais espéré.

Mon humeur, donc, se situait dans la catégorie, disons, maussade. Pourtant Macksville n'est pas si mal que ça. Située au bord de la Nambucca, une rivière aux flots rapides et boueux, l'agglomération se veut une étape sur la nationale et se résume à un alignement tentaculaire de petits bungalows aux jardins soignés, avec quelques immeubles de bureaux menant à un centre-ville compact. La route qui traverse la ville a beau porter le nom de Pacific Highway – l'axe principal reliant Sydney à Brisbane –, deux voitures seulement m'ont croisé alors qu'ayant quitté le motel je parcourais les faubourgs poussiéreux en direction du centre.

Au cœur de cette modeste cité se dresse le Nambucca Hotel, un grand bâtiment qui a connu des jours meilleurs. J'y suis entré, ravi d'échapper à la chaleur. L'endroit était spacieux et pratiquement désert. Deux hommes d'un certain âge, portant débardeur et chapeau de brousse usé, étaient accoudés à l'une des extrémités d'un long comptoir. Dans une petite salle contiguë, un homme et une femme, taciturnes et concentrés, étaient installés devant les lueurs tamisées et métalliques des appareils à sous. Je me suis commandé une bière et je suis allé m'asseoir suffisamment à l'écart pour éviter toute amorce de conversation. J'ai finalement choisi un tabouret dans la partie centrale de la pièce, d'où j'ai suivi, distraitement, les informations diffusées par un poste de télévision muet fixé au mur.

Quelque part dans le bush, la police battait la campagne avec une meute de chiens. Rien ne laissait deviner ce que ces bêtes pouvaient bien rechercher, mais si c'était de la terre rouge ils s'en sortaient très bien. Ailleurs on signalait de nouveaux cas de fièvre de Ross River – encore une maladie inconnue dont j'allais pouvoir m'inquiéter désormais. Puis on nous montrait Paul Keating, cet ex-Premier ministre au vocabulaire fleuri cité précédemment dans le chapitre sur Canberra, debout sur les marches d'un bâtiment officiel en train de répondre aux questions des journalistes, l'air de fort méchante humeur. Impossible, bien sûr, de saisir ce qu'il disait, mais je suppose qu'il devait traiter son auditoire de tas de larves et de crétins. À la réflexion, regarder les actualités télévisées sans mettre le son ne manque pas d'intérêt.

Pendant ce temps-là, dans le monde connu, il se passait quelque chose au Kosovo : des convois roulaient sur des routes de campagne et des mortiers crachaient de petits nuages de fumée en direction de lointaines collines. Bill Clinton semblait avoir encore fait des siennes, du moins ai-je cru le comprendre puisqu'on nous le montrait en train de se balader main dans la main avec Hillary et Chelsea dans la roseraie de la Maison-Blanche, affichant la plus parfaite entente conjugale. Comme en plus un charmant épagneul gambadait joyeusement à leurs côtés, j'en ai conclu qu'il devait être dans une sacrément mauvaise passe. De toute façon, quelle importance : tout cela était si loin !

Ensuite on a eu droit à une longue séquence de sports, avec comme toujours des résultats très satisfaisants pour les Australiens, et puis à la météo – soleil partout –, après quoi la speakerine a soigneusement rangé ses petits bouts de papier et nous a adressé un grand sourire qui semblait signifier qu'on pouvait tous aller se mettre au lit l'âme en paix puisque Greg Norman gagnait au golf et que tout le reste de l'actualité se passait très, très loin de l'Australie, sans grandes conséquences pour elle.

Il est incroyablement facile, dans ce pays, d'oublier le reste du monde, ou du moins de le réduire à une vague notion diffuse. Dans la couverture des événements mondiaux, les Australiens font des efforts méritoires pour surmonter le handicap de la distance, mais sans pouvoir éviter qu'au détour des nouvelles se manifeste ce curieux sentiment de ne pas être tout à fait en phase avec l'actualité, illustré par des petits détails rappelant constamment que cette nation est vraiment au bout du monde. Par exemple, j'ai remarqué que la presse australienne publie souvent des rubriques nécrologiques, surtout pour des personnalités étrangères, des semaines ou des mois après le décès. En un sens je peux le comprendre – après tout ces gens risquent de rester morts un sacré bout de temps – mais ce décalage donne à ces pages un ton curieusement décontracté. La veille, pendant le vol Melbourne-Sydney, j'avais feuilleté le *Bulletin*, ce vénérable magazine australien, et j'étais tombé sur la page « Flashback » consacrée aux importants anniversaires historiques de la semaine. La date du 22 janvier offrait aux lecteurs cette information intéressante : « 1934 : naissance de l'acteur Bill Bixby (décédé en 1993) à Park Ridge, Illinois. »

Réfléchissez un peu : dans une rubrique dédiée aux grands événements de l'histoire mondiale, la date de naissance d'un acteur dont le titre de gloire est d'avoir eu un rôle dans *Mon Martien préféré*, un feuilleton télévisé des années 1960, est encore commémorée en Australie *six ans après sa mort*. Franchement je trouve ça un peu surprenant. Il s'agissait d'un article destiné à boucher un trou à la fin d'un magazine et je sais qu'il ne faut pas en tirer de conclusions trop définitives, aussi laissez-moi vous donner un autre exemple de cette légère excentricité temporelle.

Assis au bar, j'ai sorti mon volume de Manning Clark sur l'histoire de l'Australie et je m'y suis consciencieusement replongé. Il me restait une trentaine de pages et il me tardait d'être débarrassé à tout jamais de Mr Manning et de son kitsch littéraire. Mais enfin, l'histoire de l'Australie est un sujet passionnant, j'avais un siège confortable et le bar était ouvert : je n'étais donc pas si malheureux que ça.

J'ai terminé le livre. Seulement voilà : il prenait fin en 1935. Après six cent dix-neuf pages d'un texte particulièrement dense, le bouquin finissait sur la nomination de John Curtin à la tête du parti travailliste australien, le 1er octobre 1935. Il s'agissait, permettez-moi de le rappeler, d'une histoire de l'Australie en un volume, d'un ouvrage de référence, du titre que vous recommanderont automatiquement tous les libraires du pays. Et le point final se situait en 1935. Il y avait seize Premiers ministres de cela !

J'en ai été tellement surpris que j'ai soulevé le volume pour voir si des pages s'en étaient détachées. J'ai aussi examiné le plancher autour de mon tabouret. Mais non. Le livre finissait bien en 1935. Manning Clark est mort – ou a cruellement exhalé la dernière étincelle de sa vie terrestre, comme il aurait sans doute préféré qu'on l'écrive – en 1991, donc j'étais prêt à lui faire grâce de la dernière décennie de la saga australienne, mais il aurait tout de même pu trouver un peu de place pour citer, par exemple, la Deuxième Guerre mondiale. Bien que cet ouvrage ait été écrit longtemps après 1945 (il s'agit d'une œuvre en six tomes rédigée entre 1962 et 1987 mais dont mon exemplaire condensé ne représentait que la quintessence), il ne contenait pas la moindre allusion à l'épisode le plus important du XXe siècle. Pas même une référence aux prémices de la tempête. Pas la moindre place non plus, dans cet ouvrage, pour la guerre froide, la réforme des terres aborigènes, l'émergence d'une société multiculturelle, la chute du gouvernement Whitlam, le débat autour du projet de république, les dates anniversaires de Bill Bixby, parmi tant d'autres choses.

Pour pallier ces lacunes gênantes, les éditeurs avaient introduit dans la plus récente édition une sorte de postface rédigée par la personne chargée de réviser et de condenser l'œuvre de Manning. Cette mise à jour résumait soixante ans de l'histoire de l'Australie en trente-quatre pages, ce qui donnait à l'ensemble un ton un peu essoufflé et anecdotique. Mais jusqu'à cette édition de 1995, il n'y avait rien eu de tel.

Bref, j'ai trouvé ça extrêmement bizarre. C'est tout ce que j'ai à dire.

J'ai refermé le livre en soupirant et je me suis rendu compte que je mourais de faim. Une petite pancarte apposée sur une porte à l'autre bout de la salle indiquait que le Nambucca Hotel possédait un restaurant. J'ai donc décidé d'aller voir. Mais la porte a refusé de s'ouvrir.

– Le restaurant est fermé, mon gars, m'a dit l'un des deux clients assis au bar. Le cuistot est patraque.

– L'a dû manger sa propre cuisine, a lancé une voix venue de la salle aux machines à sous.

Tout le monde a éclaté de rire.

– Et qu'est-ce qu'il y a d'autre comme restaurants en ville ?

– Ça dépend, a répondu l'homme.

Il s'est raclé la gorge pour réfléchir puis a repris, en se penchant légèrement vers moi :

– Vous aimez bien manger ?

J'ai acquiescé. Quelle question !

– Ben alors, vous trouverez rien.

Et il a replongé le nez dans sa bière.

– Essayez le chinois, de l'autre côté de la rue, a suggéré son copain. C'est pas trop mal.

Il y avait effectivement un restaurant chinois de l'autre côté de la rue, mais sur sa devanture une pancarte précisait qu'il ne vendait pas d'alcool, or je me sentais incapable d'affronter le genre de cuisine chinoise qu'on vous sert dans les petites villes sans le réconfort d'un verre de bière. J'ai suffisamment roulé ma bosse pour savoir qu'en règle générale un grand chef s'installe rarement dans un patelin comme Macksville sous prétexte que son rêve est de faire découvrir les subtilités de trois millénaires de gastronomie sichuanaise à une population d'éleveurs de moutons. Je suis donc allé voir ce que le cœur de Macksville avait d'autre à me proposer. La réponse a été : pas grand-chose. Tout semblait fermé à l'exception d'un établissement de plats à emporter portant le nom peu encourageant de Bub's Hotbakes. J'ai poussé la porte, interrompant le roupillon de cinq mille mouches venues voir ce que Bub et son équipe pouvaient bien fabriquer, et je suis entré, sachant d'avance que c'était une expérience que j'allais regretter.

Bub proposait une assez grande sélection de plats, généralement à base de morceaux de viande nageant dans une sauce brune à bord d'une pâte feuilletée. J'ai demandé un friand à la saucisse et des frites.

– On fait pas de frites ici, m'a dit la serveuse, une demoiselle aux amples proportions.

– Alors comment vous vous débrouillez pour être aussi grosse ? ai-je failli lui demander, mais naturellement je me suis abstenu de faire cette remarque machiste et j'ai simplement modifié ma commande.

Je suis ressorti muni d'un grand friand à la saucisse et d'un truc baptisé *continental cheesecake* que j'ai dévorés debout sur le trottoir.

Sans diffamer le talent culinaire de Bub, je peux affirmer que ce genre de repas n'est pas vraiment l'apothéose rêvée d'une sortie nocturne en ville, même dans un bled aussi paumé que Macksville. D'ailleurs il n'était que sept heures et demie du soir. J'ai étudié les options qui m'étaient offertes : retourner dans mon motel pour regarder la télé, faire une promenade pour profiter du coucher du soleil sur la nationale, boire une bière au Nambucca Hotel. J'ai opté pour le Nambucca.

Les deux hommes du bar étaient partis et avaient été remplacés par une dame seule plongée dans une conversation sérieuse et animée avec la barmaid. À en juger par leur expression concentrée et grave, il s'agissait d'une réactualisation des derniers potins.

– Eh bien il est très bien là où il est ! Tant qu'on n'a pas trouvé le trou… ai-je pu saisir au vol.

J'ai repris une bière, regagné ma place favorite et sorti mon atlas routier pour voir exactement où je me trouvais. Depuis deux jours, je commençais à entrevoir quelles étendues étonnamment vastes et désertes il me restait à parcourir. Cela faisait maintenant près de quatre semaines que je hantais les routes et je n'avais couvert qu'une fraction infime du territoire australien. De plus, je n'avais fait que la partie facile, les zones où le réseau routier était goudronné et le pays raisonnablement peuplé. Au total, l'Australie possède près de trois cent mille kilomètres de routes asphaltées, assez pour occuper un automobiliste à plein temps pendant un an environ, mais la majorité de ces routes se situe dans la frange côtière bien peuplée, à l'est du pays. Ailleurs, sur des immensités et des immensités, il n'y a rien. Pas une seule route ne longe sur trois mille kilomètres ce magnifique littoral entre Darwin et Cairns, ce qui doit être une sorte de record mondial. Aucune route non plus ne trouble la luxuriance tropicale entre Cairns et le cap York, à huit cents kilomètres au nord, le point le plus septentrional de l'Australie et également l'un des endroits les plus beaux. Dans tout le Queensland, un État où une bonne partie de l'Europe de l'Ouest tiendrait à l'aise, trois routes goudronnées seulement s'aventurent dans les immensités arides et une seule fournit un accès vers l'ouest, vers les deux tiers restants de l'Australie. De Camooweal, au nord du Queensland, jusqu'à Barringun, au sud, on pourrait – à condition d'être complètement timbré – marcher sur deux mille kilomètres sans rencontrer un seul mètre carré de macadam.

L'outback possède, il est vrai, des pistes de terre relativement nombreuses (cinq cent mille kilomètres environ), mais en principe les voitures de location n'y sont pas autorisées et même avec un véhicule bien équipé il faut être un conducteur expérimenté et téméraire pour s'y aventurer tant les risques de se perdre ou de tomber en panne sont grands. Récemment, un couple de jeunes Autrichiens voyageant dans l'outback à bord d'un 4 × 4 de location s'est enlisé dans le sable sur une piste paumée et anonyme du désert de Simpson. Comprenant qu'ils ne s'en tireraient pas tout seuls, la femme a décidé de partir à pied pour rejoindre, à une soixantaine de kilomètres de là, la piste d'Oodnadatta où elle aurait quelque chance de trouver du secours. Pourquoi la femme et pas l'homme, on ne sait pas. Mais ce qu'on sait, en revanche, c'est qu'elle a emporté avec elle neuf litres d'eau sur les douze dont ils disposaient et qu'elle s'est mise en route sous une chaleur frisant les soixante degrés.

En plein soleil, avec une température pareille, on

commence littéralement à cuire, un peu comme on le ferait dans un four à micro-ondes, de l'intérieur vers l'extérieur. La pauvre fille n'avait pas la moindre chance de s'en tirer. Même avec une ration d'eau importante, elle a tenu moins de deux jours en ayant parcouru vingt-neuf kilomètres. (Son compagnon, resté à l'ombre, a été secouru et a survécu.) En résumé, on n'a pas intérêt à se laisser surprendre dans l'outback.

Mon problème immédiat était de savoir ce que j'allais faire dans les deux prochains jours. À l'origine, mon programme prévoyait Brisbane, Surfers Paradise et la Grande Banane de Coffs Harbour. Mais je n'avais plus le temps de visiter Brisbane, du moins pas sérieusement, et je n'étais pas très excité par la Grande Banane. Sans vouloir manquer de respect envers un trésor national, je dois reconnaître que ma passion pour les fruits monumentaux a ses limites. Donc, assis au bar, je m'étais mis à feuilleter distraitement les pages de l'atlas à la recherche d'autres attractions – Byron Bay, Dorrigo National Park, les monts Darling au sud du Queensland –, lorsque deux mots imprimés en caractères minuscules le long d'une petite ligne bleue ont attiré mon attention. Je tenais ma prochaine destination : j'irais à Myall Creek. Il était temps d'étudier un peu la population oubliée de l'Australie.

CHAPITRE XIII

Un des épisodes les plus importants de l'histoire de l'humanité s'est déroulé à une époque qu'on ne pourra sans doute jamais dater, pour des raisons qu'on peut seulement supposer et avec des moyens qui paraissent à peine crédibles. Je fais allusion, naturellement, au peuplement de l'Australie.

Jusqu'à une époque relativement récente, l'expliquer ne semblait pas poser de problèmes. Au début du XXe siècle on pensait encore que les Aborigènes habitaient le continent depuis quatre siècles environ. Dans les années 1960, on a commencé à avancer le chiffre de huit mille ans. Mais en 1969 le géologue Jim Bowler, de l'université de Canberra, s'amusait à fouiller les rives du lac Mungo, depuis longtemps asséché, dans un coin perdu de l'ouest de la Nouvelle-Galles du Sud, lorsque quelque chose a soudain attiré son attention. C'était le squelette d'une femme émergeant légèrement d'un banc de sable. Les ossements ont été expédiés au laboratoire pour être datés. Les résultats ont révélé que cette femme était morte il y a vingt-trois mille ans, ce qui, d'un seul coup, multipliait par trois l'ancienneté de cette occupation humaine. Depuis, d'autres découvertes ont repoussé cette date encore plus loin, jusqu'à quarante-cinq mille ans, voire soixante mille.

Les premiers habitants de l'Australie ne sont

certainement pas arrivés en marchant, car depuis l'apparition de l'homme sur terre elle n'a jamais cessé d'être une île gigantesque. Ils ne sont pas non plus le résultat d'une évolution locale puisque ce continent ne possède aucun primate dont les humains auraient pu descendre. Les premiers arrivants ont seulement pu venir par la mer, probablement de Timor, dans l'archipel indonésien. Et c'est là que les problèmes commencent.

Pour expliquer la présence de l'*Homo sapiens* en Australie, il faut admettre qu'à une période de notre histoire très lointaine vivait dans le sud de l'Asie un peuple suffisamment avancé pour pratiquer la pêche à bord de bateaux, ou plus vraisemblablement de radeaux. Nous vous demandons d'oublier le fait que toutes les découvertes archéologiques établissent qu'il faudra attendre trente mille ans pour voir apparaître ce genre de technique. Quoi qu'il en soit, il a bien fallu que ces gens se retrouvent sur l'eau d'une manière ou d'une autre.

Ensuite il nous faut expliquer ce qui a pu les pousser à traverser cent kilomètres de pleine mer pour atteindre une terre dont ils ne pouvaient pas connaître l'existence. Le scénario qu'on évoque invariablement est celui d'un radeau de pêche tout simple – certainement rien de plus qu'une petite plate-forme – emporté accidentellement en haute mer par une de ces bourrasques si fréquentes dans cette région du monde. L'esquif a pu dériver pendant des jours avant d'échouer sur une des plages du nord de l'Australie. Jusque-là, ça va.

La question qui se pose naturellement – mais qu'on évoque rarement – est la suivante : comment expliquer la multiplication de l'espèce ? S'il s'agit d'un pêcheur solitaire emporté vers l'Australie, il a dû de toute évidence s'arranger pour rentrer au pays, y faire part de sa découverte et persuader suffisamment de gens de repartir avec lui pour fonder une colonie. Ce qui requiert bien sûr une maîtrise des techniques nautiques suffisante pour effectuer un aller-retour entre deux masses de terre invisibles – prouesse que les spécialistes de la préhistoire admettent difficilement. Il a pu s'agir aussi d'un trajet purement accidentel, accompli seulement dans un sens. Dans ce cas, on doit émettre l'hypothèse de personnes des deux sexes emportées toutes ensemble au large sur un grand radeau (peu probable) ou sur une flottille de petits radeaux qui auraient échoué après plusieurs jours de traversée, ayant bravé les tempêtes, en des points de la côte australienne suffisamment proches pour permettre à ces braves gens de se regrouper et de fonder une société.

Certes, il n'a pas fallu un grand nombre d'hommes pour peupler l'Australie. Joseph Birdsell, un universitaire américain, a calculé qu'un groupe de vingt-cinq colons a pu donner naissance à une population de trois cent mille individus en un peu moins de deux mille ans. Encore fallait-il d'abord amener vingt-cinq personnes jusqu'en Australie – bien plus que ne pouvaient raisonnablement en contenir un ou deux radeaux poussés par le vent.

Naturellement, on peut échafauder des tas d'autres hypothèses et il a sans doute fallu des générations pour que tout se mette en place. Personne ne semble détenir la vérité. Un fait est certain : les Aborigènes vivent sur ce continent parce que leurs lointains ancêtres ont réussi à affronter une mer déchaînée, et qu'ils l'ont fait des dizaines de milliers d'années avant que quiconque sur la planète ait même imaginé accomplir un tel exploit.

À tous points de vue la performance est absolument renversante. Et quel intérêt lui accorde-t-on ? Pour commencer, posez-vous cette question : quand avez-vous lu pour la dernière fois, dans la rubrique des migrations humaines et de la naissance des civilisations, une référence même fugace au rôle des Aborigènes ? Ce sont les invisibles de la terre.

Une grande partie du problème vient de ce qu'il est quasiment impossible de concevoir ce que représentent soixante mille ans, chiffre retenu par Roger Lewin, un scientifique de Harvard, dans son éminent ouvrage *L'Évolution humaine* *. Sur une telle durée, l'occupation de l'Australie par les Européens représente environ 0,3 pour cent. Autrement dit, à 99,7 pour cent, l'histoire humaine de l'Australie appartient aux seuls Aborigènes. Mais leurs prouesses ne s'arrêtent pas là. Leur arrivée en Australie n'est que le commencement de leur saga. Ils ont aussi maîtrisé le continent. Ils s'y sont déployés avec une rapidité remarquable et ont su développer des statégies et des comportements leur permettant d'exploiter ou de supporter les conditions extrêmes de cette terre, depuis la forêt tropicale la plus humide jusqu'au désert le plus aride. Peu de peuples ont su s'adapter à l'environnement avec autant de succès et pendant aussi longtemps. On s'accorde à reconnaître aux Aborigènes la plus ancienne culture encore existante. Certains pensent, comme John Mulvaney, un préhistorien réputé, que les langues aborigènes sont sans doute les plus vieilles du monde.

Il s'agit là de performances extraordinaires démontrant que les premiers Aborigènes avaient maîtrisé un langage, un sens de la coopération, des techniques et des systèmes d'organisation bien plus tôt que toute autre communauté humaine. Et quelle attention accorde-t-on à ces performances ? Jusqu'à une date récente, pratiquement aucune. J'ai pu m'en rendre compte de façon saisissante après avoir quitté Alan et Carmel, lorsque, de retour à Sydney, j'ai passé l'après-midi à la bibliothèque de l'État de Nouvelle-Galles du

---

* Paris, Seuil, 1991. *(N.d.T.)*

Sud. J'y suis tombé par hasard sur un Larousse encyclopédique de préhistoire édité en 1972. Curieux de voir ce qu'on y disait des découvertes du lac Mungo faites trois ans plus tôt, je l'ai feuilleté : rien sur les découvertes de Mungo. En fait, l'ouvrage ne contenait qu'une seule référence aux Aborigènes australiens, une petite phrase : « Les Aborigènes ont évolué indépendamment de l'Ancien Monde, mais représentent une phase très primitive de l'évolution technique et économique. » Et voilà tout ce qu'on retenait de la culture indigène australienne dans une œuvre éminente rédigée dans le dernier tiers du XXe siècle ! Lorsque je parle des invisibles de la terre, vous pouvez me croire : personne ne les voit. Et le plus tragique, c'est que les choses ne s'arrêtent pas là.

Dès leurs premiers contacts avec les Européens, les Aborigènes ont été objets de curiosité et d'étonnement. Lorsque James Cook et ses hommes sont arrivés à Botany Bay, ils ont été sidérés de voir les indigènes, assis sur le rivage ou occupés à pêcher dans leurs frêles embarcations d'écorce, leur accorder si peu d'attention. Comme devait le noter Joseph Banks, « ils levèrent à peine les yeux de leurs occupations ». L'*Endeavour*, avec son gréement grinçant, devait pourtant être la structure la plus impressionnante qu'ils eussent jamais vue, mais la plupart se contentèrent d'y jeter un regard distrait, comme sur un gros nuage traversant l'horizon, avant de reprendre leurs tâches.

Ils ne semblaient pas avoir la même perception du monde que les autres peuples. On ne trouvait pas dans leur langue de mots désignant « hier » et « demain ». Ils ne possédaient ni chefs ni conseils, ne portaient pas de vêtements, ne construisaient ni maisons ni autres structures permanentes, ne cultivaient rien, ne pratiquaient pas l'élevage, ignoraient la poterie et ne possédaient absolument aucun sens de la propriété. En revanche, ils consacraient un temps infini à des tâches dont personne n'a jamais pu saisir l'importance. Partout sur les rivages australiens, les premiers explorateurs tombèrent sur d'énormes monticules de coquillages atteignant jusqu'à dix mètres de haut et couvrant parfois deux mille mètres carrés. Souvent, ces monticules se trouvaient loin de l'eau et sur une éminence. Les Aborigènes avaient incontestablement pris la peine de transporter les coquillages de la plage jusqu'à ces amas (l'un est estimé à trente-trois mille mètres cubes) qu'ils conservaient pendant des périodes incroyablement longues, jusqu'à huit cents ans pour l'un d'eux. Pourquoi ? Personne ne le sait. Dans la plupart des cas, toute l'entreprise semble avoir répondu à des lois différentes.

Certains Européens, notamment Watkin Tench et James Cook, eurent pour les Aborigènes une certaine sympathie. Dans le journal de l'*Endeavour*, Cook note : « Ils peuvent nous sembler les créatures les plus misérables de la terre, mais en réalité ils sont bien plus heureux que les Européens. Ils vivent dans une tranquillité qui n'est pas troublée par les inégalités de condition. Ils parviennent à trouver sur terre et dans les mers tout ce qui est nécessaire à leur existence. [...] Ils semblent n'attacher aucune valeur à ce que nous leur donnons mais n'acceptent pas non plus de se séparer de leurs possessions. » Un peu plus loin il fait ce constat plutôt poignant : « En fait, tout ce qu'ils semblent désirer, c'est nous voir repartir. »

Malheureusement, peu d'Européens firent preuve d'autant de clairvoyance. La plupart considéraient les Aborigènes comme un simple obstacle, « l'un des risques naturels », comme devait l'écrire le naturaliste Tim Flannery. En faire des sous-hommes arrangeait tout le monde, et ce point de vue a persisté jusqu'au XXe siècle. Au début des années 1960, raconte John Pilger, on trouvait encore dans les écoles du Queensland un livre de classe comparant les

Aborigènes à des « créatures sauvages de la jungle* ». Lorsqu'ils n'étaient pas relégués au rang de sous-hommes, on les ignorait carrément. À la même époque, un certain professeur Stephen Roberts publia un gros ouvrage d'érudition qui étudiait toute la période de l'occupation et de la colonisation européennes sans faire référence une seule fois aux Aborigènes. Les peuples indigènes étaient tellement marginalisés que jusqu'en 1967 le gouvernement fédéral ne prenait pas la peine de les inclure dans les recensements de la population – autrement dit, les Aborigènes ne comptaient pas.

C'est en grande partie pour toutes ces raisons qu'on ignore combien l'Australie comptait d'Aborigènes à l'arrivée des premiers Britanniques. On avance généralement le chiffre de trois cent mille, mais certains parlent d'un million. Ce qui est certain, c'est que durant le premier siècle de la colonisation leur nombre a décru de façon catastrophique. À la fin du XIXe siècle, on pense que les Aborigènes n'étaient plus que cinquante ou soixante mille. Ils n'offraient aucune résistance aux maladies européennes – variole, pleurésie, syphilis, varicelle et même les formes les plus bénignes de la grippe –, qui firent des ravages, et quand ils survivaient, ils étaient souvent traités de façon abominablement cruelle.

L'historien Williams J. Lines a donné des exemples détaillés de cette cruauté des colons envers les autochtones : des Aborigènes abattus pour servir de nourriture aux chiens ; une femme contrainte d'assister à l'exécution de son mari puis de porter sa tête autour du cou ; une autre femme réfugiée dans un arbre que ses poursuivants s'amusèrent à cribler de balles : « Chaque fois qu'une balle la touchait, elle arrachait une poignée de feuilles qu'elle enfonçait dans ses

* *A Secret Country : The Hidden Australia, op. cit.* (N.d.T.)

plaies jusqu'à ce qu'elle tombe, sans vie, sur le sol*. » Peut-être plus choquante encore est la désinvolture avec laquelle ces crimes étaient commis, et ce dans toutes les classes de la société. Un certain Melville, en visite dans le pays et auteur en 1839 d'une histoire de la Tasmanie, rapporte être parti un jour chasser le kangourou avec « un jeune gentleman respectable ». À un détour du chemin, le garçon a repéré une forme tapie derrière un tronc d'arbre mort. Il s'est approché pour voir ce que c'était, et découvrant « qu'il ne s'agissait que d'un indigène », écrit Melville atterré, le gentleman en question a posé la gueule de son fusil sur la poitrine du malheureux et « l'a abattu sur-le-champ ».

De tels comportements n'étaient pratiquement jamais considérés comme des délits, et parfois même ils étaient tolérés officiellement. En 1805, le procureur de la Nouvelle-Galles du Sud, autrement dit le plus important magistrat du pays, déclara que les Aborigènes ne possédaient ni la discipline ni la capacité mentale nécessaires pour leur permettre d'assister aux audiences. En conséquence, plutôt que d'encombrer le tribunal de leurs plaintes, les colons étaient invités à rechercher eux-mêmes les indigènes coupables d'un délit pour leur infliger la punition qu'ils semblaient mériter – ce qui est l'incitation au génocide la plus explicite que la loi anglaise ait jamais produite. Quinze ans plus tard, notre vieille connaissance Lachlan Macquarie autorisa les soldats de la région de Hawkesbury à tirer sur tout rassemblement aborigène de plus de six individus, même sans armes ni intentions hostiles, et même si le groupe comprenait des femmes et des enfants. Parfois, sous couleur de charité, on offrait aux Aborigènes de la nourriture

---

* William J. Lines, *Taming the Great South Land : A History of the Conquest of Nature in Australia*, Sydney, Allen and Unwin, 1991. *(N.d.T.)*

empoisonnée. Pilger cite un rapport du gouvernement du Queensland datant du milieu du XIXe siècle : « On a donné aux nègres […] quelque chose de vraiment radical pour les calmer : […] des rations contenant autant de strychnine que de nourriture. […] Et pas un seul individu de cette populace n'en a réchappé. » Par « populace » entendez une centaine de personnes sans armes, hommes, femmes et enfants.

Le plus étonnant dans toute cette histoire, c'est que les assassinats d'autochtones ne se soient pas produits à une plus grande échelle. Dans les cent cinquante premières années de l'occupation britannique, le nombre d'Aborigènes tués intentionnellement par des Blancs (y compris dans les cas de légitime défense, batailles rangées ou autres circonstances qu'à la rigueur on peut juger « explicables ») est estimé à vingt mille morts, un chiffre certes dramatique et déplorable, mais qui ne représente que le dixième des décès d'Aborigènes pour cause de maladie. Cela ne signifie pas pour autant que la violence n'ait pas été courante et banalisée. Elle l'était. Et c'est dans ce contexte qu'en juin 1838 une douzaine de cavaliers quittèrent la ferme d'un certain Henry Dangar à la recherche d'individus ayant volé ou détourné une partie de leur bétail. À Myall Creek, ils tombèrent sur un campement d'Aborigènes connus par les Blancs de la région pour être des gens pacifiques et inoffensifs, et qui n'avaient certainement rien à voir avec ce vol. Cela n'empêcha pas leurs assaillants de les attacher tous ensemble en une sorte de gros paquet – vingt-huit au total, y compris des femmes et des enfants – et de les balader quelques heures dans la brousse sans trop savoir qu'en faire avant de tous les massacrer à coups de fusil ou d'épée.

En principe l'affaire aurait dû s'arrêter là. Mais en 1838 les mentalités commençaient à évoluer, l'Australie s'urbanisait et les citoyens des villes dénonçaient de plus en plus souvent ces massacres d'innocents. Un journaliste de Sydney, Edward Smith Hall, s'empara de l'histoire et organisa une campagne réclamant vengeance et justice. Le gouverneur Georges Gipps ordonna qu'on pourchasse les coupables pour les traduire en justice. Lors de leur capture, deux des accusés protestèrent, avec une évidente sincérité, qu'ils ne savaient pas que la loi interdisait de tuer des Aborigènes. Malgré les preuves flagrantes de leur culpabilité, il ne fallut pas plus de quinze minutes au jury pour acquitter ces hommes. Mais Hall, Gipps et la majorité de l'opinion rejetèrent ce verdict : un second procès eut lieu. Cette fois, sept personnes furent jugées coupables et pendues. C'était la première fois qu'on pendait des Blancs pour avoir tué des Aborigènes.

Les pendaisons de Myall Creek ne mirent pas fin aux massacres. Simplement, ceux-ci se poursuivirent dans la clandestinité. Il s'en produisit sporadiquement pendant presque un siècle. Le plus récent eut lieu en 1928, dans les environs d'Alice Springs, après qu'un chasseur de dingos, un certain Fred Brooks, eut été assassiné dans des circonstances troubles. À titre de représailles, un groupe d'Aborigènes (entre dix-sept et soixante-dix selon les sources) furent poursuivis puis abattus par la police montée. Cette fois, le juge déclara que les forces de l'ordre avaient agi dans le cadre de la loi. Mais l'affaire de Myall Creek a sans conteste marqué un tournant décisif dans l'épopée australienne. Bien qu'on y fasse allusion dans presque tous les livres d'histoire actuels, je n'avais encore jamais rencontré personne qui connaisse les lieux ou qui sache vraiment où se situait l'endroit. Quant aux historiens, ils semblaient s'être fondés uniquement sur des sources écrites. J'avais donc très envie d'aller jeter un coup d'œil sur place.

Ça n'a pas été une mince affaire. Je suis parti de Macksville le matin suivant et j'ai parcouru les cent bornes de Pacific Highway vers le nord jusqu'à

Grafton, puis je me suis enfoncé dans les terres, traversant la cordillère Australienne sur une route raide et déserte. Quatre heures plus tard, dans une région chaude pleine de moutons, j'ai atteint Delungra (une station-service et deux maisons avec, à perte de vue, des plaines pratiquement dépourvues d'arbres), puis je me suis engagé sur une route secondaire sinueuse et en mauvais état que j'ai suivie jusqu'à Bingara, à quarante kilomètres au sud. Un peu avant d'y arriver, j'ai traversé un petit pont branlant au-dessus d'un ruisseau presque à sec. Un panonceau annonçait qu'il s'agissait de Myall Creek. J'ai garé la voiture à l'ombre d'un eucalyptus et suis sorti pour aller voir. Il n'y avait rien, ni monument ni plaque commémorative. Rien pour confirmer si c'était bien là ou dans les parages immédiats que s'était déroulé l'un des épisodes les plus infâmes de l'histoire de l'Australie. D'un côté du pont, il y avait une aire de repos minable avec deux tables de pique-nique cassées ; une profusion de bouteilles de bière brisées jonchaient le sol. Au loin, à environ un kilomètre et demi, une grande ferme se dressait sous le soleil, entourée de champs d'un vert bien surprenant pour la région. Dans l'autre direction, bien plus près, un sentier envahi de hautes herbes conduisait à un bâtiment blanc. Je m'y suis engagé. Une pancarte m'a appris qu'il s'agissait du Myall Creek Memorial Hall. Bon, ce n'était pas vraiment le monument qu'on pouvait espérer pour un massacre, mais enfin c'était mieux que rien. Et puis, en m'approchant, j'ai pu lire sur un panneau plus petit une inscription à la main : ce « mémorial » n'avait aucun rapport avec les martyrs aborigènes mais honorait les morts des deux guerres mondiales.

J'ai continué jusqu'à Bingara (mille trois cent soixante-trois habitants), une petite bourgade chaude et apathique blottie le long d'une rue principale ensommeillée. Elle avait toute l'apparence d'une localité ayant connu jadis une certaine prospérité, mais désormais presque tous les magasins étaient abandonnés ou occupés par des organismes officiels : un dispensaire, un bureau de l'emploi, un office du tourisme, un poste de police et quelque chose appelé « Centre de loisirs des seniors ». Un vieux bâtiment d'une taille démesurée annonçait encore sur son enseigne : « Ciné Roxy », mais visiblement il était fermé depuis des années. À l'office de tourisme, j'ai été accueilli par une charmante petite dame d'un certain âge qui a bondi sur ses pieds en me voyant entrer, tout étonnée d'avoir un visiteur. Je lui ai demandé si elle possédait des informations sur le massacre mais elle m'a regardé d'un air déçu.

– J'ai bien peur de ne pas pouvoir vous renseigner sur ce sujet.

– Vraiment, ai-je dit, surpris car la pièce était remplie de prospectus et de petits guides.

– Eh bien, c'était il y a très longtemps ! On en parle aux enfants à l'école, je crois, mais ce n'est pas quelque chose qui intéresse les touristes.

– On ne vous pose jamais la question ?

Elle a pris son menton dans la main comme si on lui avait posé une vraie colle et s'est retournée vers sa collègue qui venait de sortir de l'arrière-boutique.

– Mary, tu te rappelles la dernière fois où l'on nous a demandé un renseignement sur Myall Creek ?

La collègue a arboré la même expression d'intense surprise.

– Oh ! je ne vois pas, non... Attends, on a eu ce monsieur qui nous a posé une question là-dessus il y a environ deux mois. Ça me revient maintenant : il avait une petite barbiche. Mais avant lui je ne vois pas.

– La plupart de nos visiteurs viennent pour le *fossicking*, a repris la première dame.

Le *fossicking* est la chasse aux minéraux préciaux.

– Et qu'est-ce qu'ils trouvent ?

– Oh ! des tas de choses : de l'or, des diamants, des saphirs. Ici c'était une zone minière importante.

– Vous n'avez vraiment rien sur le massacre ?

– Malheureusement non. (Elle semblait le regretter sincèrement.) Mais je sais qui pourrait vous aider : Paulette Smith, de l'*Advocate*.

– C'est le journal local, m'a expliqué sa collègue.

– Elle sait tout sur le massacre. Je crois qu'elle a fait une étude là-dessus à l'université.

– S'il y a quelqu'un qui pourra vous aider, c'est bien Paulette Smith !

Je les ai remerciées et suis parti à la recherche des bureaux de l'*Advocate*. Bingara est une petite ville étonnante : elle est minuscule, à moitié morte, sur une route qui ne mène nulle part, et pourtant elle possède un office du tourisme et même son propre journal. Au siège de l'*Advocate*, on m'a informé que Paulette était sortie et on m'a conseillé de revenir dans une heure. Ne sachant que faire, je suis allé m'installer dans un café où j'ai commandé un sandwich et un expresso. Je consommais l'un et l'autre, perdu dans mes pensées, lorsqu'une jeune femme rousse proche de la quarantaine et un peu hors d'haleine s'est brusquement glissée sur la banquette en face de moi.

– On m'a dit que vous vouliez me voir.

– Les nouvelles vont vite ! ai-je répondu en souriant.

Elle a levé les yeux au ciel :

– La ville est petite !

Paulette Smith avait un sourire désarmant qui n'éclairait son visage qu'à l'improviste, comme un vieux néon.

– On ne nous parlait pas du massacre, quand j'étais gamine. On savait que ça s'était produit, qu'il y a bien longtemps des Aborigènes avaient été tués près de la rivière et qu'on avait pendu des Blancs à cause de cela. Mais rien de plus. On ne l'enseignait pas à l'école. Ça n'était pas un but d'excursion pour les voyages scolaires, vous voyez.

Le sourire apparut puis s'effaça.

– Est-ce que les gens en parlent ?

– Non, jamais.

Je lui ai demandé où exactement s'était déroulé le drame.

– Personne n'en sait rien. Quelque part sur Myall Creek Station. (Le mot *station* désigne ici une très grande exploitation agricole.) Mais c'est une propriété privée maintenant et ils n'aiment pas beaucoup que des promeneurs pénètrent sur leurs terres.

– Donc on n'y a jamais fait de fouilles ? Aucune équipe de savants n'est venue y mettre son nez ?

– Non, et de toute façon ils ne sauraient pas où commencer. Le domaine est très vaste.

– Et il n'y a pas de monument ni rien ?

– Oh, non !

– Ça n'est pas bizarre ?

– Non.

– Mais vous ne pensez pas que le gouvernement aurait dû mettre au moins *quelque chose* ?

Elle a réfléchi un moment.

– Il faut que vous compreniez que Myall Creek n'a rien de si extraordinaire. Des massacres d'Aborigènes, il y en a eu un peu partout. Trois mois avant celui-ci, deux cents personnes ont été tuées à Waterloo Creek, à cent kilomètres à l'ouest, près de Moree. Personne n'a jamais été puni pour cela. On n'a même pas *essayé* de juger quelqu'un.

– Je n'en ai jamais entendu parler.

Elle a hoché la tête :

– Et pour cause ! Vous n'êtes pas le seul ! Ce qu'il y a de particulier dans le cas de Myall Creek, c'est que des Blancs ont été punis pour leur crime. Ça n'a pas empêché les autres de continuer à tuer des Aborigènes. Simplement, ils ont été plus prudents et ne s'en sont plus vantés le soir au pub. (Autre flash du sourire.) C'est plutôt ironique quand on y réfléchit. Myall Creek est célèbre non pas à cause de ce qui est arrivé aux Aborigènes mais à cause de ce qui est arrivé aux Blancs. De toute façon, on n'arrêterait pas de se cogner contre les monuments dans ce pays si on voulait rendre hommage à tous les morts.

Elle a regardé pensivement mon carnet de notes puis a jeté brutalement :

– Il faut que je retourne au travail. (Elle a eu un petit sourire d'excuse.) J'ai bien peur de ne pas vous avoir été d'un grand secours.

– Mais si, vous m'avez beaucoup aidé.

J'ai cherché une autre question à lui poser.

– Est-ce qu'il reste encore des Aborigènes dans le coin ?

– Oh, non ! Il y a longtemps qu'ils sont tous partis.

J'ai demandé l'addition et suis allé récupérer la voiture. Sur la route du retour, je me suis arrêté près du pont et je me suis engagé sur la piste menant à la grande propriété. Mais il n'y avait rien à voir et j'avais un peu peur de marcher sur un serpent dans ces hautes herbes. Je suis donc retourné à la voiture et j'ai repris ma route à travers les plaines poussiéreuses en direction des montagnes bleutées de la cordillère Australienne.

J'étais de retour sur la Pacific Highway, direction Surfers Paradise, avec la perspective de me taper encore cent cinquante kilomètres vers le nord. Surfers Paradise se situe juste de l'autre côté de la frontière avec le Queensland et je me réjouissais d'aller jeter un petit coup d'œil sur cet État singulier. Dans une fédération dont les États sont à la fois immenses et rares, en changer est toujours un événement. Pas question, donc, d'être parvenu si loin sans faire une petite incursion de l'autre côté de la frontière.

En feuilletant les essais consacrés à l'Australie depuis une quarantaine d'années, on est à peu près certain de trouver une anecdote illustrant le fait que les Queenslanders ne sont pas tout à fait des gens comme les autres. Jeanne MacKenzie raconte l'histoire d'un Américain ayant séjourné dans un hôtel de campagne du Queensland dans les années 1950. Il se vit servir pour tout dîner une assiette de viande froide avec des pommes de terre. Il contempla un instant ces agapes avec une certaine déception puis, timidement, demanda s'il ne pouvait pas avoir en plus quelques feuilles de salade. La serveuse, rapporte Ms MacKenzie, le fixa alors avec un étonnement méprisant puis, se tournant vers les autres clients, lança :

– Non mais ! Il croit que c'est Noël, ce mec* !

Voici une autre histoire que j'ai lue dans deux ouvrages. Un touriste (un Français dans une version, un Anglais dans l'autre) séjourne dans un hôtel du Queensland durant le *wet*, cette saison des pluies qui est un des traits caractéristiques du climat de l'Australie du Nord. Notre homme est consterné de découvrir, en entrant dans sa chambre, qu'elle est envahie d'une quinzaine de centimètres d'eau. Il va se plaindre à la réception, et là le propriétaire le fusille du regard en s'exclamant :

– Et alors ? Le lit est sec, non ?

Toutes ces anecdotes ont des points communs : elles se déroulent généralement dans les années 1950 ; elles mettent généralement en scène des touristes étrangers séjournant dans un hôtel de campagne ; elles sont généralement présentées comme authentiques. Et elles font *toujours* passer les Queenslanders pour des cons. Parfois elles se contentent de suggérer qu'ils sont seulement dingues, ce que l'expérience tend à confirmer. Pendant près de deux décennies, le pays a été gouverné par Joh Bjelke-Peterson, un Premier

* Jeanne MACKENZIE, *Australian Paradox*, *op. cit.* *(N.d.T.)*

ministre excentrique et d'extrême droite qui a sérieusement envisagé un moment de faire sauter la Grande Barrière de corail à coups de bombinettes nucléaires pour ouvrir des chenaux maritimes. Plus récemment, le Queensland s'est illustré par l'ascension politique de Pauline Hanson. Cette ancienne vendeuse de *fish and chips* y avait lancé un parti d'extrême droite, One Nation, champion de la lutte anti-immigration, qui connut son heure de gloire avant qu'il ne devienne évident, même à ses plus ardents supporters, que Ms Hanson était, comment dire, dotée d'une capacité intellectuelle différente. Elle a rédigé un livre dans lequel elle accusait les Aborigènes de se livrer au cannibalisme et a produit une vidéo qui intéressera tous les spécialistes de la paranoïa, avec ce préambule : « Compatriotes australiens, si vous me voyez maintenant, c'est qu'on m'a assassinée. »

Elston fut longtemps une bourgade du Queensland paumée mais dotée d'une plage superbe, avec quelques petits bungalows, un hôtel assez fréquenté mais un peu ringard et quelques magasins. Et puis un jour de 1933, les édiles de la ville eurent une idée brillante. Comprenant que personne n'allait jamais parcourir des centaines de kilomètres pour venir voir un bled baptisé Elston (ou, plus précisément, que personne ne le faisait), ils décidèrent de lui donner un nom plus swinguant, aux résonances modernes et bien dans le coup. Au cours de leurs recherches, leur regard s'arrêta sur l'hôtel local, le Surfers Paradise. Trouvant que ce nom sonnait bien, ils décidèrent de l'adopter et de voir ce qui se passerait ensuite : ils n'allaient pas le regretter.

Aujourd'hui, Surfers Paradise est mondialement célèbre alors que les petites agglomérations voisines – Broadbeach, Currumbin, Tugun, Kirra, Bilinga – sont totalement inconnues hors des frontières du Queensland. Mais cela n'a aucune importance parce qu'elles ont toutes fusionné en une sorte d'étroite conurbation assez laide qui s'allonge sur cinquante kilomètres, depuis la frontière avec la Nouvelle-Galles du Sud jusqu'aux faubourgs de Brisbane. C'est ce qu'on appelle la Gold Coast, la Floride de l'Australie.

On l'aperçoit bien avant d'y arriver – d'étincelantes tours de verre et de béton se dressent en bord de mer et soulignent les courbes de la côte à perte de vue. Lorsque Jeanne MacKenzie est passée dans la région en 1959, rien de cette architecture tape-à-l'œil n'existait. Surfers Paradise n'était encore qu'un endroit vieillot, modeste, sans ambitions ni gratte-ciel. En 1962, on construisit le premier immeuble. Un deuxième suivit un ou deux ans plus tard. À la fin des années 1960, une demi-douzaine de buildings de dix ou douze étages se tenaient maladroitement, comme un peu gênés, sur le front de mer. Mais au début des années 1970 une véritable fièvre immobilière s'empara de la ville. Là où il y avait autrefois de petits lopins de sable portant chacun un bungalow de la taille d'une boîte d'allumettes, on découvre aujourd'hui des hôtels d'une splendeur digne d'Ivana Trump, de grandes barres d'appartements aux balcons immenses, le dôme d'un casino, des golfs verdoyants, des Aquaparcs, des Lunaparcs, des galeries commerçantes et tout le reste. On chuchote qu'une grande partie de ces réalisations proviennent de fonds d'origine douteuse. Hors du Queensland, on vous dira que la Gold Coast fourmille d'individus assez louches et hauts en couleur – des barons de la drogue australiens, des yakuzas japonais, des hommes de main des triades de Hong Kong... Ce n'est pas le genre d'endroit, vous prévient-on, où vous avez intérêt à vous amuser à cabosser une Mercedes.

Presque tous les Australiens que vous rencontrerez vous diront :

– Oh ! Il faut absolument que tu voies la Gold Coast. C'est affreux.

– Vraiment ? direz-vous, intrigué. Affreux en quel sens ?

– Je ne sais pas exactement. Je n'y suis jamais allé moi-même. Mais c'est comme... Tu as vu le film *Muriel* ?

– Non.

– Eh bien c'est exactement comme dans ce film.

J'étais donc impatient de découvrir toutes les facettes de la Gold Coast et j'ai été déçu sur presque tous les plans. Pour commencer je n'ai pas trouvé ça kitsch : c'est tout simplement un autre exemplaire de ces grandes stations balnéaires internationales, gigantesques, impersonnelles et bien équipées. J'aurais pu me trouver à Marbella ou à Eilat, ou dans n'importe quel complexe touristique surgi de terre au cours de ces vingt-cinq dernières années. Les hôtels y portent tous de grands noms respectables – Marriott, Radisson, Mercure – et vous garantissent les normes classiques du genre.

J'ai garé ma voiture dans une petite rue de l'arrière et suis allé explorer le front de mer. Ma promenade m'a conduit devant des magasins au luxe tapageur – Prada, Hermès, Ralph Lauren. Impeccable. Mais pas très intéressant. Je n'avais pas parcouru treize mille kilomètres pour contempler des serviettes de bain signées Ralph Lauren !

La plage, en revanche, était superlativement belle, large, propre, ensoleillée, avec de grandes vagues paresseuses d'une taille maîtrisable et d'un bleu vif presque trop éclatant. L'air était empreint de l'odeur forte de l'eau et résonnait des cris de plaisir, dopés à l'ozone, des enfants et des baigneurs. Tout le monde semblait prendre du bon temps. Je me suis installé sur un banc pour profiter du spectacle de tous ces gens en train de s'amuser. J'avais lu quelque part que la Gold Coast était réputée pour la traîtrise de ses courants

D'ailleurs, depuis quelque temps, la presse ne cessait de monter en épingle les accidents par noyade. Les médias australiens couvrent les accidents de plage un peu comme font les Américains pour les blizzards et les tornades, avec force statistiques et comparaisons. Selon les journaux, il y avait déjà eu trente-quatre noyades depuis le début de l'année, soit plus que les années précédentes, et la saison était loin d'être terminée. La plupart du temps, la faute en revenait aux touristes qui ne savaient pas lire dans les eaux les signes précurseurs de courants ni garder leur calme lorsqu'ils étaient entraînés au large. Mais le plus souvent il s'agissait de bêtise pure et simple. Le *Sydney Morning Herald* citait le cas d'un homme de cinquante-deux ans qui, sur la plage de North Avoca, avait mis en garde les baigneurs contre un endroit précis puis était allé s'y baigner – et s'y noyer. Ce matin même, pendant que je faisais mes bagages au motel, les actualités télévisées avaient diffusé l'interview d'un sauveteur de Surfers Paradise qui avait déclaré avoir secouru cent personnes la semaine précédente, dont deux fois le même touriste.

– Deux fois ? avait demandé le journaliste.

Le sauveteur avait souri devant le ridicule de la situation.

– Ouaip !

– Vous voulez dire que vous l'avez sauvé et que ce type est retourné dans l'eau, et que vous avez dû le sauver une seconde fois ?

Le sourire s'était élargi :

– Ouaip !

J'ai scruté l'eau pour tenter d'apercevoir des nageurs en détresse. Il était difficile d'imaginer comment les sauveteurs arrivaient à repérer une personne en train de se noyer parmi ces centaines de corps joyeux et remuants. Mais en tout cas ils y parvenaient. Les sauveteurs australiens sont sans conteste les meilleurs du monde. Dans la période correspondant aux trente-quatre noyades, plus de six mille personnes avaient été secourues.

Au bout d'un moment je me suis arrêté pour prendre une tasse de café, puis je me suis baladé un peu dans le quartier des magasins, mais Surfers Paradise ne semblait être qu'une succession de boutiques vendant la même camelote : boomerangs et didgeridoos peinturlurés, koalas et kangourous en peluche, cartes postales et souvenirs, plus des rayons entiers de tee-shirts. Dans l'un de ces commerces, j'ai acheté une carte postale représentant un kangourou en train de faire du surf et j'ai demandé à la jeune vendeuse si elle savait où se trouvait l'hôtel Surfers Paradise.

– Oh non ! Je ne sais pas, a-t-elle répondu avec l'air légèrement coupable de quelqu'un ayant oublié un secret qu'on lui aurait confié. Mais ça ne fait pas très longtemps que je suis ici.

J'ai hoché la tête avec indulgence et lui ai demandé d'où elle était.

– ACT.

Voyant mon cerveau tourner à vide, elle a précisé :

– Australian Capital Territory. Canberra.

Naturellement !

– Et alors, qu'est-ce qui est mieux : Canberra ou Surfers Paradise ?

– Oh ! Surfers Paradise, et de loin !

J'ai haussé les sourcils.

– C'est si bien que ça ?

– Oh non ! a-t-elle répondu, sidérée que j'aie pu mal la comprendre. C'est Canberra qui est vraiment nul.

Sa réaction m'a fait sourire. Elle a opiné avec conviction.

– Pour moi, si vous deviez classer les choses selon le plaisir qu'elles vous donnent, eh bien je situerais Canberra après le bras cassé. (Nous nous sommes regardés en souriant.) Parce que avec un bras cassé, au moins, on sait que ça va s'arranger un jour.

Elle parlait avec cette intonation montante très courante chez les jeunes Australiens et qui transforme chaque affirmation en une sorte de question. Cela énerve leurs aînés, mais personnellement je trouve la chose très mignonne, voire, comme dans le cas présent, plutôt sexy.

Une dame du genre chef de rayon s'est approchée pour vérifier qu'on ne s'amusait pas trop.

– Pourrais-je être utile à Monsieur, a-t-elle articulé avec cet accent bizarre suggérant une trop longue fréquentation du livre *Élocution snob pour les nuls*.

Et elle tenait sa tête bizarrement inclinée vers l'arrière, comme si elle redoutait de perdre ses yeux en route.

– Je cherchais où se trouve le véritable hôtel Surfers Paradise, celui des origines.

– Oh ! On l'a démoli il y a des années !

Elle arborait un sourire satisfait, sans qu'on puisse dire si ce sourire exprimait la satisfaction d'avoir vu disparaître cet hôtel ou le plaisir de m'infliger cette déception. Elle m'a montré sur un plan de la ville l'endroit où il s'élevait jadis.

Je les ai remerciées toutes les deux, et sur ces indications je suis parvenu sur les lieux. Aujourd'hui le site est occupé par une galerie marchande, le Paradise Centre, qui convient beaucoup mieux à la tendance actuelle : elle est moche et remplie de merdes hors de prix.

Dans le livre sur Surfers Paradise que j'avais feuilleté à Adélaïde, une des photos montrait l'hôtel dans les années 1940, un petit bâtiment délicieux, un peu branlant, qui semblait avoir été construit avec ce qu'on avait sous la main, où les clients paressaient sur une terrasse en ingurgitant tout le soleil et l'alcool qu'ils voulaient, l'air ravis d'être là. J'ai fait le tour du pâté de maisons et puis j'ai contemplé le site depuis le trottoir d'en face. Je suis resté là un moment, mais il était désormais impossible de se figurer ce qu'avait pu être l'endroit, pas plus qu'on ne pouvait reconstituer le massacre de Myall Creek dans le décor bucolique d'aujourd'hui.

Alors je suis retourné vers la voiture et j'ai quitté la ville sous les zébrures d'ombre et de soleil créées par les grands hôtels et les gros palmiers. À la sortie de Surfers Paradise, j'ai rejoint la Pacific Highway et j'ai pris la direction du sud.

Il me restait une longue route jusqu'à Sydney. Ce voyage-ci s'achevait, mais j'allais revenir, naturellement. J'étais loin d'en avoir fini avec ce grand pays.

TROISIÈME PARTIE

L'Australie des extrêmes

CHAPITRE XIV

– Je veux simplement que tu saches, murmura une voix à mon oreille tandis que le vol Qantas 406 émergeait d'une tour de cumulonimbus de mousson, offrant aux passagers assis près des hublots une vue soudaine sur des montagnes émeraude tombant à pic dans une mer de plomb, que si les circonstances l'exigent, je te fais don de mon urine.

Je me suis détourné de la fenêtre pour accorder à cette remarque toute l'attention qu'elle méritait, et je me suis retrouvé devant le visage solennel et grave de mon compagnon de voyage, mon ami Allan Sherwin. J'exagérerais en disant que sa présence à mes côtés était une surprise, puisque notre rencontre à Sydney avait été programmée et que nous avions pris l'avion ensemble. Néanmoins, sa présence à mes côtés avait quelque chose d'irréel, un côté « Pince-moi, je rêve ! ». Dix jours auparavant, je m'étais arrêté à Londres après ma balade au Moyen-Orient, et j'avais rencontré Allan pour discuter d'un projet qu'il avait en tête. (Il est producteur de télévision et on était devenus potes en travaillant ensemble sur une série d'émissions pour la BBC, l'année précédente.) Là, dans un pub d'Old Brompton Road, je lui avais relaté mes récentes aventures australiennes et annoncé mon intention de les poursuivre en m'attaquant prochainement à ces formidables régions désertiques, en solitaire et au niveau du sol. Désireux de m'attirer toute son admiration, j'avais pimenté mes propos de saisissants récits de voyageurs qui avaient connu de sérieux ennuis dans ces contrées impitoyables. L'une de ces histoires concernait l'expédition conduite dans les années 1850 par un géomètre du nom de Robert Austin. Il s'était perdu avec son équipe dans les contrées arides de l'Australie-Occidentale, et le manque d'eau les avait tous contraints à boire leur propre urine et celle de leurs chevaux. Ce récit avait tellement impressionné Allan qu'il avait annoncé sur-le-champ sa volonté de m'accompagner comme chauffeur et comme guide dans ce périlleux voyage. Naturellement, j'avais essayé de l'en dissuader, ne fût-ce que dans son propre intérêt, mais il n'avait rien voulu entendre. De toute évidence, l'histoire d'Austin le hantait toujours, à en juger par son aimable proposition de m'approvisionner en urine.

– Merci, c'est très généreux de ta part.

Il m'a gratifié d'un hochement de tête presque impérial :

– Entre amis, c'est tout naturel.

– Et moi je promets de te donner tout ce que j'aurai personnellement en surplus.

Nouvelle approbation royale.

Son plan, auquel il était résolument attaché, consistait à m'accompagner d'abord dans le nord du Queensland, où, après nous être relaxés une journée parmi les bancs de poissons de la Grande Barrière de corail, nous devions nous rendre à bord d'un véhicule suffisamment robuste pour affronter les pistes cahoteuses de la jungle jusqu'à Cooktown, une sorte de ville fantôme quelque part au nord de Cairns. Une fois échauffés par cette mise en train, nous irions par avion jusqu'à Darwin dans le Territoire du Nord – affectueusement surnommé « Top End » par les Australiens – pour nous rendre ensuite en voiture à mille six cents kilomètres de là, dans la chaleur du Centre rouge, jusqu'à Alice Springs et au puissant Uluru, ex-Ayers Rock. M'ayant aidé à braver l'essentiel de ces périls, l'héroïque Mr Sherwin reprendrait l'avion à Alice Springs et rejoindrait l'Angleterre, me laissant affronter tout seul les déserts de l'Ouest. Non qu'il pensât une minute que je serais suffisamment aguerri pour être capable de le faire à ce moment-là – il n'avait aucune confiance dans mes capacités de survie –, mais ces dix jours représentaient tout le temps libre dont il disposait. Pour ma part, je n'avais pas une confiance beaucoup plus grande dans ses talents de sauveteur mais j'étais heureux d'avoir de la compagnie.

– Tu sais, ai-je fini par dire pour le rassurer, je ne crois pas qu'on en sera réduits à boire de l'urine au cours de ce voyage. L'infrastructure des régions arides s'est considérablement améliorée depuis 1850. J'ai même entendu dire qu'on y trouvait du Coca-Cola.

– N'empêche, l'offre reste valable.

– Et très appréciée, merci.

Après ce nouvel échange de courtoisies, j'ai repris mon observation de la verdure exotique qui défilait sous les ailes frémissantes de l'avion. Pour ceux qui auraient besoin de se convaincre que l'Australie est un pays exceptionnel, le Queensland tropical est vraiment l'endroit à visiter. Sur les centaines de sites inscrits sur la liste du patrimoine mondial, seulement treize répondent à tous les critères de l'Unesco, et sur ces treize lieux remarquables quatre se trouvent en Australie. Mieux encore : deux d'entre eux, la Grande Barrière de corail et les forêts tropicales du Queensland, sont précisément dans cet État. Je crois que c'est le seul endroit du monde où deux milieux aussi remarquables soient voisins.

Nous avions bien failli ne pas y arriver. Le Nord connaissait un wet, une saison humide, particulièrement épouvantable. Le cyclone Rona venait de dévaster toute la côte, causant plusieurs centaines de millions de dollars de dégâts, et d'autres perturbations de moindre ampleur n'avaient cessé de titiller la région pendant des semaines, donnant de sérieux soucis au trafic aérien. Le jour précédent, tous les vols avaient été annulés. Les brusques piqués et embardées de l'appareil à l'approche de Cairns indiquaient clairement que le temps restait capricieux. La descente offrait une vue sur des palmiers, des terrains de golf, des marinas, quelques grands hôtels, des plages et des quantités de maisons pointant leurs toits rouges à travers l'exubérante végétation. Bref, météo mise à part, tout cela semblait très prometteur.

On peut s'étonner aujourd'hui, alors que plus de deux millions de personnes viennent chaque année visiter la Grande Barrière de corail, que l'industrie touristique ait mis si longtemps à comprendre quel trésor elle représentait. Dans un récit de voyage à travers l'Australie septentrionale des années 1950, l'historien Alan Moorehead vous donne le sentiment que toute incursion dans le nord du Queensland équivalait à une exploration des sources de l'Orénoque*. À l'époque, Cairns n'était qu'un petit comptoir sur la côte, chaud et humide, séparé de la civilisation par des centaines de kilomètres de pistes et fréquenté principalement par des marginaux excentriques au tempérament instable. Aujourd'hui, Cairns est une petite métropole de soixante mille habitants différant fort peu d'une autre agglomération australienne de même taille, si ce n'est par cette humidité qui s'abat sur le voyageur comme une serviette chaude dès qu'il sort de l'avion, et par son goût marqué pour les dollars touristiques. C'est devenu une escale formidablement populaire, très appréciée des randonneurs et autres jeunes gens voyageant sac au dos, tout excités par cet exotisme tropical.

À notre arrivée, la région semblait écrabouillée

---

* *Rum Jungle*, New York, Charles Scribner's Sons, 1954. *(N.d.T.)*

sous une chape grise et oppressante, avec ce ciel bas qui annonce la pluie à tout moment. Un taxi nous a conduits en ville en empruntant une route bordée d'un alignement peu esthétique de motels, postes à essence et fast-foods. Le centre de Cairns offre une image plus avenante mais donne nettement l'impression d'avoir été construit récemment et à la va-vite. Un commerce sur deux propose des excursions à la Grande Barrière de corail ou des expéditions de plongée. Les autres vendent des cartes postales et des tee-shirts.

D'abord il nous fallait prendre livraison de notre voiture. Ma marche dans le Moyen-Orient m'avait contraint à déléguer toute l'organisation de ce voyage à une agence qui avait choisi une obscure firme locale de location de voitures, quelque chose comme Crocodile Cars ou une appellation tout aussi aberrante et peu prometteuse, dont le bureau principal n'était rien de plus qu'un comptoir vide dans une petite rue. Le jeune homme de service était un gaillard jovial d'une effronterie parfaitement agaçante, qui a expédié toute la paperasse avec dextérité sans cesser de parler du temps. C'était la pire saison humide depuis trente ans, nous a-t-il annoncé avec une certaine fierté, puis il nous a conduits jusqu'à notre voiture, un antique break Commodore Holden qui semblait présenter une grosse fatigue au niveau des amortisseurs.

– C'est quoi, ça ?

Il s'est penché vers moi pour articuler, comme s'il s'adressait à un débile mental :

– C'est votre voiture.

– Mais j'ai demandé un 4 × 4 !

Il a fouillé dans sa liasse de papiers et a fini par en extraire un fax de mon agence de voyages, qu'il m'a tendu. C'était une demande pour une grosse voiture standard, avec pollution maximale et boîte automatique, en un mot une bagnole américaine ou son équivalent local. J'ai soupiré et lui ai rendu les papiers.

– Et vous ne pourriez pas me donner un 4 × 4 à la place ?

– Désolé ! On ne fait que les voitures de ville.

– Mais on a l'intention d'aller jusqu'au cap York !

– Oh ! Vous ne risquez pas d'y arriver, pas pendant le *wet* ! Même en 4 × 4. Pas à cette époque de l'année. Il est tombé cent centimètres de pluie à cap Tribulation la semaine passée.

Je n'avais pas une idée très précise de ce que pouvaient représenter cent centimètres de pluie, mais le ton de sa voix semblait indiquer que c'était considérable.

– Il vous faudrait au moins disposer d'un hélicoptère pour aller plus loin que Daintree.

Nouveau soupir de ma part.

– Et l'accès à Townsville est resté coupé trois jours de suite, a-t-il ajouté avec une fierté accrue.

Je l'ai regardé, éberlué. Townsville est au sud de Cairns, dans la direction opposée à celle du cap York. On était piégés.

– Où est-ce qu'on peut aller, alors ?

Il a écarté les mains et lancé, avec un enjouement ironique :

– Ben, partout où vous voulez dans le Grand Cairns !

Allan me regardait avec cet air satisfait de l'ahuri qui ne se rend pas compte que le désastre est proche. En soupirant, j'ai hissé mes bagages dans la voiture.

– Vous pouvez peut-être nous indiquer où se trouve l'hôtel Palm Cove ?

– Certainement. Vous retournez vers l'aéroport et prenez la Cook Highway en direction du nord. C'est environ à vingt kilomètres sur la côte.

– Vingt kilomètres ! ai-je éructé. Mais j'ai demandé un hôtel à Cairns !

Il s'est gratté le menton, songeur.

– Ben, ce qui est sûr, c'est que le Palm Cove n'est pas à Cairns.

– Mais la route est ouverte ?
– Pour le moment.
– Vous voulez dire qu'elle risque d'être inondée ?
– Toujours possible !
– Mais s'il y a une inondation, on va se retrouver coincés au milieu de nulle part !

Il m'a regardé avec une pointe de commisération.

– Mais, monsieur, vous êtes déjà au milieu de nulle part !

Et il avait parfaitement raison. Cairns est à mille sept cents kilomètres de Brisbane, la capitale de l'État, et dans l'autre direction il n'y a rien que l'océan, la jungle et le désert.

– Mais Palm Cove est très sympa. Vous allez beaucoup vous y plaire ! a lancé le garçon.

Et c'était vrai. Palm Cove est charmant, à un point carrément surprenant. C'est un petit village artificiel lové dans une végétation tropicale luxuriante au bord d'une plage en arc de cercle. D'un côté de la route se trouvent des hôtels et des immeubles bas, quelques bungalows et une poignée de bars et de restaurants, tous discrètement nichés dans des palmiers, d'épaisses frondaisons et de grandes lianes fleuries. De l'autre côté, une grande promenade plantée de palmiers domine l'océan ourlé d'une plage lisse et dorée

Mis à part son nom, son calme et ses prix, notre hôtel était en réalité un motel, mais très accueillant, avec un accès direct à la mer. Après avoir pris possession de nos chambres, nous sommes partis faire un tour sur la plage. Il y avait d'autres promeneurs en vue mais absolument personne dans l'eau, et pour cause : c'était la pleine saison des méduses-boîtes, ces *box jellyfishes* que dans le Queensland on appelle parfois aussi des guêpes de mer ou des *stingers*. Mais appelez ça comme vous voulez, il s'agit de vraies petites horreurs avec lesquelles on n'a pas intérêt à plaisanter. D'octobre à mai, lorsque les méduses s'approchent des côtes pour se reproduire, toutes les plages du Queensland sont interdites aux baigneurs. C'est un sentiment extraordinaire : se retrouver planté là devant cette baie d'une beauté sereine et accueillante, tout en sachant qu'il n'existe pas sur terre d'environnement plus susceptible de vous infliger une mort instantanée.

– Tu veux dire, m'a interrogé Allan pour qui cette information était nouvelle, que si je me trempe dans l'eau ici même j'ai toutes les chances de mourir ?

– Et dans les souffrances les plus atroces. Oui.

– Seigneur !

– Et ne touche pas à ces coquillages non plus ! ai-je crié en retenant son geste.

Je lui ai parlé des cônes, ces jolies coquilles où se tapissent des créatures venimeuses qui attendent le moment où une main humaine les saisira pour y planter leurs horribles pinces.

– Tu veux dire que des coquillages peuvent te tuer ? Ils ont des trucs comme ça par ici ?

– Dans cette région, il y a plus de choses qui peuvent te tuer que partout ailleurs en Australie, et c'est une référence, crois-moi !

Je lui ai parlé du casoar, cet oiseau de la taille d'un homme, incapable de voler, qui vit dans les forêts tropicales et dont les pattes se terminent par un ongle acéré comme un rasoir capable de vous étriper avec une précision chirurgicale ; de ces serpents verts qui pendent des branches en se confondant si bien avec le feuillage qu'on n'a aucune chance de les repérer avant qu'ils s'enroulent autour de votre cou. J'ai aussi fait allusion à cette pieuvre bleue, de petite taille mais phénomènalement venimeuse, dont la caresse signifie une mort instantanée ; de l'élégante mais irritable torpille, ou raie électrique, qui se déplace nonchalamment dans les eaux comme un tapis volant capable d'expédier une décharge de deux cent vingt volts à tout ce qui se trouve sur son passage ; de l'affreux poisson-pierre léthargique, impossible à distinguer d'une pierre, sauf qu'il est équipé de douze piquants assez pointus pour transpercer la semelle d'une sandale et injecter à sa malheureuse victime une myotoxine d'un poids moléculaire de cent cinquante mille.

– Ce qui signifie quoi, exactement ?

– Douleur indescriptible suivie rapidement de paralysie musculaire, insuffisance respiratoire, palpitations cardiaques et incapacité totale à danser le rock. Les mêmes syptômes que pour le poisson feu, plus facile à repérer mais tout aussi douloureux. Il y a même une méduse qui s'appelle la morveuse.

– Je suis sûr que tu inventes, a-t-il protesté sans conviction.

– Mais pas du tout !

Puis je lui ai parlé du crocodile d'eau salée, ce prédateur redouté qui rôde dans les lagons tropicaux, les estuaires et même les baies comme Palm Cove, invisible jusqu'au moment où il bondit pour saisir et dévorer l'innocent promeneur. Précisément sur cette côte, juste au nord de la plage sur laquelle nous marchions, une certaine Beryl Wruck avait été emportée de cette manière horrible, tout récemment.

– Tu veux que je te raconte ?

– Non !

– Eh bien voilà, ai-je poursuivi, sachant qu'au fond il mourait d'envie de connaître tous les détails de l'affaire. Un jour, des gens de Daintree se rassemblent pour faire un barbecue, histoire de célébrer l'Avent. Après le repas, certains décident d'aller se rafraîchir en faisant une petite trempette dans la Daintree River. Elle est bien connue pour héberger des crocodiles, mais personne n'a jamais été attaqué dans ce coin-là. Donc les joyeux lurons se précipitent vers la rivière, se mettent en maillot et commencent à patauger allégrement. Ms Wruck, jugeant plus prudent de ne pas sauter dans l'eau, s'avance seulement d'un pas ou deux, et là, tandis qu'elle contemple les ébats de ses camarades elle se penche et trempe distraitement une main dans l'eau. À cet instant précis, les flots se fendent, il y a un éclair gris, cette pauvre Beryl disparaît. On ne l'a plus jamais revue. « Il n'y a eu ni bruit ni cri, a rapporté l'un des témoins. Tout s'est passé si vite que si vous aviez éternué à ce moment-là vous n'auriez rien vu. » Voilà à quoi ressemble l'attaque d'un crocodile : rapide, imprévisible et extrêmement radicale.

– Et tu es en train de me dire qu'il y a des crocodiles juste ici, sur cette plage ?

– Oh ! J'ignore s'il y en a ou non. Mais cela explique en tout cas que je te laisse marcher du côté de l'eau.

À cet instant précis, du ciel tourmenté partit un coup de tonnerre, unique et effrayant. Le vent se leva brusquement, faisant danser les palmiers, et quelques grosses gouttes de pluie tombèrent. Puis les cieux s'ouvrirent et un déluge, chaud mais pénétrant, s'abattit sur nous. Nous avons regagné l'hôtel en courant pour nous abriter sous la véranda du bar d'où, après avoir littéralement tordu nos chemises fumantes, nous avons regardé tomber la pluie. Plus question de parler de gouttes, maintenant : c'étaient des cataractes, emplissant l'univers d'un fracas terrifiant. Ayant grandi dans le Midwest, je me croyais habitué aux exubérances de la météo, mais j'admets volontiers qu'en ce qui concerne les phénomènes climatiques l'Australie bat tous les records. Je n'avais jamais rien vu de tel.

– Bon, alors, si je résume bien, a dit Allan, on ne peut pas aller à Cooktown parce qu'on ne passera pas. On ne peut pas se baigner dans l'océan parce qu'il est rempli de méduses psychopathes. Et la route de Cairns risque d'être coupée d'une minute à l'autre.

– Globalement, c'est ça.

Il a poussé un gros soupir pensif.

– Autant se taper quelques bières, alors.

Et il est parti en commander au bar. Je me suis assis à une petite table de la véranda pour regarder le déluge.

Un des serveurs a surgi :

– Le pire des wets depuis trente ans !

J'ai acquiescé.

– Que prévoit la météo pour demain ?

– La même chose.

J'ai hoché la tête tristement.

– Quand je pense qu'on devait aller voir en bateau la Grande Barrière de corail !

– Faut pas vous tracasser, alors ! Ils n'annulent jamais les balades en bateau, sauf en cas d'ouragan.

– Les gens se rendent sur la Grande Barrière même par un temps pareil ?

Il a fait signe que oui.

L'eau de la baie giclait comme celle d'une baignoire dans laquelle un gros homme viendrait de sauter.

– Mais pourquoi ?

– Vous les avez payés combien, vos billets ?

Je n'en avais pas la moindre idée – tout le voyage avait été payé en bloc –, mais j'avais les billets sur moi. Je les ai sortis de mon portefeuille.

– Cent quarante-cinq dollars chacun, ai-je couiné, incrédule.

Il m'a souri :

– Voilà !

Et il est reparti dans la salle.

Un instant après, Allan est arrivé avec les bières, arborant une mine déconfite et morose.

– Il y a bien une méduse appelée la morveuse. Le garçon me l'a confirmé.

Je lui ai adressé un petit sourire contrit.

– Je te l'avais dit.

Il a contemplé la pluie quelques minutes. Sur la table, quelqu'un avait laissé un exemplaire du journal local, *The Port Douglas and Mossman Gazette*. Allan a fait un geste pour atteindre le cendrier mais quelque chose a retenu son attention. Pendant quelques minutes, il s'est plongé dans une lecture de plus en plus attentive. Puis il m'a tendu le journal en m'indiquant l'article d'un tapotement de l'index. C'était un entrefilet au bas de la une signalant que l'épidémie de dengue qui sévissait à Port Douglas venait enfin de régresser. L'article rappelait que quatre cent quatre-vingt-cinq cas avaient été recensés dans la région. Mais même si le fléau connaissait un répit il était encore trop tôt pour s'en réjouir, avertissait un officiel.

– Et ils mettent ça au bas de la page ! a soufflé Allan, les yeux légèrement hagards.

– Et on y va demain ! ai-je glissé en passant.

– Tu sais ce que provoquerait une épidémie de dengue en Angleterre ? Les gens seraient en train de se calfeutrer chez eux et de clouer des planches sur leurs fenêtres ; les ferries seraient pris d'assaut, avec des grappes humaines accrochées au bastingage pour fuir le pays. La police serait obligée de tirer à vue pour rétablir l'ordre dans les rues. Mais ici on a quatre cent quatre-vingt-cinq cas et on y consacre seulement dix lignes en bas de page ! Où m'as-tu entraîné, Bryson ? Dans quel genre de pays sommes-nous tombés ?

– Ah ! C'est un pays merveilleux, Allan.

– Ouais ? Tu parles !

Nous nous sommes séparés pour aller nous doucher et changer de tenue, puis nous nous sommes retrouvés au bar pour l'apéritif avant le repas. Comme la pluie ne donnait aucun signe d'accalmie, nous avions décidé de dîner à l'hôtel. À table, Allan a commandé un vivaneau grillé.

– Tu n'as jamais entendu parler de la ciguatera, alors ? ai-je demandé d'un ton détaché.

– Bien sûr que non, je n'en ai jamais entendu parler, a-t-il répliqué entre ses dents serrées. C'est quoi encore ?

– Oh, rien du tout !

– Mais si, ça doit être quelque chose, sinon tu n'en aurais pas parlé. Qu'est-ce que c'est ? Je suis assis dessus ? J'en ai une sur la tête ? Accouche !

– C'est seulement une sorte de toxine endémique des eaux tropicales. Elle se concentre dans certains poissons.

– Comme dans le vivaneau, par exemple ?

– En fait, *surtout* dans le vivaneau.

Il a digéré l'information en hochant la tête lentement, comme frappé de stupeur catatonique. C'est fou comme le décalage horaire peut perturber certaines personnes.

– Allons, je suis sûr que tu n'as aucune raison de t'inquiéter. S'il y avait une épidémie, on ne mettrait pas du vivaneau au menu, tu ne crois pas ? À moins que…

– À moins que quoi ?

– À moins que tu ne sois le premier cas. Il faut bien que ça commence avec quelqu'un, non ? Mais quelles sont tes chances de choper ça ? Une sur cent ? Une sur vingt ?

– Arrête, s'il te plaît !

– Mais oui ! ai-je dit d'un ton lénifiant. Excuse-moi. Tu veux changer ta commande ?

– Non.

– Les symptômes comprennent, entre autres, vomissements, faiblesse musculaire, perte de motricité, parasthésie des lèvres, lassitude générale, myalgie et perturbations sensorielles paradoxales, autrement dit tu prends le chaud pour du froid et vice versa. La mort survient dans douze pour cent des cas environ.

– Je t'ai dit d'arrêter tout de suite !

La serveuse est arrivée avec les boissons.

– Au fait, ce vivaneau, lui a lancé Allan avec une désinvolture qui sonnait faux, il est bien, non ?

– Ouaip ! Il est super !

– Je veux dire, il n’a pas de… c’est quoi déjà, Bryson ?

– Ciguatera.

La serveuse nous a jeté un regard perplexe.

– Oh, non ! Il est servi avec des frites et une salade.

Regards entre Allan et moi.

– Je me trompe peut-être, mais il me semble que vous n’êtes pas d’ici, ai-je suggéré.

Sa perplexité s’est accrue.

– Non, je viens de Tassie. Pourquoi ?

– Juste comme ça.

Puis j’ai murmuré à Allan :

– Elle est originaire de Tasmanie.

– Oui, et alors ?

– Là-bas, leurs vivaneaux sont OK.

– Est-ce qu’il me serait possible de changer ma commande, mon chou ?

Elle l’a fixé un moment avec ce regard pesant qu’ont les jeunes lorsqu’ils comprennent qu’on va exiger d’eux vingt pas non prévus au programme, puis, avec un air de martyre, elle est partie en référer en haut lieu. Une minute plus tard, elle est revenue nous informer que le feu vert était accordé pour un changement de menu.

– Parfait ! a dit Allan avec un soudain regain d’enthousiasme, avant de se replonger joyeusement dans la carte.

– Vous n’auriez pas une morveuse grillée, par hasard ?

Effarement de la serveuse.

– Non, non, je plaisantais ! Je vais prendre une entrecôte-frites. À point, s’il vous plaît.

Puis il s’est tourné vers moi :

– Tu n’as pas d’horribles maladies à me signaler pour le bœuf, j’espère ? Pas d’amyotrophie du Queensland ou autres joyeusetés de ce genre ?

– Tu ne risques rien avec un steak.

– Donc, un steak pour moi. Et mollo sur la ciguatera ! Mais allez-y avec les bières !

Après un excellent repas, nous nous sommes retirés au bar où, prodige de l'alcool, nous nous sommes retrouvés, en fin de soirée, affectés de presque tous les symptômes que nous avions pris si grand soin d'éviter une heure plus tôt.

Le lendemain matin, la pluie avait cessé mais l'océan était agité et les cieux restaient sombres et encombrés. La seule vue de la houle me donnait vaguement la nausée. Je ne suis pas un amoureux de la mer ni de son contenu, aussi la perspective de me faire secouer les tripes jusqu'à un récif nimbé de crachin à seule fin de regarder batifoler des poissons qu'on voit aussi bien dans l'aquarium de la salle d'attente de mon dentiste n'avait-elle rien de vraiment alléchant. D'après le journal, on pouvait s'attendre à des creux de deux ou trois mètres. J'ai demandé à Allan (qui a possédé un jour un bateau à voile et une casquette de marin, et se considère à ce titre comme un matelot chevronné) ce que cela signifiait, et il a levé les sourcils à la manière de celui qui est vraiment impressionné.

– Ben c'est haut, ça ! a-t-il commenté, avant de me gratifier de joyeuses anecdotes sur son expérience des mers déchaînées, parfois sur des bateaux pas même arrimés au quai.

Alors que nous devisions, une des serveuses est passée près de nous et nous a lancé avec entrain :

– Le cyclone arrive !

– Aujourd'hui ? ai-je demandé de cette voix bêlante qui m'était devenue coutumière.

– Ça se pourrait bien !

Notre excursion à la Grande Barrière de corail comprenait le ramassage à notre hôtel, où un bus viendrait nous prendre pour nous conduire à Port Douglas, trente kilomètres plus au nord. Le bus s'est pointé à huit heures trente très précises. Quand nous y sommes montés, le chauffeur était en train d'expliquer les dangers des guêpes de mer, et son petit topo incluait la description imagée de ce qui était arrivé à ceux qui avaient négligé de suivre les consignes ou les avertissements. Mais il nous a cependant assurés de l'absence totale de ce genre de bestioles sur les coraux. Curieusement, cependant, il a omis de nous parler des requins de récifs, des poissons-scorpions, des coraux venimeux, des murènes ou même de l'infâme mérou, ce monstre pouvant atteindre les quatre cents kilos et qui ne dédaigne pas, poussé par la curiosité et la stupidité, d'arracher à l'occasion un bras ou une jambe à un malheureux nageur avant de se rappeler qu'il n'aime pas la chair humaine et de tout recracher.

Inutile de vous dire ma satisfaction, en arrivant à Port Douglas, lorsque j'ai découvert que le bateau d'excursion était immense, presque aussi gros qu'un ferry britannique assurant la traversée de la Manche, et flambant neuf. J'ai été très heureux également, pour eux comme pour moi, de constater qu'aucun des membres de l'équipage ne semblait manifester de symptômes de dengue. Tandis que nous faisions la queue pour monter à bord avec les passagers d'autres autocars, j'ai appris avec plaisir de la bouche d'un matelot que notre navire était prévu pour quatre cent cinquante personnes et que nous n'étions que trois cent dix ce jour-là. La traversée prendrait une heure et demie sur une mer relativement calme. Il y avait trente-huit milles nautiques jusqu'au récif d'Azincourt, où nous devions jeter l'ancre. Il s'agissait, comme je l'ai aussitôt noté avec l'intérêt qu'on imagine, de l'endroit précis où ce couple d'Américains avait disparu.

À peine à bord, nous avons entendu dire qu'on distribuait des médicaments contre le mal de mer. J'ai été le premier au guichet.

– C'est vraiment très aimable d'y avoir pensé ! ai-je dit en ingurgitant une poignée de pillules.

– Disons que c'est mieux que de voir les gens dégobiller partout, a répliqué allégrement la préposée (ce que je n'irai pas contester).

Le voyage jusqu'au récif fut calme, comme promis. De plus, le soleil, plutôt blafard jusque-là, était sorti des nuages, convertissant le plomb gris de l'eau en une sorte de bleu cobalt. Tandis qu'Allan montait sur le pont-promenade pour le cas où il pourrait y lorgner quelques créatures à gros seins, je me suis installé avec mes notes.

Selon les sources, la Grande Barrière de corail couvre entre deux cent quatre-vingt mille et trois cent cinquante mille kilomètres carrés. Elle s'étend tantôt sur mille neuf cents kilomètres du nord au sud, tantôt sur deux mille cinq cents. Elle est plus grande que le Kansas, que l'Italie, que le Royaume-Uni. Personne ne peut se mettre d'accord sur l'endroit où elle débute ni sur celui où elle s'arrête. Mais tout le monde s'accorde à dire que la Grande Barrière de corail est vraiment un truc immense. Et c'est évidemment un habitat d'une importance vitale, l'équivalent marin de la forêt amazonienne. La Grande Barrière de corail abrite au moins mille cinq cents espèces de poissons, quatre cents types de coraux et quatre mille variétés de mollusques. Mais il s'agit essentiellement d'estimations, car personne n'a compté. Trop de boulot.

Comme elle est constituée de trois mille récifs disjoints et de plus de six cents îles, certains prétendent qu'il ne s'agit pas d'une seule entité et qu'on ne peut donc pas la qualifier de plus grand organisme vivant du monde. Pour moi, cela revient un peu à dire que Los Angeles n'est pas une ville parce qu'elle est faite d'un tas d'immeubles séparés. À ce niveau-là, quelle importance ! C'est fabuleux. Et tout cela, on le doit à des milliards de milliards de minuscules polypes de corail, chacun ayant travaillé avec un dévouement diligent à ajouter son petit grain à l'ensemble avant d'expirer et de reposer dans la petite tombe de silice qu'il s'est créée. Difficile de ne pas être impressionné, d'autant que ça dure depuis dix-huit millions d'années.

Lorsque le bateau s'est mis à émettre les bruits de moteur au ralenti signalant une arrivée imminente, je suis monté rejoindre Allan sur le pont. Je m'étais figuré que nous débarquerions sur une sorte d'atoll sablonneux, si possible avec un bar style paillote, mais en fait il n'y avait rien, seulement la pleine mer et un long ruban de vaguelettes signalant sans doute un récif immergé et invisible. Au milieu de tout cela se dressait un immense ponton d'aluminium à deux étages, suffisamment vaste pour accueillir quatre cents touristes pour la journée. La structure rappelait vaguement une plate-forme pétrolière. C'était là que nous allions passer les prochaines heures. Une fois le bateau amarré, nous sommes tous descendus à la queue leu leu, très excités. Un haut-parleur nous énumérait toutes les options proposées : lézarder au soleil dans des chaises longues, descendre dans la salle d'observation sous-marine, prendre masque, tuba et palmes pour plonger, ou embarquer dans une sorte de sous-marin permettant la visite du récif dans des conditions confortables.

Nous avons opté pour le « submersible », où trente ou quarante personnes peuvent s'entasser dans une cabine d'observation au-dessous de la ligne de flottaison. Pour résumer, ce fut tout simplement merveilleux. Vous avez beau lire toute la littérature possible sur la beauté incomparable de la Grande Barrière de corail, rien ne vous prépare à ce spectacle. Le pilote nous a conduits dans le monde chatoyant des canyons de corail escarpés et des défilés aux arêtes tranchantes, le monde fabuleusement coloré des bancs de poissons d'un nombre et d'une variété incroyables – poissons-papillons, anges de mer, poissons-perroquets, poissons arlequins –, avec aussi des palourdes géantes, des holothuries et des étoiles de mer, au milieu d'une petite forêt d'anémones de mer où circulait un mérou-patate à l'air godiche et aux dimensions imposantes. On avait effectivement l'impression, comme je me l'étais imaginé, d'être dans un grand aquarium, excepté que tout y était sauvage et naturel. Je fus stupéfait – un peu bêtement, sans doute – de voir la différence que cela faisait. Juste sous mon nez, une énorme tortue nageait, évoluant dans la plus parfaite indifférence à moins d'un mètre de la vitre. Plus loin, fouillant les fonds de la pointe de son nez, s'affairait un requin de récif, long d'un petit mètre mais capable de vous infliger un joli coup de dents. À cela s'ajoutait la lumière magique et diffuse, ainsi que la forme, la texture et l'incroyable variété du corail lui-même. J'étais littéralement fasciné.

Ensuite, Allan a insisté pour que nous allions nager. Un des côtés du ponton était muni d'escaliers métalliques conduisant à l'eau. Au sommet des marches, il y avait de gros coffres contenant masques, tubas et palmes. Nous nous sommes équipés et avons plongé. Je m'attendais à me retrouver dans un mètre d'eau, aussi ai-je été décontenancé – le mot est faible – de découvrir que j'étais à vingt mètres du fond. Jamais je n'avais affronté de telles profondeurs, et l'expérience avait un côté irréel tout à fait déroutant, comme si je m'étais retrouvé flottant à vingt mètres au-dessus de la terre ferme. Ce constat un peu affolant m'a bien pris trois secondes, puis l'eau a commencé à envahir mon masque et mon tuba, et je me suis mis à suffoquer. Furieux et hoquetant, j'ai essayé de vider la flotte avant de faire un nouvel essai, mais le masque s'est rempli derechef. J'ai répété la tentative deux ou trois fois encore, sans succès.

Pendant ce temps-là, Allan évoluait gracieusement tel Daryl Hannah dans *Splash*.

– Pour l'amour du ciel, Bryson, qu'est-ce que tu fabriques ? Tu n'es qu'à un mètre du ponton et on dirait que tu es en train de te noyer.

– Mais je suis en train de me noyer, figure-toi !

Une déferlante est venue me gifler et j'ai émergé en crachotant.

– Je suis un fils de la terre, moi. La mer n'est pas mon élément.

Allan a ricané et disparu. J'ai plongé une seconde la tête sous l'eau pour le voir partir comme une torpille en direction d'un grand ange de mer de la taille d'un coussin de divan. Devant cet abîme liquide et insoupçonné, j'ai été saisi de nouveau par un désarroi qui s'est immédiatement traduit par de nouvelles bulles. En plus, toutes ces profondeurs étaient remplies de très grosses créatures, des poissons faisant la moitié de ma taille et parfaitement dans leur élément, eux.

Mon masque s'est encore rempli et je me suis retrouvé une fois de plus en train de m'asphyxier. Une vague a tenté une diversion en m'assommant. Je dois admettre que je commençais à trouver l'expérience pas drôle du tout. Bien moins drôle que je ne l'avais cru. Et pourtant je ne n'avais pas mis la barre très haut.

J'ai appris un peu plus tard que c'est une réaction tout à fait courante chez les nageurs inexpérimentés. Ils se mettent à l'eau, découvrent qu'ils ont dépassé de loin leur zone de sécurité, paniquent gentiment, perdent connaissance (spécialité des Japonais, apparemment) ou ont une crise cardiaque (spécialité des obèses). Seconde observation intéressante : comme les gens équipés d'un masque et d'un tuba flottent souvent à la surface de l'eau, bras et jambes étendus et la tête inclinée vers le fond, autrement dit exactement dans la position dite de « l'homme mort », il n'est pas possible en fait (du moins c'est ce qu'on m'a dit) de distinguer le nageur qui observe les fonds du nageur qui est mort. C'est seulement en fin de journée, au coup de sifflet, quand tout le monde sort de l'eau à l'exception d'un pauvre bougre étrangement inerte et concentré, qu'on sait qu'il faut prévoir une tasse de moins pour le thé.

Fort heureusement, comme ce livre vous aura permis de le déduire astucieusement, j'ai échappé à ce sort funeste et j'ai réussi à me hisser sur le ponton. J'ai pris possession d'un transat, dans la douceur du soleil, et je me suis essuyé avec la chemise d'Allan. Puis j'ai sorti les coupures de presse que mon pote Alan Howe m'avait remises sur ce couple d'Américains qui s'étaient noyés par ici. Je les avais déjà lues une fois, mais maintenant que je pouvais y associer de vraies images, elles prenaient un relief particulier.

L'histoire telle que nous la connaissons est fort simple. En janvier 1998, Thomas et Eileen Lonergan, de Baton Rouge, Lousiane, ayant terminé une mission comme volontaires du Peace Corps dans le Pacifique Sud, prenaient des vacances en Australie avant de rentrer en Amérique. Ils sont partis faire une excursion d'une journée de plongée sur le récif avec la compagnie Outer Edge. À la fin de l'après-midi, ils ne se sont pas présentés sur le bateau à l'heure prévue. Leur absence n'a pas été remarquée et le bateau est reparti sans eux. Deux jours et demi se sont écoulés avant que leur disparition ne soit signalée. On n'a jamais retrouvé leurs corps.

Pourquoi les Lonergan ne se sont-ils pas présentés sur le bateau ? Que sont-ils devenus après avoir compris qu'ils avaient été abandonnés ? Voilà qui donne forcément matière à hypothèses et conjectures.

De mon point d'observation, je pouvais apercevoir le bateau de plongée qui, comme me le précisa un des membres de notre équipage, était ancré à environ trois milles nautiques de là (un mille nautique mesure mille huit cent cinquante-deux mètres). Il semblait terriblement lointain et minuscule, mais pour les

Lonergan, nageurs expérimentés et parfaitement à l'aise dans l'eau, parcourir une telle distance n'était certainement pas insurmontable. Il faisait un temps idéal : la mer était calme, l'eau était à vingt-neuf degrés et ils portaient une combinaison de plongée. Outre le ponton, ils avaient aussi la solution plus facile de regagner, à 1,2 mille nautique de là, le récif de Saint Crispin, où quelques formations coralliennes émergées auraient pu leur fournir un point d'ancrage en attendant l'arrivée des secours. Le problème, comme l'avait si justement signalé Alan Howe, c'était que pour atteindre l'un ou l'autre de ces refuges il fallait traverser une fosse connue pour abriter des monstres pélagiques – autrement dit des requins aux dents bien aiguisées et quelques mérous distraits.

Mais le mystère devait encore s'épaissir. Peu de temps après cette disparition, les gilets de sauvetage des Lonergan ont été déposés, intacts, sur une plage du continent. Pourquoi deux personnes abandonnées en pleine mer auraient-elles eu l'idée saugrenue de quitter leur gilet de sauvetage, voilà une question qui semble rester sans réponse. De plus, l'absence de toute trace sur lesdits gilets exclut une attaque de requins. L'histoire devait prendre un tour encore plus intrigant après l'examen par la police des bagages que les Lonergan avaient laissés au gîte pour routards de Cairns. Les policiers ont découvert que ce jeune couple était loin d'être aussi heureux qu'on pouvait le supposer. Eileen Lonergan avait écrit dans son journal que son mari souffrait de dépression et qu'il avait déclaré « qu'il fallait en finir » et il avait émis l'intention de « l'entraîner avec lui ». L'histoire était visiblement loin d'être simple…

Allan a fini par réapparaître, tout ragaillardi, rentrant son ventre d'une manière qui rappelait Jeff Chandler à la fin de sa carrière, pérorant avec un entrain agaçant sur l'expérience géniale qu'il venait de vivre et insistant lourdement sur mes performances aquatiques décevantes. Il a enfilé sa chemise et s'est affalé dans le transat près du mien. Puis il s'est redressé pour tâter frénétiquement sa chemise.

– Cette chemise est mouillée ! s'est-il exclamé.

– Ah oui ? ai-je dit en plissant le front.

– Elle a carrément besoin d'être essorée !

Je l'ai touchée du bout des doigts.

– Oui, absolument, ai-je confirmé.

Depuis quelque temps, le Queensland n'arrêtait pas d'égarer ses touristes. Le lendemain, la presse était bourrée d'articles relatant l'enquête sur la disparition d'un jeune randonneur, Daniel Nute, volatilisé sur la péninsule du cap Tribulation presque deux ans plus tôt. Nute était parti seul pour une marche de six heures sur les pentes du mont Sorrow. Il avait consciencieusement rempli le registre de sécurité, comme on l'exige des randonneurs afin de faciliter les recherches au cas où ils ne reviendraient pas. Malheureusement, aucun employé du parc national n'avait ramassé ni vérifié le registre ce jour-là – en fait il s'est avéré que le personnel du parc le faisait très rarement. Donc Nute n'est pas rentré, personne ne l'a remarqué et personne n'a donné l'alarme. Plus étonnant encore : bien que la tente du garçon soit restée plantée au camping de Daintree, on n'avait signalé la chose aux autorités qu'au bout de vingt-trois jours. Un gardien avait simplement déclaré au cours de l'enquête qu'il était « courant que les gens abandonnent leur tente et partent sans avertir personne ». Ah bon ? Par conséquent, lorsqu'on avait enfin lancé les recherches, un mois s'était écoulé : on ne devait jamais retrouver le corps de Nute.

Tout ceci m'était encore présent à l'esprit tandis que j'accompagnais Allan à Cairns pour quelques achats. Pendant qu'il était occupé à essayer un vêtement de sport, je me suis mis à bavarder avec les deux vendeuses de la boutique, de charmantes dames d'un certain âge. Sans raison particulière, seulement histoire de faire la conversation, je leur ai fait remarquer que Cairns était d'actualité ces temps-ci.

– Ah oui ? a dit l'une d'elles un peu froidement.

– Vous savez bien : le cas Lonergan et les boat people chinois, et puis ce pauvre gosse qui a disparu près de Daintree.

– Oh, ça... a fait la dame sur un ton légèrement dédaigneux. Dans le Sud, ils gonflent toujours ce genre d'information.

Sa collègue a approuvé d'un hochement de tête vigoureux.

– Chaque fois qu'ils ont une occasion de présenter le Queensland sous un mauvais jour, ils sautent dessus. C'est pareil avec ce cyclone. La semaine dernière, je suis allée rendre visite à ma sœur qui habite Sydney, et il y en avait des tartines dans la presse sur ce fait divers.

– C'est tout de même un événement, non ?

– Mais on n'en aurait jamais fait un tel plat si ça s'était produit sur la côte ouest, je vous le garantis !

– Ah bon ?

– Non. Tout ça c'est de l'intox pour décourager les touristes de venir chez nous, vous comprenez ?

– Vous croyez ?

– Absolument ! Ils veulent éviter que les touristes quittent Sydney. Ils veulent les garder pour eux tout seuls. Alors, dès qu'ils tiennent le moindre fait divers qui peut donner l'impression que le Queensland est un endroit rétrograde ou dangereux, ils sautent sur l'occasion et déforment la vérité pour effrayer les gens.

Elles ont hoché la tête à l'unisson avec une évidente sincérité.

– C'est la même chose avec ces jeunes gens sur le récif. De toute évidence il s'agit d'un suicide. Mais on en a fait tout un plat...

– Tout un plat, a repris l'autre dame.

– Pour décourager les gens d'aller sur le récif.

– Et ce jeune à Daintree ? ai-je hasardé.

– On ne sait même pas s'il est mort ou non, a-t-elle répliqué sur le ton d'une personne disposant de sources infaillibles.

– Mais cela fait deux ans qu'il a disparu !

– Oui, mais il a été signalé à des tas d'endroits dans la région du cap York.

– Des tas ! a renchéri son amie.

– Excusez-moi, mais si je comprends bien, vous êtes en train de me dire que la presse a annoncé sa mort *seulement* pour qu'on pense que le Queensland est un endroit dangereux ?

– Tout ce que je dis, c'est qu'on ne sait pas tout, voilà ! a-t-elle conclu avec un mouvement de tête péremptoire et en croisant les bras.

Son amie a fait de même.

Alors j'ai pensé : complètement toquées.

Coïncidence : nous avions justement prévu d'aller à Daintree. Comme c'était la limite septentrionale de ce qui était accessible par la route goudronnée dans ce coin de l'Australie, nous avions décidé d'aller y jeter un coup d'œil. En milieu de matinée, toute trace de pluie disparue, le soleil a pointé son nez, timidement d'abord puis avec une splendide exubérance. Le Queensland était transformé. Soudain c'était Hawaii : montagnes tropicales plongeant dans une mer étincelante, baies immenses, plages de rêve abritées, bordées de palmiers nonchalants, petites îles escarpées et verdoyantes s'égrenant au large. De temps en temps, on traversait des champs de canne à sucre inondés de soleil et dominés par les escarpements bleutés de la cordillère Australienne.

À Daintree nous avons garé la voiture puis nous sommes partis faire un tour jusqu'à cette Daintree River qui marque la fin brutale de la route… et de Beryl Wruck. Aucune trace de crocodiles. Alors nous avons repris la voiture pour nous engager sur la petite route sinueuse qui conduit au cap Tribulation via un bac sur la Daintree. Le service était interrompu depuis une semaine à cause de la pluie, mais je tenais tout de même à aller jusqu'à l'embarcadère pour contempler le cap au loin. Et puis, avec un peu de chance, on verrait peut-être un crocodile. À notre grande surprise, le bac fonctionnait alors qu'à Daintree on nous avait affirmé le contraire.

– Repris hier, a fait le responsable, un homme laconique.

Nous avons donc fait la traversée et parcouru les trente kilomètres jusqu'au cap Tribulation à travers le parc national de Daintree. La route se tortillait en escaladant les collines couvertes d'une superbe forêt tropicale. Nous avions enfin réussi à atteindre la forêt de la pluie.

J'étais ravi !

Cette formation est un vestige de l'époque où notre monde n'était qu'une seule grande masse de terre entièrement couverte d'une végétation luxuriante. Avec le temps, les continents se séparèrent et dérivèrent aux quatre coins du globe, mais la région de Daintree, par quelque aberration tectonique, échappa à toutes ces transformations du climat et de l'environnement qui devaient amener de profonds bouleversements écologiques partout ailleurs. Aussi trouve-t-on dans cette région des plantes – des familles entières de plantes – qui n'ont survécu nulle part ailleurs, ce qui fait de cette forêt du nord de l'Australie un vestige exceptionnel. En 1972, un incident permit aux scientifiques de prendre conscience de ce miracle. Du bétail victime d'une maladie mystérieuse se mit à crever à la lisière de la jungle. Il s'avéra que ces vaches avaient été empoisonnées par les graines d'un arbre, l'*Idiospermum australianse*. Le plus drôle, c'est qu'on croyait l'*Idiospermum* en question disparu de la surface de la terre depuis quelque cent millions d'années. Mais en fait il se portait très bien dans cette région, ainsi que onze autres membres de sa famille, celle des angiospermes, dont descendent toutes les plantes à fleurs. Cela vous donne une idée de ce qu'est le parc national de Daintree : une forêt noire, sombre, appartenant à une autre époque. C'est le genre de paysage où vous ne seriez pas surpris de voir des ptérosauriens planer entre les arbres ou un vélociraptor piquer un sprint devant vous sur la route.

De fait, toute la vie de cette région est extraordinaire. C'est une des rares où vous aurez la chance d'apercevoir des casoars. Ils ressemblent beaucoup à des émeus, sauf qu'ils possèdent une petite excroissance osseuse sur la tête qu'on appelle un casque, et cette horrible pointe griffue sur le pied. Pour attaquer, ils sautent en l'air et bondissent sur leur victime les deux pattes en avant. Fort heureusement, cela se produit rarement. La dernière attaque mortelle remonte à 1926 : un casoar avait chargé un gamin de seize ans qui l'avait taquiné, et lui avait tranché la gorge d'un seul coup de griffe. La rareté de ces attaques s'explique par la nature excessivement secrète du casoar et aussi, hélas, par le nombre réduit des survivants de cette espèce. Pas plus de mille, estime-t-on. La Daintree est aussi l'un des rares habitats du célèbre kangourou arboricole, d'une nature encore plus timide que le casoar, qu'on n'aperçoit quasiment jamais. Cette jungle est si dense et si éloignée de tout que beaucoup de ses créatures n'ont jamais été étudiées par les chercheurs. On ne s'intéresse vraiment aux casoars que depuis dix ans.

La route s'est terminée dans une jolie clairière ensoleillée où étaient plantées de façon incongrue une modeste échoppe vendant de la nourriture à emporter ainsi qu'une cabine téléphonique. Tout près, niché dans le feuillage, il y avait un terrain de camping avec une pancarte indiquant la direction de la plage. Nous nous sommes engagés sur un sentier en caillebotis au milieu des palétuviers. Des bestioles plongeaient dans l'eau marécageuse à notre approche. Quelques minutes plus tard, nous étions sur la plage. Le paysage était d'une splendeur fabuleuse : une vaste étendue de sable blanc et moelleux jonché de bois de flottaison ; la couronne des palmiers et tout le fouillis végétal habituel des tropiques se détachant sur un ciel d'un bleu éclatant ; enfin, face à nous, l'énorme masse d'un promontoire drapé de vert.

L'endroit semble avoir conservé sa pureté virginale d'origine et être resté tel qu'il était apparu à James Cook il y a plus de deux siècles. Il l'avait baptisé « cap Tribulation » parce que l'*Endeavour* s'était planté de façon malheureuse sur un atoll corallien, à douze milles de la côte, non loin de là. La coque gravement endommagée, il risquait de sombrer à tout moment, mais Cook comptait dans son équipage un marin qui avait connu la même situation sur un autre bateau qu'on avait pu sauver par l'« aveuglement ». Il s'agissait d'une technique assez inhabituelle consistant à se servir d'une voile pour colmater la brèche. C'était une opération de la dernière chance, mais qui avait marché.

Avec beaucoup de précautions, Cook avait réussi à amener son bâtiment jusqu'à la côte, à quelque milles du promontoire face auquel nous nous trouvions à présent. L'équipage avait passé sept semaines à réparer l'avarie avant de pouvoir reprendre la mer, cinglant vers l'Angleterre et la gloire. Si l'*Endeavour* avait fait naufrage et si Cook n'avait pas regagné la mère patrie, le cours de l'histoire eût été bien différent. L'Australie serait probablement devenue française – vous imaginez ? On en frémit – et la Grande-Bretagne aurait sérieusement dû réviser sa politique coloniale. Aucune partie du monde n'aurait échappé aux conséquences. Melbourne serait peut-être située dans des plaines africaines, Sydney serait la capitale du comptoir royal de Californie. Qui sait ? En tout cas, l'équilibre mondial en eût été grandement bouleversé. D'un autre côté, cela nous aurait épargné certaines séries télévisées, donc le désastre n'aurait pas été total...

Après avoir exploré la plage pendant une demi-heure, Allan et moi sommes revenus vers la clairière où se trouvait le petit kiosque. Nous avons tout de même jeté un coup d'œil à la « route » qui continuait en direction de Cooktown : elle devenait une sorte de piste grossière et caillouteuse qui gravissait en pente raide les collines luxuriantes, tout à fait le genre de décor où pourrait surgir Harrison Ford en pleine action. J'avais appris la veille que cette piste était dangereusement escarpée, avec des ravins impressionnants : mieux valait ne pas nous y lâcher Allan et moi. De toute façon, pour l'heure, elle était impraticable.

N'empêche, elle m'apparaissait comme une invitation irrésistible à l'aventure. Cooktown, une ancienne cité de chercheurs d'or, comptant autrefois trente mille habitants, deux cents aujourd'hui, se trouvait à soixante-quinze kilomètres de l'autre côté de ces montagnes. C'était la dernière ville au nord-est de l'Australie. Au-delà il n'y avait presque plus rien sinon quelques communautés aborigènes éparpillées le long des six cents kilomètres de piste menant jusqu'au cap York, la pointe la plus septentrionale de l'Australie. Il était pourtant dit que je n'irais pas plus loin ce jour-là.

En me retournant, je me suis aperçu qu'Allan avait disparu. Il est revenu une minute plus tard avec deux boîtes de Coca-Cola. Il m'en a tendu une.

– Ils n'avaient pas d'urine, a-t-il dit.

On a ri un bon coup.

CHAPITRE XV

Et maintenant le Top End ! Notre avion a atterri à Darwin après avoir été chahuté par deux cyclones d'importance mineure flirtant avec les côtes septentrionales. Nous avons pris livraison d'une autre voiture de location – une Toyota racée et capable, semblait-il, d'avaler d'une traite les mille cinq cents kilomètres jusqu'à Alice Springs. Nous l'avons immédiatement surnommée Testostérone.

Le Territoire du Nord a conservé la mentalité d'un pays de frontière. Fin 1998, un référendum a proposé à ses habitants d'en faire le septième État de l'Australie, une idée catégoriquement rejetée par ce scrutin. Apparemment, la majorité des électeurs ont préféré rester des *outsiders*. Par conséquent, on peut affirmer sans exagération qu'un territoire de plus de un million trois cent mille kilomètres carrés – soit un cinquième de la surface nationale – se trouve en Australie sans en faire réellement partie, ce qui entraîne de curieuses conséquences. Par exemple, la loi oblige tous les Australiens à voter lors des élections fédérales, y compris les habitants du Territoire du Nord. Mais comme celui-ci n'est pas un État, il n'a pas de sièges au Parlement. Par conséquent, les « Territoriens » élisent des représentants qui vont à Canberra et assistent aux séances du Parlement (du moins c'est ce qu'ils écrivent à leur femme), mais qui ne votent pas, ne participent pas vraiment aux débats et n'ont donc pas vraiment d'importance. Autre particularité : lorsqu'il y a un référendum national, on demande aux Territoriens de voter mais on ne tient pas réellement compte de leurs voix. On se contente, j'imagine, de les mettre dans un tiroir. Je trouve le système franchement bizarre, mais, comme le scrutin l'a prouvé, ces habitants-là semblent très bien s'en accommoder.

D'ailleurs, personnellement, je suis partisan de retirer tout droit de vote aux Territoriens tant que certains hôtels de Darwin resteront aussi peu accueillants. Cela peut passer pour une politique plutôt radicale, mais je n'en démordrai pas. Et si cette mesure prive certains citoyens australiens d'une partie de leurs droits civiques, ce sera le prix à payer, désolé !

Nos ennuis ont commencé au moment de rechercher un hôtel. Nous avions réservé des chambres dans un établissement baptisé All Seasons Frontier Hotel, mais aucune auberge de ce nom ne semblait exister à Darwin. Le guide mentionnait bien un Top End Frontier Hotel et une brochure touristique obtenue à l'aéroport faisait référence à un Darwin City Frontier Hotel, tandis qu'une autre parlait d'un All Seasons Premier Darwin Central Hotel. D'ailleurs, nous avions eu l'occasion de les apercevoir tous, de loin, pendant les quarante minutes où nous avons tourné en rond, tout en nous chamaillant gentiment tels de vieux époux acariâtres. Nous avons arrêté et interrogé une demi-douzaine de piétons dont aucun ne semblait avoir entendu parler d'un All Seasons Frontier Hotel, sauf un homme qui affirmait en connaître un à Kakadu, à deux cents kilomètres à l'est. Aidé d'un plan de la ville plutôt lacunaire, j'ai guidé Allan dans une série de rues qui se terminaient toutes en zone piétonne, en cul-de-sac ou en zone de retournement pour camions, ce qui a fini par l'agacer sérieusement. Allan n'arrêtait pas de faire marche arrière ou de manœuvrer pour éviter poubelles et emballages.

– Tu ne sais donc pas lire un plan tout simple ? m'a-t-il demandé du ton exaspéré de l'homme qui va rater cette *happy hour* où les pubs offrent des bières à prix réduit.

– Je ne sais peut-être pas lire un plan tout simple mais je sais lire un plan correct, et celui-ci est nul ! Pire que nul ! C'est l'équivalent cartographique de ta façon de conduire.

On a fini par s'arrêter devant un grand hôtel en bord de mer, où Allan m'a ordonné d'aller glaner quelques conseils de navigation auprès d'un professionnel. À la réception, un jeune homme ayant visiblement investi une bonne partie de sa paie dans un gros pot de gel capillaire me tournait le dos et régalait deux collègues féminines d'une anecdote particulièrement piquante. Après avoir patienté une longue minute, j'ai signalé ma présence d'une toux discrète.

Le type a tourné la tête et m'a lancé un regard peu amène signifiant : « Quoi ? »

– Pourriez-vous m'indiquer où se trouve l'All Seasons Frontier Hotel, s'il vous plaît, ai-je demandé fort poliment.

Sans préambule, il m'a lancé une tirade d'instructions compliquées. Darwin regorge de rues aux noms étranges – Cavenagh, Yuen, Foelsche, Knuckey – impossibles à mémoriser et à suivre. Avisant une pile de plans de la ville sur le comptoir, je lui ai demandé de bien vouloir me faire une démonstration plus concrète.

– C'est trop loin pour y aller à pied, m'a-t-il dit d'un ton définitif.

– Je ne suis pas à pied : on m'attend dans la voiture.

– Alors demandez à votre chauffeur de vous y conduire !

Puis, prenant les deux filles à témoin, il a levé les yeux au ciel et repris le fil de son histoire.

Oh ! Comme j'aurais souhaité posséder une petite arme à feu ou, à défaut, une paire de grosses pinces pour lui tordre son cou maigrelet et incliner vers moi sa tête luisante afin de lui permettre de mieux saisir ma prochaine réplique dont l'essentiel était : « Tu imagines bien, pauvre débile, que si j'avais un chauffeur je ne ferais pas appel à toi ! Je suis dans une voiture de location, figure-toi, espèce de ridicule petite merde gominée ! » Bon, je cite de mémoire et telle ne fut peut-être pas littéralement ma réplique, mais vous en saisissez en gros l'idée générale.

Avec un air de martyr, il a pris un stylo et m'a fait un vague croquis. En soupirant, il a arraché la feuille du bloc-notes et me l'a tendue comme s'il m'accordait une faveur imméritée.

Dix minutes plus tard, nous nous arrêtions devant un hôtel qui se proclamait en grosses lettres le Darwin City Frontier Hotel. Nous étions passés plusieurs fois devant cet établissement mais je l'avais chaque fois écarté de la liste des probabilités. J'ai franchi le seuil de l'entrée pour crier, d'une distance écartant toute familiarité :

– C'est bien ici l'All Seasons Frontier Hotel ?

La jeune femme de la réception a levé la tête puis, d'un plissement des yeux, me l'a confirmé.

– Alors, ai-je fait en me rapprochant de quelques mètres, pourquoi ne mettez-vous pas une enseigne qui le dise clairement ?

– Il y en a une sur le côté de l'hôtel, a-t-elle riposté d'une voix neutre.

– Eh non ! Justement, il n'y en a pas !

Elle m'a fait l'aumône d'un mince sourire condescendant, fruit d'années d'études commerciales.

– Si, il y en a une.

– Non, il n'y en a pas !

Tiraillée un instant entre ses cours de problèmes

relationnels avec le client et son entêtement juvénile, elle a hésité avant de persister tranquillement :

– Mais si !

J'ai levé un doigt qui signifiait : « Ne bougez pas ! Restez où vous êtes ! Je vais vérifier et je reviens tout de suite tordre le cou à quelqu'un. À vous, par exemple. » Je suis sorti examiner les façades de l'établissement, tel un inspecteur en bâtiment pris d'une crise de démence, le scrutant sous tous les angles et de toutes les distances possibles. D'un geste de la main, j'ai imposé silence à Allan qui assistait à mes évolutions, un peu perplexe, toujours assis au volant, et puis je suis retourné dans le hall pour annoncer sur un ton péremptoire :

– « All Seasons » n'est indiqué nulle part !

La fille m'a regardé en silence, mais je l'entendais penser : « Moi, je te dis que si ! »

Je suis heureux d'avoir l'occasion de signaler à la postérité que, quel que soit le nom qu'il arbore, le Darwin City Frontier Hotel est un établissement phénoménalement décevant, cher, sans le moindre charme et mal situé. La télévision de ma chambre ne marchait pas, les oreillers avaient le moelleux d'un bloc de béton, et la réceptionniste était une vraie tête à claques. Rien à voir avec cette Australie que j'avais appris à aimer et à respecter.

Pour atteindre le bar de l'hôtel, comme nous devions le découvrir après de multiples tentatives infructueuses nécessitant une nouvelle interview de notre charmante amie, il fallait emprunter un petit escalier jusqu'au sous-sol, errer dans une aire de stockage, quitter le bâtiment et affronter une paire de portes coulissantes automatiques refusant de s'ouvrir. Allan, qui n'est pas homme à se laisser facilement priver de sa boisson vespérale, a réussi à les forcer avec une énergie impressionnante, ce qui nous a permis de nous glisser à l'intérieur. Le bar était abondamment – pour ne pas dire étonnamment – peuplé de personnages pittoresques, ivrognes bruyants et individus patibulaires, arborant tous tatouages intéressants, cheveux longs et barbe en broussaille : pas vraiment la clientèle classique des hôtels pour hommes d'affaires.

– M'a tout l'air d'une réunion de fans des ZZ Tops*, a grommelé Allan, lugubre.

Je dois dire qu'il y avait du vrai dans sa remarque.

Nous avons pris deux bières et sommes partis nous installer bien sagement dans un coin, telles deux vieilles filles dans une gare routière malfamée. Près de nous, deux individus sacrément baraqués s'affrontaient autour d'une table de billard. Chaque coup raté – c'est-à-dire presque tous – entraînait un tintamarre de queues de billard assenées sur toute surface disponible et si possible sonore : rebord de table, dos de chaises et même abat-jour métallique du luminaire éclairant la partie. À l'évidence, on ne tarderait pas à en venir aux mains. D'un commun accord, Allan et moi avons décidé de nous mettre en quête d'un environnement plus paisible et serein, par exemple le restaurant panoramique du septième étage.

Ledit restaurant était situé dans une grande salle aux larges baies offrant une vue panoramique sur Darwin au crépuscule. Sur la cinquantaine de tables, seules trois ou quatre étaient occupées. Aussi avons-nous été quelque peu surpris d'entendre l'hôtesse nous dire, avec un regard noir et affolé, que non, malheureusement, rien n'était libre pour le moment.

– Mais c'est pratiquement vide ! ai-je fait remarquer.

– Désolée, mais nous sommes franchement débordés !

---

* Groupe rock au système pileux remarquable. *(N.d.T.)*

Et pour bien illustrer l'urgence de la situation, elle nous a plantés là.

Nous nous sommes installés au bar pour siroter deux autres bières extorquées à un jeune Indonésien souriant qui passait là par hasard et qui faisait peut-être même partie du personnel. Après une trentaine de minutes et quelques autres vaines tentatives, nous nous sommes finalement vu accorder une table au fond de la salle, près d'une fenêtre. Là nous avons patienté dix minutes, puis une serveuse est venue nous offrir à chacun un petit pot de fleurs en terre cuite dans laquelle on avait fait cuire une petite miche de pain.

– C'est quoi, ça ? ai-je demandé.

– C'est du pain, a-t-elle répliqué.

– Dans un pot de fleurs ?

Elle m'a lancé ce regard que je commençais à bien connaître, cette expression particulière aux gens de Darwin, qui signifiait clairement : « Ouais ! Et alors ? »

– Vous ne trouvez pas ça un peu bizarre ?

Elle a réfléchi un moment.

– Ben oui. Un peu.

– Serait-ce le prélude à un repas sur un thème champêtre ?

Elle a réussi à produire une sorte de grimace affligée :

– Quoi ?

– Le plat principal sera-t-il présenté dans une brouette ? La salade servie à la fourche ?

– Oh non ! Il n'y a que le pain de spécial !

– Je suis ravi de l'apprendre.

Et avant de pouvoir faire plus ample connaissance et d'obtenir une boisson ou même, pourquoi pas, l'autorisation de jeter un coup d'œil sur la carte, nous avons été abandonnés là avec la promesse d'une reprise des négociations « très prochainement, mais en ce moment on est débordés ».

Ce fut une soirée étrange et mémorable où, pour obtenir un peu de nourriture, un supplément de rafraîchissements ou le simple plaisir d'entendre une voix australienne, il fallait se planter devant les portes de la cuisine et quasiment kidnapper le premier serveur qui en émergeait. Parmi les rares clients, beaucoup en étaient réduits à cette extrémité. Lors d'une de ces expéditions, j'ai demandé à un individu venu mendier une deuxième bière s'il était un client régulier de ce restaurant.

– Ma bourgeoise aime la vue, a-t-il fait en m'indiquant une petite dame potelée qui nous a adressé un salut amical.

– Mais le service laisse à désirer, vous ne trouvez pas ?

– Nul à chier ! a-t-il opiné. Apparemment ils sont débordés.

Le lendemain, il y avait un homme à la réception.

– Alors, bon séjour, messieurs ? a-t-il susurré d'une voix suave.

– Absolument exécrable !

– Parfait, parfait ! a-t-il ronronné en prenant ma carte de crédit.

– En fait, je dirais même que l'immense vertu de votre hôtel est de faire paraître extraordinairement satisfaisant tout séjour en auberge de jeunesse.

Il a arboré une expression modeste et ravie, comme pour dire : « Allons, ne me flattez pas ! » et m'a tendu la note pour une signature.

– Eh bien, nous espérons avoir le plaisir de vous revoir !

– Plutôt subir une ablation de la rate en pleine jungle avec un canif en bois !

Son visage a pris une expression incertaine, mais l'optimisme a fini par l'emporter, quoique sans grande conviction.

– Excellent !

Nous sommes partis faire un tour en ville. Darwin se situe dans cette zone tropicale humide et chaude qui, selon moi, va obligatoirement de pair avec un certain décor : imposantes maisons blanches avec véranda, persiennes aux fenêtres, palmiers en pot, ventilateurs paresseux au plafond, grands drinks glacés présentés par des serviteurs obséquieux, messieurs en costume blanc portant panama, dames en robe de cotonnade fleurie, parties de mah-jong pour faire passer la touffeur des après-midi, Humphrey Bogart rôdant, accablé de chaleur, dans un bar louche. Tout ce qui ne répondait pas à ces exigences élémentaires ne pouvait que me décevoir. Et Darwin m'a déçu sur presque tous les plans. Pour être juste, il faut reconnaître que l'endroit a eu sa dose de malheurs : la ville a été bombardée à plusieurs reprises par les Japonais pendant la Seconde Guerre mondiale et le cyclone Tracy l'a dévastée en 1974. Donc, forcément, une bonne partie de l'agglomération est récente, sans rien de typiquement tropical. On pourrait tout aussi bien se trouver à Wollongong ou à Bendigo, ou dans n'importe quelle ville de province modestement prospère. La seule particularité locale semble être l'absence de classe moyenne vaquant à ses occupations. Les passants étaient presque tous tatoués ou barbus, ou avançaient du pas hésitant et chaloupé de l'ivrogne. On aurait dit que l'Armée du Salut venait de vider ses asiles pour la journée. On apercevait aussi çà et là quelques groupes d'Aborigènes, silhouettes vagues et craintives campant aux abords des places ensoleillées comme des voyageurs dans une salle d'attente. Tandis qu'Allan allait retirer de l'argent à un distributeur, je me suis approché d'un de ces groupes – deux hommes et une femme, le regard perdu dans le vide. Je les ai salués d'un hochement de tête et leur ai adressé un bonjour souriant et respectueux en les dépassant. Mais mes tentatives pour capter leur regard sont restées vaines : ils étaient ailleurs. Ou alors, pour eux, j'étais transparent.

Nous avons pris notre petit déjeuner dans un café italien où nous étions les seuls clients, puis nous nous sommes rendus en voiture au musée des Arts et d'Histoire naturelle du Territoire du Nord, parce que j'avais lu dans un guide qu'on y exposait une méduse-boîte. Je m'étais attendu à un petit établissement poussiéreux qui nous retiendrait seulement le temps de faire un saut du côté du bocal de la méduse, mais en fait l'endroit était bien agencé, moderne et franchement intéressant. Pour un musée de province, il était même d'une taille impressionnante.

Toute une partie était consacrée au cyclone Tracy, qui demeure la catastrophe naturelle la plus dévastatrice de l'histoire de l'Australie. Il a pratiquement emporté la ville, la veille de Noël 1974. Selon le commentaire explicatif préenregistré, personne ne s'y attendait. Quelques semaines auparavant, un cyclone de moindre importance avait traversé la région sans faire de gros dégâts, et Tracy venait d'effleurer Darwin sans laisser prévoir la violence qui allait suivre. La plupart des gens se couchèrent donc comme s'il s'agissait d'une nuit ordinaire. C'est seulement vers deux heures trente du matin qu'ils comprirent la gravité de la situation. Les vents poussant jusqu'à deux cinquante kilomètres-heure, les frêles maisons tropicales commencèrent à se disloquer par pans entiers avant de se désintégrer, car la plupart étaient faites de panneaux d'aggloméré. Tracy détruisit neuf mille logements et tua une soixantaine de personnes.

Un peu à l'écart, une petite salle sombre offrait la possibilité d'écouter un enregistrement authentique du cyclone réalisé par un prêtre catholique. Une pancarte à l'entrée prévenait les personnes ayant réellement vécu la catastrophe que cela pouvait provoquer chez eux des malaises, ce que j'ai trouvé un peu alarmiste jusqu'à ce que j'entende moi-même l'enregistrement. Je crois que ce témoignage reste le moyen plus efficace de vous faire prendre conscience de la puissance terrifiante d'un cyclone. Il y a d'abord des rafales de vent, suffisamment fortes pour laisser présager des ennuis – des branches qui tapent, des portes qui claquent –, et puis cette force augmente, augmente encore jusqu'à devenir un hurlement ininterrompu d'une fureur inouïe, ponctué du bruit métallique des toits arrachés et du fracas de lourds débris s'envolant dans la nuit en tuant sur leur passage. Entendre cela dans une obscurité totale, dans les conditions mêmes où se trouvaient les habitants de Darwin cette nuit-là, donne à la démonstration une réalité saisissante d'une efficacité incomparable. Je me suis surpris plusieurs fois à plonger pour éviter le crash d'objets. Quand tout a été terminé, Allan et moi avons échangé un long regard épuisé. Après ça, le reste de l'exposition allait nous apparaître sous un jour nettement différent.

Sur un mur à l'extérieur, un écran projetait en boucle un film réalisé par la télévision montrant la ville au lendemain du passage de Tracy. C'était une dévastation totale. La caméra, placée sur une voiture roulant à faible allure, sillonnait des rues où il ne restait pas une seule maison debout.

Le reste du musée était consacré en grande partie à l'exposition d'animaux empaillés illustrant l'extraordinaire biodiversité du Territoire du Nord. Le fleuron des collections était cet énorme crocodile baptisé Sweetie, un temps le plus célèbre d'Australie. Ce mâle – eh oui, malgré son nom – avait une haine farouche des moteurs hors bord et ne manquait pas d'attaquer tout ce qui troublait sa tranquillité. Chose étrange pour un crocodile, il ne s'en est jamais pris à l'homme. En revanche, il a dû réduire en miettes une bonne quinzaine d'embarcations, provoquant un certain émoi chez les pêcheurs du coin. En 1979, lorsqu'on s'est aperçu qu'il mettait en danger sa propre vie – il recevait constamment des coups d'hélice –, les autorités chargées de la protection de la faune sauvage ont décidé de le transférer vers des eaux moins fréquentées. Mais la capture s'est mal passée et Sweetie s'est noyé. Alors on l'a empaillé et placé dans une vitrine au musée de Darwin, où il continue à impressionner les visiteurs par ses dimensions hors du commun : il mesure plus de cinq mètres de long et de son vivant il pesait dans les huit cents kilos.

Une autre vitrine répondait à une question que je m'étais souvent posée : comment s'y prend-on pour empailler un animal ? J'avais toujours supposé qu'on les remplissait de sciure, de vieilles chaussettes ou un truc de ce genre. Eh bien j'ai appris ce jour-là, grâce à une petite bête empaillée montrée en coupe transversale, que la carcasse est pratiquement vide, à l'exception d'une structure en polystyrène expansé soutenue par quelques montants de bois. J'ai trouvé touchant qu'un conservateur de musée ait pu prendre tant de peine pour combler les lacunes de mon instruction.

D'autres vitrines présentaient une vaste gamme de serpents et de reptiles – de vrais tueurs pour la plupart – qu'Allan a observés avec une grande concentration. Une des qualités les plus remarquables de ce musée – je suppose qu'il doit s'agir d'une des caractéristiques du Territoire du Nord –, c'est qu'on n'y va pas par quatre chemins pour évoquer les risques du monde extérieur. La plupart des autres musées australiens prennent grand soin de vous démontrer combien il est improbable qu'il vous arrive malheur un jour. Celui de Darwin, en revanche, s'applique à vous convaincre, anecdotes et chiffres à l'appui, que vous avez toutes les chances d'y rester chaque fois que vous mettez le pied dehors. Je crois qu'on en a l'illustration la plus fascinante dans la section bêtes aquatiques, où nous avons enfin trouvé ce que nous étions venus voir : une méduse-boîte conservée dans un bocal cylindrique, autrement dit la créature la plus meurtrière de tout l'univers.

La bête n'est pas très impressionnante : une masse gélatineuse ressemblant très vaguement à une boîte d'environ quinze centimètres, mais traînant derrière elle de très longs tentacules ressemblant à des filaments. Comme toutes les méduses, elle est pratiquement dépourvue de cerveau mais son pouvoir de nuisance est impressionnant : les tentacules d'un seul de ces monstres portent assez de venin pour expédier *ad patres* une pleine salle de gens. Or la méduse se nourrit exclusivement de petites crevettes du genre krill, rien qui nécessite une telle toxicité. Comme c'est souvent le cas pour la faune et la flore australiennes, personne n'arrive à expliquer pourquoi elle a développé une aussi phénoménale capacité à tuer.

Le musée offrait aussi une vaste gamme de ces créatures dangereuses dont le Territoire du Nord semble regorger : divers assortiments de raies venimeuses, de pieuvres bleues, de serpents, de cônes, et les bataillons habituels de poissons-pierres, poissons-scorpions, poissons-feux et autres charmantes bestioles trop nombreuses à citer ou trop déprimantes pour qu'on s'y attarde. On les trouve généralement dans des eaux peu profondes, dans des creux de rocher et même parfois, banalement, sur les plages. Que dans un tel pays les gens continuent à s'aventurer à moins de cent mètres de la mer, voilà qui m'étonnera toujours. Les murènes m'ont semblé particulièrement redoutables. Le problème avec elles, c'est moins leur agressivité que leur curiosité. Pénétrez dans leur territoire et les voilà qui viennent vous observer, se frottant presque contre vos jambes comme un chat en quête de caresses. Vous seriez prêt à jurer qu'il s'agit des plus charmantes créatures de la terre. Mais qu'un geste leur déplaise ou qu'elles se sentent menacées, et elles se jetteront sur vous, vous injectant assez de venin pour tuer trois hommes adultes. Je ne sais pas ce que vous en pensez, mais voilà ce que j'appelle un caractère difficile.

Tandis que nous passions d'une vitrine à l'autre, un homme mince et arborant la traditionnelle barbe hirsute darwinienne est venu nous saluer et nous demander si tout se passait bien. Il s'est présenté : docteur Phil Alderslade, conservateur des cœlentérés.

– Les méduses et puis aussi les coraux, a-t-il expliqué devant notre perplexité – qui trahissait notre profonde ignorance.

– J'ai remarqué que vous preniez des notes, a-t-il ajouté.

Je lui ai parlé de ma grande affection pour les méduses-boîtes et demandé si lui-même travaillait sur cette espèce.

– Mais bien sûr !

– Et comment faites-vous pour éviter d'être piqué ?

– On respecte certaines précautions élémentaires. On porte des combinaisons, naturellement, et des gants en caoutchouc. Surtout, on fait très attention quand on les manipule. Car si la plus infime portion de tentacule reste sur un gant et entre accidentellement en contact avec votre peau, si par exemple vous vous touchez le front pour en essuyer la sueur ou en chasser une mouche, vous n'êtes pas près de l'oublier, croyez-moi !

– Vous avez déjà été piqué ?

– Une fois. Mon gant a glissé et un tentacule m'a touché, juste ici. (Il a indiqué la partie tendre de son poignet, où une petite cicatrice était encore visible.) Elle n'a fait que m'effleurer mais qu'est-ce que j'ai dégusté !

– Racontez-nous ! avons-nous demandé en chœur.

– Imaginez une cigarette qu'on vous collerait sur la peau un long moment, au moins trente secondes. Voilà, c'est un peu ça. On se fait souvent piquer dans notre métier, mais je n'avais jamais rien ressenti de pareil.

– Et si vous êtes touché par un tentacule d'un mètre, qu'est-ce qui se passe ?

Il a secoué la tête d'un air lugubre :

– Imaginez la douleur la plus horrible du monde, et ce sera pire encore. Cela se situe dans un registre de douleur qui n'a rien à voir avec ce que les gens connaissent.

Et là, il a fait quelque chose d'assez inhabituel pour un scientifique : il a frissonné. Puis il nous a adressé un sourire optimiste à travers sa pilosité faciale exubérante et nous a quittés pour retourner à ses coraux.

Nous avons quitté le musée, Darwin et ses banlieues proprettes et bien rangées – des alignements de bungalows blancs posés sur des pelouses impeccables. La ville se terminait avec un panneau annonçant : « Alice Springs : 1479 km. » Il fallait donc se préparer à affronter la solitude de la Stuart Highway, cette longue route qui traverse des étendues désolées. Nous allions nous enfoncer dans cette contrée mythique et redoutée, ce pays de chaleur et de danger où le soleil fait blanchir les ossements.

La route – ou plutôt la piste, comme on la surnomme aussi – était presque vide, mais droite et en bon état. Pourtant, demandez à une dizaine d'habitants de Sydney ou Melbourne si la *highway* entre Darwin et Alice Springs est goudronnée : je parie que la plupart ne sauront vous répondre. En fait, cette route fut l'une des premières de l'outback à être asphaltée. Cela remonte à la Seconde Guerre mondiale, lorsque l'Australie du Nord devint l'un des principaux avant-postes de la guerre du Pacifique. Aujourd'hui, cet axe est fréquenté par un petit nombre de touristes – en augmentation constante –, un trafic local réduit et un nombre impressionnant de *roadtrains*, ces camions tirant plusieurs remorques et atteignant une quinzaine de mètres de long. Croiser un de ces monstres sur une route à deux voies dont il revendique sa propre moitié plus, si possible, la vôtre est une expérience dont je peux vous garantir qu'elle réserve des émotions fortes.

Cette partie du monde n'a commencé à exister que pendant la Seconde Guerre mondiale, quand il a fallu construire soixante terrains d'aviation et trente-cinq hôpitaux entre Darwin et Daly Waters. Cent mille soldats américains furent cantonnés dans la région. Tous ces sites sont encore signalés par des panneaux plantés au bord de la route, et une ou deux fois nous nous sommes arrêtés pour y jeter un coup d'œil. Lorsque Alan Moorehead est passé par là dans les années 1950, la plupart des bâtiments étaient encore debout ; il lui est même arrivé de tomber sur des avions abandonnés ou sur des dépôts de munitions en train de se décomposer gentiment au milieu du désert*. Naturellement, j'avais un peu espéré faire les mêmes trouvailles, mais à présent il n'y avait plus rien, rien d'autre que le silence, cette chaleur oppressante et le sentiment d'être à la lisière d'un vide sans fin.

Aux quatre coins de l'horizon, aussi loin que porte le regard, la terre est couverte de spinifex, cette herbe sèche et cassante qui pousse en touffes si denses qu'elles donnent l'illusion de la fertilité. On a l'impression que chaque hectare de ce terrain pourrait nourrir un millier de têtes de bétail. Mais le spinifex ne vaut rien comme fourrage : c'est une des rares herbes totalement dépourvues de valeur nutritive. C'est aussi une vraie galère à traverser : ses pointes acérées sont recouvertes de silice et se brisent dès qu'on les effleure. Elles s'enfoncent ensuite sous la peau où elles provoquent d'horribles plaies. Au milieu des touffes de spinifex s'élèvent quelques térébinthes

* Voir *Rum Jungle*, *op. cit.* *(N.d.T.)*

ainsi que des termitières de la taille d'un homme qui ponctuent le désert tels d'antiques dolmens. Et rien d'autre.

Après trois heures de route, nous avons atteint Katherine, une petite localité poussiéreuse et inoffensive, la dernière ville digne de ce nom avant près de sept cents kilomètres. À partir de là, le paysage s'appauvrit encore et la circulation cesse pratiquement. Pendant la majeure partie du trajet, la route devient une sorte de trajectoire tendue entre deux horizons également lointains et impossibles à atteindre. Le ciel est immense et d'un bleu éblouissant.

Cela devait bien faire une heure et demie que nous roulions, perdus dans une sorte de stupeur muette, lorsque Allan s'est décidé à parler :

– Au point de vue urine, Bryson, tu peux assurer ?

– Pas de problème de ce côté-là. Pourquoi ?

– Je viens juste de remarquer qu'on n'avait presque plus d'essence.

– Sérieusement ?

En me penchant sur le tableau de bord, j'ai pu vérifier que mon ami savait effectivement lire une jauge à essence, quoique un peu trop rarement, malheureusement.

– Dommage que tu t'en aperçoives si tard, Allan !

– Cette bagnole boit comme un trou ! Bon, alors, où sommes-nous exactement ?

– Au milieu de nulle part, Allan.

– Je veux dire par rapport à la prochaine ville.

– Par rapport à la prochaine ville, nous sommes… (j'ai déplié la carte pour le confirmer)… au milieu de nulle part.

J'ai pris quelques mesures rapides avec mes doigts.

– D'après mes calculs, nous sommes à quarante kilomètres d'un petit point sur la carte appelé Larrimah.

– Et ils ont de l'essence dans ce bled ?

– Espérons ! Et tu penses avoir assez d'essence pour y arriver ?

– Espérons ! Et tu me permettras d'ajouter : putain de bordel !

Nous sommes arrivés à Larrimah dans les dernières vapeurs de notre réservoir d'essence. C'était un patelin pratiquement mort mais fort heureusement pourvu d'une pompe. Laissant Allan s'occuper du plein, je suis allé faire quelques emplettes : stock d'eau et rations de secours en prévision des prochaines urgences. Puis nous avons fait le vœu solennel de garder un œil vigilant sur la jauge à essence et de ne jamais laisser l'aiguille descendre au-dessous du repère de demi-plein. D'autres étendues désertiques nous attendaient.

Néanmoins, le sentiment grisant d'avoir pu éviter la catastrophe a eu des effets toniques sur notre humeur, et c'est en aventuriers triomphants que nous sommes entrés à Daly Waters, notre destination du jour. Daly Waters – à six cents kilomètres de Darwin et neuf cents d'Alice Springs – se trouvait un peu à l'écart de la Stuart Highway, au bout d'une route de terre et après un gué, ce qui ajoutait beaucoup à la sensation d'éloignement. L'agglomération se résumait à quelques maisons, un magasin général décrépi et visiblement fermé depuis longtemps, deux pompes à essence sans aucun bâtiment et un pub des plus rudimentaires couvert d'un toit de tôle.

Nous avons garé la voiture près du pub. Il était couvert de panneaux. L'un d'eux disait : « Fondé en 1893. Le premier établissement australien à avoir obtenu sa licence. » Un autre proclamait : « Fondé en 1930 : le plus ancien pub du Territoire du Nord. » Il régnait une chaleur accablante : on dépassait certainement les quarante degrés. Une brochure touristique glanée à Darwin suggérait, sans le garantir formellement, que le pub de Daly Waters offrait également des chambres. Je l'espérais sincèrement, car la prochaine localité était à trois cent soixante-dix kilomètres, et il n'y aurait pas grand-chose avant. De toute façon, on approchait de cette période de la journée particulièrement dangereuse dans l'outback, l'heure crépusculaire où les kangourous sortent de la pénombre pour se jeter sur les véhicules roulant à pleine vitesse, au plus grand dam des deux parties. Les camions les expédient sur le bas-côté, mais avec les voitures les dégâts peuvent être fatals pour les occupants.

Le pub nous a semblé très sombre, sans doute parce que la lumière extérieure était éblouissante et que nous avions passé l'après-midi dans cette clarté si intense. Je n'y voyais pratiquement rien.

– Hello ! ai-je lancé à un visage qu'il m'avait semblé apercevoir de l'autre côté du comptoir, en espérant qu'il ne s'agissait pas d'une raquette de ping-pong. Vous avez des chambres ?

– Les plus belles chambres de tout Daly Waters ! m'a répondu la raquette. Et aussi les seules.

Tout en parlant, la forme s'est métamorphosée sous mes yeux en un homme d'âge mûr transpirant abondamment, l'air fatigué. Derrière ses lunetttes, il nous a toisés d'un regard vaguement soupçonneux.

– Vous voulez deux chambres, ou bien vous couchez ensemble ?

– Deux chambres, me suis-je hâté de dire.

La réponse a semblé lui faire plaisir. Il a fouillé dans un tiroir pour en extirper deux clés aux étiquettes dépareillées.

– Celle-ci a un lit simple, a-t-il déclaré en m'en posant une dans la paume de la main. Et celle-là a un grand lit, au cas où l'un de vous serait en veine ce soir !

Et il a cligné de l'œil avec une expression entendue légèrement salace.

– Vous pensez qu'on a des chances ?

– Un miracle peut toujours arriver !

Les chambres étaient situées dans un bâtiment à

part. Il y en avait une dizaine, alignées de chaque côté d'un couloir. J'ai insisté pour qu'Allan prenne la grande chambre, car il avait beaucoup plus de chances que moi d'être favorisé par le sort.

– Dans ce trou ? a-t-il fait avec un rire forcé.

– Il y a quatre-vingts millions de moutons dans l'outback, Allan. Ils ne sont certainement pas tous exigeants.

Nous sommes allés inspecter nos chambres. Spartiate est le mot qui venait immédiatement à l'esprit. La mienne consistait en un lit ayant beaucoup vécu, une commode bancale et une corbeille à papier en raphia. Il n'y avait ni télévision ni téléphone, et l'éclairage se réduisait à une ampoule jaunâtre au bout d'un fil. L'unique fenêtre était équipée d'un vieux climatiseur qui vibrait et ronronnait lorsqu'on le mettait en marche, mais qui parvenait encore à produire un peu de froid. Pour les ablutions, il fallait aller au bout du couloir, dans un local à la limite de la salubrité équipé d'un lavabo zébré de rouille et d'une douche carrément suspecte.

Je suis allé voir Allan, que j'ai trouvé assis sur son lit, un sourire narquois aux lèvres.

– Entre ! m'a-t-il crié. Mais entre donc ! J'aimerais t'offrir une boisson de mon minibar mais la chambre n'en a pas. Assieds-toi. Ah, non ! Il n'y a pas de chaise. Sers-toi de la poubelle !

– C'est un peu spartiate, ai-je reconnu.

– Spartiate ? Mais c'est une vraie cellule ! J'aimerais te mettre un peu de lumière mais l'ampoule est morte.

– Je suis sûr qu'on pourra te la remplacer.

– Oh, non ! Je crois que je préfère rester dans le noir. (Il a plissé les lèvres.) Euh… tu crois qu'il est trop tôt pour se payer un verre ?

J'ai consulté ma montre : cinq heures moins le quart.

– Oui, un peu trop tôt. Et puis il y a quelque chose que je voudrais te montrer.

– Quelque chose à voir ? Dans ce bled ? Qu'est-ce que ça peut bien être ? Un touriste faisant le plein d'essence ? Le coït nocturne des moutons ?

– C'est un arbre.

– Un arbre ? Ah, oui, je vois. Allez, je te suis !

Nous avons repris la voiture et parcouru trois kilomètres de piste brûlante. Là, planté à la lisière d'une grande clairière, un panneau annonçait que nous avions enfin trouvé ce que nous cherchions : l'arbre de Stuart, immortalisant John McDouall Stuart, sans doute le plus grand de tous les explorateurs australiens. Ce soldat écossais de petit gabarit (il dépassait à peine un mètre cinquante) dirigea trois expéditions dans l'intérieur du pays, chaque fois au péril de sa vie. La lumière trop vive de l'outback gênait gravement sa vision, et au cours de deux équipées il se mit à voir double dès les premiers jours – un sérieux handicap pour quelqu'un qui doit se frayer un chemin à travers de vastes espaces inexplorés. « Dites, les gars, à votre avis on devrait aller vers lequel de ces deux pics ? Personnellement je choisirais plutôt celui qui est sous le soleil de gauche. » Généralement il terminait ses voyages pratiquement aveugle. Au cours de la deuxième expédition, il souffrit gravement du scorbut. Sa peau, rapporte l'un de ses hommes, « pendait de son palais, sa langue gonflait et il ne pouvait plus parler ». Pratiquement inconscient, il dut être transporté sur une civière sur les six cents derniers kilomètres, et chaque soir on le tirait de son brancard en s'attendant à trouver un cadavre. Et pourtant, un mois après son retour, il était prêt à affronter de nouvelles aventures dans ce désert implacable.

Sa dernière tentative, en 1861-1862, parut vouée à l'échec dès le début. Ses chevaux étaient « en grande détresse » par manquc d'eau. Cavaliers et montures étaient torturés par le *bulwaddy*, un arbuste aux pointes féroces. Mais à Daly Waters ils trouvèrent un ruisseau avec de l'eau potable et cette découverte devait sauver l'expédition. Les hommes purent se reposer et faire le plein d'eau avant de repartir. En juillet 1862, neuf mois après avoir quitté Adélaïde, ils atteignirent la mer de Timor. Dix ans plus tard, un télégraphe reliait Adélaïde à la localité qui allait devenir Darwin, mettant ainsi l'Australie en liaison directe avec le reste du monde.

Dans sa joie d'avoir découvert cette rivière à Daly Waters, Stuart avait gravé un S dans un grand gommier. C'était cet arbre que nous étions venus voir. Un arbre qui, il faut le reconnaître, n'avait rien de bien impressionnant : un bout de bois de quatre mètres privé de ses branches supérieures et mort depuis belle lurette. Tous les guides que vous lirez prétendent que le S est encore visible, mais nous n'avons pas réussi à l'identifier. Néanmoins, je jugeais plaisant d'être sur un site célèbre que si peu d'Australiens viennent visiter. À un moment, un vol de galahs, ces grands perroquets rosâtres très bruyants, est venu se poser sur les arbres voisins. La scène n'avait rien de particulièrement remarquable – une plaine nue, un gros soleil prêt à se coucher, quelques arbres étiques –, mais dans sa simplicité même je l'ai trouvée captivante. Je ne sais trop pourquoi, mais cet endroit me plaisait.

Nous sommes restés à le contempler pendant un long moment puis Allan s'est tourné vers moi et m'a demandé d'une voix respectueuse si maintenant on pouvait aller boire un verre.

– Oui, maintenant on peut.

La gloire de Daly Waters ne devait pas se terminer avec Stuart et sa bande. Dans les années 1920, un couple obscur portant le nom de Pearce débarqua à Daly Waters pour ouvrir une boutique avec vingt livres empruntées. Chose étonnante, ils prospérèrent.

En l'espace de quelques années ils se retrouvèrent propriétaires d'un hôtel, d'un pub et d'un aérodrome. Daly Waters devint une escale entre Brisbane et Darwin sur la route de Singapour puis de Londres, dans les premiers jours de Qantas et les derniers d'Imperial Airways. Lady Mountbatten fut l'une des premières à séjourner à l'hôtel. Dieu sait ce qu'elle a pu en penser, mais j'imagine aussi qu'elle devait être absolument ravie d'avoir atterri après avoir survolé le désert. Dans les années 1930, un vol commercial entre Londres et l'Australie impliquait des nerfs d'acier, quarante-deux escales techniques, cinq changements d'avion et la traversée de l'Italie en train parce que Mussolini n'autorisait pas le survol de son espace aérien. Cela prenait douze jours. Outre la mousson, les avions devaient affronter les tempêtes de sable, les ennuis mécaniques, les erreurs de navigation ainsi que les tirs au jugé de certaines peuplades hostiles ou espiègles. Et il n'était pas rare que les appareils s'écrasent.

Les périls de l'aviation en ce temps-là se trouvent parfaitement illustrés par les mésaventures de Harold C. Brinsmead, alors directeur du département de l'aviation civile australienne. En 1931, il se trouvait sur un vol à destination de Londres, en partie pour affaires et en partie pour démontrer la fiabilité des services aériens modernes. Son avion s'écrasa au décollage en Indonésie. Pas de blessés graves, mais l'avion en question était bon pour la casse. Refusant d'attendre l'appareil envoyé en remplacement, Brinsmead prit place dans un vol de la toute nouvelle compagnie néerlandaise KLM. L'avion s'écrasa au décollage de Bangkok. Cette fois, cinq passagers furent tués et Brinsmead fut blessé si gravement qu'il ne devait jamais s'en remettre : il mourut deux ans plus tard. Les passagers ayant survécu au crash poursuivirent leur voyage vers Londres dans un autre avion, qui devait s'écraser au retour.

Daly Waters se vante d'être le plus vieil aéroport international de l'Australie, mais on peut supposer que d'autres vénérables aérodromes revendiquent ce titre. Il est vrai qu'il a été utilisé comme escale sur certains vols internationaux et comme étape régulière sur les vols nationaux reliant le Queensland à l'Australie-Occidentale. Daly Waters est donc une sorte de carrefour aérien resté opérationnel jusqu'en 1947. Le pub y fut ouvert en 1938, ce qui est loin d'en faire le plus ancien de l'outback ou du Territoire du Nord. Mais c'est certainement l'un des plus pittoresques.

Comme dans la plupart des pubs de l'outback, chaque centimètre carré de ses surfaces intérieures (murs, poutres, piliers de bois) était couvert de souvenirs légués par les visiteurs : cartes d'étudiant, permis de conduire, billets de banque de toutes nations, autocollants, badges de différents corps de police ou de brigade de pompiers, et même un assortiment de sous-vêtements pendouillant du plafond ou cloués aux murs. Le reste de la décoration était d'une sobriété sympathique : un grand bar central, dépouillé mais fonctionnel, un sol en ciment, un toit de tôle, une gamme de chaises et de tables de divers styles et époques, un billard délabré.

Accoudés au bar, sept ou huit hommes arborant tous short, tee-shirt, santiags et chapeau de brousse, sirotaient leurs *stubbies* – petites bouteilles de bière ventrues servies dans une gaine de mousse isolante pour les garder au frais. Ils semblaient tous avoir chaud et être couverts de poussière, mais à Daly Waters tout est chaud et poussiéreux. Pour décrire l'ambiance du pub, on pourrait parler de convivialité torride. Même en restant immobile, on ruisselait. Les fenêtres étaient équipées de moustiquaires, largement trouées pour la plupart, et de toute façon les portes restaient grandes ouvertes, ce qui autorisait la libre circulation des mouches. Les clients m'ont salué d'un hochement de tête puissant mais amical et se sont écartés obligeamment pour laisser mon ventre atteindre le comptoir et me permettre de passer commande. Visiblement, je ne présentais pas d'intérêt particulier à leurs yeux. Comme la décoration le laissait supposer, les étrangers, ici, n'étaient pas une nouveauté.

Muni de deux bouteilles de bierre bien fraîches, je suis retourné à la table où m'attendait Allan, assis sous un grand autocollant légué par le « Oucékonva Tourist Club ». Il semblait baigner dans une étrange sérénité.

– Le coin te plaît ? ai-je dit.

Il a acquiescé d'un hochement de tête béat.

– Mais je croyais que tu trouvais cet endroit atroce.

– Oui, au début. Et puis je me suis retrouvé assis là à contempler le soleil couchant par la fenêtre, et c'était beau, je dirais même étonnamment beau. Je me suis alors retourné vers le bar, avec ces types aux tronches si pittoresques, ces personnages de l'outback, et je me suis dit : « Putain, il est vraiment chouette, ce coin ! »

Il avait l'air franchement étonné.

– Je t'assure, ça me plaît vraiment, a-t-il confirmé.

– J'en suis ravi pour toi.

Il a fini sa bière et s'est levé :

– Prêt pour une autre ?

C'était à mon tour d'être un peu étonné. Je m'apprêtais à lui faire remarquer qu'il était peut-être un peu tôt pour attaquer à un rythme aussi foudroyant et puis je me suis dit : au diable les scrupules ! Nous venions de si loin, et après tout un pub est un endroit fait pour boire.

J'ai vidé ma bouteille et la lui ai passée :

– OK ! Pourquoi pas ?

Je ne peux pas prétendre avoir gardé un souvenir très net de la suite. Nous avons bu de grosses, de très grosses quantités de bière. Nous avons mangé des steaks de la taille d'un gant de base-ball (à vrai dire il s'agissait peut-être effectivement de gants de base-ball), que nous avons fait passer en ingurgitant d'autres bières. Nous nous sommes fait des tas d'amis. Nous avons circulé dans la salle comme dans un cocktail. J'ai discuté avec des propriétaires de ranch, des tondeurs de moutons, des serveuses. J'ai rencontré des compagnons de voyage venus des quatre coins du monde. J'ai parlé un long moment avec le propriétaire de la boîte, un certain Bruce Caterer, qui m'a raconté en détail comment il en était arrivé à acquérir un pub dans ce coin paumé et solitaire, confidence dont je n'ai pas gardé le moindre souvenir, pas même de quoi faire un début de note. Plus la soirée passait et plus le pub se remplissait et s'animait. D'où pouvaient bien venir tous ces gens ? Mystère. Tout ce qu'on peut affirmer, c'est qu'il existe une cinquantaine de buveurs confirmés planqués quelque part dans le bush aux environs de Daly Waters et qu'il y avait au moins autant de clients de passage du même acabit. Je me suis fait rétamer au billard par une douzaine d'adversaires. J'ai payé des tournées à de parfaits inconnus. J'ai appelé ma femme pour lui jurer un amour éternel. J'ai écouté des blagues et ri à chacune d'elles, débordant d'indulgence et d'affection envers l'humanité tout entière. J'aurais pu suivre n'importe qui au bout du monde.

Le lendemain matin, je me suis réveillé tout habillé sur mon lit non défait, avec des souvenirs s'arrêtant à l'épisode du gant de base-ball et l'impression d'avoir survécu à une catastrophe ferroviaire.

J'ai collé un œil sur ma montre et poussé un gémissement en découvrant qu'il était presque dix heures. On n'arriverait jamais à Alice Springs dans les temps. J'ai titubé jusqu'à la salle de bains, où je me suis imposé quelques sommaires ablutions avant de regagner le pub, l'œil chassieux. Allan était assis, étayé par le mur, les yeux clos, sa tasse de café fumante et intacte sous le nez. Il n'y avait pas d'autres clients dans les parages.

– Café, lait, où ? ai-je croassé d'une petite voix faiblarde.

Allan a fait un vague geste de la main, indiquant une direction imprécise. Dans une petite pièce adjacente, j'ai trouvé une bouilloire d'eau chaude et tout l'assortiment des sachets nécessaires à la préparation d'un breuvage brûlant. J'ai rempli une demi-tasse de café soluble, j'y ai ajouté un filet d'eau et suis allé rejoindre Allan.

Levant la tasse avec des gestes d'invalide, j'ai réussi à introduire quelques gouttes de café entre mes lèvres. Après plusieurs gorgées, j'ai commencé à me sentir légèrement mieux. Allan, en revanche, semblait vraiment mal en point.

– On s'est couchés à quelle heure ? ai-je demandé.

– Tard.

– Très tard ?

– Très.

– Pourquoi restes-tu assis comme ça les yeux fermés ?

– Parce que si je les ouvre, j'ai peur de me vider de ma cervelle…

– Est-ce que je me suis mal conduit ? ai-je repris en inspectant la salle, redoutant de voir mon slip pendu à une poutre.

– Pas que je sache. T'as été nul au billard.

J'ai acquiescé, pas surpris le moins du monde. J'utilise souvent mes capacités au billard comme alcootest.

– Rien d'autre ?

– Tu fais un échange de maisons l'été prochain avec une famille de Coréens.

J'ai plissé les lèvres, un peu songeur.

– Du Nord ou du Sud ?

– Me rappellc pas.

– Tu me fais marcher, non ?

Il s'est penché vers moi pour extirper de ma poche de chemise une carte de visite qu'il m'a tendue. Elle disait : « Park Ho Lee, viandes en gros », ou un truc dans ce genre, et donnait une adresse à Pusan. Juste en dessous, une note écrite de ma propre main précisait : « Du 10 juin au 27 août. OK. »

J'ai déposé la carte pliée en deux dans le cendrier.

– Je crois qu'on ferait bien de se tirer, maintenant.

Allan a approuvé d'un geste et, avec un gros effort de volonté, a réussi à se mettre debout en vacillant légèrement. Puis il est parti rassembler ses affaires. Après avoir hésité un moment, je l'ai suivi.

Dix minutes plus tard, nous étions en route pour Alice Springs.

CHAPITRE XVI

Et maintenant, voici une anecdote qui vous fera réfléchir.

En avril 1860, au cours de sa deuxième tentative de traversée nord-sud de l'Australie, John McDouall Stuart atteignit le centre aride du continent à mi-distance environ des sites actuels de Daly Waters et Alice Springs. À des milliers de kilomètres de tout, ce lieu était véritablement le « summum de la désolation », selon l'expression d'Ernest Giles, l'un des compagnons de Stuart. Ils avaient vécu un véritable enfer avant d'y parvenir, au bout de plusieurs mois de voyage, malades, en haillons et à demi morts de faim. Mais enfin, ils avaient la satisfaction de se dire qu'ils étaient les premiers étrangers à avoir pénétré au cœur de ces terres farouches.

Il est donc facile d'imaginer la surprise de Stuart lorsque, au beau milieu de ce néant torride, il tombe sur trois Aborigènes qui le saluent en lui adressant un signe franc-maçon. (Le signe était authentique et il ne pouvait pas s'agir d'une coïncidence.) Là-dessus, quelques jours plus tard, l'expédition repère des traces de chevaux. Un peu plus loin, alors qu'ils installent le camp pour la nuit, les explorateurs sont rejoints par des hommes de la tribu des Warramunga. L'un des compagnons de Stuart, le jeune W.P. Auld, ayant retiré ses chaussures, est en train de masser ses pieds endoloris lorsqu'un de ces Warramunga vient s'agenouiller devant lui et, sous ses yeux ébahis, lui remet ses chaussures puis les relace soignement. Ce travail terminé, l'Aborigène se rassied avec un grand sourire de satisfaction.

Stuart doit se rendre à la triste évidence : lui et ses hommes ne sont pas les premiers Blancs à avoir atteint les solitudes intérieures du pays. Mais qui les a précédés ? Personne n'en a jamais eu la moindre idée…

Si je rapporte cette histoire, c'est pour illustrer le caractère étrange de cette immensité insondable qu'est l'outback. Il y a quelque chose dans ce grand vide qui fascine les hommes. C'est un environnement qui, clairement, veut votre mort, et pourtant, encore et encore, malgré les pires privations et souvent pour de bien maigres récompenses, des individus se sont acharnés à y retourner. Parfois, comme Stuart devait le découvrir à ses dépens, ils ne prenaient même pas la peine de laisser leur nom à la postérité. Il est presque impossible d'imaginer une nature plus féroce et impitoyable que celle du centre de l'Australie. Pour les explorateurs du XIXe siècle, le danger ne venait pas seulement de la chaleur indescriptible et du perpétuel manque d'eau. Il fallait aussi compter avec un millier d'autres petites misères. Ils étaient dévorés par des fourmis rouges dès qu'ils se reposaient. Parfois c'étaient des indigènes qui les attaquaient avec des lances. Le pays était couvert de broussailles piquantes et de cet horrible spinifex dont les pointes siliceuses acérées leur infligeaient des blessures qui s'infectaient avec la poussière et la sueur. Le scorbut était une menace constante. Toute mesure d'hygiène était impossible. Les animaux de bât devenaient fous sous l'effet de la chaleur ou refusaient d'avancer. Ernest Giles raconte dans ses Mémoires comment son cheval avait été pris de délire après une vaine tentative pour trouver de l'eau et comment, de retour au camp en fin de journée, la bête affolée avait plongé ses naseaux dans le feu avec l'espoir insensé d'obtenir un quelconque soulagement. Pris de compassion, Giles avait donné à l'animal blessé un peu de sa maigre ration d'eau personnelle, ce qui n'avait pas empêché la pauvre bête de mourir peu après. Même les chameaux résistaient difficilement à une telle aridité. Dans une histoire de l'exploration de l'Australie, Glen McLaren rapporte que les mouches, attirées par les blessures de ces bêtes, déposaient sur la moindre plaie à vif des œufs dont l'éclosion donnait des milliers d'horribles vers. Au cours de l'une de ces expéditions, la blessure d'un chameau en était tellement infestée qu'il fallait « écoper quotidiennement les vers avec un petit seau* ». L'animal a fini par se coucher pour mourir. Lorsque les chameaux eux-mêmes n'arrivent pas à survivre, on comprend qu'on est tombé sur un endroit de la planète particulièrement inhospitalier.

Et pourtant, tous ces explorateurs se sont acharnés à retourner dans ce désert. Ceux du XIXe siècle partaient souvent dans un but bien défini – trouver un passage pour installer des lignes télégraphiques, chercher de l'or, découvrir quelque mystérieux pays de cocagne –, mais très vite, presque sans exception, les voyageurs se laissaient envoûter par le vide de ces terres et, comme pris de vertige, poursuivaient leur marche en avant.

Personne, peut-être, n'a autant souffert qu'Ernest Giles. Et il s'est infligé ces souffrances de son plein gré, à plusieurs reprises et pour un bien piètre résultat. En 1874, alors qu'il traversait les contrées désolées de l'Australie de l'Ouest en compagnie d'un certain Alfred Gibson, le cheval de son compagnon mourut. Giles confia à Gibson sa propre monture avec pour mission de refaire les deux cents kilomètres de piste

---

* Glen McLaren, *Beyond Leichhardt : Bushcraft and the Exploration of Australia, op. cit. (N.d.T.)*

jusqu'à Fort McKellar et de s'y procurer un autre cheval. Gibson s'égara dans ce vaste néant où il disparut à tout jamais (l'endroit est maintenant connu sous le nom de désert de Gibson). Laissé seul pour parcourir à pied le chemin du retour au milieu de ces dunes épuisantes, Giles erra pendant des jours et des jours, épuisé et affamé, et parcourut les cent derniers kilomètres presque sans eau. C'est dans cet état désespéré, torturé par les mouches et à demi mort de faim, qu'il rencontra ce fameux bébé wallaby sur lequel il se jeta pour le dévorer tout cru, peau et poils compris.

Ce genre d'aventure n'était pas exceptionnelle autrefois. C'était ce qui vous attendait lorsque vous mettiez les pieds dans l'outback. Quand Robert Austin et ses hommes furent contraints de boire l'urine de leurs chevaux aussi bien que la leur, ils n'innovaient pas. Dans le désert, des tas de gens en étaient réduits à cette extrémité. En trouvant le bébé wallaby, Giles s'est estimé extrêmement chanceux – et pas seulement sur le moment. Des années plus tard, il évoquait encore avec un enthousiasme sincère « le goût délicieux de cette créature, un goût que je ne devais jamais oublier ». Stuart et ses hommes gardèrent un souvenir tout aussi ému de cette portée de dingos qu'ils eurent la chance de découvrir un jour où ils étaient à la limite de l'inanition. Ils firent bouillir les chiots dans une marmite et jugèrent ce mets « succulent ».

Pourquoi ces hommes se sont-ils infligé de telles tortures ? Cela dépasse l'entendement. En dépit de l'horrible calvaire qu'avait été son expédition fatale avec Gibson, Giles reprit presque aussitôt ses vagabondages compulsifs. Stuart fit de même. Pendant quatre ans, presque sans relâche, il alla se jeter dans l'univers impitoyable de l'outback jusqu'à ce qu'il réussisse sa percée. Enfin, épuisé par l'effort, il repartit pour Londres, où il mourut peu de temps après.

Il est impossible de dire qui, de Stuart ou de Giles, endura les pires tourments. Mais incontestablement, ce fut Giles qui les subit pour le plus maigre résultat. Je connais peu d'explorateurs aussi malchanceux que lui. Cette même année où il perdit Gibson dans le désert et parcourut deux cents kilomètres à pied dans une chaleur d'enfer, il partit explorer la région de Yulara. Un jour, escaladant une petite hauteur, il découvrit, émerveillé, un paysage comme il n'en avait jamais vu, même en rêve. Devant lui se dressait la masse du monolithe le plus imposant du monde, un énorme massif de roche rouge. Il se hâta de rentrer à Adélaïde pour faire part de sa trouvaille, mais il apprit qu'un certain William Christie Gosse avait découvert cette merveille quelques jours avant lui et l'avait déjà baptisée Ayers Rock en l'honneur du gouverneur de l'Australie-Méridionale.

Trop vieux pour continuer les explorations, Giles s'engagea comme employé de bureau dans les mines d'or de Coolgardie, où il mourut dans l'anonymat le plus total en 1891. De nos jours on l'a pratiquement oublié. D'ailleurs, aucune autoroute ne porte son nom.

Pour l'heure, le vaillant Mr Sherwin et moi-même poursuivions notre route dans la chaleur inexorable des espaces vides. Plus on s'éloigne de Daly Waters en direction du sud, plus la végétation se fait rare. On a la curieuse impression d'avoir quitté la planète bleue. Le sol prend des tons rougeâtres plus martiens que terrestres, la lumière du jour semble avoir doublé d'intensité, comme émise par un soleil plus proche et plus gros. Même sur la surface lisse du macadam, dans le confort d'une voiture climatisée, on garde à l'esprit tout ce que les explorateurs ont pu endurer. Évidemment, on est loin de traverser les mêmes épreuves, mais on prend pleinement la mesure des difficultés rencontrées. C'est un sentiment très impressionnant.

Sur la gauche s'étendent des milliers et des milliers

de kilomètres carrés d'un désert de chaume piquant, le Barkly Tableland, qui rejoint le désert de Simpson, probablement l'une des régions d'élevage les plus inhospitalières du monde. Les conditions de vie y sont si rudes que les exploitations doivent être d'une taille démesurée pour être rentables. La plus grande d'entre elles, à Anna Creek, dépasse la superficie de la Belgique.

Sur la droite, plus impitoyable et plus désolé encore, se déploie le désert de Tanami, de triste renommée, un enfer qui reste aujourd'hui encore largement inexploré. Ma carte ne mentionnait rien, pas même un cours d'eau asséché ou l'ébauche d'une piste, rien sur cinq cents kilomètres jusqu'à la frontière avec l'Australie-Occidentale. Et au-delà, c'est quasiment la même désolation sur un autre millier de kilomètres.

Sur la Stuart Highway même, cette unique artère où circule un peu de vie sur les quelque neuf cents kilomètres séparant Daly Waters d'Alice Springs, on ne compte qu'un relais routier toutes les cent trente bornes et une seule vraie localité, Tennant Creek, une ancienne ville de chercheurs d'or réduite à une poignée de maisons et auprès de laquelle Daly Waters semble une cité cosmopolite. Voilà, c'est tout.

Jamais je n'avais traversé un pays aussi parfaitement vide. Puis, graduellement, des reliefs ont commencé à se profiler à l'horizon : il s'agissait des monts MacDonnell. De temps en temps, une ou deux fois par heure, un roadtrain nous croisait. Une fois, nous avons vu approcher une voiture dont le conducteur, sans doute bercé par la monotonie du trajet, avait dû s'assoupir. La voiture a quitté la route pour s'en aller sautiller sur le bas-côté sur une centaine de mètres, soulevant dans son sillage un long panache de poussière. Le chauffeur, tiré de sa sieste par les violents coups de klaxon d'Allan, a braqué pour regagner l'asphalte avec tant de brutalité qu'il s'est retrouvé fonçant droit sur nous. Vous imaginez l'absurdité de la situation : au milieu d'un vide quasi absolu, deux masses métalliques en mouvement s'apprêtaient à se télescoper – avec des conséquences regrettables pour les deux parties. Il y a eu un très bref échange de coups de klaxon, de hurlements contenus, et une série d'embardées. Par miracle, les deux véhicules se sont croisés sans même s'effleurer. Je me suis tourné vers Allan.

– Je ne sais pas ce que tu en penses, m'a-t-il dit gaiement, mais je suis prêt pour une tasse de café et un changement de slip.

– Excellente idée !

Et nous nous sommes mis à scruter l'horizon, guettant la silhouette solitaire mais accueillante d'un café.

L'énorme avantage de rouler dans un vide absolu, c'est que n'importe quelle diversion, absolument n'importe quoi, provoquera chez vous une jubilation intense, un enthousiasme disproportionné. Au milieu de l'après-midi, ayant aperçu un panneau signalant les « Billes du Diable », et après nous être brièvement consultés du regard, nous n'avons pas hésité à nous engager sur une piste défoncée menant après deux kilomètres à une aire de stationnement. Le spectacle était fabuleux : d'énormes boules de granite bien lisses, parfois grosses comme une maison, empilées de façon invraisemblable ou éparpillées à l'infini (sur mille huit cents hectares selon l'un des panneaux explicatifs). Chacune évoquait quelque chose de différent – une boule de gomme, un petit pain, une boule de bowling –, mais à une échelle titanesque, immenses rochers sphériques de dix mètres de haut parfois miraculeusement perchés sur une surface de la taille d'une plaque d'égout. Inutile de préciser qu'il n'y avait pas âme qui vive dans les environs. Imaginez de telles merveilles n'importe où en Europe ou en Amériquc du Nord : ce serait une attraction mondiale. Chaque album de famille posséderait une photo avec maman et les gosses en train de pique-niquer dans ce décor fantastique. Mais ici ces merveilles étaient perdues, à l'écart de tout, quelque part au cœur de ces étendues sans fin. Tout heureux de notre bonne fortune, nous nous sommes promenés une demi-heure parmi ces rochers, captivés par leur charme autant que par leur solitude. Puis nous avons repris la route, revigorés et très contents de nous.

Dix heures après avoir quitté Daly Waters et neuf cent trois kilomètres plus loin, nous sommes arrivés, déshydratés et poussiéreux, à Alice Springs, un quadrillage de rues à angle droit posé dans une plaine dominéc par les contreforts dorés des monts MacDonnell. Plantée là, au milieu du néant, sa présence tient du miracle. C'est une vraie ville avec des grands magasins, des écoles, des rues avec des noms, mais pendant très longtemps, en effet, on l'a considérée comme une sorte de Tombouctou des antipodes, inaccessible et mythique. En 1954, lorsque Allan Moorehead y est passé, la seule liaison régulière entre Alice Springs et le monde extérieur était le train hebdomadaire venant d'Adélaïde. Son arrivée, le samedi soir, constituait le grand événement. Il apportait le courrier, les journaux, les bobines du nouveau film, les pièces de rechange impatiemment attendues et tout ce qu'on ne trouvait pas sur place. La quasi-totalité de la ville se déplaçait pour assister au débarquement des passagers et des marchandises.

À cette époque, Alice Springs ne comptait que quatre mille habitants et très peu de visiteurs. Aujourd'hui, c'est une cité florissante de vingt-cinq mille âmes, envahie de touristes – trois cent cinquante mille par an –, ce qui cause évidemment quelques problèmes. On peut y arriver par avion d'Adélaïde (deux heures de trajet), de Melbourne ou de Sydney (moins de trois heures), prendre un cappuccino, acheter quelques opales et se joindre à une excursion en autocar jusqu'à Ayers Rock. C'est devenu non seulement une agglomération facilement accessible, mais aussi une vraie destination touristique bourrée de motels, de centres de conférences, de terrains de camping et de complexes hôteliers aux portes du désert, si bien qu'atteindre Alice Springs n'a plus rien d'un exploit. C'est un peu dingue : une localité autrefois réputée pour être un bled paumé attire maintenant des centaines de milliers de touristes venus constater que l'endroit n'est plus paumé du tout.

Presque tous les guides ou prospectus d'agence vous diront qu'Alice Springs a réussi à garder ce charme inimitable de l'outback et entretiennent ce mythe sympathique de ville « loin de tout » qu'on doit absolument visiter. Mais c'est plutôt, en fait, une ville lambda d'Australie, et même une ville lambda de la planète Terre. En y pénétrant, on traverse une succession de centres commerciaux, locations de voitures, McDonald's, Kentucky Fried Chicken, banques et stations-service. Seuls les quelques Aborigènes se baladant dans le lit asséché de la rivière Todd apportent une légère touche d'exotisme.

Nous avons pris des chambres dans un motel à la limite du centre-ville. La mienne possédait un balcon d'où je pouvais voir le soleil couchant envahir le tapis du désert et illuminer les monts MacDonnell – ou du moins c'est ce que j'aurais probablement vu s'il n'y avait eu ce grand complexe commercial K-Mart de l'autre côté de la route. Sur les millions de kilomètres carrés que couvre l'outback australien, je crois qu'on ne peut imaginer voisinage plus malencontreux.

Visiblement Allan partageait mon opinion, car lorsque je l'ai retrouvé une demi-heure plus tard il contemplait la même scène.

– Ne me dis pas qu'on s'est tapé mille cinq cents bornes pour trouver un K-Mart ! (Il m'a jeté un regard noir.) Franchement, vous les Yankees, vous en avez sur la conscience !

J'ai essayé de protester, maladroitement, mais que pouvais-je dire ? Il avait raison. Nous autres Américains avons développé une stratégie du commerce de détail parfaitement irrésistible et totalement inesthétique. Maintenant, nous mettons en kit nos temples du shopping pour les expédier aux quatre coins du monde. Presque tout ce qui est laid, vulgaire et déplorable à Alice Springs émane de la libre entreprise américaine, de gens qui ne sauront jamais qu'ils ont massacré ce qui faisait le charme unique d'une ville de l'outback. Ou qui, s'ils le savaient, s'en moqueraient totalement. Tout comme la clientèle d'Alice Springs, j'imagine, sans doute ravie de trouver des parkings gratuits lui permettant de renouveler son stock de serviettes de toilette et de rideaux de douche Martha Stewart. Triste et curieuse époque…

Nous nous sommes baladés en ville à la recherche d'un endroit où dîner. Alice Springs possède un centre de dimensions plutôt modestes. Aussi ne faut-il pas longtemps pour en épuiser toutes les possibilités, que ce soit dans le domaine de la restauration ou dans celui du divertissement. Lorsque nous nous sommes rendu compte que nous avions parcouru deux fois chaque rue, nous avons opté par défaut pour un restaurant chinois repéré au premier trajet. Il était pratiquement vide.

Tout en attendant qu'on nous serve, Allan s'est mis à observer d'un œil critique le papier peint gaufré et les luminaires criards, comme s'ils résumaient tous les travers d'Alice Springs. À un moment, j'ai même cru le voir contempler la musique distillée en bruit de fond.

– On a prévu de passer combien de temps ici ? m'a-t-il demandé finalement.

– Toute la journée de demain. Ensuite on part à

Ayers Rock. Après on revient passer un jour ici. Et puis tu repars en Angleterre.

Il a acquiescé, tout pensif.

– Deux jours ici en tout, donc ?

– Ouais.

– Et qu'est-ce qu'il y a à faire pendant deux jours à Alice Springs ?

– Des tas de choses, tu sais ! (J'ai sorti une brochure prise sur le présentoir du motel.) Pour commencer, ai-je dit d'un ton encourageant, il y a le parc du désert d'Alice Springs.

Il a légèrement incliné la tête.

– Autrement dit ?

– Une réserve naturelle où l'on a soigneusement recréé un environnement désertique.

– Dans le désert ?

– Oui.

– On a recréé un désert dans le désert ? J'ai bien compris ?

– Oui.

– Et on paie pour voir ça ?

– Oui.

Il a hoché la tête, rêveur.

– Et qu'est-ce qu'il y a d'autre ?

J'ai tourné la page :

– Le Mecca Date Garden.

– C'est-à-dire ?

– Un jardin où l'on fait pousser des dattes.

– Et tu paies aussi pour voir ça ?

– Ben… je crois, oui.

– C'est tout, ou il y a autre chose ?

– Oh, plein d'autres choses ! La vieille station de télégraphe, un élevage de chameaux, le musée de l'Ancien Temps, le musée à la gloire des Femmes pionnières, le musée des Transports, la maison des Roches et Minéraux, le domaine viticole Château Hornsby, le théâtre, le centre de recherches aborigènes…

Allan a écouté cette énumération avec attention, me demandant parfois quelques éclaircissements, puis, après mûre réflexion, il a conclu :

– On file à Ayers Rock.

J'ai réfléchi moi aussi :

– D'accord. On file à Ayers Rock.

Donc, le lendemain matin à l'aube, nous avons pris la route de l'imposant Ayers Rock – Uluru pour les intimes. Alice Springs pouvait attendre.

Dans l'esprit du public, Alice Springs et Uluru sont si étroitement liés qu'on pense généralement trouver ces deux sites nichés l'un contre l'autre. En fait, il faut parcourir cinq cents kilomètres sans grand intérêt pour aller de l'un à l'autre. La beauté d'Uluru tient en grande partie à cet isolement total au milieu d'un vaste désert, mais cela signifie aussi qu'il faut faire pas mal de route pour en profiter. Ce n'est pas un endroit qu'on visite dans la foulée, en route pour la plage. C'est d'ailleurs ce qui en fait le charme. Mais il faut reconnaître aussi qu'après vous être tapé mille cinq cents bornes de désert vous n'avez pas forcément besoin de vous farcir cinq heures de voiture supplémentaires pour confirmer cette impression de vide et d'aridité.

Jusque dans les années 1950, Uluru n'était accessible qu'aux touristes vraiment mordus. À la fin des années 1960, le nombre de visiteurs annuels ne dépassait pas les dix mille. Aujourd'hui, le site reçoit ce nombre de visiteurs tous les dix jours en moyenne. Il possède son propre aéroport et Yulara, la localité fondée pour loger tous ces touristes et qui devient la troisième ville du Territoire du Nord en pleine saison, se tient à une respectueuse vingtaine de kilomètres du fameux rocher. Nous avons donc décidé d'y passer en premier pour retenir nos chambres. L'agglomération se résume à une vaste route en boucle qui dessert toute une gamme de logements allant du terrain de camping et de l'auberge de jeunesse jusqu'aux hôtels les plus luxueux.

N'ayant rien de mieux à faire, nous avions passé une partie des cinq heures de trajet à établir le programme de notre séjour. En gros, on passerait l'après-midi à étudier le rocher de façon posée et contemplative. Puis le reste de la journée serait divisé à parts égales entre une trempette rafraîchissante dans la piscine de l'hôtel, des cocktails sur la terrasse pour profiter d'un coucher de soleil portant à son intensité maximale cette couleur rouge pour laquelle Uluru est célèbre, une petite promenade dans le désert afin de nous dégourdir les jambes en essayant d'apercevoir dingos, wallabies et kangourous, et puis un souper fin sous un ciel étoilé. Lorsqu'on vient de se taper deux mille kilomètres en deux jours et demi, on peut bien s'accorder un peu de détente. Donc, le cœur gonflé d'une joyeuse anticipation, nous avons quitté la nationale pour nous engager sur la bretelle conduisant aux délices de Yulara.

Nous nous sommes d'abord rendus à l'Outback Pioneer Hotel, dont les prix semblaient tout à fait raisonnables, même s'ils pouvaient laisser redouter un décor avec lustres formés de roues de charrette, un buffet à volonté et une clientèle arborant des casquettes de base-ball. En fait, vu de près, l'établissement était assez cossu et même tout à fait sympathique, mais j'ai été surpris d'y voir autant de monde. Des autocars garés devant l'entrée vomissaient des montagnes de bagages et il y avait des gens partout, généralement des touristes à cheveux blancs et à la silhouette en poire, plantés là à cligner des yeux sous le soleil ou occupés à manipuler appareils photo et caméscopes. À l'intérieur régnait une véritable pagaille : on était en début d'après-midi un jour de semaine, et pourtant c'était le cirque. On se serait cru à un point de rassemblement sur un paquebot en détresse. J'ai demandé à l'un des employés de la réception ce qui se passait.

– Rien de particulier, a-t-il rétorqué en considérant avec moi ce chaos déplaisant. C'est toujours comme ça.

– Vraiment ? Même en basse saison ?

– Ici, on ne connaît pas de basse saison.

– Et vous savez s'il reste des chambres ?

– Malheureusement on n'a plus rien. Le seul hôtel à en avoir encore, c'est le Desert Gardens.

Je l'ai remercié et me suis hâté vers la voiture.

– Un problème ? m'a demandé Allan.

– Non, non… Mais la carte des desserts est un peu limitée. Essayons le Desert Gardens Hotel. Nettement plus joli.

C'était surtout nettement plus chic que le Pioneer Outback et, fort heureusement, nettement moins peuplé. Il n'y avait qu'un client avant moi à la réception, un homme d'environ soixante-dix ans. Je suis arrivé juste à temps pour entendre l'employé lui dire :

– C'est trois cent cinquante-trois dollars la nuit.

J'ai avalé ma salive.

– On la prend, a dit l'homme avec un fort accent américain. C'est grand ?

– Je vous demande pardon ?

– La chambre est grande comment ?

Le réceptionniste l'a regardé un peu surpris :

– Eh bien je ne connais pas ses dimensions exactes, mais la chambre est spacieuse.

– Qu'est-ce que ça veut dire, « spacieuse » ?

– Elle est de proportions généreuses, monsieur. Voudriez-vous la visiter ?

– Non, je veux seulement retenir une chambre, a riposté l'homme sèchement, comme si l'employé lui faisait perdre son temps. On a l'intention d'aller visiter le rocher.

– Très bien, monsieur.

Tout en remplissant sa fiche, l'Américain a

continué à le bombarder d'un millier de questions subsidiaires. Où était exactement ce rocher ? Combien de temps fallait-il compter pour s'y rendre ? Est-ce qu'il y avait un salon-bar dans cet hôtel ? Où exactement ? À quelle heure servait-on le dîner ? Est-ce qu'on voyait Ayers Rock depuis la salle à manger ? Est-ce que ça valait la peine de regarder Ayers Rock depuis la salle à manger ? Où se trouvait la piscine ? Par quelles portes ? *Lesquelles ?* Et l'ascenseur ? *Où donc ?* À gauche ou à droite ?

J'ai jeté un regard navré à ma montre : il était deux heures et nous n'avions toujours pas de chambres. Il se faisait tard.

– Alors, il en vaut vraiment la peine, ce caillou ? a repris l'Américain décidé à terminer sur une note plus culturelle.

– Je vous demande pardon, monsieur ?

– Le rocher, il vaut le détour ?

– Eh bien, dans la catégorie rocher, je crois qu'on pourrait dire qu'il mérite cinq étoiles, monsieur.

– Ouais, il a intérêt… a grommelé l'autre.

C'est alors que sa femme est venue le rejoindre, et à mon grand désarroi elle s'est mise elle aussi à poser des questions. Y avait-il un coiffeur ? Ouvrait-il tard ? Où pouvait-on poster son courrier ? Est-ce que la boutique de souvenirs acceptait les traveller's checks ? Et aussi les traveller's checks en dollars ? Pour l'Amérique, il fallait mettre combien de timbres ? Y avait-il une planche et un fer à repasser dans la chambre ? Au fait, la boutique de souvenirs se trouvait où, déjà ? Et mon cerveau, vous ne l'auriez pas vu quelque part, par hasard ? Il est de la taille d'une noisette et n'a pratiquement jamais servi.

Finalement ils se sont éloignés en traînant les pieds, et l'employé s'est tourné vers moi pour m'informer d'un air navré que ce monsieur venait de prendre la dernière chambre.

– Il reste peut-être quelques lits en dortoir, à l'auberge de jeunesse.

Puis, marquant une petite pause pour me laisser digérer cette proposition peu alléchante, il a repris :

– Voulez-vous que je vérifie ?

– Oui, s'il vous plaît, ai-je murmuré.

Il a interrogé son ordinateur et pris un air compatissant de circonstance.

– Non, même là c'est plein. Navré.

Je l'ai remercié et suis ressorti. Allan était appuyé contre la voiture, avec sur le visage une expression optimiste qui s'est évanouie dès qu'il a vu la mienne. Je lui ai résumé la situation. Il a semblé anéanti.

– Alors, pas de baignade ?

Hochement de tête.

– Pas de chardonnay sur la terrasse ? Pas de coucher de soleil sur le rocher ? Pas de chambre confortable aux oreillers moelleux ? Pas de robe de chambre douillette ni de minibar tintinnabulant ?

– De toute façon, leurs robes de chambre ne te vont jamais, Allan !

– Ce n'est pas une raison… (Il m'a lancé un regard perçant.) Et au lieu de ça, nous allons…

– Nous allons retourner à Alice Springs, tout juste.

Ses yeux ont zoomé sur un univers plus vaste.

– Eh bien, a-t-il fait enfin, j'imagine qu'on ferait mieux d'aller vérifier si ce foutu caillou vaut un aller-retour de mille bornes !

Il le valait.

Le problème avec Uluru, c'est que lorsqu'on y arrive enfin, on en a déjà un peu ras le bol. Même à l'autre bout de l'Australie, il ne se passe pas une seule journée sans qu'on vous l'impose cinq ou six fois un peu partout : sur les cartes postales, les affiches d'agences de voyages, les couvertures des livres de souvenirs. Et naturellement, le rythme s'accélère à mesure que vous en approchez. Donc, au moment où vous prenez la route d'accès au parc et après avoir déboursé la coquette somme de quinze dollars, vous savez déjà que vous venez de parcourir près de deux mille kilomètres pour découvrir une grande masse longue et inerte en forme de miche de pain dont on vous a infligé la photographie à des milliers d'exemplaires. Par conséquent, en approchant du fameux monolithe, vous vous trouvez dans une disposition d'esprit réservée, prudente, pour ne pas dire pessimiste.

Et puis vous voyez enfin ce rocher, et là, instantanément, vous êtes conquis.

Devant vous, posé dans ce néant immense et vertigineux, se dresse une éminence d'une splendeur et d'une noblesse exceptionnelles : près de trois cent cinquante mètres en son plus haut point, pour un périmètre de plus de huit kilomètres, moins rouge que sur les photos mais à tous égards bien plus impressionnant que ce que vous aviez imaginé. J'en ai discuté avec d'autres visiteurs, et presque tous ont reconnu qu'ils étaient arrivés à Uluru blasés, et qu'ils en sont repartis les yeux écarquillés, pris d'un émoi qu'ils ne pouvaient pas totalement définir. Ce n'est pas qu'Uluru soit plus grand, plus parfait ou différent de l'image que vous vous en étiez faite. Au contraire. C'est *exactement* ce que vous attendiez. Vous *connaissez* ce rocher. Mais cette connaissance-là n'a rien à voir avec les photos des calendriers ou les cartes postales. Cette connaissance-là est plus profonde et plus primitive.

D'une façon étrange que vous ne comprenez pas vous-même et que vous n'arrivez pas à exprimer, vous éprouvez un sentiment de familiarité d'un genre inconnu. Quelque part dans les sédiments de votre conscience, dans un coin perdu de votre cerveau reptilien, un tout petit bout d'ADN s'est agité. Le frémissement est beaucoup trop faible pour être perçu ou analysé, mais vous vous sentez bizarrement persuadé que ce bloc inerte, massif et hypnotique représente quelque chose d'important pour vous, quelque chose à l'échelle de l'espèce – peut-être même au stade « têtard » de votre évolution –, et que d'une certaine façon votre visite ici n'est pas le fruit du hasard.

Je ne dis pas que tout cela est vrai. Je dis simplement que c'est ce qu'on ressent. L'autre pensée qui vous frappe – en tout cas qui m'a frappé moi –, c'est qu'Uluru est un monolithe non seulement splendide et immense mais aussi très reconnaissable. Plus que cela même : c'est sans doute l'œuvre de la nature le plus facilement identifiable de toute la création. Je ne veux rien suggérer par là, mais à mon sens, si vous étiez un voyageur intergalactique tombé en panne dans notre système solaire, les indications évidentes que vous pourriez donner à l'équipe de sauvetage seraient certainement les suivantes : « Allez jusqu'à la troisième planète, faites-en le tour jusqu'à ce que vous aperceviez un grand rocher rouge. Vous ne pouvez pas le louper. » Si jamais on retrouve sur terre un vaisseau spatial venu d'une lointaine galaxie il y a cent cinquante mille ans, c'est ici qu'il sera enfoui. Je ne dis pas que c'est certain, pas du tout. Je fais simplement remarquer que si on me demandait de rechercher un vieux vaisseau spatial, c'est ici que je commencerais à creuser.

J'ai remarqué qu'Allan semblait aussi impressionné que moi.

– C'est bizarre, non, tu ne trouves pas ? m'a-t-il demandé.

– Quoi ?

– Je ne sais pas. Le voir. Je trouve ça bizarre, je ne sais pas comment te dire…

J'ai approuvé. Mis à part le choc de cette indéfinissable impression de déjà-vu, il reste aussi qu'Uluru est d'une beauté impressionnante, quel que soit l'angle sous lequel on le regarde. Et on ne peut pas s'arrêter de le regarder. On n'en a pas envie non plus. À mesure qu'on s'approche, on découvre une multitude de détails intéressants, insoupçonnés. La paroi est moins lisse qu'on ne le pensait, pleine de trous, avec plus de formes irrégulières qu'on ne l'aurait supposé à deux cents mètres de distance. On comprend très vite qu'on pourrait facilement passer ici un long moment – en fait un moment d'une longueur inquiétante, du genre « On vend la maison et on vient s'installer ici » – rien qu'à regarder ce rocher, à l'observer sous toutes les coutures, et cela sans jamais se lasser. On se voit déjà, avec une queue-de-cheval poivre et sel, les pieds nus, vêtu de tuniques amples et confortables, au milieu de visiteurs beaucoup plus jeunes que soi, en train de discourir :

– Et ce qu'il y a de plus étonnant, c'est que chaque jour c'est différent, tu comprends ce que je veux dire ? C'est jamais deux fois le même rocher. C'est vrai, mon pote, comme tu dis : c'est absolument stupéfiant. C'est un truc stupéfiant. Au fait les gars, vous auriez pas un peu d'herbe et pis quelques pièces, par hasard ?

Nous nous sommes arrêtés plusieurs fois pour sortir de la voiture et jeter un coup d'œil, notamment à l'endroit où l'on peut monter au sommet. L'escalade exige des efforts considérables et aussi plusieurs heures, ce qui nous a permis de l'éliminer sans complexes de notre programme. De toute façon, cet après-midi-là, l'accès était fermé : tant de gens sont morts d'insolation en essayant d'escalader Uluru qu'on en interdit l'escalade les jours de grande chaleur. Même lorsqu'il ne fait pas très chaud, des tas de touristes mettent leur vie en danger en faisant les fous ou en s'écartant de l'itinéraire balisé. La veille de notre visite, précisément, un Canadien avait dû être secouru pour s'être hasardé sur un promontoire où il était resté bloqué. En 1985, Ayers Rock est devenu Uluru et a été rendu à ses propriétaires, les Aborigènes de l'endroit, les Pitjantjatjara et les Yankunyjatjara, qui détestent profondément voir les touristes (les *mingas*, les fourmis, comme ils les surnomment) se balader sur leur rocher. Personnellement je leur donne raison, car pour eux c'est un site sacré. Je trouve franchement qu'il devrait l'être pour tout le monde.

Nous nous sommes arrêtés pour prendre un café au centre d'accueil touristique, où nous avons visité l'exposition sur le « temps du rêve » – la conception aborigène de l'origine et du fonctionnement du monde. Il n'y avait rien de très intéressant sur l'histoire géologique de l'endroit, ce qui m'a un peu déçu car j'espérais en apprendre plus sur la présence d'Uluru. Comment s'y prend-on pour poser la plus grosse pierre de la terre au milieu d'une grande plaine vide ? Après consultation ultérieure de divers ouvrages, j'ai appris que l'ex-Ayers Rock correspondait à une formation géologique appelée inselberg : un gros morceau de roche, plus résistant que les autres, épargné par l'érosion. Les inselbergs ne sont pas si rares que cela – les Billes du Diable en sont une version miniature –, mais nulle part ailleurs on n'en trouve d'une telle taille, d'une telle beauté et d'une symétrie aussi parfaite. Et Uluru a cent cinquante millions d'années. Il faut voir ça, les gars !

Nous avons fait une dernière fois le tour du rocher avant de repartir en direction de la nationale déserte. Nous avions passé à peine deux heures sur le site, ce qui nous a semblé bien trop court. Mais je me suis rendu compte, en me retournant sur mon siège pour voir Uluru diminuer puis disparaître à l'horizon, que je n'en serais jamais rassasié, et je me suis un peu consolé avec cette pensée.

De toute façon, j'y reviendrai un jour, j'en suis convaincu. Et cette fois, j'apporterai avec moi un bon détecteur de métal.

CHAPITRE XVII

Donc, retour à Alice Springs. Pour compenser notre déception, nous avions décidé de séjourner dans un de ces complexes hôteliers chics et chers, en périphérie. Vous imaginez notre surprise et notre joie en constatant que la nuit dans cette petite oasis tropicale du Red Centre Resort nous coûtait vingt dollars de moins que la nuit précédente au Best Western du centre-ville. Ce détail valait presque à lui seul un aller-retour de mille kilomètres.

Le Red Centre Resort n'était en fait rien de plus qu'un vaste motel dont on avait soigné le décor et les jardins, mais l'endroit était accueillant et s'organisait autour d'une grande piscine. Une vaste terrasse jouxtait le bar et le restaurant.

Inutile de préciser que c'est là que nous nous sommes retrouvés trente secondes après notre arrivée. Le personnel nous a aimablement informés qu'il était trop tard pour dîner mais qu'on s'arrangerait pour nous préparer un petit quelque chose. Nous avons répondu que n'importe quoi ferait l'affaire du moment qu'on n'oubliait pas les boissons. Nous nous sommes installés à une table près de la piscine et nous avons contemplé les miroitements de l'eau en savourant l'air chaud et le silence du désert sous un ciel parsemé d'étoiles. Tout d'un coup la vie semblait plutôt belle. Finies ces longues heures de conduite. On avait vu Uluru, trop brièvement sans doute, mais assez pour en apprécier les merveilles, et là, avec ce Red Centre Resort, on avait apparemment choisi le bon hôtel.

Allan m'a fait part de son intention de passer sa dernière journée en Australie sur un transat, au bord de la piscine, à lire un roman débile et à parfaire son bronzage.

– Quel beauf tu fais ! ai-je commenté.

Cette critique a été acceptée avec la plus parfaite sérénité.

– Alors tu renonces à voir le parc du désert ? ai-je insisté.

– Absolument ! Et aussi la station du télégraphe, le musée des dunes de sable, la ferme des figuiers…

– Il s'agit de dattiers.

Petite pause pour intégrer la remarque avant de reprendre :

– Je n'irai rien voir du tout. Je vais rester ici même, à cet endroit précis, au bord de la piscine, et passer ma journée à lézarder. Et toi ?

– Je vais aller visiter ce qu'il faut voir, naturellement.

– Alors je suppose qu'à ton retour tu vas tout me raconter sans me faire grâce du moindre détail.

– Tu peux compter sur moi.

Le lendemain matin, je suis donc sorti de ma chambre en arborant une chemise d'été toute propre, armé d'un petit bloc-notes avec un crayon glissé dans la spirale. Et me voilà parti, tel un bon écolier, voir ce qu'Alice avait à m'apprendre. Je me suis d'abord arrêté à la station du télégraphe, installée sur une petite hauteur ensoleillée à deux kilomètres environ de la ville. Au début de son histoire, Alice Springs comptait parmi les douze relais construits entre Darwin et Adélaïde. On imagine l'existence triste et monotone des employés de la ligne, abandonnés dans cette étuve suffocante, obligés de taper et retransmettre à longueur de journée des messages dont ils ne rencontreraient jamais ni l'expéditeur ni le destinataire, tous ces gens ayant la chance de vivre dans des lieux auxquels eux ne pouvaient que rêver. Près de la station se trouve le trou d'eau envahi d'herbes qui a donné son nom à la ville. Cette Alice en question était la femme du directeur des télégraphes d'Adélaïde, et à l'origine seul le relais s'appelait Alice Springs. La ville qui s'édifia peu à peu dans la vallée juste en dessous fut d'abord baptisée Stuart en l'honneur de l'explorateur. Mais on a estimé que cela prêtait à confusion, et en 1933 tout fut regroupé sous le nom d'Alice Springs. Il se trouve donc que la localité la plus célèbre de l'outback porte le nom d'une femme qui n'a qu'un rapport très indirect avec elle et qui, d'après moi, n'a jamais dû y mettre les pieds.

La visite terminée, j'ai coché « station du télégraphe » sur ma liste des choses à voir et j'ai repris la voiture pour me rendre au parc du désert d'Alice Springs. Franchement je m'attendais à être déçu, mais je dois reconnaître que l'endroit est splendide. Le parc est géré par la commission des parcs et espaces naturels du Territoire du Nord qui a reconstitué là, sur une très vaste superficie, trois types de zone désertique : le désert totalement sec, le désert où il tombe parfois quelques gouttes d'eau et le désert ravagé de temps en temps par des pluies diluviennes. Dès le départ vous en tirez une leçon importante, à savoir que les déserts, avec leur petit air aride de ne pas y toucher, sont des milieux bien plus variés qu'il n'y paraît. Avec beaucoup d'intérêt, j'y ai découvert nombre de plantes et arbustes dûment étiquetés et commentés. Quel plaisir de pouvoir s'exclamer :

– Ah ! C'est donc ça, les pattes-de-kangourou ? Vous m'en direz tant ! Et voyons un peu si le spinifex pique autant que notre ami Ernest Giles l'a dit. Oui, absolument !

Le parc comportait aussi des enclos ouverts au public, pleins d'oiseaux et d'animaux du désert – bandicoots, phalangers, etc. – avec des panneaux décrivant leur mode de vie. Le plus intéressant était une très vaste serre obscure où toute une sélection de créatures nocturnes rôdaient, sautillaient ou flairaient l'air ambiant dans une succession de dioramas recréant les conditions de la nuit. L'ensemble était chichement éclairé, si bien qu'on n'arrêtait pas de se cogner contre les murs ou dans les vitres, mais une fois que mes yeux ont été accoutumés à l'obscurité j'ai pu distinguer une gamme étonnamment variée de petits marsupiaux – potorous, bettongs et bilbies, numbats et quolls, pour ne citer que les plus connus.

L'Australie est un pays très vaste et très aride – je n'arrête pas de vous le répéter –, donc très difficile à étudier, avec une densité de population plutôt modeste et un nombre relativement peu élevé de savants par rapport à la superficie à explorer. Comme de surcroît les animaux y sont souvent de petite taille, craintifs et nocturnes, on n'a toujours pas pu dresser le catalogue complet de la faune australienne. Si vous vous intéressez à la vie sauvage dans ce pays, vous butez en permanence sur les commentaires d'éminents spécialistes émettant d'intéressantes réserves du genre « Sans doute éteint » ou « Probablement en voie d'extinction », ou encore : « A peut-être survécu dans certaines régions. » L'exemple de l'oolacunta, ce rat-kangourou du désert au sort incertain, illustre bien le problème. Presque tout ce que l'on sait de lui émane de deux hommes. Le premier, John Gould, est un naturaliste du XIXe siècle qui a étudié et décrit l'animal en 1843. D'après lui, la bébête possédait l'allure et la manière de se mouvoir d'un kangourou, mais avec la taille d'un lapin. Une de ses caractéristiques les plus remarquables était de pouvoir parcourir de longues distances à une très grande vitesse. Mais depuis ce premier rapport personne n'avait eu l'occasion de revoir un oolacunta. C'est alors qu'entre en scène Hedley Herbert Finlayson.

Finlayson était chimiste de profession et passait le plus clair de son temps à explorer l'Australie à la recherche d'animaux rares. En 1931, il part à cheval pour une expédition qui le conduit au cœur du pays, jusqu'à cette fournaise permanente qu'est le désert de pierres de Sturt. Il a la surprise d'y découvrir que, bien loin d'avoir disparu ou d'être menacés d'extinction, les petits rats-kangourous mènent une existence des plus prospères. La vitesse et l'endurance de l'animal correspondent tout à fait à ce qu'a décrit Gould : Finlayson et ses compagnons prennent en chasse un de ces spécimens qui, malgré la chaleur torride, parcourt sans s'arrêter vingt kilomètres, une performance qui mettra trois chevaux sur le flanc. À son échelle, l'oolacunta se révèle donc être probablement l'animal le plus doué pour la course (ou le sautillement, en l'occurrence) de tout le règne animal.

De retour dans le monde civilisé, Finlayson fait un rapport sur cette réapparition de l'espèce et les savants du monde entier se le tiennent pour dit. Au cours des trois années suivantes, Finlayson mène plusieurs expéditions dans la même région, mais en 1935, lorsqu'il retourne une fois de plus sur les lieux de sa découverte, il constate, stupéfait, que le rat-kangourou du désert s'est tranquillement volatilisé. Tout comme après la visite de Gould en 1843. Et personne ne l'a plus jamais revu depuis.

Les chroniques de la faune australienne regorgent d'histoires de ce genre, des histoires d'animaux à éclipses, un jour présents, disparus le lendemain. Une récente victime de ce phénomène est une grenouille, *Rheobatrachus silus*, dont l'observation fut si brève qu'on n'eut pas le temps de lui donner un petit nom. Ce qu'il y avait d'extraordinaire avec elle – car naturellement, il devait bien y avoir quelque chose d'extraordinaire –, c'est qu'elle donnait naissance à des bébés grenouilles vivants qu'elle expulsait par la bouche, une curiosité qui n'avait encore jamais été observée en Australie ni ailleurs. Les biologistes l'ont découverte en 1973, et pas plus tard qu'en 1981 l'espèce avait disparu. On l'a cataloguée comme « sans doute éteinte ».

Dans le registre des disparitions d'espèces, l'anecdote que je préfère remonte à une époque plus lointaine, en 1857 exactement, lorsqu'un naturaliste du nom de Gerard Krefft découvrit deux spécimens de bandicoots à pied de cochon. Malheureusement pour la science, et pour les bandicoots, notre homme se retrouva peu après à court de provisions et les mangea. Or, pour autant que l'on sache, ces deux-là étaient les derniers représentants de l'espèce. En tout cas, on n'en a plus jamais rencontré. Pour la petite histoire, Krefft fut nommé par la suite directeur du Musée australien de Sydney. Mais on le pria rapidement d'aller exercer ses talents ailleurs lorsqu'on découvrit qu'il arrondissait ses fins de mois en vendant des cartes postales pornographiques. J'imagine qu'on peut voir une sorte de morale dans cette histoire.

Du parc du désert je me suis rendu au centre Strehlow de recherche aborigène, qui proposait une exposition passablement ennuyeuse sur les travaux d'un homme de la mission d'Hermannsburg, une réserve d'Aborigènes près d'Alice Springs. Strehlow a passé sa vie à les étudier et a rassemblé une énorme collection d'objets liés à leurs croyances, mais comme ces objets étaient sacrés et absolument interdits au regard des non-initiés, ils ne pouvaient être exposés. À la place, vous aviez droit à de vieilles photos sur la vie quotidienne dans la réserve d'Hermannsburg et à tous les détails sur la vie et les œuvres de Theodore Strehlow – assez pour vous flanquer une indigestion.

Mais en regagnant ma voiture j'ai repéré un petit musée de l'Aviation dans un vieux hangar, tout près du centre. Bizarrement, personne ne semblait le garder, mais comme la porte était ouverte je suis entré y jeter un coup d'œil. Le musée offre, comme on peut l'imaginer, l'inévitable gamme de vieux engins et de photos jaunies de pionniers de l'aviation, mais aussi, dans un bâtiment contigu, quelque chose que je ne m'attendais pas à trouver là. Aucun de mes guides ne me l'avait signalé et la littérature touristique locale elle-même ne le mentionnait pas. Pourtant, pendant quelques journées pleines de suspense de l'année 1929, ce fut l'objet le plus recherché de toute l'Australie. Je veux parler du *Kookaburra*, un petit avion qui s'était écrasé dans le désert en recherchant un pilote égaré, un certain Charles Kingsford Smith. Les restes de cet appareil reposaient donc là, en plein Alice Springs, ignorés de tous.

Kingsford Smith fut sans doute le plus grand aviateur australien de son époque et peut-être même de tous les temps. Il avait battu plus de records et accompli plus d'exploits audacieux que quiconque. Un an après le vol historique de Charles Lindbergh en solo au-dessus de l'Atlantique, Kingsford Smith fut le premier à traverser le Pacifique, une entreprise infiniment plus ambitieuse que celle de Lindbergh, d'abord parce que la distance était phénoménale, mais aussi parce que les conditions de vol étaient beaucoup, beaucoup plus dures et qu'il s'agissait d'un véritable saut dans l'inconnu. Dix mois seulement avant cet exploit, on avait réussi pour la première fois à rallier Hawaii dans une course subventionnée par un magnat local de l'ananas, mais l'épreuve avait coûté la vie à dix aviateurs. Aussi, lorsqu'en 1928 Kingsford Smith partit de San Francisco avec un équipage de trois hommes pour tenter de relier Brisbane via Honolulu et Suva dans les îles Fidji, l'entreprise fut-elle considérée comme un défi irréalisable, ce que d'ailleurs elle faillit bien être. À un millier de kilomètres au large d'Hawaii, l'avion rencontra des turbulences connues comme la zone de convergence intertropicale, une sorte de bouillonnement de nuages avec des vents à vous décoller la moustache. Alors que l'appareil se mettait à danser comme un de ces jouets bondissant au bout d'un élastique, notre homme n'avait aucune idée de ce qui l'attendait, car aucun pilote n'avait affronté avant lui de telles conditions météorologiques. Il ne faut pas oublier qu'il s'agissait d'un frêle Fokker des années 1920, avec une ossature en bois recouverte de toile et d'une conception si rudimentaire que les sièges n'étaient même pas vissés au sol. Pendant des heures, Kingsford Smith se battit pour maintenir le cap et garder son avion en un seul morceau. Lorsque enfin ils émergèrent dans un ciel dégagé, lui et son équipage se trouvaient pratiquement à court de carburant et confrontés au problème de repérer au plus vite les Fidji, un confetti dans l'immensité de l'océan, avant la panne sèche et le crash final. Toutes ces péripéties, et bien d'autres périls aussi graves, Kingsford Smith les affronta avec courage, habileté, compétence et détermination. Traverser le Pacifique reste sans doute l'entreprise aérienne la plus audacieuse de l'histoire de l'aviation.

Kingsford Smith volait toujours avec un copilote et souvent avec un navigateur et un opérateur radio, aussi serait-il injuste de comparer ses exploits à ceux de Lindbergh. Néanmoins, on peut faire remarquer que jamais ce dernier n'a été confronté à des conditions aussi féroces que celles qu'a connues Kingsford Smith. D'ailleurs, après sa traversée héroïque de 1928, Lindbergh ne devait pratiquement plus accomplir de vols remarquables, tandis que Kingsford Smith, lui, a continué à accumuler les records. Il a été le premier aviateur à traverser l'Atlantique d'est en ouest (une prouesse encore plus difficile car le vol se fait dans le sens inverse du jet-stream), le premier à faire l'aller-retour entre l'Australie et la Nouvelle-Zélande, et le premier à accomplir la traversée du Pacifique dans l'autre sens. Il conquit encore une poignée d'autres lauriers, comme le record de vitesse sur le trajet Australie-Angleterre et bien d'autres liaisons.

Ce qui nous amène au *Kookaburra*. En mars 1929, avec trois hommes d'équipage, Kingsford Smith partit de Sydney pour gagner l'Angleterre. Au nord-ouest de l'Australie, au-dessus de la côte de Kimberley, ils entrèrent dans une zone de mauvais temps, se perdirent (pas étonnant si l'on considère qu'ils ne disposaient que de deux cartes marines et d'une carte d'Australie arrachée à un banal *Times Atlas*) et durent se poser en catastrophe dans la vase d'une lagune côtière, pratiquement à cours de carburant et sans provisions. Ils ne disposaient que d'une thermos de café et d'un peu de cognac pour la préparation un mélange appelé « café royal », ce qui explique que l'épisode ait été baptisé avec une pointe d'humour noir l'« affaire du café royal ».

Fort heureusement pour Kingsford Smith et ses hommes, ils se trouvaient dans une zone riche en eau douce et offrant une nourriture substantielle bien que peu appétissante (pour l'essentiel, des vers de vase). Mais comme la radio était cassée, ils ne pouvaient signaler leur position. Lorsque la nouvelle de leur disparition parvint à Sydney, deux confrères de Kingsford Smith, Keith Anderson et Bob Hitchcock, décidèrent de se porter à leur secours. Les voilà donc à bord de ce petit *Kookaburra*. De Sydney ils parvinrent par petites étapes à Alice Springs, d'où ils repartirent à l'aube du 12 avril 1929 pour ce qui devait être la dernière étape. Peu de temps après, alors qu'ils survolaient le vide aride du Tanami, ce désert qu'Allan et moi avions longé entre Daly Waters et Alice Springs, l'appareil se mit à tousser et à crachouiller, les contraignant à un atterrissage d'urgence. Dans la panique du départ, ils n'avaient pris aucune provision et seulement trois litres d'eau. Pis, à la différence de Kingsford Smith ils avaient atterri dans un endroit dépourvu de toute ressource.

Le troisième jour, ils étaient morts. Cela vous donne une idée du caractère impitoyablement meurtrier de l'outback. Je n'en fais pas une obsession, mais je dois signaler qu'ils en furent réduits eux aussi à boire leur urine, comme tous les gens coincés dans l'outback. Ce qui est une folie totale puisque les sels de l'urine accélèrent la déshydratation.

Presque au moment précis où les malheureux Anderson et Hitchcock expiraient, Kingsford Smith et ses compagnons étaient secourus par quelqu'un d'autre. Lorsqu'ils revinrent, frais et dispos, ils avaient l'air tellement en forme que certains trouvèrent l'histoire un peu louche. La presse parla même d'un coup publicitaire, et toute l'affaire prit une tournure assez moche. Kingsford Smith fut même soumis à une enquête mettant en cause son honneur (plus tard on reconnut son innocence). Pendant ce temps-là, toute la nation attendait, palpitante, des nouvelles d'Anderson et Hitchcock, espérant qu'on les retrouverait en vie. Ce ne fut pas le cas, hélas ! Fin avril, un avion repéra les deux corps près de l'épave du *Kookaburra*, et quelques jours plus tard une équipe de secours vint les récupérer. La famille de Hitchcock choisit de lui faire des obsèques à Perth dans l'intimité, mais Sydney organisa pour Anderson de véritables funérailles nationales. Des milliers de passants se massèrent le long du cortège. Pour Sydney, ce fut le plus grand enterrement de l'époque, et peut-être même de tous les temps.

Aujourd'hui, inutile de le préciser, Anderson et Hitchcock sont complètement oubliés, en Australie comme ailleurs. Cela faillit également être le cas pour le *Kookaburra*, qui resta dans le désert, abandonné de tous, à rouiller tranquillement pendant un demi-siècle, avant d'être récupéré et ramené à Darwin pour être restauré. Il y a dix ans environ, on l'a installé dans le petit hangar construit spécialement près de ce musée de l'Aviation – où d'ailleurs peu de gens semblent s'intéresser à lui.

En 1935, alors que Kingsford Smith rentrait d'Angleterre, son avion s'abîma en mer au large de la Birmanie, l'entraînant dans la mort. Aujourd'hui, le souvenir de ce héros est vaguement vivace en Australie (l'aéroport de Sydney porte son nom), mais nulle part ailleurs dans le monde. En 1998, l'écrivain américain Scott Berg sortit un pavé de six cents pages sur la vie de Charles Lindbergh, évoquant évidemment toute l'histoire de l'aviation de cette époque. Le nom de Charles Kingsford Smith n'y est pas mentionné une seule fois.

Allan et moi avons dîné ce soir-là dans le patio de notre hôtel, et je lui ai fait, comme promis, le récit détaillé de toutes mes découvertes passionnantes de la journée. Alors que nous étions assis à profiter du calme tiède de la soirée tout en faisant un sort à notre deuxième bouteille d'un excellent cabernet sauvignon australien, un wallaby, comme s'il s'agissait d'un numéro prévu au programme, s'est approché en sautillant du grillage bordant la piscine et nous a accordé un regard distrait et blasé avant de se remettre à brouter les arbustes ornant les plates-bandes. Je n'avais pas eu l'occasion, depuis ma traversée en train à bord de l'Indian Pacific, de revoir un animal typiquement australien en liberté. Pour Allan, c'était la toute première fois, aussi je vous laisse imaginer son enthousiasme.

Pour cela, ou pour une autre raison, il m'a annoncé qu'il trouvait l'Australie superbe.

– Vraiment ? ai-je dit tout heureux, mais un peu surpris étant donné qu'il n'en avait pratiquement vu que le désert.

Il s'est penché vers moi et m'a confié sur le ton du secret :

– Oui. C'est un pays spacieux

Je l'ai regardé.

– Très juste.

– C'est un pays vraiment très spacieux.

À la réflexion, je crois qu'on devait en être à notre troisième bouteille.

Le lendemain matin, je l'ai conduit à l'aéroport d'Alice Springs, une infrastructure de taille modeste mais plaisante. Nous y avons pris un café en restant tranquillement assis, car nous souffrions tous deux d'une légère gueule de bois. Je l'ai accompagné jusqu'à la porte d'embarquement, où nous avons échangé les congratulations et formules rituelles de départ. Puis je l'ai vu s'éloigner sur le tarmac. Je l'ai regardé partir et je suis retourné à ma voiture. Il me restait une journée à tuer avant de reprendre l'avion pour la côte ouest de l'Australie, et je n'avais aucun programme précis. Comme je me dirigeais vers le centre-ville pour m'acheter un journal et trouver un distributeur de billets, j'ai remarqué un panneau signalant l'« école des ondes » dans une petite rue, et pris d'une soudaine impulsion j'ai décidé d'aller y jeter un coup d'œil.

Je n'anticipais rien d'extraordinaire mais en fait c'était génial. Quelles bonnes surprises m'avait réservées Alice Springs ! L'école des ondes est installée dans un bâtiment anonyme d'un quartier résidentiel et se compose d'une grande pièce d'accueil où sont exposés aux murs et sur les tables les travaux des élèves, de deux petits studios, d'une grande salle de réunion et c'est tout. Aujourd'hui, il existe dix-sept écoles semblables en Australie, mais celle d'Alice Springs est la doyenne et couvre la zone la plus vaste et la plus déserte. Nous étions un samedi, donc il n'y avait pas classe ce jour-là. Mais un charmant monsieur a accepté de me faire visiter les lieux et de répondre à mes questions.

Le principe de l'école est assez simple : permettre la scolarisation d'enfants vivant loin de tout et grandissant dans les ranchs isolés de l'outback, tout en leur donnant un peu l'expérience de la salle de classe. C'est une mission que l'école des ondes remplit consciencieusement depuis 1951. « Isolé » est certainement le mot clé. L'école dessert une superficie égale à deux fois celle de la France pour un total de cent quarante élèves, de la maternelle au brevet. J'avais gardé un souvenir extraordinairement marquant et coloré d'un film sur cette école que j'avais dû voir à l'âge de huit ou neuf ans. J'avais été extrêmement impressionné et séduit par ce style d'enseignement où votre instituteur est à des milliers de kilomètres de là, où vous êtes seul devant votre micro et votre radio à ondes courtes, et parfaitement libre, si ça vous chante, de suivre la classe nu comme un ver tout en grignotant une assiette de biscuits, puisque personne ne peut vous voir. Toutes ces conditions me semblaient constituer un net progrès pédagogique par rapport au système en vigueur à l'école élémentaire Greenwood de Des Moines, dans l'Iowa. J'ai donc été un peu déçu de découvrir que la partie radio ne représentait qu'un élément accessoire et anecdotique. Fondamentalement, l'école des ondes a toujours été une école par correspondance, ce qui est loin d'avoir le même charme exotique.

Mais il n'empêche qu'il régnait dans ce bâtiment une ambiance sympathique et chaleureuse. Les panneaux d'affichage étaient couverts de rédactions illustrées de dessins, œuvres de gamins d'une dizaine d'années décrivant leur milieu et racontant leur vie quotidienne dans les exploitations. Je les ai toutes lues attentivement.

– Voulez-vous écouter un cours ? m'a demandé mon guide.

– Avec plaisir.

Il m'a emmené dans une petite pièce où il m'a passé l'enregistrement d'une leçon destinée aux enfants de cinq ans. On entendait la voix joyeuse de la maîtresse faisant l'appel, ce qui donnait quelque chose comme :

– Bonjour, Kylie, tu m'entends ? Terminé, à toi !

Une seconde plus tard on entendait un léger crépitement, comme un faible signal provenant d'une lointaine galaxie, relayant une voix vaguement humaine mais trop faible pour être comprise.

– Je répète : Bonjour, Kylie, tu es là ? Tu m'entends ? Terminé, à toi !

Cette fois il y eut un grand silence et aucune réponse, seulement un grand temps mort, assez angoissant. Alors :

– Bon, je vais essayer Gavin. Bonjour, Gavin ! Tu es là ? Terminé, à toi !

Nouveau crépitement, et puis soudain une toute petite voix en émergea :

– Bonjour, miss Smith !

Et ainsi de suite. Parfois la réception était bonne, mais en général les voix parvenaient très faiblement et finissaient par s'évanouir. Tout en écoutant l'enregistrement, j'ai feuilleté une petite brochure qui m'a permis d'apprendre, à mon plus grand étonnement, que chaque enfant ne consacre qu'une demi-heure par jour à un cours par radio ; s'y ajoutent dix minutes de contact particulier avec un professeur, ce qui est loin de constituer un traitement de faveur question enseignement. Le reste du temps, on leur demande de travailler de cinq à six heures par jour sous la surveillance d'un parent ou d'un répétiteur. Ils peuvent aussi utiliser les magnétoscopes, la télévision et les ordinateurs, mais je n'en ai vu aucun. La conclusion à laquelle vous arrivez forcément, c'est qu'à l'école des ondes on en est resté à l'année 1951.

Mais la vraie surprise pour moi fut de constater l'absence totale d'élèves aborigènes dans ce programme. En tout cas on n'en voyait aucun sur les photographies. La population du Territoire du Nord compte vingt pour cent d'Aborigènes, et en plein outback cette proportion est certainement plus élevée. J'ai donc posé la question à mon guide au moment de sortir.

– Si, nous avons quelques élèves aborigènes. Je ne peux pas vous citer de chiffre mais nous en avons quelques-uns. Le problème, c'est que chaque élève doit être supervisé par un adulte compétent, vous voyez…

J'ai marqué une pause et avoué :

– Non, je ne vois pas.

– Vous comprenez, tous les élèves doivent être encadrés par un adulte compétent, consciencieux et possédant un bagage scolaire élémentaire.

– Et les parents aborigènes ne possèdent pas ces compétences ?

Il a pris l'air contrarié d'un homme s'avançant sur un terrain miné.

– Non, malheureusement. Non, pas toujours.

– Mais si vous n'instruisez pas ces enfants sous prétexte que leurs parents ne peuvent pas les suivre, lorsqu'ils deviendront parents à leur tour, ils ne posséderont pas non plus les bases nécessaires pour aider leurs propres enfants ! C'est un cercle vicieux, non ?

– Eh oui, c'est un problème.

– Donc ça peut continuer comme ça éternellement ?

– C'est un gros, gros problème.

– Je vois.

Ce qui, naturellement, était une façon de parler.

J'ai beaucoup flâné en ville. J'ai acheté un journal et me suis installé dans un café en plein air de Todd Street, une rue piétonne. J'ai essayé de lire une minute ou deux mais j'étais bien trop distrait par le spectacle des passants. La rue connaissait l'animation des samedis. La majorité des gens étaient des Blancs, mais il y avait aussi quelques Aborigènes, pas nombreux mais toujours présents quelque part dans le cadre, en marge, discrets et silencieux. Les Blancs ne regardaient jamais les Aborigènes et les Aborigènes ne regardaient pas les Blancs. Les deux races semblaient coexister dans deux univers différents et parallèles. J'avais l'impression d'être la seule personne douée de la capacité de voir les deux communautés en même temps. Un sentiment très bizarre.

Un nombre important d'Aborigènes portaient des traces de coups. Certains avaient le visage enflé comme s'ils avaient foncé la tête la première dans un nid de guêpes, et une proportion incroyablement élevée portaient un nombre impressionnant de pansements sur les tibias, les coudes, le front ou les genoux. J'avais lu la veille un petit texte au centre Strehlow : on prenait grand soin de vous expliquer que les Aborigènes les plus défavorisés étaient ceux que l'on voyait en ville. Le but était, j'imagine, d'empêcher que des gens comme moi jugent le peuple aborigène d'après ces pauvres épaves qu'on voyait déambuler. Cette observation m'avait paru étrangement paternaliste puisqu'elle impliquait que les Aborigènes avaient seulement deux options dans la vie : rester dans les missions et vivre correctement, ou venir en ville et sombrer dans la déchéance.

Cela m'avait rappelé les paroles d'un personnage célèbre dans l'outback, Daisy Bates, une femme arrivée d'Irlande en 1884 et qui vécut parmi les Aborigènes de l'Ouest : « L'indigène australien peut supporter toutes les rigueurs de la nature, les sécheresses les plus terribles, les inondations catastrophiques, les horreurs de la soif et des famines récurrentes, mais il ne peut pas supporter la civilisation*. » En 1938, ce genre de remarque pouvait être considérée comme une réflexion éclairée et charitable, mais quelle tristesse de la voir énoncée sous une forme à peine modifiée dans un centre culturel aborigène en ce début du XXIe siècle !

Nul besoin d'être un sociologue confirmé pour comprendre très vite que les Aborigènes constituent le plus grand échec de l'épopée australienne. Si vous prenez tous les indices de prospérité ou de richesse – taux d'hospitalisation, de suicide, mortalité infantile, taux de criminalité, de chômage, n'importe quoi –, les chiffres les Aborigènes sont entre deux et vingt fois plus élevés que la moyenne nationale. Selon les sources citées par John Pilger, l'Australie est une des rares nations civilisées où l'on trouve un nombre important de trachomes, une maladie virale conduisant à la cécité, et ces cas se trouvent presque exclusivement chez les Aborigènes**. En moyenne, l'espérance de vie d'un Australien blanc est supérieure de vingt ans – *vingt ans !* – à celle d'un Aborigène.

Il se trouve qu'à Cairns j'avais entendu parler par hasard d'un avocat du nom de Jim Brooks, grand défenseur de la cause aborigène. J'avais réussi à le rencontrer le temps d'un café avant de prendre l'avion pour Darwin. C'était un homme calme, décontracté, d'emblée sympathique, laissant tout juste soupçonner la gravité altruiste qui l'avait conduit à consacrer sa vie professionnelle à aider les opprimés plutôt qu'à s'en mettre plein les poches dans un cabinet d'avocats. Il dirigeait le Bureau de défense des droits des autochtones à Cairns, un organisme soutenant les Aborigènes dans leur lutte pour récupérer leurs terres. Il avait aussi été membre de la commission des droits de

---

* *The Passing of the Aborigenes* [1938], New York, Pocket Books, 1973. *(N.d.T.)*

** Voir *A Secret Country : The Hidden Australia, op. cit. (N.d.T.)*

l'homme constituée au milieu des années 1990 pour faire toute la lumière sur une malheureuse expérience sociale connue sous le nom de « Générations volées ».

Il s'agissait d'un projet conçu par le gouvernement australien pour arracher les enfants aborigènes à la misère et les soustraire à leurs handicaps en les éloignant physiquement de leurs familles et de leurs communautés. Personne ne peut donner de chiffres exacts, mais on estime qu'entre 1910 et 1970 un dixième, voire un tiers des enfants aborigènes furent enlevés à leurs parents pour être envoyés dans des familles d'adoption ou des institutions publiques. Le but, jugé très progressiste à l'époque, était de les préparer à une vie plus prometteuse dans le monde des Blancs. Le plus ahurissant dans tout cela, c'est que la loi le permettait. Jusque dans les années 1960, dans la plupart des États australiens, les parents aborigènes n'avaient pas légalement la garde de leurs enfants. L'État était le tuteur légal et avait le droit de retirer les enfants de leur foyer à tout moment s'il le jugeait bon, sans excuse ni explication.

– Le but était d'éliminer tout contact entre les parents et les enfants, m'avait expliqué Jim Brooks. On cite l'exemple d'une femme dont les cinq enfants furent envoyés dans cinq États différents. Elle n'avait aucun moyen de rester en contact avec eux, aucun moyen de savoir où ils étaient, de savoir s'ils étaient malades ou en bonne santé, heureux ou non. Vous avez des enfants ?

– Quatre.

– Imaginez alors qu'un jour une camionnette du gouvernement arrive chez vous, qu'un inspecteur frappe à votre porte et vous informe qu'il vient chercher vos enfants. Imaginez un peu votre réaction si vous deviez rester là, contraint d'accepter qu'on vous arrache vos mômes pour les embarquer dans une camionnette. Imaginez la camionnette qui s'en va, les enfants qui hurlent en vous appelant, leur petit visage pressé contre la vitre arrière, tandis que vous demeurez impuissant, sachant que vous ne les reverrez sans doute jamais.

– Arrêtez ! Je vois...

Il m'avait adressé un sourire compréhensif.

– Et vous savez que vous ne pouvez rien faire : il n'y a personne pour vous aider, aucun tribunal pour vous défendre. Et ce système a perduré pendant des décennies.

– Mais pourquoi tant de cruauté ?

– Ils ne voyaient pas ça comme de la cruauté. Ils croyaient bien faire.

Il m'avait passé un résumé du rapport de sa commission et indiqué une citation du début du XXe siècle, une remarque rédigée par un inspecteur itinérant, James Isdell, qui écrivait en parlant des parents dépossédés de leurs enfants : « Si théâtrale que puisse sembler leur douleur sur le moment, ils oublient très vite leur progéniture. »

– Ils croyaient sincèrement que les Aborigènes étaient dépourvus de toute émotion humaine normale. Bien souvent on racontait aux enfants que leurs parents étaient morts ou qu'ils ne voulaient plus d'eux. C'était une façon de les aider à supporter leur sort. Mais vous pouvez en imaginer les conséquences, le nombre de jeunes poussés à l'alcoolisme par désespoir, les taux de suicide aberrants... Inutile de vous faire un dessin.

– Que devenaient les enfants, ensuite ?

– Ils restaient sous tutelle jusqu'à l'âge de seize ou dix-sept ans puis on les relâchait. Ils avaient le choix entre demeurer dans les villes et affronter les préjugés inévitables ou retourner dans leur communauté d'origine et reprendre un mode de vie traditionnel dont ils ne savaient plus rien, avec des gens qu'ils avaient fini par oublier. Le système ne pouvait conduire qu'à la catastrophe. Et on ne rectifie pas des dysfonctionnements aussi graves du jour au lendemain. Il y a des gens qui prétendent que l'enlèvement d'enfants n'a affecté qu'un très faible pourcentage des familles aborigènes. Mais c'est un argument à la fois faux, car pratiquement toutes les familles ont été touchées de façon durable, et complètement à côté de la plaque, car l'enlèvement d'enfants a détruit tout un vaste système traditionnel de relations.

– Alors que peut-on faire pour eux ?

– Les aider à se faire entendre, c'est tout ce que je peux faire, m'avait-il dit avec un haussement d'épaules impuissant et un petit sourire.

Je lui avais demandé s'il y avait beaucoup de préjugés raciaux en Australie.

– Des tonnes de préjugés, m'avait-il répondu. Vraiment des tonnes.

Depuis une vingtaine d'années, le gouvernement australien a fait beaucoup – disons beaucoup plus qu'avant – dans ce domaine. On a rendu de très larges portions de territoire aux Aborigènes. On leur a restitué Uluru. On dépense davantage d'argent pour leurs écoles et leurs dispensaires. On encourage, comme il se doit, les projets locaux et les petites entreprises individuelles. Mais rien de tout cela n'a eu d'effet bénéfique sur les statistiques. Dans certains domaines, elles ont même empiré. De nos jours, un Aborigène a dix-huit fois plus de chances de mourir d'une maladie infectieuse qu'un Australien blanc et dix-sept fois plus de chances d'être hopitalisé à la suite de violences. Leur taux de mortalité à la naissance est deux ou trois fois supérieur à celui des Blancs.

Mais par-dessus tout, ce qui paraît le plus étrange aux yeux d'un étranger, c'est que les Aborigènes sont *absents*, tout simplement. On ne les voit pas à la télévision. On n'est pas servi par des Aborigènes dans les magasins. Il n'y a eu que deux députés aborigènes au Parlement et pas un seul au gouvernement. Ils représentent seulement 1,5 pour cent de la population australienne et une majorité écrasante vit dans des zones rurales et isolées : je comprends donc parfaitement qu'on ne doive pas s'attendre à en voir des masses. Mais on s'attendrait au moins à en croiser de temps à autre, comme employés de banque, facteurs, contractuels, autrement dit apportant leur contribution productive au monde du travail. Or je n'en ai jamais vu à ce genre de poste. Pas un seul. Visiblement, il y a des rouages qui ne fonctionnent pas…

Et tandis que j'étais là en train de siroter mon café, observant tout à la fois la clientèle joyeuse des Blancs se livrant d'un pas léger à leur shopping hebdomadaire et les silhouettes sombres des Aborigènes avec leurs pansements, leurs blessures et leur démarche hésitante, je me suis dit que je n'avais pas la moindre idée de ce qu'on pouvait proposer comme solution à tout cela. Simplement, si j'étais chargé par le gouvernement australien de résoudre le problème aborigène, tout ce que je pourrais dire c'est : « Faites-en plus. Redoublez d'efforts. Commencez immédiatement. »

Incapable, donc, d'élaborer la moindre proposition originale et utile, je suis resté quelques minutes à regarder ces pauvres malheureux déracinés traînant leur misère, et puis j'ai fait ce que font la plupart des Australiens blancs : je me suis plongé dans mon journal, j'ai bu mon café, et les Aborigènes me sont devenus invisibles.

CHAPITRE XVIII

Et si on parlait un peu de l'ornithorynque ? Dans ce pays de créatures bizarres, il règne en champion suprême. Il se situe dans une niche animale à part, avec son anatomie aberrante à mi-chemin entre le mammifère et le reptile. Cinquante millions d'années d'isolement total ont donné aux animaux australiens tout le loisir d'évoluer dans des directions insolites, et souvent de ne pas évoluer du tout. L'ornithorynque s'est arrangé, semble-t-il, pour faire les deux à la fois.

Lorsque le bruit se répandit en Angleterre, vers 1799, qu'on trouvait en Australie un animal sans dents, venimeux, couvert de poils, ovipare, semi-aquatique, avec le bec d'un canard et la queue d'un castor, des pattes munies à la fois de palmes et de griffes, un orifice étrange nommé cloaque servant à la fois d'organe reproducteur et d'anus – détail que, dans leur délicatesse, les taxonomistes de l'époque jugèrent « hautement curieux » mais trop scabreux pour être « porté à la connaissance du public » –, la nouvelle fut accueillie, on s'en doute, comme un gros canular. Même après l'examen sérieux d'un spécimen expédié par bateau, George Shaw, un naturaliste du British Museum, devait déclarer qu'il était « impossible de ne pas nourrir de doute quant à l'authenticité de l'animal et dc soupçonner la pratique de quelque supercherie dans sa forme ». Selon la spécialiste de l'histoire naturelle Harriet Ritvo, l'exemplaire d'origine porte encore la marque des coups de ciseaux infligés par Shaw dans ses efforts pour déterminer s'il y avait réellement eu tromperie*.

Pendant près d'un siècle, les savants se sont affrontés – et affrontés violemment, car l'époque ne badinait pas avec la précision scientifique – pour déterminer où l'on devait classer cet animal ainsi que son cousin l'échidné, une sorte de hérisson. On leur a finalement offert une famille à part, pour eux tout seuls : les monotrèmes, mot qui signifie « un seul trou », en référence à ce cloaque si particulier. Il restait cependant à résoudre un problème : devait-on rattacher les monotrèmes aux mammifères ou aux reptiles ? Il était clair que les monotrèmes pondaient des œufs, caractéristique reptilienne, mais il était tout aussi clair qu'ils allaitaient leurs petits, spécialité des mammifères. Autre sujet de perplexité : pendant près d'un siècle personne ne put trouver un seul œuf de monotrème. D'où les murmures d'excitation dans l'auditoire lorsque, en 1884, au cours d'une réunion de la British Association, on lut un télégramme envoyé d'Australie par un jeune savant du nom de W.H. Caldwell. En voici le texte intégral : « Monotrèmes ovipares, *ovum* méroblastique. »

L'effet fut prodigieux. Ce que Caldwell annonçait avec cette élégante concision, c'est qu'il avait trouvé des œufs d'ornithorynque et qu'ils étaient incontestablement de nature reptilienne. Au bout du compte, les monotrèmes furent rattachés aux mammifères. Mais la lutte avait été serrée.

Si je vous raconte toute cette histoire, c'est pour vous replacer dans le contexte et vous faire comprendre mon excitation lorsque, le lendemain de

---

* Harriet Ritvo, *The Platypus and the Mermaid and Other Figments of the Classifying Imagination*, Cambridge, Massachusetts, Harvard University Press, 1998. *(N.d.T.)*

mon arrivée à Perth, j'ai trouvé tout seul un monotrème : un échidné traversant un sentier dans un coin reculé de Kings Park. J'étais déjà, je dois le dire, dans une disposition d'esprit particulièrement joviale. Perth est une cité charmante, l'une de mes favorites en Australie. Ma tendresse pour elle est peut-être un peu exagérée par le fait que lors de ma première visite, en 1993, je débarquais de Johannesburg où je m'étais fait détrousser en plein centre-ville et en plein jour par un groupe de jeunes gens énergiques très impatients, semblait-il, de faire usage de leurs couteaux. J'avais donc ressenti un véritable soulagement à me retrouver dans une cité où je pouvais me promener sans redouter à tout moment d'être coincé dans une ruelle, délesté de mes biens et allégrement charcuté par quelque instrument tranchant.

Mais pas besoin d'être un rescapé de fait divers pour goûter au charme de Perth. D'abord, il faut l'admettre, on est tout simplement satisfait de tomber sur une ville, car Perth est de loin la métropole la plus isolée, la plus perdue de toute la planète. Elle est plus proche de Singapour que de Sydney, et « proche » est une façon de parler. Dans votre dos, vous avez deux mille sept sents kilomètres de vide rouge et stérile jusqu'à Adélaïde. Devant vous, rien d'autre que huit mille kilomètres d'eau salée sans la moindre interruption entre vous et l'Afrique. Comment plus d'un million de citoyens d'un pays démocratique ont-ils pu choisir de s'exiler aussi loin ? Le climat y est pour beaucoup, car question architecture Perth n'a rien de spécial : c'est une grande ville propre et moderne, la Minneapolis des antipodes. Mais ce qui la place aussi dans une catégorie à part, c'est qu'elle possède l'un des plus grands, des plus beaux parcs publics du monde, Kings Park. Avec ses quatre cents hectares, il offre tous les attraits d'usage, mais sur une si grande superficie qu'on a toujours le sentiment de découvrir autre chose. Surtout, une zone assez vaste, environ le quart du parc, a été laissée sous forme de bush. C'est là que j'ai vu une petite boule ressemblant beaucoup à un balai-brosse arrondi émerger des buissons et traverser le sentier devant moi sans se presser.

Sentant ma présence, la bête s'est arrêtée. Ses piquants noirs et luisants m'empêchaient de distinguer son museau pointu, mais c'était assurément un échidné. J'exultais, et pourtant il y avait là quelque chose de pitoyable si l'on considère qu'après toutes ces pérégrinations j'avais enfin droit à mon premier tête-à-tête avec un représentant de la faune australienne. Dans un pays bourré de créatures exotiques et originales, mon seul exploit était d'avoir trouvé une inoffensive pelote d'épingles sur pattes au milieu d'un parc municipal. Mais peu importe ! J'avais trouvé un monotrème, une aberration physiologique, une merveille du monde de la reproduction. Lorsque l'échidné a senti que je m'étais retiré à une distance respectueuse, il s'est déroulé pour repartir en se dandinant vers les broussailles.

Excité jusqu'aux tréfonds de mon cloaque, j'ai poursuivi ma route pour me retrouver au bout d'un moment dans le parc proprement dit, sur une longue allée magnifique bordée d'eucalyptus blancs plantés jadis en souvenir des morts de la Première Guerre mondiale. Chaque arbre portait une petite plaque donnant le résumé d'une vie fauchée dans la fleur de l'âge. « Tué au combat à Passchendaele, le 4 octobre 1917, à l'âge de vingt-cinq ans. Pleuré par sa femme et sa fille », disait l'une d'elles.

Il faut rappeler que durant la Grande Guerre il n'y a pas de nation qui ait perdu plus d'hommes, proportionnellement, que l'Australie. Sur une population totale de moins de cinq millions d'habitants, le pays eut à déplorer le chiffre énorme de deux cent dix mille victimes (soixante mille morts et cent cinquante mille blessés), soit soixante-cinq pour cent des soldats engagés dans les opérations. Comme le dit John

Pilger, « aucune armée n'a connu autant de pertes que celle-ci qui venait d'aussi loin. Et tous étaient des volontaires* ». Quelques jours plus tôt, j'avais lu dans la presse dominicale le compte rendu d'un livre de l'historien britannique John Keegan sur la Première Guerre mondiale. L'auteur de l'article faisait remarquer en passant, avec le soupir résigné qu'on imaginait, que nulle part, dans les cinq cents pages de ce pavé exhaustif, Keegan n'avait fait référence aux forces australiennes. Pauvre Australie ! m'étais-je dit. Les autres pays produisent des soldats inconnus, l'Australie, elle, produit des armées inconnues**.

Au-delà de cette funèbre avenue, j'ai pénétré dans le royaume plus réjouissant et très ensoleillé des jardins botaniques, que je me réjouissais de visiter car la flore australienne est d'une richesse exceptionnelle, particulièrement bien mise en valeur à Perth. L'Australie est un pays d'une fécondité stupéfiante. On estime qu'elle possède quelque chose comme vingt-cinq mille espèces de plantes (la Grande-Bretagne, elle, n'en possède que mille six cents) et ce n'est qu'une approximation. Un tiers des plantes australiennes n'ont jamais reçu de nom ni n'ont été étudiées, et l'on continue d'aller de surprise en surprise, souvent dans les endroits les plus inattendus. Ainsi, à Sydney en 1989, on a découvert un nouvel arbre, l'*Allocasuarina portuensis*. Cela faisait pourtant deux cents ans qu'on passait à côté, mais comme il n'y en avait que quelques spécimens, personne encore n'y avait prêté attention. De la même

---

* John PILGER, *A Secret Country : The Hidden Australia, op. cit. (N.d.T.)*

** Des semaines plus tard, de retour à Londres, j'ai consulté l'ouvrage de Keegan : il contient des passages entiers consacrés à l'armée australienne. Ce qui prouve que les Australiens ont tellement l'habitude d'être oubliés qu'ils n'arrivent même plus à croire qu'on ne les a pas oubliés. Vous me suivez ? *(N.d.A.)*

manière, en 1994, un botaniste parti se promener dans les montagnes Bleues tomba par hasard sur une espèce fossile qu'on croyait disparue depuis longtemps, le pin wollemi. Il ne s'agissait pas d'un modeste arbuste dissimulé dans les broussailles mais d'un arbre imposant atteignant quarante mètres de haut et trois mètres de circonférence. Évidemment, avec un territoire aussi vaste et un nombre forcément limité de botanistes, il a fallu un moment pour que la rencontre se fasse. C'est ce qui fait de l'Australie un pays de rêve pour les scientifiques. En Angleterre, en Allemagne ou en Amérique, vous pourrez, avec beaucoup de chance, découvrir une nouvelle variété de lichen de montagne ou une sous-espèce de mousse ayant échappé par hasard à toutc classification. Mais en Australie, la moindre petite balade digestive dans le bush peut vous permettre de découvrir une demi-douzaine de fleurs sauvages non répertoriées, une forêt d'angiospermes jurassiques et probablement une pépite d'or de dix kilos. Personnellement, je sais très bien où j'irais vivre si j'étais scientifique.

Alors question : comment expliquer qu'un pays qui semble souvent si hostile à toute forme de vie ait pu produire une telle diversité botanique ? Ce paradoxe, curieusement, s'explique en partie par la pauvreté du sol. Dans nos mondes tempérés, la plupart des plantes peuvent se développer presque n'importe où : un chêne pousse aussi bien dans l'Orégon qu'en Pennsylvanie. Donc un nombre relativement limité de grandes espèces sera suffisant. Mais sur les sols pauvres les plantes ont tendance à se spécialiser. Une telle apprendra à tolérer de fortes concentrations de nickel, élément que d'autres ne supporteront pas. Telle autre deviendra résistante au cuivre. Une autre encore s'habituera au nickel *et* au cuivre, sans oublier la sécheresse. Au bout de quelques millions d'années, voici donc un continent possédant une grande variété de plantes, chacune adaptée à des conditions bien spécifiques et chacune dominant un morceau de territoire où aucune autre ne pourrait se développer. À plantes spécialisées insectes spécialisés, et ainsi de suite en remontant la chaîne alimentaire. Au bout du compte, voilà un pays apparemment hostile à toute forme de vie mais qui se révèle en fait merveilleusement diversifié.

L'autre explication, plus évidente, tient à l'isolement de l'Australie. Avec cinquante millions d'années d'insularité, rien d'étonnant à ce que la vie indigène y ait été protégée de toute compétition et que certaines espèces (les eucalyptus chez les plantes, les marsupiaux chez les animaux) aient pu développer sans trop se fatiguer une sorte de monopole. Tout aussi important pour la diversité des espèces est l'isolement qui a régné si longtemps au sein même de l'Australie. Globalement, on peut décrire le pays comme un ensemble de petites poches de vie séparées par d'immenses étendues d'aridité. Et cela est surtout vrai dans le Sud-Ouest. Selon David Attenborough, « ce petit coin d'Australie ne contient pas moins de douze mille espèces de plantes dont quatre-vingt-sept pour cent ne poussent nulle part ailleurs dans le monde* ».

Il est donc particulièrement inquiétant que beaucoup de ces espèces soient menacées par une maladie terrible et peu connue appelée dieback. Cette maladie, identifiée seulement en 1966, a pour origine une famille de champignons, les *Phytophthora*, apparentés au mildiou de la pomme de terre qui fut responsable de la terrible famine irlandaise au XIXe siècle. Le dieback a fait son apparition en Australie il y a un siècle, affectant des régions entières. Il frappe surtout le sud-ouest de l'Australie, où l'épidémie semble être plus active qu'ailleurs, ce qui est grave car la région regorge de plantes rares et vulnérables. Même les

---

* David ATTENBOROUGH, *The Private Life of Plants*, Princeton, Princeton University Press, 1995. *(N.d.T.)*

banksias sont menacés, comme me l'a appris une brochure particulièrement bien documentée sur le sujet. Le banksia, nommé ainsi en l'honneur de Joseph Banks, qui l'a découvert, est une fleur que les Australiens vénèrent littéralement malgré sa forme un peu étrange – elle rappelle beaucoup un balai à chiottes. Il est donc bien affligeant d'apprendre que sept espèces de banksias sont sur la liste des fleurs que l'on redoute de voir disparaître dans les prochaines années. Douze autres espèces risquent de subir le même sort à plus long terme. Traitez-moi de pessimiste si vous voulez, mais il me semble bien inquiétant que la motivation première des voyageurs, de nos jours, soit de voir les choses pendant qu'elles sont encore là. Le plus triste, d'après moi, c'est qu'un grand nombre de plantes risquent de disparaître avant même d'avoir été découvertes.

Tout cela m'est revenu à l'esprit parce que je m'apprêtais à me lancer dans une petite expédition botanique en solitaire. Mais auparavant j'avais une journée pour me relaxer à Perth. Je n'avais rien de bien précis en tête, aussi ai-je paressé à la terrasse ombragée d'un café du parc, le menton orné de l'écume d'un cappuccino, et le regard plongé dans le *West Australian*. J'y suis soudain tombé sur un article qui allait décider de mon avenir immédiat. Il était question d'un certain Lang Hancock, déjà rencontré lors de récentes lectures. Hancock était un propriétaire de ranch du nord de l'Australie-Occidentale qui avait eu la chance exceptionnelle de se trouver à l'origine de la plus grande découverte de minerai de l'histoire contemporaine. Si vous doutez que l'Australie soit réellement un pays de cocagne, lisez l'histoire de la prospection minière dans ce pays depuis les années 1950. Jusqu'à cette époque, on estimait que l'Australie manquait de matières premières. Le minerai de fer, par exemple, était considéré comme une ressource si rare que pendant deux décennies l'exportation en fut interdite. Et puis, en 1952, Lang Hancock fit une importante découverte. Alors qu'il survolait, à bord d'un petit avion, les monts Hamersley, près de la côte septentrionale, il se perdit dans une tempête et fut contraint d'atterrir en catastrophe sur une zone de rochers plats que les géologues appellent le bouclier occidental. En descendant de son appareil, il s'aperçut qu'il marchait quasiment sur une plaque de fer. Des investigations ultérieures lui permirent de conclure qu'il était l'heureux propriétaire d'une barre de fer d'environ cent kilomètres de long. Estimées proches de zéro en 1950, les réserves en fer du pays grimpèrent jusqu'à vingt milliards de tonnes en 1960. À la fin des années 1960, Hancock contrôlait à lui seul plus de réserves de fer que les États-Unis et le Canada réunis – ce qui fait vraiment un gros tas de fer.

Et ce n'était qu'un début. À un rythme vertigineux, d'autres gisements furent découverts dans tout le pays – bauxite, nickel, manganèse, uranium, cuivre, plomb, diamant, étain, zinc, zircon, rutile, ilménite et bien d'autres choses dont les noms ne vous diraient rien. Pratiquement du jour au lendemain, des prospecteurs se sont retrouvés à la tête de fortunes indécentes et impossibles à dépenser. La Bourse fut prise de folie tandis que les investisseurs se ruaient pour obtenir une part du gâteau. À Sydney, un courtier perdit une oreille dans la bagarre qui suivit l'annonce de la découverte de nouveaux filons. Ce fut une ère de frénésie qui changea la nature de la richesse du pays. De géant débonnaire, placide producteur de laine, l'Australie devint un colosse mondial en matière de richesses naturelles, le premier exportateur de minerai. Comme les plus grands gisements se trouvaient en Australie-Occidentale, une partie du pactole s'investit à Perth, capitale de l'État, ce qui explique tous ces gratte-ciel.

Lang Hancock, l'homme à l'origine de tout cela, fut

rappelé pour prospecter quelque part dans le cosmos en 1992, mais sur ses vieux jours il avait commis cet acte terrible redouté de tous les héritiers des messieurs très riches : il avait épousé sa gouvernante, une jeune dame philippine du nom de Rose. Selon l'article du *West Australian*, la fille de Hancock avait intenté un procès, accusant Rose et feu Hancock d'avoir dépensé de façon extravagante de l'argent qui n'était pas à eux. Fort obligeamment, le journal détaillait par le menu les principales possessions contestées de la veuve Hancock. Parmi celles-ci, une maison de trente-cinq millions de dollars dans une banlieue chic de Perth, Mosman Park, dont l'article fournissait l'adresse. C'était apparemment la résidence la plus somptueuse de la ville. Un coup d'œil sur le plan m'a permis d'établir que Mosman Park était au bout de cette série de faubourgs huppés qui s'étendent jusqu'à Freemantle. Mais la journée était superbe, je me sentais en forme et j'ai décidé de m'y rendre à pied.

En fait, il y a une sacrée trotte entre le centre de Perth et Mosman Park, je peux vous le garantir ! J'ai marché des heures, traversant les verts ombrages du campus de l'université d'Australie-Occidentale, longeant les rives de l'estuaire de la Swan, suivant les courbes ensoleillées des baies remplies de yachts. Je suis arrivé enfin dans des zones résidentielles d'une richesse spectaculaire – Nedlands, Dalkeith, Peppermint Grove – dont les demeures étalaient leur luxe tapageur. C'était l'illustration éclatante de cette maxime qui prétend que l'argent et le bon goût ne vont pas toujours de pair : on avait l'impression que ces quartiers étaient peuplés de gagnants du Loto.

Je marchais depuis près de trois heures lorsque, parvenu à un endroit nommé Chidley Point, j'ai compris que j'avais trouvé Mosman Park. J'ai fouillé mon sac pour vérifier l'adresse exacte donnée par le journal, mais bien sûr j'avais oublié mon exemplaire au café. Tant pis. Je venais de parcourir plusieurs kilomètres et j'avais vu assez d'extravagances immobilières : j'étais rassasié pour le restant de mes jours. Me souvenant vaguement, cependant, que la maison de Hancock devait se situer dans Wellington Street, j'ai louvoyé jusqu'à cette paisible artère que j'ai arpentée à pas lents. En chemin, j'ai repéré une bonne demi-douzaine de maisons qu'on pouvait imaginer valoir plusieurs millions de dollars, mais aucune d'elles ne semblait mériter sans équivoque le titre incontesté de championne de la métropole. Sur ces entrefaites, une jeune femme en short et tee-shirt assorti – sans doute une promeneuse de chiens professionnelle – est arrivée avec un clébard plein de vie guère plus petit qu'un poney. Elle ne promenait pas vraiment le chien : elle semblait plutôt skier sur ses baskets, tirée par l'animal. J'ai fait un bond dans la rue pour éviter d'être dévoré au passage, mais j'ai eu le temps de lui demander si elle savait où était la maison Hancock. Elle m'a désigné une bâtisse, à trois bâtiments de là. Je m'y suis rendu. Compte tenu du coût, je dois dire que je m'attendais à quelque chose de plus impressionnant, or la maison s'élevait sur un terrain de dimensions raisonnables et ne semblait ni particulièrement vulgaire ni exceptionnellement tarabiscotée. Je l'ai examinée un moment, frappé par la pensée un peu tardive que je venais de me donner beaucoup de mal pour voir la maison de Rose Hancock, dont je me fichais éperdument. Ayant digéré cette pensée, j'ai tourné les talons et repris ma longue route vers la mer.

Fremantle est une agglomération pleine de charme et d'intérêt. À l'époque de la ruée vers l'or, c'était un port cosmopolite, débordant d'animation, puis il sombra dans une longue période de déclin. Dans les années 1970, on lui fit subir une rénovation qui l'embourgeoisa, lorsque les gens du coin saisirent le potentiel commercial représenté par ce patrimoine immobilier victorien laissé à l'abandon. Aujourd'hui c'est un coin à la mode avec des petites boutiques branchées vendant de l'artisanat. Tout le monde aime Freo, comme on surnomme Fremantle. Moi aussi, en principe, mais à présent je sentais littéralement fondre mon enthousiasme. Il régnait une chaleur torride cet après-midi-là, sans le moindre espoir de voir se lever cette brise de mer apaisante qu'on appelle le « médecin de Fremantle ». J'avais déjà marché assez longtemps pour voir fumer mes chaussures, lorsque je me suis aperçu qu'il me restait encore six kilomètres à parcourir, en majorité le long de la Stirling Highway, cet axe fréquenté, bruyant, sans charme et totalement dépourvu d'ombre.

J'ai réussi à atteindre Fremantle tard dans l'après-midi, complètement lessivé. Je suis entré dans un pub où j'ai avalé d'un trait une bière, pour des raisons purement médicales.

– Ça va ? m'a demandé la barmaid.

– Oui, pourquoi ?

– Z'avez vu votre tête ?

J'ai tout de suite compris.

– J'ai attrapé un coup de soleil ?

Elle s'est contentée d'un hochement de tête compatissant mais amusé.

J'ai jeté un coup d'œil au miroir derrière son dos. Il me renvoyait l'image d'un personnage de livre pour enfants, Monsieur Tomate, portant par dérision les mêmes vêtements que moi. J'ai soupiré. Les quatre jours suivants j'allais devenir objet de sollicitude inquiète pour tous les Australiens d'un certain âge et source d'hilarité pour tous les autres. Puis, pendant trois jours encore, lorsque la peau de mon visage commencerait à peler, la réaction du public évoluerait vers la répulsion horrifiée. Les serveuses laisseraient tomber leur plateau ; les badauds iraient se cogner contre les réverbères ; les conducteurs d'ambulance ralentiraient pour mieux m'observer. Ce serait comme toujours un véritable petit calvaire.

Dans une heure ou deux, j'allais vraiment commencer à souffrir. En attendant, j'étais déjà une véritable épave ; mes pieds et mes jambes me faisaient tellement souffrir que je doutais d'en retrouver un jour l'usage. J'étais crasseux et puais assez pour être interdit de séjour dans les lieux publics. Et tout cela pour voir une maison dont je n'avais strictement rien à faire et une ville que j'étais maintenant trop fatigué pour visiter !

Mais en fait tout cela m'était égal. Vous savez pourquoi ? Parce que j'avais vu un monotrème. Sur cette pensée réconfortante, j'ai vidé ma deuxième bière, je me suis décollé de mon tabouret avec précaution et j'ai claudiqué vers la sortie, suivi par tous les regards, pour aller prendre un taxi qui me ramènerait dans le centre-ville.

Le lendemain matin, j'ai pris livraison d'une autre voiture de location et je me suis lancé dans l'avant-dernière de mes explorations australiennes. Je voulais voir les grandes forêts de jarrahs et de karris. Si ce programme vous semble manquer de glamour, je vous demande un peu de patience, car il s'agit d'arbres exceptionnels, l'équivalent dans la catégorie arbres de ce que sont les vers géants du Gippsland chez les invertébrés : des titans, peu connus et mystérieusement limités à une seule région, en l'occurrence le coin sud-ouest de l'Australie-Occidentale, au-dessous de Perth. Les karris, des eucalyptus, sont un peu les séquoias de l'Australie. Leur hauteur dépasse les soixante-dix mètres, mais c'est surtout leur circonférence qui est impressionnante : leur tronc peut mesurer près de quinze mètres et ne s'affine presque pas en allant vers le sommet. Imaginez le plus gros platane que vous ayez vu de votre vie, multipliez-le par trois dans tous les sens, et vous aurez une assez bonne idée de ce qu'est un karri.

L'espèce dominante de la région est le très beau, le

très majestueux jarrah, légèrement moins massif que le karri mais néanmoins énorme et imposant. C'est un miracle qu'il subsiste des jarrahs, parce que c'est sans doute le plus malchanceux de tous les arbres encore existants. Il a d'abord été victime de son adaptation, qui lui avait permis de s'épanouir sur des sols riches en bauxite. Or la bauxite est devenu un minerai extrêmement recherché. En 1950, les compagnies découvrirent cette symbiose et en comprirent immédiatement les avantages lucratifs : on pouvait abattre et vendre les jarrahs pour pas mal de fric, et ensuite creuser le sol pour en extraire cette bauxite si précieuse – autrement dit, deux sources de revenus pour un seul lopin de terre. Une véritable aubaine, en somme, du moins si votre conscience peut supporter l'idée d'abattre des pans entiers d'une forêt où pousse une essence rare qui n'existe nulle part ailleurs, pour la remplacer par d'horribles entailles stériles. Les ingénieurs des mines, qui sont des gens fort astucieux, ont résolu le problème en s'interdisant d'avoir une conscience. Génial !

Dans cette entreprise, ils ont été considérablement aidés par leurs collègues de l'industrie forestière. Les forestiers australiens, il faut bien le dire, adorent abattre les arbres. On ne peut pas totalement leur en vouloir – c'est leur métier, après tout – et ils sont un peu moins irresponsables qu'autrefois. Mais on leur a autorisé tant de choses pendant si longtemps qu'il faut encore les surveiller de très près. Car ce sont des gens capables de qualifier sans rougir l'abattage radical des arbres de « régénération de la forêt par exposition au plein soleil ». Pour replacer les choses en perspective, il est bon de rappeler ici que l'Australie est le continent le moins boisé de la planète – avec l'Antarctique, naturellement – et que c'est en même temps le plus gros exportateur de pulpe de bois. Certes, je ne suis pas un expert dans ce domaine et il se peut que tout se passe avec la plus grande correction écologique (c'est en tout cas l'impression que les responsables de l'Australian Department of Conservation and Land Management essaient de vous donner), mais je trouve qu'il y a un certain paradoxe mathématique à être à la fois le pays qui possède le moins d'arbres et celui qui en exporte le plus. Quoi qu'il en soit, les forêts de jarrahs ont beaucoup diminué, et plus encore les forêts de karris, ces arbres rares et irremplaçables. Entre 1976 et 1993, l'Australie a perdu un quart de ses karris, qui ont été transformés en copeaux. *En copeaux !* Quand je vous disais qu'il fallait les surveiller, ces gens-là !

Même sans ses forêts remarquables ce coin du sud-ouest de l'Australie reste une région intéressante. S'étendant sur trois cents kilomètres du cap du Naturaliste sur l'océan Indien jusqu'au cap Knob, sur le bassin Sud-Australien, c'est encore une de ces intrusions de verdure inattendues que vous offre occasionnellement l'Australie, un peu comme la vallée de la Barossa près d'Adélaïde. Mais cette région-ci est si peu connue qu'elle n'a même pas été baptisée. Partout en Australie vous tomberez sur des noms qui sont autant de façons de vous repérer – Sunshine Coast, Northern Tropics, Mornington Peninsula, Atherton Tablelands –, mais ici, tout ce que l'imagination populaire a pu trouver c'est « le coin sud de l'Australie-Occidentale ». À mon avis, ils pourraient revoir un peu leur copie. Mais en ce qui concerne le pays lui-même et l'océan, il n'y a rien à retoucher.

Peut-être parce que mes aventures australiennes touchaient à leur fin et que je me sentais tout attendri, ou parce que j'avais passé les semaines précédentes dans des paysages secs et arides, ou simplement parce que je ne savais rien de l'endroit (comme la plupart des gens en dehors de cet État) et que je n'avais aucune chance d'être déçu, je suis tombé sous le charme dès le premier instant. On aurait dit qu'avaient été rassemblés de la façon la plus agréable qui soit et la moins tape-à-l'œil possible des morceaux choisis d'Europe et d'Amérique du Nord : Lowlands d'Écosse, vallée belge de la Meuse, péninsule supérieure du Michigan, prairies du Wisconsin, Shropshire et Herefordshire d'Angleterre, tous ces endroits du globe que l'on trouve charmants mais qui pourtant n'incitent pas les touristes à s'y ruer en masse. Pas un paysage, donc, auquel on aurait accordé cinq étoiles mais quelque chose de douillet, sain et accueillant. Je l'ai immédiatement baptisé – et je vous autorise à utiliser cette appellation, en attendant mieux – la « Charmante Péninsule ».

J'ai donc passé une agréable journée – une journée « charmante » –, traversant bois et prairies vallonnées, vergers bien ordonnés et vignobles verdoyants, sur des petites routes de campagne sinueuses longeant une mer bleue étincelant sous le soleil. Un petit coin béni des dieux. Je me suis arrêté dans de petites bourgades – Donnybrook, Bridgetown, Busselton, Margaret River – pour boire un café, fouiner dans les stocks de livres d'occasion, me balader sur les jetées de planches, explorer les dunes côtières.

J'ai passé la nuit à Manjimup, à la lisère des zones boisées du Sud, et me suis levé tôt, frais et dispos, pour gagner sans attendre les parcs de Shannon et Mount Frankland. J'ai plongé dans la fraîcheur de futaies élancées et majestueuses. C'était très prometteur. Je visais un endroit appelé la vallée des Géants, où l'on m'avait signalé une attraction touristique à ne pas manquer, le sentier des Sommets, qui, comme on le devine, vous permet de déambuler au niveau de la canopée d'une forêt de *tingle trees*, autre variété d'eucalyptus géants. Je m'étais dit que ce n'était sans doute qu'un piège à gogos, mais en fait j'ai découvert que les tingle trees, malgré leur taille, sont des arbres très fragiles, tributaires des quelques éléments nutritifs du sol, et que le piétinement constant des visiteurs risquait de les mettre en danger. Le sentier des

Sommets n'était donc pas seulement une distraction pour touristes mais aussi une façon de protéger l'espèce.

Il est constitué d'une série de rampes métalliques, ressemblant à des échafaudages industriels, qui circulent à des hauteurs vertigineuses dans les derniers étages des arbres les plus beaux et les plus imposants du monde. Ce sentier des Sommets est un ouvrage impressionnant. Il parcourt une centaine de mètres et s'élève jusqu'à quarante mètres du sol – une sacrée hauteur, croyez-moi, lorsqu'on se penche par-dessus la rambarde qui vous arrive à la taille ! La surface du « sentier » est faite d'un grillage qui vous incite à regarder vers le bas – c'est le but de l'opération –, et toute la balade offre un certain parfum de risque et d'aventure. J'ai adoré ça. Il y a des arbres plus hauts que les tingles, les eucalyptus de montagne du Victoria sont un peu plus grands, d'autres sont sans doute plus beaux, mais je ne crois pas qu'il existe au monde d'autres espèces qui possèdent, comme les tingles, ces deux qualités réunies. Les séquoias atteignent peut-être des hauteurs plus phénoménales, mais leur feuillage n'a rien de spécial – un manche à balai auquel on aurait fixé quelques clous. Les tingles, en revanche, avec leurs larges feuilles, sont d'une luxuriance exceptionnelle.

J'ai fait le tour deux fois, complètement sous le charme. Ce n'est qu'au milieu du second que je me suis rendu compte qu'il y avait en fait beaucoup de monde : comme tous les autres, je communiquais mes découvertes à mes voisins qui, en retour, me communiquaient leurs impressions. Je suis rarement attiré par les enfants que je ne connais pas, mais je me suis retrouvé à bavarder avec deux gamins très éveillés – deux frères de dix ou douze ans venus de Melbourne avec leurs parents – essayant de déterminer s'il y avait ou non des koalas en Australie-Occidentale et si on pourrait en voir à travers les branches. Leur père est venu se joindre à notre conversation, et puis leur mère est arrivée et elle a dit :

– Oh, mais quel terrible coup de soleil !

Elle m'a proposé une pommade qu'elle avait justement dans son sac. J'ai refusé, mais je dois dire que l'offre m'a touché.

Tout cela était à la fois étrange et réjouissant. Ce partage d'observations et de produits pharmaceutiques me rappelait un peu ma balade dans les parcs d'Adélaïde le jour de la fête nationale, lorsque des centaines de gens semblaient pique-niquer tous ensemble. C'était le même esprit d'aventures partagées, et, au sens anthropologique le plus primaire, une vraie rencontre socialc.

C'est alors qu'une pensée m'a frappé : cette forêt était une bonne métaphore de l'Australie. Elle était au monde des arbres ce que Charles Kingsford Smith était au monde de l'aviation ou les Aborigènes à la préhistoire : un univers bizarrement oublié. Car c'est bien ça, l'Australie : un pays bourré de merveilles ignorées.

CHAPITRE XIX

Un peu plus tôt au cours de ce voyage, alors que je revenais de Surfers Paradise vers Sydney, je m'étais arrêté pour prendre un café dans une charmante petite ville universitaire, Armitage, au nord-est de la Nouvelle-Galles du Sud. Puis, pour me dégourdir les jambes, je m'étais accordé une petite promenade dans ses rues accueillantes. Elle m'avait conduit devant un bâtiment d'allure officielle, celui de l'administration des Ressources minérales, et, sans trop savoir pourquoi, j'y étais entré. En fait, cela faisait un moment que je voulais qu'on m'explique pourquoi on trouve davantage de richesses minérales en Australie plutôt que, par exemple, dans mon jardin. Voilà l'endroit où l'on pourrait sans doute me renseigner. Un des charmes d'une enquête journalistique dans une société aussi ouverte et conviviale que celle de l'Australie, c'est qu'on peut se présenter inopinément dans un endroit comme l'administration des Ressources minérales et se voir accueilli à bras ouverts puis invité à poser toutes les questions qui vous passent par la tête.

J'avais donc eu la chance de passer une demi-heure avec un géologue fort obligeant, Harvey Henley. Il m'avait appris qu'en réalité l'Australie n'est pas si fantastiquement dotée que ça en ressources minières, du moins pas si l'on se fonde sur la proportion de richesses minérales au kilomètre carré. Il se trouve simplement que ce pays compte énormément de kilomètres carrés, relativement peu d'habitants et une histoire très courte, si bien qu'une grande partie de son territoire reste encore inconnue ou inexplorée. Pour bien illustrer ses propos, Harvey Henley m'avait entraîné dans son bureau. Il était chargé d'établir des cartes géologiques, de très grandes cartes incroyablement détaillées et roulées comme des parchemins, qu'il avait étalées sur la table avec un soin respectueux. Même l'œil d'un profane pouvait voir qu'on y avait répertorié la moindre bosse, le moindre pli du paysage, avec une attention toute particulière pour les réserves potentielles de pactole minéral. Chacune de ces cartes couvrait, en Nouvelle-Galles du Sud, une zone de soixante kilomètres de long sur quarante kilomètres de large et exigeait d'un homme entre dix et quinze ans de travail. L'équipe d'Armitage s'activait actuellement à faire le relevé de quatre-vingts sections d'une telle superficie.

– Un gros boulot, avais-je noté, impressionné.

– À qui le dites-vous ! Mais on fait de nouvelles découvertes tous les jours. (Il avait retiré la carte pour me montrer celle du dessous.) Ça, m'avait-il dit en m'indiquant une zone hachurée en pastel, c'est une nouvelle mine dans un coin appelé Cadice Hill, près d'Orange. Elle renferme environ deux cents millions de tonnes de sables riches en minerai.

– Et c'est une bonne nouvelle ?

– Une excellente nouvelle.

J'avais réfléchi un instant.

– Donc, avais-je repris, s'il faut entre dix et quinze ans à un homme pour produire une carte correspondant à deux mille quatre cents kilomètres carrés, et sachant que l'Australie en couvre près de quatre-vingts millions, quelle superficie totale a-t-on cartographiée à ce jour ?

Il m'a regardé comme si la réponse allait de soi.

– Oh ! Pratiquement rien du tout.
– Vraiment ?
– Absolument.
– Donc, si l'on me parachutait au hasard dans l'outback, j'aurais toutes les chances d'atterrir sur un bout de terre dont on n'aurait jamais fait le relevé topographique.
– Le relevé officiel ? Non, jamais, on peut le parier.
– Ce qui signifie qu'il reste d'énormes quantités de minerai à découvrir, non ?
Il m'avait lancé ce regard joyeux d'un homme dont le travail ne serait jamais terminé.
– Qui sait ? Impossible à dire.
Je vous demande de garder cette petite histoire bien présente à l'esprit tandis que je vous emmène avec moi sur la route côtière peu fréquentée qui part de Perth pour atteindre Darwin, à quatre mille cent soixante-trois kilomètres de là. Ici, près de la côte, il y a quelques rares villes et une certaine activité agricole, mais dès qu'on s'enfonce dans les terres, au-delà des collines vert pâle sur la droite, on se perd très vite dans un désert meurtrier. Et personne ne sait vraiment ce que recèle ce vide. Je trouve cette idée terriblement excitante. Aujourd'hui encore, il arrive qu'on y fasse ces découvertes stupéfiantes et miraculeuses qui ne peuvent se produire que dans des pays inexplorés. Récemment, un gars a émergé, tout guilleret, des déserts de l'Ouest en serrant dans ses bras une pépite d'or de trente kilos, presque une pépite record : elle gisait simplement sur le sable. Juste ciel !
Les ingénieurs des mines continuent à étudier les images satellites et les cartes établies à partir de survols d'avions à basse altitude (des « cartes de fantaisie », comme les avait qualifiées Harvey Henley, un peu dédaigneusement), mais les vraies enquêtes sur le terrain, celles qui impliquent l'arpentage des rivières desséchées et le prélèvement d'échantillons de pierres pour analyse ultérieure, ont à peine

commencé. Les problèmes ne viennent pas seulement des dimensions de l'Australie mais aussi des risques que l'on court lorsqu'on se balade dans ces régions inconnues. Comme l'a écrit le paléologue britannique Richard Fortey : « Des pistes apparaissent brièvement pour s'évanouir brusquement dans ce qu'on croit être un lit de rivière. Vous devez alors demander à votre passager, un tantinet surpris et nerveux, de se pencher à la fenêtre pour guetter les branches brisées signalant l'éventuel passage d'un autre véhicule... Il est incroyablement facile de se perdre*. »

Dans un tel environnement, on comprend la facilité avec laquelle se propagent les rumeurs de découvertes mirifiques et inexploitées. Une des plus célèbres est celle de Harold Bell Lasseter qui, dans les années 1920, prétendit être tombé par hasard sur un filon d'or de quinze kilomètres de long dans les déserts du Centre. Sa découverte remontait à une trentaine d'années mais, pour des raisons indépendantes de sa volonté, il avait négligé de la revendiquer. Même avec une histoire aussi peu plausible, il avait réussi à fournir assez d'arguments pour convaincre certains hommes d'affaires sceptiques et même quelques grandes sociétés (General Motors, entre autres) de le parrainer. On organisa une expédition qui quitta Alice Springs en 1930. Après plusieurs semaines d'errances vaines et inutiles, les sponsors de Lasseter commencèrent à perdre confiance. Un à un, les membres de son équipe l'abandonnèrent, et Lasseter resta seul. Une nuit, ses deux chameaux s'enfuirent. À pied, perdu, il connut une mort solitaire et atroce. Oserais-je suggérer qu'il a dû boire son urine lui aussi ? Quoi qu'il en soit, on n'a jamais retrouvé son or. Certains continuent cependant à le chercher.

---

* Richard FORTEY, *Life : An Unauthorised Biography*, Londres, Harper Collins, 1997. *(N.d.T.)*

Lasseter était peut-être un homme victime d'hallucinations ou simplement un charlatan, mais l'idée qu'il puisse exister un gros tas d'or gisant dans le désert et attendant qu'on le découvre n'est pas totalement à exclure. De même qu'on peut juger probable que des gens aient fait de fabuleuses découvertes pour les égarer par la suite. D'autres, plus attentifs et méticuleux que Lasseter, ont été incapables de retrouver ce qu'ils avaient trouvé, si l'on peut dire. C'est ce qui est arrivé à Stan Awramik, un géologue qui s'amusait à farfouiller dans les collines basses, irrégulières et excessivement chaudes du Pilbara, une région du Nord-Ouest australien encore largement inexplorée, lorsqu'il tomba sur un affleurement de roches portant des stromatolites, de tout petits organismes fossilisés remontant à l'apparition de la vie sur terre, il y a quelque trois millions et demi d'années. Au moment de cette découverte, ils étaient considérés comme les plus anciens fossiles terrestres, donc l'équivalent du point de vue scientifique de cette colline d'or mythique de Lasseter. Awramik en préleva quelques échantillons et revint à la civilisation. Mais lorsqu'il repartit pour le Pilbara afin de poursuivre ses fouilles, il lui fut impossible de localiser cet affleurement rocheux qui semblait s'être tout simplement évaporé dans la monotonie interminable des collines. Quelque part par là-bas il y a des stromatolites qui attendent d'être redécouverts, tout comme l'or de Lasseter…

Depuis, d'autres gisements de stromatolites aussi vénérables ont été identifiés à la fois en Australie et ailleurs. Mais c'est dans les eaux de Shark Bay, sur une partie désertique de la côte de l'Australie-Occidentale, que les scientifiques devaient faire une découverte encore plus extraordinaire et inattendue : une communauté de stromatolites vivants, des colonies de ces organismes rappelant un peu les lichens et reproduisant exactement les conditions des premiers balbutiements de la vie sur terre. C'était vers ces merveilles que je me dirigeais.

Il y avait environ huit heures de route entre Perth et Shark Bay. Au début de l'après-midi, près d'une petite bourgade du nom de Dongara, la route s'est incurvée en direction de la mer, ce qui offrait de belles échappées sur les eaux bleues de l'océan. Cette région s'appelle Batavia Coast pour une raison qui m'intéressait aussi. À Geraldton, seule ville digne de ce nom sur mille kilomètres (en tout cas, la seule à posséder plus d'un carrefour avec feu de signalisation), je me suis arrêté pour boire un café, et par hasard j'ai garé ma voiture juste en face d'un petit musée maritime. J'ai un peu hésité sur le seuil, partagé entre mon désir de faire de la route et ma curiosité de voir ce que j'allais trouver là, mais finalement j'y suis entré, et je ne l'ai pas regretté. Le musée était consacré en grande partie à l'histoire peu connue du vaisseau qui donna son nom à la côte, le *Batavia*, un navire marchand qui vint se fracasser contre les rives australiennes en 1629 et dont l'histoire est l'une des plus insolites de toutes les annales maritimes du pays. La plupart des historiens australiens n'y accordent qu'une simple note en bas de page (pas une ligne chez Manning Clark), ce qui est un peu surprenant dans la mesure où il s'agit du premier séjour attesté d'Européens sur le sol australien et du plus grand massacre de Blancs de toute l'histoire australienne. Mais là, j'anticipe…

Donc en 1629, au début de notre histoire, les navigateurs hollandais venaient tout juste de découvrir que la façon la plus rapide de gagner l'Indonésie depuis l'Europe n'était pas de partir en ligne droite après avoir contourné l'Afrique par le cap de Bonne-Espérance mais de se laisser glisser jusqu'au quarantième parallèle (les célèbres quarantièmes rugissants) et de se laisser pousser vers l'est par ces fameux vents si actifs dans le secteur. Naturellement, la formule fonctionnait très bien à condition d'éviter de foncer dans la côte de l'Australie. Ce fut malheureusement ce qui arriva au capitaine Francisco Pelsaert, deux heures avant le lever du soleil, au début de juin 1629, lorsque son *Batavia* alla se planter sur un obstacle sablonneux, les îles Abrolhos, sur la côte occidentale de l'Australie. Le navire se disloqua presque instantanément.

Parmi les trois cent soixante personnes à bord, beaucoup se noyèrent dans le naufrage, mais deux cents environ réussirent à gagner le rivage. Lorsque le soleil se leva, ils constatèrent qu'ils se trouvaient sur une barre sableuse à mille cinq cents milles de Batavia (aujourd'hui Djakarta), avec des provisions très limitées et de bien sombres pespectives d'avenir. Après réflexion, Pelsaert décida d'embarquer dans une chaloupe avec quelques hommes pour tenter de gagner Batavia à la rame – un espoir presque vain, mais le seul qu'il leur restait.

Il confia la responsabilité des survivants à un certain Jeronimus Cornelisz. Ce qui se passa ensuite n'est pas clairement établi, mais il semble que Cornelisz ait été à la fois complètement fou et fanatiquement religieux, un mélange toujours dangereux. Tout ce qu'on sait, c'est que lui et ses acolytes massacrèrent presque tous les survivants, hommes, femmes et enfants. Ils en épargnèrent certains dont ils firent leurs esclaves, les femmes pour faire la cuisine et satisfaire leurs besoins sexuels, les hommes pour pêcher et assurer les gros travaux. Mais quelques-uns réussirent à s'échapper et à gagner un autre îlot à une centaine de mètres de là, de l'autre côté d'un chenal d'accès difficile. Là ils se confectionnèrent des armes de fortune avec des coquillages et du bois flotté, et se construisirent un fort pour résister aux attaques périodiquement lancées par Cornelisz et ses hommes.

Pelsaert, ignorant la pagaille qu'il avait laissée derrière lui et déjà fort préoccupé par ses propres soucis – après tout il venait de faire chavirer un bateau tout neuf faisant la fierté de la flotte marchande hollandaise –, continuait à ramer sur la mer de Timor. Il finit miraculeusement par atteindre Batavia, où il raconta ses malheurs à ses supérieurs stupéfaits qui lui confièrent tout de même un deuxième bateau avec mission d'aller récupérer les survivants.

Cinq mois après le naufrage, Pelsaert atteignit les îles Abrolhos. Là, il s'en fallut d'un cheveu que notre capitaine, décidément peu inspiré, trouvant les survivants en pleine guerre civile, ne prenne fait et cause pour le mauvais parti et abandonne son navire aux mains de Cornelisz et à sa bande de vauriens. Il finit par comprendre ce qui s'était passé et parvint à rétablir l'ordre. Cornelisz et six de ses complices furent pendus sans autre forme de procès. Beaucoup d'autres furent fouettés ou subirent l'épreuve de la planche, et furent enchaînés dans la cale pour être ramenés à Batavia afin d'y subir un juste châtiment. Mais pour des raisons qu'on ignore, Pelsaert prit la peine de débarquer sur le continent deux de ces gredins, le matelot Wouter Looes et le mousse Jan Pelgrom.

Le 16 novembre 1629, les deux hommes furent abandonnés sur l'actuelle plage de Red Bluff. Ce qu'il advint d'eux, nul ne le sait, mais une chose reste certaine : ils furent les premiers Australiens blancs.

Red Bluff Beach, comme devait me l'apprendre un employé fort serviable du musée, se situe près d'un bled côtier du nom de Kalbarri, à deux heures de route vers le nord, et comme c'était sur le chemin de Shark Bay, j'ai décidé d'aller y passer la nuit. Pour y parvenir, il m'a fallu quitter la North Western Highway et parcourir soixante kilomètres d'une route secondaire traversant une plaine verdoyante couverte à perte de vue d'une espèce locale de bruyère arborescente. Le soir tombait et il était trop tard pour chercher le lieu de débarquement des Hollandais. J'ai donc pris une chambre dans un motel près de la plage et me suis consolé en allant faire un petit tour de la ville. Kalbarri est une localité pleine de charme. Sa fondation ne date que de 1952, lorsque des pêcheurs découvrirent que les eaux du coin regorgeaient de langoustes. Jusqu'en 1970, date à laquelle on goudronna la route qui rejoint l'axe principal, cette localité n'était pratiquement reliée au monde extérieur que par la mer. Aujourd'hui la pêche reste l'activité principale, mais le tourisme s'y est aussi développé. Les deux activités semblent coexister harmonieusement.

On peut difficilement rêver cadre plus parfait : l'agglomération est nichée au cœur d'une vaste baie protégée par de grands bancs de sable blanc. Je me suis promené sur le rivage, profitant de la chaleur des derniers rayons du soleil. Les îles Abrolhos se trouvaient quelque part au large, à soixante kilomètres de là, invisibles de la côte. En revanche, on distinguait très nettement, à quelques kilomètres au sud, ce promontoire de Red Bluff où les deux mutins avaient été abandonnés.

Tout en me baladant j'ai remarqué qu'à une centaine de mètres dans la baie on était en train de remorquer très lentement un bateau à moitié immergé à travers un chenal étroit entre les bancs de sable. Des badauds s'étaient rassemblés pour suivre la scène. La majorité des spectateurs était massée sur la jetée, vers ce qui devait être le port commercial, à un kilomètre et demi de là. Côté plage, il y avait aussi pas mal de monde, des gens assis sur les capots des voitures, penchés aux balcons, des curieux sortant des magasins et des pubs pour mieux voir. Il régnait un silence étrange, presque irréel.

J'ai demandé à un homme perché sur le capot de sa voiture ce qui se passait.

– C'est un bateau de pêche qui s'est payé un récif la nuit dernière, m'a-t-il expliqué.

L'accident s'était produit à deux heures du matin,

loin au large, et pendant un moment l'embarcation avait semblé sérieusement en danger. Pour ajouter au suspense, on avait appris que le capitaine avait avec lui son fils, un gamin de sept ans, pour qui cette partie de pêche était certainement une récompense. Trois bateaux de pêche s'étaient portés à leur secours. J'ai regardé ma montre : cela durait maintenant depuis seize heures. J'en ai fait la remarque à mon informateur, qui a ébauché un petit sourire, comme pour s'excuser :

– La journée a été longue pour la ville et ça nous a tous mis un peu sur les nerfs. Mais enfin, tout semble bien se terminer.

Kalbarri a une population permanente de mille cinq cents habitants, et d'après moi les deux tiers s'étaient déplacés. Lorsque le bateau eut terminé sa traversée des bancs de sable, les spectateurs, enfin assurés de sa sécurité, se sont mis à applaudir chaleureusement, comme pour accueillir le vainqueur d'une régate, en criant des mots d'encouragement. J'ai trouvé remarquable qu'une ville tout entière se déplace pour voir arriver un bateau de pêche en détresse. Même si je distribuais des liasses de dollars, je suis sûr que je n'arriverais jamais à convaincre mille badauds de venir me voir rentrer au port dans mon bateau endommagé, après une nuit de danger. Décidément, Kalbarri me plaisait bien.

Le matin suivant, je me suis levé de bonne heure et j'ai pris ma voiture pour parcourir les quatre kilomètres me séparant de la plage de Red Bluff, où je trouverais, paraît-il, le cairn marquant l'endroit où les deux matelots félons avaient été abandonnés à leur destin solitaire. L'endroit était spectaculairement dramatique : une vaste plate-forme rocheuse battue par les vagues, avec à la base une longue plage parsemée de dunes et d'écriteaux : « Danger. Courants dangereux. » Les eaux étaient d'un turquoise vif et d'immenses rouleaux venaient se fracasser furieusement sur la grève.

Malgré toutes mes recherches, il m'a été impossible de trouver le fameux monticule, et à cette heure matinale il n'y avait personne pour me renseigner, sauf un couple, au loin, en train de promener sur la plage un chien particulièrement nerveux. Mais peu importait, car ce cairn avait certainement été érigé fort longtemps après l'événement, et placé un peu au hasard. Je me suis donc contenté de profiter du soleil et de la brise marine, tout en me disant qu'au fond l'idée d'être abandonné là ne manquait pas d'attrait. L'endroit était superbe. La mer regorgeait de ressources en tout genre. Les collines de l'arrière-pays pouvaient fournir en abondance des matériaux de construction. Pour des raisons qu'on ignore, Looes et Pelgrom avaient été généreusement équipés par Pelsaert, qui les avait pourvus d'un petit bateau, d'un stock de nourriture et d'eau douce, de quelques outils et aussi de babioles à échanger avec les indigènes, si par hasard il s'en trouvait. Il existait certainement des conditions bien pires pour terminer ses jours, notamment les miasmes fétides et insalubres des cachots de Batavia. En imaginant de cordiales relations avec les indigènes, on pouvait vivre très agréablement par ici.

L'idée commençait à me paraître souriante et même envisageable. La côte de l'Australie-Occidentale au nord de Perth est d'une beauté stupéfiante et pratiquement vierge de toute colonisation. Au-delà de Kalbarri, il n'existe aucune localité sur trois cent cinquante kilomètres jusqu'à Carnarvon, et seulement une seule route qui rejoint la mer, celle que je prendrais pour gagner Shark Bay. Après Carnarvon, cela continuait comme ça jusqu'à Darwin, près de trois mille kilomètres de paysages splendides et intacts, avec, par-ci par-là, quelques rares poches de peuplement. Au total, l'Australie-Occidentale compte douze mille cinq cents kilomètres de côtes et seulement trois douzaines de communautés côtières, y compris celles de la péninsule sud-ouest que je venais de quitter.

Cela explique évidemment le temps qu'il a fallu pour découvrir les stromatolites de Shark Bay. Alors qu'ils se trouvaient là, au bord d'une plage facilement accessible, exposés au regard de tout un chacun, il a fallu attendre 1954 pour qu'on les remarque et dix ans de plus pour qu'on les identifie. Mais enfin, lorsqu'on a trente-sept mille kilomètres de littoral à étudier, on a des excuses.

J'ai repris la même route secondaire que la veille et parcouru les soixante kilomètres séparant Kalbarri de la North West Coastal Highway, puis les cent soixante kilomètres jusqu'à Shark Bay. Pendant les trois heures et demie du trajet, je n'ai croisé que trois voitures et un roadtrain fonçant à toute allure. À un moment, j'ai aperçu deux points mystérieux sur le macadam, loin à l'horizon. Il s'agissait de deux ouvriers qui creusaient un trou au milieu de la chaussée, protégés seulement par deux cônes de plastique orange placés à deux mètres de l'endroit où ils travaillaient. Pourtant cette route était l'axe principal du pays. Cela m'a rappelé de façon tangible mon isolement. Il est difficile de se situer plus loin de tout peuplement que je ne l'étais à ce moment-là : à six mille quatre cents kilomètres par la route de Sydney, à huit mille de Brisbane, et pour atteindre Alice Springs, la ville la plus proche à l'est, j'aurais dû me taper six mille quatre cents bornes.

Enfin, au milieu de cette immensité monotone, je suis parvenu à l'embranchement pour Shark Bay. J'ai parcouru une vingtaine de kilomètres de route fraîchement goudronnée, puis une piste conduisant à travers un paysage marécageux jusqu'à Hamelin Pool, un ancien relais du télégraphe où sont regroupés quelques bâtiments blancs. L'un d'eux se proclamait

« Musée » et l'autre annonçait « Café et boutique de souvenirs ».

Il n'y avait que deux ou trois voitures sur le parking, mais alors que j'étais occupé à lire un panneau d'information, deux autocars se sont arrêtés dans un sifflement de suspension hydraulique pour dégorger des flots de passagers, en majorité des touristes à cheveux blancs bardés d'appareils photo et de caméras, plissant les yeux sous la férocité du soleil. Ils venaient apparemment de partout – Amérique, Angleterre, Hollande, Scandinavie. Personnellement, je n'étais pas arrivé aussi loin pour partager l'aventure avec une centaine d'étrangers babillards. Je me suis donc engagé d'un pas vif et décidé sur le sentier crayeux conduisant à la plage. Il régnait une canicule terrible. Même la brise de mer semblait apporter encore plus de chaleur. Au bout d'un kilomètre environ, je suis arrivé face à une baie aux eaux calmes, merveilleusement ensoleillée, d'un bleu d'aigue-marine. Non loin de là, une barre de sable s'incurvait, fermant presque totalement la baie. Il s'agissait du Fauré Sill, une langue de dunes conférant à l'endroit son caractère unique : des eaux chaudes, peu profondes, très salines, exactement les conditions qui régnaient sur notre planète lorsque les stromatolites y étaient rois.

Dans les environs et à l'horizon, aucun signe d'intervention de l'homme à l'exception d'une passerelle en bois toute neuve zigzaguant sur une cinquantaine de mètres jusqu'à une masse sombre et basse, d'aspect nettement primaire, affleurant presque. Je les avais enfin trouvés, ces stromatolites vivants. J'ai bondi sur la promenade en planches et me suis avancé jusqu'à la première formation. L'eau était d'une transparence totale, sur des fonds qui ne dépassaient pas un mètre.

Les stromatolites ne sont pas faciles à décrire. Ils sont d'une nature si primitive qu'ils n'adoptent pas une forme régulière, contrairement aux cristaux par exemple. Ils semblent se développer sans plan précis, en grosses masses irrégulières. Près de la plage, ils formaient de larges plates-formes ondulantes rappelant un morceau de bitume ayant mal vieilli. Plus loin de la rive, ils poussaient en pâtés distincts, évoquant plutôt d'énormes bouses de vache ou les crottes d'un éléphant affligé d'une grosse colique. Les livres comparent généralement leur aspect à une massue, un chou-fleur ou un pilier, mais en réalité ce ne sont que de gros tas gris anthracite, informes, sans caractère et sans éclat.

Vous en aurez immédiatement déduit que les stromatolites ne sont ni particulièrement beaux ni particulièrement spectaculaires. Je peux presque parier que votre réaction immédiate devant un gisement de stromatolites vivants serait un simple *Mmm…* énoncé sur un ton réservé, méditatif, prudemment laudateur, ce ton que vous utiliseriez si l'on vous servait un canapé dont le goût se révélerait meilleur que l'apparence, sans toutefois vous pousser à vous resservir immédiatement.

Ce n'est donc pas l'aspect des stromatolites qui les rend si intéressants, c'est l'*idée* même qu'ils puissent exister. En ce sens, ils sont imbattables. Vous vous rendez compte ? Vous vous trouvez face à des roches vivantes, des copies exactes des premières structures organiques apparues sur terre, et qui continuent aujourd'hui encore à mener leur petite existence. Vous avez sous les yeux un exemple du monde tel qu'il était il y a plus de trois milliards d'années (l'équivalent des trois quarts de l'existence de notre planète). Si vous ne trouvez pas ça excitant, je ne sais pas ce qu'il vous faut ! Comme Richard Fortey l'a écrit : « C'est véritablement un voyage dans le temps, et si notre monde appréciait les vraies merveilles de la nature ces stromatolites seraient aussi célèbres que les pyramides d'Égypte*. » Bien dit, Richard !

Comme pour le corail, toute la vie du stromatolite se déroule en surface, et ce que l'on voit n'est en fait que la masse morte des générations précédentes. En regardant bien, vous pourrez apercevoir quelques bulles d'oxygène qui s'échappent en chapelets de la formation. C'est le seul tour que savent exécuter les stromatolites. Rien de spectaculaire, donc, mais c'est pourtant ce qui a rendu possible la vie sur notre planète. Ces bulles sont produites par des cyanobactéries en forme d'algues, des micro-organismes vivant à la surface de la masse rocheuse – plus de trois milliards par mètre carré, pour vous éviter de compter –, qui captent des molécules de dioxyde de carbone et une fraction d'énergie solaire pour accomplir leur ambition bien modeste de naître et de survivre. Le sous-produit de ce très simple processus est une bouffée d'oxygène infinitésimale. Mais que ce processus se répète avec suffisamment de stromatolites pendant, disons, deux milliards d'années, et le monde est changé. Cette forme de vie, unique et primitive, a fini par augmenter le niveau d'oxygène terrestre de vingt pour cent, assez pour permettre le développement d'autres organismes plus complexes : moi, par exemple. On peut donc remercier les stromatolites.

Le processus chimique en question rend les petites cellules très légèrement collantes. D'infimes particules de poussière et de sédiment se collent à la surface, s'agglomèrent et se transforment lentement en rocher. C'était ce que je contemplais maintenant. Les stromatolites continuent à prospérer à Hamelin Pool grâce aux conditions naturelles. Ailleurs, ils seraient emportés par les fortes marées ou grignotés

---

* Richard FORTEY, *Life : An Unauthorised Biography*, *op. cit.* *(N.d.T.)*

par d'autres bestioles. Ici, la salinité de l'eau décourage tout prédateur.

Que les stromatolites aient permis la vie sur notre planète pour devenir eux-mêmes nourriture et disparaître à leur tour est assez ironique, naturellement. Quelque chose dans le genre menaçait de m'arriver précisément là, alors que j'étudiais les eaux cristallines. Le gang du troisième âge descendait bruyamment le sentier, et déjà les plus ingambes commençaient à prendre pied sur la passerelle. Une dame avec une casquette à visière des Miami Dolphins a pris place à côté de moi, fixé l'eau quelques secondes, chassé deux mouches puis regardé son mari et lancé d'une voix qui aurait dominé le fracas d'une aciérie :

– Tu ne vas pas me dire qu'on a traversé *tout un continent* pour voir *seulement ça* ?

Me sentant d'humeur particulièrement charitable, je me suis tourné vers elle avec un sourire compréhensif et, avec tout le tact possible, j'ai entrepris de lui faire pleinement apprécier les merveilles étalées à nos pieds. Tout en reconnaissant l'extraordinaire perspicacité de son jugement – effectivement, les stromatolites n'ont rien de grandiose –, je lui ai fait valoir l'extraordinaire processus qui avait permis à ces êtres infinitésimaux mais diligents, en un temps défiant l'imagination, de transformer un monde amorphe en cette planète verte et charmante que nous connaissons aujourd'hui. Je lui ai fait remarquer qu'il n'y avait sur terre que deux autres régions où l'on pouvait observer ces formations encore vivantes : l'une en Australie, l'autre sur un récif de corail des Bahamas, toutes deux beaucoup plus petites et pratiquement inaccessibles, ce qui faisait de Hamelin Pool le seul endroit au monde où l'on avait tout le loisir d'étudier ces singulières créatures et d'admirer leur génie méconnu. Donc, ai-je dit pour conclure en lui offrant mon plus chaleureux et plus charmant sourire, cela valait *vraiment* la peine de traverser tout un continent.

La dame m'avait regardé avec un air ébahi et fasciné sans me quitter des yeux pendant toute ma tirade. À la fin, posant sa main sur mon bras, elle a déclaré :

– Dites, vous savez que vous avez pris un coup de soleil vraiment épouvantable ?

Je suis allé faire une balade sur la plage de coquillages voisine jusqu'à ce que les mouches viennent à bout de ma patience, et je suis revenu vers le relais du télégraphe. Le musée était fermé, sans aucune lumière, je me suis donc dirigé vers le café. Les excursionnistes venaient apparemment de s'y arrêter pour prendre une collation, car la responsable était occupée à débarrasser les tables de toute la vaisselle qui les encombrait. Entre parenthèses, je me suis demandé comment elle faisait pour nourrir ces groupes de touristes alors qu'on se trouvait à deux cents kilomètres du supermarché le plus proche.

– Oui, mon chou ? a-t-elle lancé en m'apercevant.

– J'aurais voulu savoir s'il était possible de visiter le musée.

– Mais naturellement. Je vais demander à Mike de vous y conduire.

Mike était Mike Cantrall, un homme d'âge mûr, l'air jovial et décontracté, arborant une boucle d'oreille un peu coquine. Il a émergé de la cuisine en s'essuyant les mains à son torchon, sans doute ravi d'échapper à la corvée de vaisselle. Il m'a conduit au musée, dont il a réussi, non sans peine, à ouvrir la porte. L'endroit était petit, étouffant, et donnait l'impression d'être resté fermé pendant des mois – Mike m'a confirmé que les visiteurs demandaient rarement à le voir –, mais il était tout à fait sympathique. Une des pièces était consacrée aux stromatolites, avec un aquarium en contenant un en train de faire tranquillement ses bulles – probablement le seul stromatolite au monde vivant en captivité.

Le reste du musée était consacré à l'époque où l'endroit était un relais télégraphique – d'abord du télégraphe, puis du téléphone. C'était beaucoup plus intéressant que je ne l'avais imaginé, notamment à cause d'une grande photographie couvrant l'un des murs et montrant un certain Adgee Cross au sommet d'une échelle en train de réparer une ligne télégraphique, complètement à poil, avec l'assurance de l'homme convaincu de porter la seule tenue correcte pour réparer une ligne télégraphique dans l'outback. Il était nu, m'a expliqué Mike, parce qu'il venait de traverser la rivière Murchison à la nage et qu'il n'avait pas souhaité mouiller ses vêtements. Je n'ai pas voulu le contredire, mais d'après moi ses vêtements auraient séché en quelques minutes dans le désert alors que ses bottes de cuir, la seule chose qu'il portait, resteraient mouillées pendant des heures. À mon avis, Adgee Cross réparait ses lignes nu comme un ver tout simplement parce que ça lui plaisait – et entre nous pourquoi pas ?

J'ai appris aussi la charmante histoire de Mrs Lillian O'Donahue, une standardiste de la station à l'époque où le téléphone n'était pas automatique. À Carnarvon, un peu plus au nord, se trouvait une grande antenne parabolique que la NASA devait utiliser jusque dans les années 1970 pour surveiller la trajectoire des engins spatiaux passant au-dessus de l'océan Indien. Au cours d'une mission, en 1964, la liaison entre l'antenne et la station d'observation d'Adélaïde est tombée en panne et toutes les informations ont dû être relayées et retransmises par Mrs O'Donahue et son antique équipement téléphonique. Pendant une longue nuit d'été torride, Mrs Lillian O'Donahue est restée à son standard, notant soigneusement des lignes de messages codés émis d'un lointain relais pour les retransmettre à un autre. Chaque fois que la fusée Gemini survolait les océans de l'hémisphère Sud, le sort de toute la mission reposait *entièrement* – détail qui m'a beaucoup plu – entre les mains d'une vieille dame dévouée et modeste, installée dans un petit bâtiment blanc au bout d'une piste poussiéreuse, quelque part sur la côte occidentale de l'Australie. Elle s'est fait six dollars en heures supplémentaires, m'a dit Mike. Et ce détail aussi m'a bien plu.

Après avoir émergé du musée et réussi à refermer la porte à clé, nous sommes repartis vers le parking. Je lui ai demandé comment il avait atterri dans cet endroit isolé. Il m'a raconté que lui et sa femme Val (la charmante dame de la cafétéria) n'étaient là que depuis trois semaines. Ils faisaient partie depuis peu de cette race de nomades à cheveux gris, des retraités (souvent, de nos jours, des préretraités) qui vendent tout ce qu'ils ont, achètent un gros camping-car et passent leur existence à sillonner le pays, s'arrêtant de temps en temps pour gagner un peu d'argent sans jamais se fixer nulle part, toujours en déplacement. Six mois plus tôt, ce genre d'existence m'aurait semblé la plus terrible des punitions – conduire des jours et des jours sur des routes d'un vide, d'une aridité et d'une chaleur inimaginables. Mais maintenant je comprenais parfaitement. Tout ce vide et cette lumière finissent par exercer sur vous une fascination dont, curieusement, on ne se lasse pas. D'ailleurs, l'Australie regorge de surprises. La route vous réserve toujours quelque chose de neuf : un sentier dans la cime des arbres, une plage évoquant *Jurassic Park*, des musées célébrant des naufragés hollandais aux histoires incroyables ou immortalisant des télégraphistes naturistes, un charmant couple comme Val et Mike Cantrall, un village de pêcheurs rassemblés pour voir rentrer au port un bateau amoché... Vous ne savez jamais ce qui vous attend, mais c'est presque toujours sympathique. Sans doute était-ce lié à mon humeur du moment, mais je me serais bien vu mener ce genre de vie pendant encore un bon moment.

J'ai remercié Mike pour la visite et je suis retourné à mon véhicule qui étincelait sous le soleil. Même de loin on se rendait compte qu'il devait y faire une chaleur intenable. Ayant ouvert les portières pour l'aérer, je suis allé me mettre à l'ombre d'un arbre tordu, près du sentier de la plage, muni de mon atlas routier. Je ne sais pas pourquoi je prenais cette peine, car il n'y avait qu'une seule façon de regagner Perth : la longue route par laquelle j'étais venu, cette North West Coastal Highway. Mais histoire de tuer le temps, j'ai commencé à feuilleter distraitement les pages concernant l'Australie-Occidentale – un État si grand qu'il s'étale sur plusieurs pages –, et mes yeux ont été attirés par une tache colorée près de la frontière avec le Territoire du Nord. C'était une chaîne de montagnes portant le nom ineffablement mélodieux de Bungle Bungles. Je venais justement de lire quelque chose à ce sujet. Il s'agit d'un massif de grès isolé où, pendant des éternités, des vents de sable secs et féroces ont sculpté un paysage aux formes bizarres : des tours grêles, des hectares de dômes trapus, des murs ondulés. Le tout s'étend sur des milliers de kilomètres carrés, et pourtant ces fantastiques formations ne sont connues du public que depuis les années 1980. Voilà qui donne à réfléchir : une des merveilles naturelles du monde, de la taille d'un comté anglais, était encore pratiquement inconnue et complètement ignorée du public il y a vingt ans !

Il m'a soudain pris l'envie irraisonnée de m'y rendre. Je me trouvais si près ! Et puis cela me donnerait l'occasion de traverser le Pilbara et de découvrir Marble Bar, réputée pour être la localité la plus chaude de l'Australie. Je retrouverais peut-être le coin où Stan Awramik avait découvert et perdu ses fameux stromatolites fossilisés. De là, il n'y avait qu'un saut à faire par la Victoria Highway pour rejoindre Darwin. Bientôt la saison humide toucherait à sa fin et je pourrais finalement visiter le parc de Kakadu, cette autre merveille, pratiquement transformé en lac lors de mon précédent passage. Et de là pourquoi ne pas pousser jusqu'au Queensland et voir enfin Cooktown ? Je me sentais capable de poursuivre ma route éternellement.

Mais naturellement ce n'était qu'un rêve dû à un excès de soleil, au désir bien légitime de ne pas refaire les sept cent cinquante bornes de route solitaire jusqu'à Perth et à un refus inconscient de voir déjà se terminer mon aventure australienne. J'ai fait un compas avec mes doigts et j'ai été à la fois stupéfait et pas vraiment étonné de trouver qu'il me restait à parcourir deux mille six cents kilomètres jusqu'à l'embranchement pour les Bungle Bungles, plus cent cinquante kilomètres d'une dangereuse piste défoncée pour laquelle mon véhicule n'était pas assuré.

Je me suis demandé une seconde ce que ma femme dirait si je rentrais chez moi en annonçant :

– Chérie, on vend la maison et on s'achète un camping-car australien. Et en route pour les Bungle Bungles !

Franchement, je ne pense pas qu'elle serait partante. Alors je suis allé refermer les portières de la voiture, je me suis installé au volant et j'ai commencé le long voyage de retour vers Perth.

Je conduisais dans cet état d'esprit maussade qui m'envahit à la fin de chaque grand voyage. Dans un jour ou deux je serais dans le New Hampshire, et toutes ces aventures s'en iraient une à une, comme dans une parade de Walt Disney, jusqu'au musée poussiéreux de ma mémoire, où elles essaieraient de se caser tant bien que mal parmi ce fouillis ridicule accumulé depuis un demi-siècle de vie passé à bourlinguer. Bientôt je dirais : « Voyons, comment s'appelait ce bled où j'ai vu la Grande Langouste, déjà ? », puis

« Je ne suis pas allé en Tasmanie ? Tu en es sûre ? Fais-moi voir mon livre », et enfin : « Le nom du Premier ministre australien ? Non, pas la moindre idée, désolé ! »

J'étais tout mélancolique à l'idée qu'en Australie la vie allait continuer sans moi et sans que j'en sois informé. Je ne saurais jamais qui hériterait en fin de compte de la fortune de Hancock. Je ne saurais jamais ce qui était vraiment arrivé à ce couple de malheureux Américains abandonnés sur leur récif de corail. Des boat people chinois débarqueraient sur les plages en réclamant un taxi, les crocodiles attaqueraient, les incendies feraient rage dans le bush, les ministres disparaîtraient, on trouverait des trucs incroyables dans le désert – sans doute pour les perdre derechef –, et rien de tout cela ne serait porté à ma connaissance. En Australie, la vie continuerait et je n'en saurais rien, parce qu'une fois qu'on quitte l'Australie l'Australie cesse d'exister. Quelle étrange et triste constatation !

Je peux comprendre pourquoi, évidemment. L'Australie est pratiquement déserte et très, très loin de tout. Elle n'a pas une population très importante, et par conséquent elle joue dans le monde un rôle marginal. Elle ne connaît pas les coups d'État, n'épuise pas les réserves de poissons, n'arme pas d'horribles despotes, ne pratique pas la culture de la drogue de façon indécente. Bref, c'est un pays qui ne joue pas les gros bras et ne fait pas sentir sa puissance d'une manière provocante et déplacée. Un pays stable, pacifique et correct. Un pays qui n'a pas besoin d'être surveillé du coin de l'œil, ce qui fait qu'on ne le regarde même plus.

Mais laissez-moi vous dire une chose : c'est nous qui y perdons. Parce que, voyez-vous, l'Australie est un pays intéressant. Vraiment. Et au fond, c'est tout ce que je voulais dire.

REMERCIEMENTS

Parmi les nombreuses personnes qui m'ont aidé dans la préparation de ce livre, je tiens à remercier tout particulièrement : Alan Howe et Carmel Egan, qui n'ont épargné ni leur temps et ni leur hospitalité, tout en sachant que j'allais les faire figurer dans un de mes livres ; Deirdre Macken et Allan Sherwin, pour leurs observations avisées et leur participation dynamique à toute l'aventure ; Patrick Gallagher d'Allen & Unwin et Louise Burke de l'Australian National University, qui m'ont généreusement fourni en livres appropriés et autres documents de recherche ; Juliet Rogers, Karen Reid, Maggie Hamilton et Katie Stackhouse, de Random House Australia, pour leur aide diligente et enthousiaste.

En Australie, je suis particulièrement redevable à Jim Barrett, Steve Garland, Lisa Menke, Vam Schier, Denis Walls, Stella Martin, Joel Becker, Barbara Bennett, Jim Brooks, Harvey Henley, Roger Johnstone, Ian Nowak, au personnel de la State Library of New South Wales à Sydney, et à ma chère Catherine Veitch, malheureusement disparue.

Par ailleurs, j'adresse toute ma gratitude au professeur Danny Blanchflower, du Dartmouth College, pour son aide importante dans le domaine des statistiques ; à Carol Heaton, mon amie de très longue date et aussi mon agent ; à toute l'équipe talentueuse de

Transworld Publishers, à Londres, notamment Marianne Velmans, Larry Finley, Alison Tulett, Emma Dowson, Meg Cairns, ainsi que Patrick Janson-Smith, qui reste le meilleur ami et mentor qu'un écrivain puisse souhaiter.

Mais surtout, et comme toujours, mes remerciements les plus profonds vont à cette femme patiente et incomparable, ma chère épouse Cynthia.

TABLE DES MATIÈRES

PREMIÈRE PARTIE
Dans l'outback

DEUXIÈME PARTIE
L'Australie civilisée

TROISIÈME PARTIE
L'Australie des extrêmes

Composition : Facompo, Lisieux

Imprimé par CPI (Barcelona)
en juillet 2015

Dépôt légal : mai 2005

Imprimé en Espagne